丛书主编　田家富

全国高等会计职业教育系列规划教材

会计信息化实务

主　编　徐亚文　钟爱军　蒋　婵
副主编　乔　荣　王艳霞　石　勤　刘洪海

图书在版编目(CIP)数据

会计信息化实务/徐亚文,钟爱军,蒋婵主编.—武汉:武汉大学出版社,2011.8(2017.7 重印)
全国高等会计职业教育系列规划教材/田家富主编
ISBN 978-7-307-08742-2

Ⅰ.会… Ⅱ.①徐… ②钟… ③蒋… Ⅲ.会计—管理信息系统—高等职业教育—教材 Ⅳ.F232

中国版本图书馆 CIP 数据核字(2011)第 084316 号

责任编辑:柴 艺　　责任校对:刘 欣　　版式设计:马 佳

出版发行:武汉大学出版社　(430072　武昌　珞珈山)
　　　　　(电子邮件:cbs22@whu.edu.cn 网址:www.wdp.com.cn)
印刷:虎彩印艺股份有限公司
开本:787×1092　1/16　印张:24.75　字数:584 千字　插页:1
版次:2011 年 8 月第 1 版　　2017 年 7 月第 4 次印刷
ISBN 978-7-307-08742-2/F·1520　　定价:39.80 元

版权所有,不得翻印;凡购买我社的图书,如有质量问题,请与当地图书销售部门联系调换。

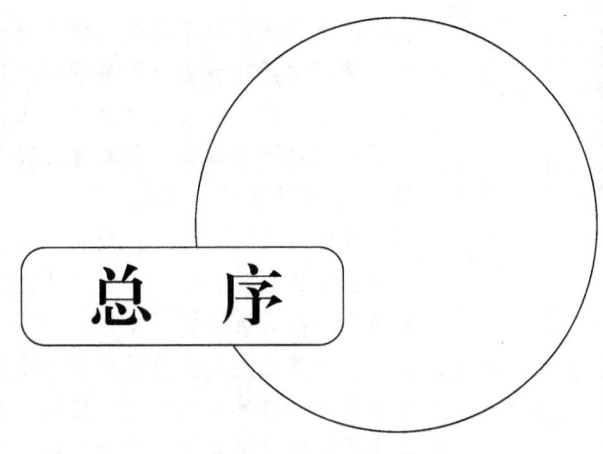

总　序

　　我国高等职业教育经过十年的发展，取得了举世瞩目的成就。特别是经过三年的示范建设，我们在校企合作、工学结合、人才培养模式改革、师资队伍建设、课程建设、教材建设等方面取得了一定的成绩，但也存在一些不尽如人意的地方。作为高职战线的一线工作者，我们一直在实践，一直在思考，一直在探索。

　　高职教育发展到今天，必须进行改革，这是大家的共识，改革的路径怎么选择？就是按照教育部2006年16号文件《关于全面提高高等职业教育教学质量的若干意见》（以下简称教育部16号文件）的精神和高职教育"十二五"发展规划的要求进行。但怎么改？只有靠我们一线从事高职教育的老师去实践，去探索，不能人云亦云，不能断章取义，不能望文生义，不能浅尝辄止，更不能玩花架子。我们要把老师的心思真正用在教学改革上，要把老师的时间、精力真正用在教学改革上。改革不可能一蹴而就，改革是要付出代价的，改革是要有点精神的！

　　教学改革的依据是什么？我个人认为，我们必须充分考虑以下四个问题：一是高等教育大众化的背景；二是教学对象的实际（现有认知结构）；三是产业结构的调整与发展；四是科学技术的发展，在教育上就是现代教育技术手段的应用。只有将这四个问题研究透了，分析透了，我们的教学改革才能落到实处，才能有成效。

　　教学改革的目标是什么？提高教学质量！我们一切工作的出发点和落脚点就是提高教学质量，这是永恒的主题！提高教学质量的关键是教师。换句话说，改革的意识、改革的观念、改革的思路必须在一线的教师中真正生根发芽，必须由一线的教师认真地加以实践，只有这样改革才能成功。不依靠一线教师而进行的改革，是形式主义，是空中楼阁。由此看出，对一线教师改革意识、改革观念、改革思路的培养与提高就显得非常重要。教育部16号文件精神不是一次两次会议就能够理解透彻的。我们必须在理解文件精神的实质上下苦工夫，在改革的实践上下苦工夫，在改革的系统工程上下苦工夫。因此，我们必须通过课程建设、教材建设以及其他平台，让教师在实践中深刻理解教育部16号文件精神的实质。

教学改革改到深处，改到痛处，是课程改革，是教材改革。我们只有真正研制出特色教材、精品教材，才能为人才培养模式改革与创新提供支撑，才能为教学方法的改革提供支撑，才能为精品课堂提供支撑。

教材建设是专业建设中的一项基本建设，我们必须高度重视。教材是教学指导思想、培养目标、教学要求、教学内容的具体体现。教师通过教材全面、具体地理解教学要求与教学内容，以它为依据进行讲授并组织教学活动。学生以它为依据进行学习，通过教材掌握规定的知识和技能。实践证明，选一本好教材对提高教学质量至关重要。我们现在搞的课程建设与改革或者说精品课程建设，最终还是体现在教材建设上。同时，教材建设也是把精品课程转化为精品课堂的关键环节。

教材是什么？这个问题似乎有点老套！但最近对教材的讨论和争议比较多，有不同的观点！"教材是道具"这是我个人的观点。道具好一些，精一些，演出效果会好一些，这是毋庸置疑的。教师上课依纲据本固然没错，但我认为要是把教材看成是死板的、没有生命力的、单纯为完成教学目标而使用的一种介质就有问题了。著名的教育家叶圣陶老先生曾经说过："教材无非是个例子。"作为教师是用教材教，而不是教教材。我们一定要注意这个问题。从这个角度讲，教材一定要经典，不是花里胡哨，不是加这个，加那个，搞得五花八门。

高职高专教材建设的现状令我们不是很满意。纵观我国高职教育十年的发展，配套教材可以说是百花齐放，五花八门，既涌现了一批优秀的、有特色的教材，也出现了一批粗制滥造、滥竽充数的教材。具体存在以下问题：

1. 功利性太强，作者队伍参差不齐。最大的功利性表现在纯粹是为了评职称而参加教材的编写。有些作者对教育部16号文件精神和高职教育改革的最新理论成果一知半解，生搬硬套，贴标签；还有些作者对一些基本概念、基本知识和基本技能把握不准。这反映了高职教育十年的快速发展，导致师资队伍不能满足高职发展和改革的需要。

2. 教材版本一是多，二是乱，不成体系，不配套，导致我们无法选出顺手的、满意的教材。近年来，我们选用教材换了多种版本，总是看起来花哨，但是错误和漏洞百出。有的是教材没有配套的习题和技能训练，有的虽有习题和技能训练，但与教材内容又不配套，让我们非常苦恼。导致这个现状的原因主要有两个：一是出版社的问题，对一套教材的编写缺乏规划，缺乏专业编辑，缺乏科学的组织，缺乏资金的投入。二是学校的问题，缺乏对教师参加教材编写的统筹、组织与协调。教师参加教材的编写基本上停留在个人行为上，甚至出现大量的作者只参加教材的编写、学校不使用教材的现象。这样是不可能写出高质量的教材的。

3. 教师参加教材编写的积极性不高或者积极性没有得到充分发挥。一是虽然职称评审需要编写教材，但不是考核的主要指标。现在对高职教师职称的评审主要关注教师的企业工作经历和课程建设情况，但没有教材编写也不行。因此，有些老师不愿意在教材编写上下太大的工夫，不愿意投入时间和精力。二是作者的劳动报酬与投入的时间、精力不匹配，觉得不划算。一本高质量的教材，往往需要作者或者一个教学团队数年甚至数十年的努力和积累，才能够研制出来。

4. 片面理解"教学做一体化"。教育部16号文件明确指出"改革教学方法和手段，融'教、学、做'为一体，强化学生能力的培养"。结果，有些地方、有些老师对这句话进行了片面理解，有的甚至认为将习题与技能训练放在教材每章的后面就是教学做一体化了，甚至认为在人才培养方案中将实训课程单独列出来没有体现教学做一体化！这样，一方面人才培养方案不伦不类，另一方面教材不伦不类，弱化了学生的训练次数，严重降低了教学质量。

"融'教、学、做'为一体"，应该有多方面的理解。一是在人才培养方案中怎么体现？二是在课程中怎么体现？三是在教材中怎么体现？四是在教学方法上怎么体现？五是在教学模式上怎么体现？六是在教学组织形式上怎么体现？七是在不同的专业上应该怎么体现？

在高职会计专业教材建设中，我们必须以会计专业的人才培养目标为依据。高职会计专业的培养目标是：以各类中小企业及其他经济组织会计岗位（群）的任职能力要求为目标，培养德、智、体、美、劳全面发展，掌握会计专业基本知识和职业技能，具备良好职业道德和操作规范、严谨细致的会计职业素养，在校期间取得会计从业资格证书，毕业后能够采用手工或者利用电子计算机技术从事中小企业的出纳岗位工作、会计核算岗位工作、财务管理岗位工作、涉税业务处理岗位工作和会计监督岗位工作，并具有可持续发展能力的高素质技能型人才。这个目标始终是纲，不能动摇，不能降低！降低了就不是会计专业了，就变成"收银员"培训班了。如果这样，放在培训机构就可以了，就不需要学校教育了。

我个人认为在高职会计专业教材建设中，以下几个问题必须认真抓好：

1. 按照工作过程系统化来开发课程和研制教材。第一，职业特征的课程或教材都来源于工作过程。知识来源于实践，人类知识是在长期的实践中不断总结的成果。第二，系统化就是一个加工过程，用时髦的话讲就是将行动领域转化为学习领域的过程。这个系统化的方法选择太重要了！以前，我们的课程和教材也是一种系统化，决不能说这种系统化的方法不科学，只是这种方法适合于抽象思维能力强的人群，而相对于高等教育大众化后抽象思维能力弱的高职学生来讲，这个系统化的方法要重新选择。这就是我们课程改革、教材改革的重点和难点。第三，会计工作过程系统化的重点和难点在哪里？在会计核算基本技术这门课程上！实际上，我们以前的财务会计、财务管理、审计、出纳业务、会计信息化等课程就是按照工作过程进行系统化设计的，或者说是按照岗位来设计的。我们没有必要把前人的经验全部推翻！

2. 校企合作共同开发教材。在教材的研制过程中，我们坚持"从实践中来，到实践中去"，就必须依靠行业、企业专家。只有这样，我们的教材内容、所采用的实训素材才能真正来源于社会实际生活，才能与社会实际生活相符。在此基础上，我们再进行提炼，做到来源于生活但又高于生活，从而达到理论和实践的完美结合。

3. 必须与行业标准和职业资格接轨。会计的行业标准，就是财政部制定的标准，不管怎么改革，我们必须围绕这个标准来做，否则，就是瞎折腾！

研制出一套能全面准确地阐述和把握会计专业最新的发展动态和理论成果，充分吸收本专业国内外前沿研究成果，科学系统地归纳知识点的相互联系与发展规律，反映高职学生的心理特点和认知规律的会计系列教材，是我们广大会计教育工作者义不容辞的责任和义务。基于此，2010年12月底，在武汉大学出版社和襄樊职业技术学院经济管理学院的大力支持下，我们组织了全国34所高职院校和部分本科院校的会计系主任、会计教研室主任和会计专业教师60多人，齐聚湖北襄阳，从讨论会计专业课程标准入手，共商编写一套体系完整、内容翔实、特色鲜明、质量上乘的会计系列教材。经过无数次的讨论、碰撞与磨合，我们取得了共识，并开始着手教材的编写工作。这些教材是老师们几十年教学经验的积累，是长期致力于教学改革的成果。有的课程是国家级精品课程，有的是教育部教指委精品课程，有的是省级精品课程，有的是院级精品课程。这次出版可共享教学改革的成果，同时也起到抛砖引玉的作用，希望后人能够不断创新，研制出更好的会计教材。

尽管我们在编写这套系列教材过程中进行了不懈的探索，付出了艰辛的劳动，并取得了一定的成果，但我们深感做得还很不够，需要我们改革的地方，需要我们突破的地方，需要我们创新的地方还很多，任重道远。加之时间仓促以及认识水平上的差异，这套系列教材不可避免地存在一些缺点和不足，我们恳请广大读者和同行不吝赐教。

一套精品教材，必须经过多次磨合、反复修改，才能逐步完善。路漫漫其修远兮，吾将上下而求索。在下一次修订出版时，我们会做得更好！

田家富

教育部高职高专工商管理教指委财务会计分委会委员

会计核算基本技术国家级精品课程负责人

国家级精品课程评审专家

湖北省高职学会财经教学组副组长

襄樊职业技术学院经济管理学院教授、院长

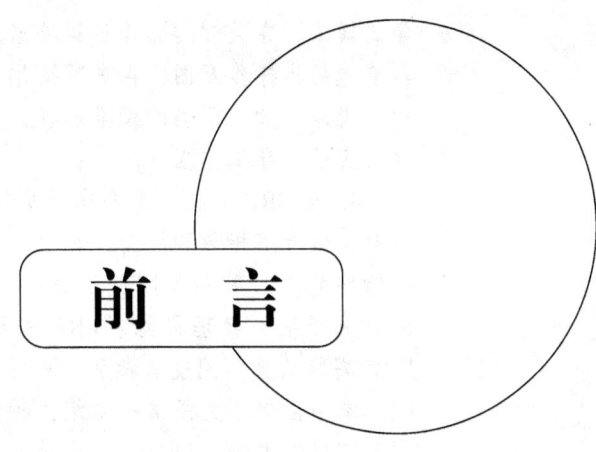

前　言

会计软件的发展已由会计电算化阶段发展到企业信息化阶段，已由简单的财务核算向财务业务一体化的方向发展，财务处理已成为企业 ERP 建设的重要组成部分。它的发展对减轻会计人员劳动强度，提高会计工作的效率，提供准确及时和全面丰富的会计信息，提升会计核算和管理的质量，促进会计职能的转变，推动管理现代化起到十分重要的作用。

会计信息化实务是高等会计职业教育会计专业学生学习会计软件操作的核心课程，主要培养学生的专业应用能力和会计职业岗位能力。课程内容涵盖财务核算、报表管理、应收与应付管理、工资管理、固定资产管理、供应链管理、会计信息化工作管理等多个方面，对提高学生 ERP 软件操作能力和培养学生 ERP 项目管理能力起着重要的作用。

本书在现有众多教材的基础上，广泛吸收了会计信息化教学的教研成果，本着完善和创新的原则编写而成，以满足高等会计职业教育会计专业会计电算化和会计信息化课程教学需要，在编写过程中参阅了大量的教材和学术文章，在此向这些作者表示衷心的感谢。全书突出了以下特点：

1. 采用学习情境和工作任务法组织教学内容。基于会计信息化岗位工作能力要求选取教学内容，以案例为载体，设计学习情境和学习任务，在每个实训任务中，明确实训内容，采用先操作，再从操作中总结理论的思路设计每个模块的学习。

2. 实训内容充实实用。一方面，首次在教学中引入虚拟机技术，解决了软件安装实训的环境问题，同时也为学生课外练习提供了解决方案。另一方面，整套实训业务经过精心设计，难度和强度适中，指导过程图文并茂，突出知识的落实和技能的掌握，力求做到学以致用。

3. 编写手法新颖细腻。会计软件的系列实训教学充分体现了任务驱动教学的模式，在关键的操作步骤给出友情提示和注意事项，同时在每一个操作步骤首先给出操作意图，再书写操作步骤，学生在阅读教材的过程中很容易明白操作思路，加上适当的疑难解答，学生可以自行解决大部分操作问题，减轻老师的实验指导工作强度。

4. 与ERP实践专家合作开发教材。在教材编写过程中，得到了多位ERP行业实践专家指导和协助，其中，用友集团培训部宋健老师对软件的选定给出了指导意见，用友集团武汉分公司严琳老师、武汉瑞杰信诚科技有限公司ERP高级项目经理朱灿、ERP高级咨询顾问雷骥、武汉友达科技有限公司ERP高级实施顾问董敏参加了教材的编写。

本书由徐亚文任第一主编，钟爱军、蒋婵任主编，乔荣、王艳霞、石勤、刘洪海任副主编。廖超如、朱蓓、刘劲松、朱珊、郑辉、严琳、朱灿、雷骥、董敏参编，具体分工如下：

1. 学习情境1"会计信息化基本认知"由钟爱军编写；
2. 学习情境2"用友ERP-U8软件安装"由廖超如编写；
3. 学习情境3"系统管理和基础设置"由严琳、朱灿编写；
4. 学习情境4"总账系统"由蒋婵、朱蓓和刘劲松编写；
5. 学习情境5"报表系统"由王艳霞编写；
6. 学习情境6"应收款系统"由乔荣编写；
7. 学习情境7"应付款系统"由董敏、朱珊编写；
8. 学习情境8"薪资管理系统"由石勤编写；
9. 学习情境9"固定资产管理系统"由刘洪海编写；
10. 学习情境10"供应链管理系统"由徐亚文、雷骥编写；
11. 学习情境11"会计信息化工作的管理"由钟爱军、郑辉编写。

全书框架由徐亚文、钟爱军、蒋婵会同企业实践专家共同提出，最后，由徐亚文修改、统稿，总纂成书。由于作者水平有限，书中缺点和疏漏之处，敬请读者批评指正。

为了方便本教材的使用和院校开展教学工作，我们免费提供一整套教学文件和相关软件，包括教学大纲、课程标准、技能实训大纲、技能考核大纲、技能考核方案、授课计划、教案、教学PPT、演示版软件、账套备份、虚拟机软件等。欢迎需要这些资料或者需要同我们进行合作交流的老师与我们联系，联系方式：3782355@qq.com。

编 者

2011年5月

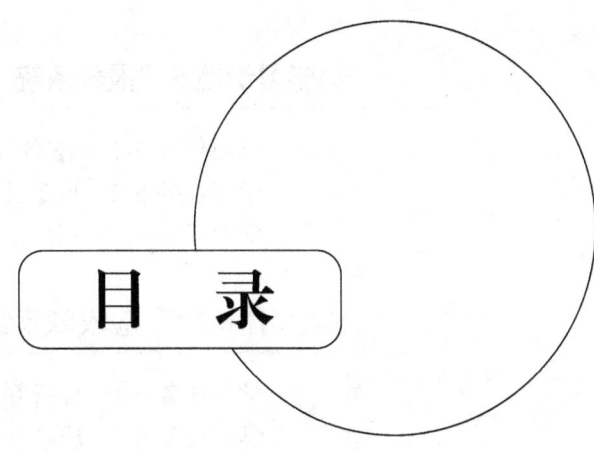

目 录

◎ 学习情境 1 　会计信息化基本认知 …………………………………… 1
　　学习任务 1-1　会计信息化及其作用 ………………………………… 1
　　学习任务 1-2　中国会计信息化的发展 ……………………………… 6

◎ 学习情境 2 　用友 ERP-U8 软件安装 …………………………………… 13
　　学习任务 2-1　用友 ERP-U8 软件简介 ……………………………… 13
　　学习任务 2-2　用友 ERP-U8 软件安装 ……………………………… 17

◎ 学习情境 3 　系统管理和基础设置 …………………………………… 32
　　学习任务 3-1　准备知识 ……………………………………………… 32
　　学习任务 3-2　系统管理 ……………………………………………… 34
　　学习任务 3-3　基础设置 ……………………………………………… 54

◎ 学习情境 4 　总账系统 ………………………………………………… 69
　　学习任务 4-1　准备知识 ……………………………………………… 69
　　学习任务 4-2　总账系统初始设置 …………………………………… 72
　　学习任务 4-3　凭证处理 ……………………………………………… 99
　　学习任务 4-4　出纳管理 ……………………………………………… 112
　　学习任务 4-5　期末账务处理 ………………………………………… 121
　　学习任务 4-6　账务查询 ……………………………………………… 141

◎学习情境 5　报表系统

学习任务 5-1　准备知识 …………………………………………………………… 148
学习任务 5-2　自定义报表 ………………………………………………………… 152
学习任务 5-3　利用模板生成报表 ………………………………………………… 161

◎学习情境 6　应收款系统

学习任务 6-1　准备知识 …………………………………………………………… 165
学习任务 6-2　应收款系统初始设置 ……………………………………………… 167
学习任务 6-3　应收款单据处理 …………………………………………………… 182

◎学习情境 7　应付款系统

学习任务 7-1　准备知识 …………………………………………………………… 200
学习任务 7-2　应付款系统初始设置 ……………………………………………… 201
学习任务 7-3　应付款单据处理 …………………………………………………… 210

◎学习情境 8　薪资管理系统

学习任务 8-1　准备知识 …………………………………………………………… 226
学习任务 8-2　薪资管理系统初始化 ……………………………………………… 228
学习任务 8-3　薪资管理业务处理 ………………………………………………… 244

◎学习情境 9　固定资产管理系统

学习任务 9-1　准备知识 …………………………………………………………… 260
学习任务 9-2　固定资产管理系统初始化 ………………………………………… 263
学习任务 9-3　固定资产业务处理 ………………………………………………… 275

◎学习情境 10　供应链管理系统

学习任务 10-1　准备知识 ………………………………………………………… 285
学习任务 10-2　供应链管理系统初始设置 ……………………………………… 291
学习任务 10-3　采购管理普通业务 ……………………………………………… 319
学习任务 10-4　采购管理特殊业务 ……………………………………………… 334
学习任务 10-5　销售管理普通业务 ……………………………………………… 341

学习任务 10-6　销售管理特殊业务 ·················· 351
学习任务 10-7　库存管理日常业务 ·················· 356
学习任务 10-8　存货核算日常业务 ·················· 360

◎学习情境 11　会计信息化工作的管理 ·················· 368

学习任务 11-1　会计信息化系统的建立 ·················· 368
学习任务 11-2　会计信息化系统的运行管理 ·················· 375

◎ 主要参考文献 ·················· 385

学习情境 1　会计信息化基本认知

◎**教学活动设计**

通过课堂学习、网络搜集资料、社会调研等方式，学生应了解会计信息化应用的相关背景知识，对网络时代的会计工作有一个清醒的认识，从而激发学习兴趣和欲望。

学习任务 1-1　会计信息化及其作用

一、现代信息技术对会计的影响

现代信息技术尤其是计算机网络技术在会计领域的应用，预示着会计工作进入信息化时代。会计信息化的发展，不仅仅是会计技术手段的简单替代，对会计理论与实务都产生了深刻的影响。

（一）丰富了会计核算的内容

信息时代，决定一个企业生存发展的不再是厂房、设备等有形资产，人力资本、知识产权、专有技术、商誉、信息资产等无形资产在企业总资产中的作用越来越重要。现代信息技术的应用，使会计信息处理的能力和速度有了质的飞跃，手工条件下无法做到或完成的工作有了可能，越来越多的新资源被纳入到会计核算中来，使得未来会计报告提供的信息更加丰富，揭示的内容更加充分——不仅包括财务信息，而且还包括非财务信息；不仅包括历史性信息，而且还包括前瞻性信息；不仅包括企业整体性信息，而且还包括分部信息；不仅表内信息更加充实，而且表外项目披露也更加详细和充分。

（二）保证了会计核算的及时性

在工业经济时代，信息的提供受到技术的限制，会计信息系统加工信息需要较长的时间，传统的会计假设要求为编制报表留出一定的时间，这就要求将企业持续经营划分为一个个相对独立又相互连续的期间，以便进行核算和报告。在现代信息技术条件下，财务信息使用者可以随时了解和掌握企业经营及财务状况，增强了决策的准确性和时效性，使企业的财务管理与业务运作协调同步。企业外部与内部的信息使用者都可实时获得最新的信息，而不必等到会计期间结束。因此，未来的会计报告将实现定期报告与实时报告并存，定期报告作为财务成果分配的依据，实时报告成为决策者做出及时正确决策的依据。

（三）拓展和深化了会计的职能

由于计算机对人工的替代，常规的、结构化较强的会计工作将由计算机自动完成，会计人员有更多的时间和精力从事那些非常规、非结构化的会计业务，会计的管理职能将得到充分发挥，整个会计系统成为一个包括事前、事中、事后在内的全面核算和全过程管理的系统。

（四）对会计人员的素质提出了更高要求

电子商务的广泛应用，使企业经营活动跨越了时空的限制，实现了业务协同、远程处理、在线管理，管理模式的变化对会计人员的素质提出了新的要求，会计人员除了具有会计、财税、金融、市场营销和企业管理等相关知识外，还必须能熟练地利用网络财务实现会计核算、会计分析以及经营预测、决策，为企业提供及时可靠的经济信息，最终实现企业价值最大化的目标。

二、手工会计与计算机会计信息系统的区别

会计工作领域的计算机化是会计发展史上的一次变革，与手工会计比较，其在数据处理、内部控制及会计职能上都有较大的变化。

（一）数据处理的变化

对账方法的变化：在手工会计中，对账是为了保证会计核算的准确性而必须实施的一项专门工作。实行会计信息化，同样需要对账，但对账的形式和方法都发生了变化，这是因为原始会计数据在输入过程中都要经过计算机的逻辑校验，所有的日记账、明细账、总账的数据都是数出一源，因此不会发生账证、账账不符的问题。对于账实核对，则是把手工盘点的结果作为原始凭证输入计算机，和机内的账存数进行核对，以确定实物的盘盈或盘亏。

期末账项调整和结账方法的变化：会计核算遵循权责发生制原则，即期末结账前通过一系列的账项调整，把应计入本期的收入和费用登记入账，以计算本期的利润或亏损；同时分别计算出每个账户的本期发生额和期末余额，并将期末余额结转至下一会计期间，即进行大量的结账工作。这些工作在手工方式下是十分繁重的，但在电算化条件下，则由计算机根据预先编好的程序自动完成。

错账更正方法的变化：在手工会计中，错账更正方法有画线更正法、红字更正法、补充登记法等；在会计信息化方式下，输入数据要经过逻辑性校验，因此不需要用画线更正法来更改账簿记录。

手工条件下，会计数据都存储在纸介质上，需要查询时很繁琐；但在电算化条件下，这些会计数据均存放在磁盘或光盘等介质上，需要查询各种数据时，通过查询命令即可实现。

（二）内部控制的变化

在手工会计系统中，内部控制是通过凭证传递程序，规定每个工作点应完成的工作，并在传递程序中选择控制点，使会计工作在日常处理业务中相互校验、相互核对来实现的。在电算化条件下，控制方式从单纯的手工控制转化为组织控制、接触控制、操作应用控制和程序控制相结合的全面内部控制。

（三）会计职能的变化

手工条件下，由于人工操作的局限性，会计职能大多仅限于核算职能，仅能完成记账、算账、编制报表等会计核算工作，而不能充分有效地发挥会计的管理职能。在电算化

条件下，计算机强大的处理功能，可以使会计职能由过去单纯的事后核算和分析转向全面核算；由过去会计部门只是反映财务情况，提供财务信息，转为参与管理和决策。

三、从会计电算化到会计信息化

（一）会计电算化和会计信息化概念的出现

1954年，美国通用电气公司首次运用电子计算机计算职工的薪金，揭开了人类利用计算机进行会计数据处理的序幕。

1979年，我国首次在第一汽车制造厂进行电子计算机在会计中应用的试点工作。1981年8月，为了总结第一汽车制造厂在会计工作中应用计算机的情况，指导下一步的应用工作，在国家财政部、原第一机械工业部和中国会计学会的支持下，由第一汽车制造厂和中国人民大学发起，在长春召开了"财务、会计、成本应用电子计算机专题讨论会"，这次会议正式提出了会计电算化的概念。会计电算化的基本含义是指将电子计算机技术应用到会计工作领域，用计算机替代部分手工会计工作的过程。

随着电子计算机应用技术和现代通信技术的迅速发展，与工业化相对应的信息化逐渐被人们所接受。随着企业信息化等概念的提出，会计信息化一词也应运而生。1999年4月在深圳举行的首届会计信息化理论专家座谈会上，专家们提出了从会计电算化到会计信息化的发展方向，首次明确提出会计信息化这一概念。2005年8月，中国会计学会会计电算化专业委员会在山西太原举办的年会上，正式提出了会计电算化向会计信息化发展的概念。

信息化的进程首先是数字化，然后是网络化，最后是信息化。现代信息技术对社会的冲击远远不是过去的技术所能比拟的，信息革命使人类的生活和工作方式产生翻天覆地的变化。所谓信息化，在宏观上它是一个经济和社会的概念，表明人类社会由传统的工业社会向现代信息社会转化的过程中，经济及社会的发展与变革；在微观上，它是一个技术概念，指在社会变革与社会生活中以信息技术为技术手段和技术特征。因此，信息化就是由信息技术引发的社会变革，包括观念、内容、方法、手段等全方位的变革。

会计信息化是指采用现代信息技术，对传统的会计模型进行重整，并在重整的现代会计基础上，建立充分开放的现代会计信息系统。这种会计信息系统将全面运用现代信息技术，通过网络系统，使业务处理高度自动化，信息高度共享，能够主动和实时报告会计信息。它不仅是信息技术运用于会计上的变革，更代表一种与现代信息技术环境相适应的新的会计思想。

会计电算化和会计信息化是人们随着信息技术在会计领域应用的不断深入而提出的差异概念，是在不同时期和信息技术发展的不同阶段提出来的。

（二）会计信息化与会计电算化的区别

目标上的区别：会计电算化是实现会计核算业务的计算机处理，以解放生产力、提高工作效率为出发点，首先强调的是会计数据处理的规范化，改变手工会计的不规范现实，要求会计软件的开发、会计信息系统的运行按照我国统一会计制度的要求规范操作，立足于财务报告的规范生成；会计信息化是实现会计业务全面信息化，更强调会计输出结果的效率和增值性，以充分发挥会计在企业管理中的核心作用，与企业管理和整个社会构成一个有机的信息系统。

理论基础不同：会计电算化是以传统会计理论和计算机技术为基础的，而会计信息化的理论基础还包含信息技术、系统论等现代技术手段和管理思想。

信息技术环境的区别：会计电算化阶段，人们谋求开发出解决会计领域的单项工作或整体核算工作的软件，从而帮助会计工作人员实现劳动力的解放和生产力水平的提高；硬件方面则主要以单机环境或F/S（文件/服务器）架构为主，很少涉及网络通信技术和感测技术。会计信息化阶段，人们需要研究和开发集财务管理、生产管理、供应链管理、人力资源管理乃至决策支持等诸多子系统于一体的管理信息系统，会计信息系统是管理信息系统的重要子系统，这个阶段MIS（管理信息系统）、ERP（企业资源计划）、SCM（供应链管理）、CRM（客户关系管理）等产品和概念的提出，无不建立在网络和通信技术基础之上。电算化和信息化都应用了计算机技术，电算化较少使用网络通信技术，信息化则更多地依赖于网络通信技术的支持；电算化几乎没有用到感测技术，信息化则会随着其发展越来越多地使用诸如条码感测、智能感测等感测技术。

功能范围不同：会计电算化以实现业务核算为主，会计信息化不仅进行业务核算，还有会计信息管理和决策分析，并能够根据信息管理的原理，重整会计信息处理的流程。

系统地位不同：会计电算化主要服务于财务部门的核算与管理，属于部门级应用；而会计信息化则是企业信息化系统的核心子系统，除了服务于财务部门外，还要为信息管理层、决策支持层和决策层提供服务，属于企业级应用。

信息输入的区别：会计电算化条件下输入系统的是记账凭证，数据主要由财务部门自己输入；而会计信息化的大量数据可从企业内外其他系统直接获取，随着原始凭证标准化问题的解决以及网络安全技术的日臻成熟，经过数字签名的原始凭证会直接进入会计信息系统。

数据处理的区别：会计电算化主要通过批处理方式处理已发生的数据，而会计信息化使企业的业务部门通过Intranet（企业内联网）协同工作，所产生的各类数据信息存储于系统集成的数据库中，会计人员可以通过对数据库的实时访问实现对数据的实时处理。

信息输出的区别：电算化环境下，会计信息的输出主要有显示、打印、磁盘等方式；信息化环境下，除了上述方式以外，更多的可以通过网络实现信息传递与共享，通过授权、划分权限级次，企业内部各个机构、部门从信息系统直接获取会计信息。随着XBRL（可扩展商业报告语言）的深入研究以及B/S（浏览器/服务器）体系架构在大型系统中的逐步推广和应用，会有越来越多的企业在Internet上公布其财务信息。

（三）会计信息化是社会发展的必然

会计电算化系统是手工会计的模拟系统，尽管财务软件提高了会计工作的效率和会计信息的质量，但会计处理程序和方法与手工会计基本上是一致的，形成企业内部的"信息孤岛"。如果我们还在用孤立的PC处理财务信息，那么企业的管理决策、预算、投资、生产决策就会因信息量不足而出现失误。企业信息化离不开会计信息处理与使用，会计信息在企业内部，主要是供管理层决策使用；而在企业外部，则主要是为企业的投资者、债权人等提供服务。会计系统只有实现了信息化，才能够更好地为企业信息化的目标服务。

四、会计信息化的作用

会计信息化是会计发展史上的一次革命，与手工会计相比，不仅仅是处理工具的变化，在会计数据处理流程、处理方式、内部控制方式及组织机构等方面都与手工处理有许多不同之处，它的产生将对会计理论与实务产生重大影响，对于提高会计核算的质量、促进会计职能转变、提高经济效益和加强国民经济宏观管理，都具有十分重要的作用。

(一) 提高工作效率，减轻劳动强度

在手工会计信息系统中，会计数据处理全部或主要是靠人工操作。因此，会计数据处理的效率低、错误多、工作量大。实现会计信息化后，计算机便自动、高速、准确地完成数据的校验、加工、传递、存储、检索和输出工作。这样不仅可以把广大财会工作人员从繁重的记账、算账、报账工作中解脱出来，而且由于计算机的数据处理速度大大高于手工，因而也大大提高了会计工作的效率，使会计信息的提供更加及时。

(二) 促进会计工作规范化

目前，我国的会计基础工作尚很薄弱，而较好的会计基础和业务处理规范是实现会计信息化的前提条件。会计信息化的实施，要求会计工作人员熟练掌握会计软件的功能，按照会计软件所确定的流程及要求进行标准化、规范化的操作，从而在客观上促进了手工操作中不规范、易疏漏等问题的解决。因此，会计实现信息化的过程，也是促进会计工作标准化、制度化、规范化的过程。

(三) 提高会计人员的素质，促进会计工作职能的转变

会计信息化可以使广大财会人员从繁重的手工核算中解脱出来，减轻劳动强度，使财会人员有更多的时间和精力参与经营管理。会计人员为适应会计职能转变与深化的需要，必须不断提高自身的专业素质，加强对计算机信息处理、网络技术、财务管理等方面知识的学习与掌握，以提高自身素质，应对会计信息化发展的需要。

(四) 提升会计信息的全面性、及时性和准确性

在手工操作情况下，企业会计核算工作无论在信息的系统性、及时性还是准确性方面都难以适应经济管理的需要。实现会计信息化后，大量的会计信息可以得到及时、准确的输出，即可以根据管理的需要，按年、季、月提供丰富的核算信息和分析信息，按日、时、分提供实时的核算信息和分析信息。随着企业内联网 Intranet 的建立，会计信息系统中的数据可以迅速传递到企业的任何管理部门，使企业经营者能及时掌握企业的最新情况和存在的问题，并采取相应的措施。

(五) 奠定现代化管理的基础

在现代社会，企业不仅需要提高生产技术水平，而且还需要实现企业管理的现代化，以提高企业经济效益，使企业在竞争中立于不败之地。会计工作是企业管理工作的重要组成部分。据统计，会计信息占企业管理信息的 60%~70%，而且多是综合性的指标。实现会计信息化，就为企业管理手段现代化奠定了重要基础，就可以带动或加速企业管理现代化的实现。

◎ 思考与练习

1. 现代信息技术对会计的影响有哪些？
2. 会计信息化与会计电算化的区别是什么？
3. 手工会计与计算机会计在错账方面有哪些区别？

学习任务 1-2　中国会计信息化的发展

一、中国会计信息化发展中的里程碑事件

1979 年，第一汽车制造厂在财政部和第一机械工业部的支持下，进口了一台 EC-1040 计算机，进行计算机在会计工作中应用的试点。

1981 年，由第一汽车制造厂和中国人民大学发起，在长春召开了"财务、会计、成本应用电子计算机专题讨论会"，会议参照当时国际上通用名词 EDPA（Electronic Data Processing Account），把计算机技术在会计工作中的应用正式命名为"会计电算化"。

1984 年，财政部财政科学研究所正式招收 16 名会计电算化方向第一批硕士研究生，开创了我国会计信息化的研究生教育。

1987 年，中国会计学会成立"会计电算化研究组"（后来改称为中国会计学会会计信息化专业委员会）；财政部颁布《关于国营企业推广应用电子计算机工作中若干财务问题的规定》。

1988 年，在吉林召开全国首届会计电算化学术讨论会，与会代表提出"会计软件规范化、通用化、商品化和服务的社会化"的观点，要克服一家一户、自己开发、自己使用的专用会计软件的缺陷，促使会计软件走出重复低水平开发，加快普及会计电算化，保证会计电算化持续健康发展。

同年，"用友财务软件服务社"（用友软件股份有限公司的前身）成立，开启了中国财务软件商品化、社会化、专业化的先河。

1989 年，财政部颁布《会计核算软件管理的几项规定（试行）》，提出了对会计软件的"十条基本要求"，建立了商品化会计核算软件的评审制度（1999 年废止评审制度）。

1994 年，财政部发布了会计信息化历程中具有里程碑意义的《关于大力发展我国会计电算化事业的意见》，提出到 2010 年，力争 80% 以上的基层单位基本实现会计电算化。同年，财政部还颁布了《会计电算化管理办法》、《商品化会计核算软件评审规则》、《会计核算软件基本功能规范》。

1995 年，由用友、安易、万能三家财务软件公司发起，成立了中国软件行业协会财务软件分会（1998 年改称为"中国软件行业协会财务及企业管理软件分会"）。

1996 年，财政部发布《会计电算化工作规范》；财政部财政科学研究所成立我国会计电算化第一个博士点；中国会计学会会计电算化研究组在北京召开了会计电算化发展研讨会，会议主要就如何进一步完善我国现有会计核算软件、提高会计核算质量、发展我国管理型会计软件、发挥会计的管理职能开展了讨论；中国软件行业协会财务软件分会通过了我国软件行业第一个行约——《中国软件行业协会财务软件分会行约》，规定会员单位享

有平等的市场开拓、产品销售和公平竞争的权利。

1997年，中国软件行业协会财务软件分会制定《服务公约》，明确了财务软件开发商及其指定的销售服务单位必须向客户提供的基本服务项目及服务监督管理办法。

1998年，中国软件行业协会财务及企业管理软件分会在北京举办记者招待会，宣布财务软件将全面向企业管理软件领域进军；由中国软件行业协会财务软件分会发起，在用友、安易、金蝶、国强等业界著名厂商的大力支持下，出台了中国软件领域第一个由民间团体制定的标准——"中国财务软件数据接口标准"。

2004年，国家标准《信息技术—会计核算软件数据接口》（GB/T19581-2004）公布，并于2005年1月1日起在全国范围内实施。

2008年，中国会计信息化委员会在北京成立，财政部、工业和信息化部、中国人民银行、审计署、国务院国有资产监督管理委员会、国家税务总局、中国银行业监督管理委员会、中国证券监督管理委员会、中国保险监督委员会九部委共同参与，旨在为推进我国会计信息化建设提供组织保障、协调机制和智力支持。

2009年，财政部发布《关于全面推进我国会计信息化工作的指导意见》。

2010年10月，国家质量监督检验检疫总局、国家标准化委员会发布《可扩展商业报告语言（XBRL）技术规范》（GB/T25500-2010），财政部同时发布《企业会计准则通用分类标准》（2010）。通用分类标准的发布实施，是我国继发布实施会计准则、内部控制规范之后的又一重大系统工程，标志着我国以 XBRL 应用为先导的会计信息化时代的来临，这在中国会计信息化发展史上具有重要的里程碑意义。

2010年12月，财政部下发《关于实施企业会计准则通用分类标准的通知》，中石油等13家企业和立信等12家从事 H 股企业审计业务的会计师事务所，自2011年1月1日起，首批实施通用分类标准。

经过30多年的发展，财务软件已成为中国应用软件领域中除操作系统以外销售量和客户量最大的产品，商品化、通用化的财务及管理软件得到了广泛的应用，形成了一个初步繁荣的国产会计软件市场，普及了会计信息化知识，造就了一批既懂计算机又熟悉会计的维护和开发人才，大部分企业告别了手工账，提高了经营和管理的效率。

二、中国财务软件市场的发展

中国财务软件应用是伴随着改革开放起步的，纵观财务软件市场20多年的发展，可以分为以下几个阶段。

（一）萌芽期

20世纪70年代末，微机开始得到较为普遍的应用。如何减轻会计人员的手工处理压力，保证财务的规范化、制度化，成为当时国企改革的一个主题。很多单位利用配备的微机，组织技术人员自主开发简单的财务应用软件，在80年代中期达到了高潮。这些自主开发的财务软件周期长、成本高、质量低、格式不一、维护困难，很难进行大规模的推广。

（二）起步期

针对当时财务软件的应用状况，1989年财政部出台了针对财务软件的规定，催生了商品化财务软件的出现。同年诞生了中国第一款商品化的财务软件——先锋通用财务系统，紧接着用友又将财务软件从简单的账务处理推广到包括报表、工资、固定资产在内的较为全面的核算体系。1988年成立的"用友财务软件服务社"开启了中国财务软件商品化、社会化、专业化的先河，随后出现了全国最早的一批财务软件公司，当时较为出名的有先锋软件、万能软件、金蜘蛛软件、安易软件、吉联软件等。用友软件通过建设完整的销售渠道，1991年占据了行业第一的位置。中国的财务软件市场初步形成。一些地区性和行业性的财务软件公司取得了不错的经济效益。

（三）竞争期

这个时期跨度比较长，以金蝶、用友上市为标志。在这一时期，信息技术得到了迅速进步和广泛应用，几乎每次信息技术的变革都导致市场竞争格局发生较大的变化。一批成长性的公司发展起来了，更多的软件公司则沉沦下去，直至消失。

20世纪90年代初期，财务软件市场丰厚的利润吸引着大批的创业者，全国出现了很多或大或小的财务软件公司，包括成立于1992年的金算盘、1993年的金蝶软件、1993年的新中大、1995年的深软小蜜蜂。

1992年，金蜘蛛发布了第一个局域网络版财务软件，并且迅速发展起来，打破了当时的竞争格局，对其他竞争对手，尤其是已成为行业领跑者的用友造成了很大的威胁。可惜的是，遭遇人事及资金困局的金蜘蛛并没有辉煌多久。1996年前的财务软件市场被用友、安易、万能占据了第一集团的位置。

Windows平台的应用成为中国财务软件厂商的又一个分水岭。金算盘、深软小蜜蜂推出了第一款基于Windows32平台的财务软件，并借此发力，成长为全国性的品牌。金算盘以代理用友软件起家，通过Windows平台财务软件，把产品推向了全国，时至今日，仍在财务及企业管理软件市场中有一席之地。深软凭借小蜜蜂软件，一度活得很滋润，在1998年还把找上门来寻求合作的IDG拒之门外（IDG后来向金蝶进行了风险投资），最后因为几十万元的欠款而陷入困局，令人惋惜。

金蝶开发的Windows平台财务软件虽然比金算盘和小蜜蜂晚，但赶在了用友、安易等几家公司的前面，通过成功的商业运作，成为财务软件市场的后起之秀，从此开始了长时间的用友、金蝶相争的局面。

在这个过程中落后的用友没有选择16位的平台，而是直接选择了基于Win95的32位平台方案，弥补了它在平台转移中的劣势。中国的财务软件网络技术也由文件/服务器模式（F/S）向客户端/服务器结构（C/S）发展。众多技术落后、实力不济的软件厂商被淘汰出局，新中大和浪潮成为财务软件市场的新秀。中国财务软件市场调整、产业整合进一步加强。90年代后期，互联网的兴起带来了信息应用和传播的高速度，国外先进的企业管理理论和信息化技术开始导入中国，ERP、CRM等概念在中国开始流行，并在一些企业中进行应用，传统的基于部门级的核算型财务软件开始落伍。众多的财务软件厂商面临向ERP供应商转型的困局。用友、金蝶、新中大等厂商纷纷推出自己基于财务软件的ERP产品，并依托原有的渠道和客户群，在中低端ERP市场占有较大的份额。

至此，中国的财务软件市场形成了以用友、金蝶为首，包括新中大、浪潮、金算盘等有限几家全国性知名厂商竞争的格局，并且开始向企业管理软件厂商转型。

(四) 整合期

进入新世纪以来，中国本土的财务及企业管理软件厂商，通过与国外管理软件巨头的竞争和学习，吸取先进的计算机技术和企业管理理念，其应用软件，无论是技术含量还是产品线，都取得长足进步，具备了与Oracle、SAP等国际管理软件巨头一争高下的实力。

2001年初，金蝶登陆香港创业板，募集9000万元港币。2001年5月，用友在上交所上市，募集9亿元资金。借助资本力量，金蝶收购开思，用友收购华表、安易，通过一系列的整合，形成了用友、金蝶两大管理软件巨头。

三、中国会计信息化发展阶段的划分

从会计电算化工作的开展程度、组织管理和会计软件开发等因素综合分析，划分为起步阶段、推广应用阶段、普及提高阶段和标准化应用阶段。

(一) 第一阶段：1982年以前

这一阶段属于起步阶段，只有个别企业摸索应用。1979年在长春第一汽车制造厂进行会计电算化试点工作。1981年8月，中国人民大学和第一汽车制造厂联合召开了"财务、会计、成本应用电子计算机专题讨论会"，会上把电子计算机在会计中的应用简称为"会计电算化"。这标志着我国会计电算化已经起步，并逐步跨入应用阶段。

这一阶段的主要特点是：业务处理内容单一，主要是进行单项会计业务的电算化工作，其中最为普遍的是工资核算业务的电算化；应用范围小，只有极少数国有大型企业进行会计电算化工作；计算机专业人才奇缺，特别是既懂计算机又懂会计业务的会计电算化专门人才更是寥寥无几；设备缺乏，硬件设备主要是中小型计算机，价格昂贵，设备庞大，使用不便；软件方面，由于缺乏中文操作系统，对中文的处理能力相当弱，程序设计语言主要以COBOL、ALGOL等高级语言为主。

(二) 第二阶段：1983—1988年

该阶段属于推广应用阶段，少数企业开始自我开发应用。

1983年，国务院成立了电子振兴领导小组，掀起了全国范围的计算机应用热潮。

1984年，财政部财政科学研究所正式招收了会计电算化方向的第一批硕士研究生共16名，开创了我国会计信息化的研究生教育。

1987年，中国会计学会成立了"会计电算化研究组"（后来改称为中国会计学会会计信息化专业委员会），会计电算化的理论研究工作开始取得成效。

这一阶段，社会对会计电算化的需求越来越大，应用计算机进行会计处理的单位愈来愈多，但由于各单位经验不足，加之缺乏统一的领导，造成了各自为政、各行其是的现象，使会计电算化在我国的推进非常缓慢。

这一阶段的主要特点是：在软件开发方面，各单位各自为政，自行组织开发，会计软件的低水平和重复开发现象严重，造成人力、物力、财力的大量浪费；在软件使用方面，国家对会计应用软件没有制订严格的评审制度，各单位开发的会计软件的规范化、标准化程度较低，会计电算化工作的开展缺乏相应配套的各种组织管理制度及其他控制措施；单位会计电算化工作的内容已经从工资核算扩展到账务处理、材料核算、固定资产核算、成本核算等大部分会计核算业务，一些企业逐步形成电算化会计信息系统，在系统内实现资源共享；计算机硬件、软件发展迅速，80年代以来随着市场上微型计算机价格不断下降，克服了中小型计算机价格昂贵、使用不便的缺点。同时，中文操作系统的研制成功和不断完善，使中文处理能力大大加强，这些都为会计电算化提供了较好的物质基础。

（三）第三阶段：1987—1997年

此阶段属于普及提高阶段，国家大力推动商品化会计软件发展，会计软件产业开始发展壮大。

从1987年开始，国家财政部先后颁布了《关于国营企业推广应用电子计算机工作中若干财务问题的规定》、《会计核算软件管理的几项规定（试行）》、《关于大力发展我国会计电算化事业的意见》、《会计电算化管理办法》、《商品化会计核算软件评审规则》、《会计核算软件基本功能规范》，地方各级财政部门、各业务主管部门遵照财政部的有关规定，加强了对会计电算化的领导和管理，以财政部为中心的会计电算化宏观管理体系正在形成。

社会上出现了专门从事商品化会计软件和会计专用设备开发研制的单位，如当时的用友财务软件服务社等，全国的会计软件市场也初步形成，会计软件的开发向着规范化、通用化、专业化和商品化的方向发展。

在此阶段，财政部对会计电算化事业发展起到了十分重要的作用。财政部在制定应用发展规划、会计软件功能规范、会计软件评审规则、会计软件市场管理、会计人员培训、电算化持证上岗、指导基层单位会计电算化工作等多方面做了大量工作，为我国会计电算化事业发展营造了良好的环境，保证了我国会计电算化事业持续而健康的发展。

（四）第四阶段：1997年以后

商品化软件进入快速发展提高阶段，会计软件开发与应用开始进入标准化阶段。

1998年8月在吉林召开了我国首届会计电算化学术研讨会，提出了实现会计软件通用化的若干措施，并将市场机制引进我国会计软件市场，极大地促进了我国会计电算化的发展。

2004年9月20日经国家质检总局和国家标准化委员会批准，《信息技术—会计核算软件数据接口》（GB/T19581-2004）国家标准于2004年11月4日公布。

我国在"十五"期间，会计信息化、审计信息化及其他政务信息化方面有了长足发展，但是由于采用了不同的数据库平台和数据库结构，当时国内财务软件众多且自成体系，对不同财务软件之间以及财务软件与业务系统软件之间的数据交换形成障碍，同时也使得政府监管部门和社会财务信息使用者无法获取企事业单位真实的财务数据。这项国家标准旨在克服会计数据交换障碍，提高会计数据综合利用率，我国的会计信息化终于走上了标准化的进程，原先的会计电算化早已今非昔比，国产会计信息化软件也逐步进入国际竞争的大循环。

此阶段的特点是：会计软件产品丰富，核算型软件趋于成熟，管理型软件发展进入激烈竞争阶段，逐渐从单纯的会计核算转变为企业一体化管理，我国的"会计电算化"过渡到"会计信息化"。

此外，按照软件功能划分为核算型、管理型、决策型三个阶段：

会计核算电算化是会计信息化的第一阶段（1978—1987年）。

会计管理电算化是会计信息化的第二阶段（1988—1995年）。
会计决策电算化是会计信息化的第三阶段（1996年至今）。

四、中国会计信息化发展展望——今后的目标与任务

随着我国社会经济发展和科技进步，越来越多的企业已经认识到会计信息化的重要性，会计信息化的企业覆盖面和升级率在急速扩大，会计信息化已经成为企业管理现代化的重要方面。会计信息化使得企业财会信息处理更加迅速和规范，也使广大财会人员从繁琐的抄写计算手工劳动中解脱出来，为加强财会管理和实现企业管理的现代化创造了有利条件。

全面推进我国会计信息化工作的主要任务是：

（一）推进企事业单位会计信息化建设

一是会计基础工作信息化，会计基础工作涉及企事业单位管理全过程，只有实现会计基础工作信息化，才能为企事业单位全面信息化奠定扎实的基础；二是会计准则有效实施信息化，通过将相关会计准则与信息系统实现有机结合，自动生成财务报告，进一步贯彻执行相关会计准则，确保会计信息等相关资料更加真实、完整；三是内部控制流程信息化，根据企事业单位内部控制制度要求，将内部控制流程、关键控制点等固化在信息系统中，促进各单位内部控制制度的设计与运行更加有效，形成自我评价报告；四是财务报告与内部控制评价报告标准化，各企事业单位在贯彻实施会计准则、内部控制规范制度并与全面信息化相结合的过程中，应当考虑 XBRL 分类标准等要求，以此为基础生成标准化财务报告和内部控制评价报告，满足不同信息使用者的需要。

（二）推进会计师事务所审计信息化建设

一是财务报告审计和内部控制审计信息化，加强计算机审计系统的研发与完善，实现审计程序和方法等与信息系统的结合，全面提升注册会计师执业质量和审计水平；二是会计师事务所内部管理信息化，通过信息化手段实现会计师事务所内部管理的科学化、精细化，促进注册会计师行业做强做大，全面提升会计师事务所的内部管理水平和执业能力。

（三）推进会计管理和会计监督信息化建设

一是建立会计人员管理系统，创新会计人员后续教育网络平台，实现对全社会会计人员的动态管理；二是在全国范围内逐步推广无纸化考试，提高会计从业资格管理工作的效率和水平；三是推进信息系统在会计专业技术资格考试工作中的应用，完善会计人员专业技术资格考试制度，切实防范考试过程中的舞弊行为；四是完善注册会计师行业管理系统，建立行业数据库，对注册会计师注册、人员转所、事务所审批、业务报备等实行网络化管理；五是推动会计监管手段、技术和方法的创新，充分利用信息技术提高工作效率，不断提升会计管理和会计监督水平。

（四）推进会计教育与会计理论研究信息化建设

一是建立会计专业教育系统，实时反映和评价会计专业学历教育情况，掌握会计专业学生的培养状况以及社会对会计专业学生的需求，改进教学方法和教学内容，促进会计专业毕业生最大限度地满足社会需求；二是建立会计理论研究信息平台，及时发布和宣传会计研究最新动态，定期统计、推介和评估有价值的会计理论研究成果，促进科研成果转化

为生产力,以指导和规范会计理论研究,为会计改革与实践服务。

(五) 推进会计信息化人才建设

一是完善会计审计和相关人员能力框架,在知识结构、能力培养中重视信息技术方面的内容与技能,提高利用信息技术从事会计审计和有关监管工作的能力;二是加强会计审计信息化人才的培养,着力打造熟悉会计审计准则、内部控制规范制度和会计信息化三位一体的复合型人才队伍。

(六) 推进统一的会计相关信息平台建设

为了实现数出一门、资源共享的目标,应当构建以企事业单位标准化会计相关信息为基础,便于投资者、社会公众、监管部门及中介机构等有关方面高效分析利用的统一会计相关信息平台。该平台应当涵盖数据收集、传输、验证、存储、查询、分析等模块,具备会计等相关信息查询、分析、检查与评价等多种功能,为会计监管等有关方面预留接口,提供数据支持。在建立统一的会计相关信息平台过程中,应当关注信息安全。

◎ 思考与练习

1. 请列举3~5项中国会计信息化发展中的里程碑事件。
2. 中国会计化信息发展有哪几个发展阶段?
3. 推进我国会计信息化工作的主要任务有哪些?

学习情境 2
用友 ERP-U8 软件安装

◎教学活动设计

用友 ERP 是一个多功能的应用软件。在我们操作的电脑上装有很多应用软件,用友 ERP 的安装是不是也那么简单呢?答案是否定的。因为它的安装需要一定的硬件配置和相应的软件支持,还需要一定的计算机基础,下面我们一起来探讨。

学习任务 2-1 用友 ERP-U8 软件简介

一、用友 ERP-U8 软件的功能结构

用友 ERP-U8.72 是用友推出不久的新版本,支持 2007 年新会计制度。该版本所涉及的内容较多,包含财务会计、管理会计、供应链、生产制造、人力资源、集团应用、Web 应用、企业应用集成等,本书介绍以财务会计为主。用友 ERP-U8 系统支持三层 C/S 体系结构,如图 2-1 所示。

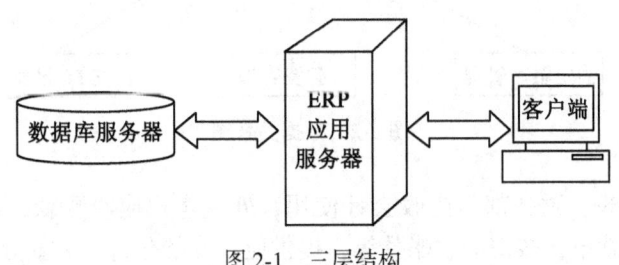

图 2-1 三层结构

其中,数据库服务器(DBMS)对后台数据进行管理,要求同时安装 DBMS 软件的服务端和用友 ERP-U8 程序的数据库端。

ERP 应用服务器专门负责各种业务逻辑的实现。在 ERP 服务器上,要求同时安装 DBMS(如 SQL2000)软件的客户端程序和用友 ERP-U8 服务端程序。

客户端提供用户与系统的友好访问。在客户端,要求同时安装用友 ERP-U8 程序的客户端程序和 DBMS(如 SQL2000)软件的客户端程序。

如果是 C/S 网络应用模式,在服务端和客户端分别安装了不同的内容,需要进行三层结构的互联。在系统运行过程中,可根据实际需要随意切换应用模式(单机/网络);在网络应用模式下,可根据实际需要随意切换远程服务器,即通过改变服务器名称来访问不同服务器上的业务数据。

物理上，既可以将数据库服务器、应用服务器和客户端安装在一台计算机上（即单机应用模式）；也可以将数据库服务器和应用服务器安装在一台计算机上，而将客户端安装在另一台计算机上（网络应用模式但只有一台服务器）；还可以将数据库服务器、应用服务器和客户端分别安装在不同的三台计算机上（网络应用模式且有两台服务器）。

当然，出于教学目的或因资源有限，可以将应用服务器和数据库服务器同时安装在一台计算机上，甚至也可以将数据库服务器、应用服务器和客户端三者同时安装在一台计算机上，但三者的逻辑是分开的。

二、用友 ERP-U8 软件的数据流程

为更好地使用用友 ERP-U8.72 软件，首先要理解它的数据流程，了解系统中某一个功能模块所产生的数据怎样传递到其他的相应模块中，并对其产生什么作用。数据流程如图 2-2 所示。

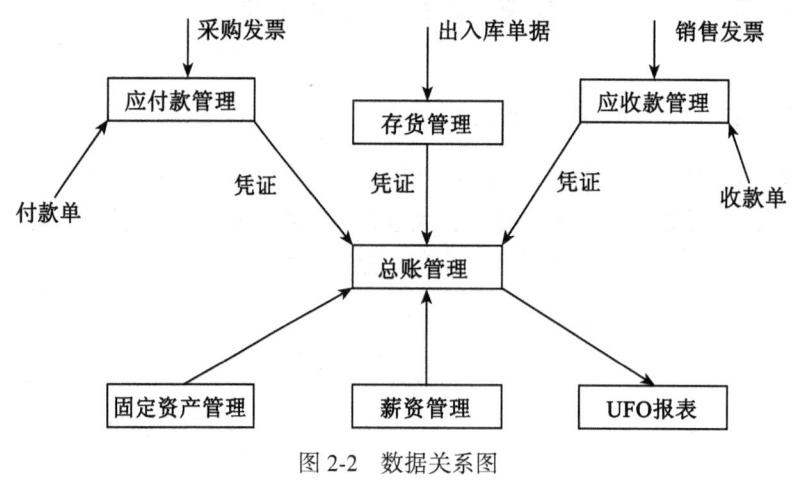

图 2-2 数据关系图

（1）应收款管理：财务部门应收会计使用，处理客户应收账款，进行销售发票和应收单审核、填制收款单、核销应收账款等，提供应收账龄分析、欠款分析、回款分析等统计分析，提供资金流入预测功能，根据客户信用度、信用天数的提示进行自动报警、控制预警。

（2）应付款管理：财务部应付会计使用，处理供应商应付账款，进行采购发票和应付单审核、填制付款单、核销应付账款等，提供应付款账龄分析、欠款分析等统计分析，提供资金流出预测功能。

（3）存货管理：财务部门材料会计使用，处理由库存管理模块传递过来的各种出入库单据，审核记账，根据预先定义好的成本结转方式（如先进先出、后进先出、移动平均等）自动结转出库成本。可调整存货的出入库成本，最后生成凭证传递到总账中。

（4）薪资管理：财务部门使用（也可以由人事部门使用），核算公司员工工资，进行简单的人事档案管理，出具各种工资报表，处理计价工资业务，提供工资的现金发放清单

或委托银行代发工资，代扣员工工资的个人所得税。

（5）固定资产管理：财务部门使用，管理固定资产业务，将固定资产用卡片形式进行登记，处理固定资产的维修、自动计提折旧、部门转移等业务，进行一个固定资产多部门使用的账务处理。

（6）总账管理：财务部门总账会计使用，处理由各模块传递过来的凭证，也可以自己填制凭证，生成财务报表，进行月底结转工作、年末处理工作等。

（7）UFO 报表：提供资产负债表、利润表等报表模板，在此也可以自定义所需要的报表。

三、用友 ERP-U8 软件的安装

（一）环境要求

1. 硬件环境（最低配置）

服务器：主频 700M 以上，内存 1G 以上，硬盘剩余空间大于 20G。

客户端：主频 500M 以上，内存 512M 以上，硬盘剩余空间大于 5G。

2. 软件环境

服务器端：操作系统为 Windows 2000/2003 Server，后台数据库为 SQL2000/2005/2008。

单机或工作站的操作系统：WindowsXP。

网络协议：TCP/IP。

本书介绍单机模式下用友 ERP-U8.72 的安装方法。

（二）安装步骤

1. 安装 IIS。
2. 安装 SQL2000。
3. 安装 SQL2000sp4。
4. 安装用友 ERP-U8.72。

（三）重要提示

用友 ERP 实验中心有两种应用模式：日常教学及模拟企业实习。

1. 日常教学

日常教学主要为配合多学科实践课程使用，学生在教师的引导下，以企业实际业务流程为牵引，针对一个特定系统的业务，模拟企业不同部门、不同工作岗位，独立完成业务处理，目的是熟悉系统的功能，明晰不同类型业务的处理流程。针对日常教学，推荐采用单机应用模式，学生在本机上运行独立的企业账套，并只对本人的数据负责。

2. 模拟企业实习

模拟企业实习是另外一种设计思路。企业中的各项经济事项是按时间顺序发生的，且管理软件在企业中的运行是由不同部门、不同工作岗位的协同合作下完成的。不同的角色定位，在系统运行过程中有着特定的工作内容。为了全面提高实验者的综合实践能力，真实模拟系统在企业中的实际运行过程，在局域网完备的环境下，可以由不同的学生模拟企业中的不同岗位，每个岗位都具有相应的责、权、利，让每一个学生都找到相应"职业

角色"的感觉。模拟企业实习需要选择服务器/客户端模式，此时账套只能建在服务器上，学生从客户端登录连接到服务器，按所分配的角色处理相应的工作。

四、用友ERP-U8软件的卸载

如果要卸载用友ERP-U8软件，可打开【控制面板】—【添加/删除程序】，选中"用友ERP-U8"选项，按提示操作即可。

五、巧用虚拟机技术解决用友软件学习环境问题

在学习用友软件过程中，有一些头疼的问题：

第一个问题是学生有电脑，却无法安装用友软件。目前由于电脑的降价和普及，大部分学生有个人电脑，但是用友软件安装时间长，环境要求苛刻，安装后会大大降低电脑的反应速度，不可能让老师亲自一台台安装，而学生也不愿意安装。因此，学生不能在自己的电脑上进行课外练习，整个学习环境只能由学校的机房提供。

第二个问题是学校电脑不可能打开保护卡供学生安装用友软件。用友软件的安装比较复杂，学校机房由于使用了保护卡，很难提供学生练习安装的条件。

第三个问题是学校的电脑是公共电脑，软件的升级或安装其他软件可能会导致用友软件的崩溃。

解决方案如下：

（1）在机房中安装虚拟机软件VMware，提供虚拟机环境。所谓虚拟机，指通过软件模拟的具有完整硬件系统功能、运行在一个完全隔离环境中的完整计算机系统。通过虚拟机软件，我们可以在一台物理计算机上模拟出一台或多台虚拟的计算机，这些虚拟机完全就像真正的计算机那样工作，如可以安装操作系统、安装应用程序、访问网络资源等。对于你而言，它只是运行在物理计算机上的一个应用程序，但是对于在虚拟机中运行的应用程序而言，它就是一台真正的计算机。因此，在虚拟机中进行软件操作时，可能系统一样会崩溃，但是，崩溃的只是虚拟机上的操作系统，而不是物理计算机上的操作系统，并且，使用虚拟机的快照恢复功能，可以马上恢复虚拟机到操作之前的状态。目前最常用的虚拟机软件为VMware。

（2）在虚拟机中对每一个实训环境建立快照。在打开保护卡的条件下，安装VMware软件，新建一个虚拟机，在虚拟机中安装操作系统，然后建立第一个快照，完成第一个实训，再建立第二个快照，完成第二个实训，依次建立所有实训的快照，完成所有实训。也可以在完成第一个实训的基础上，先引入已完成的账套备份，再建立快照。这样做的好处是，可以让学生在多个状态下自由切换，不需要重新启动物理计算机，也不会受限于保护卡，学生需要在什么样的环境下练习，只需要选择相应的快照，还原快照即可，且还原速度很快，学生也可以自己建立快照，对某些操作过程进行反复练习。如果环境崩溃或练习错误，只需要还原快照即可。

（3）提供FTP下载服务供学生自由安装。现在的学校都有校园网，可以在校园网内建立一个专用的FTP服务器，将安装好用友软件的虚拟机文件上传服务器，并给学生提供FTP下载服务，学生可以在校园网内自由下载。文件下载完成后，学生只需要10分钟

即可在自己的电脑上快速安装用友软件。当需要练习有关操作时，只需要打开虚拟机即可，不需要练习时关闭虚拟机，就像没有安装用友软件一样，不会影响计算机的性能。虚拟机软件的下载和使用方法以及如何制作用友虚拟机文件可以与编者沟通交流。

学习任务 2-2　用友 ERP-U8 软件安装

一、实训任务

1. IIS 的安装。
2. SQL 数据库的安装。
3. 用友 ERP-U8 软件的安装。

二、任务目标

1. 理解用友 ERP-U8 系统支持的三层 C/S 体系结构。
2. 理解用友 ERP-U8 的数据流。
3. 掌握用友 ERP-U8 软件的安装。

三、准备工作

1. 初步了解计算机网络拓扑结构。
2. 基本了解电算化会计的工作流程。
3. 准备操作系统安装文件和用友安装文件。
4. 提供虚拟机环境（VMware）并在虚拟机中安装 Windows XP 操作系统。

四、实训引例

在 Windows XP 操作系统中安装用友 ERP-U8.72 软件。

五、学情关注

本书以下介绍单机模式（WindowsXP 操作系统）用友 ERP-U8.72 的安装方法，以下所有操作都在已安装好 WindowsXP 操作系统的虚拟机环境中进行。安装应用服务器的操作系统一定要安装 IIS 组件，便于前后台连接。安装 IIS 时，需要使用操作系统安装盘，如果是 ghost 版操作系统，则需事先下载 IIS。用友 ERP-U8.72 的后台数据库是 Microsoft 公司开发的 SQL Server。如果是 SQL2000，还需安装其补丁 sp4。安装用友 ERP-U8.72 前需检测系统环境，如果检测不过关，则要根据提示安装相应的程序。安装过程时间稍长，请耐心等待。

六、过程指导

（一）**安装 IIS**

安装步骤如下：

1. 选择【开始】—【设置】—【控制面板】—【添加或删除程序】，单击左边"添加/删除 Windows 组件"图标，打开 Windows 组件向导，如图 2-3 所示。

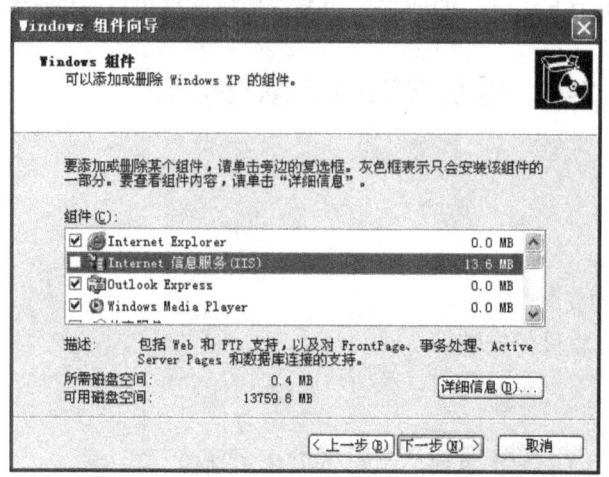

图 2-3

2. 勾选"Internet 信息服务（IIS）"，单击"下一步"按钮，查找 IIS 安装文件，如图 2-4 所示。

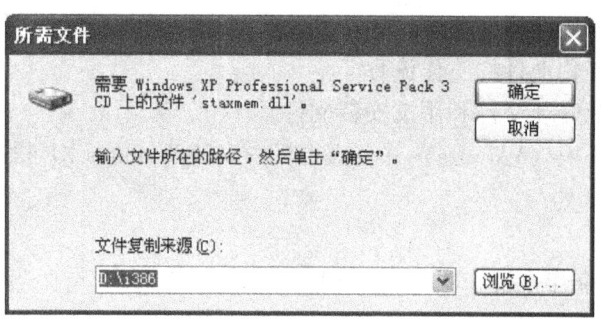

图 2-4

3. 通过"浏览"选择好 IIS 所在的路径，单击"确定"按钮，开始复制文件，如图 2-5 所示。

4. 提示正在配置组件，通过几次"确定"完成配置，最后提示安装完成，如图 2-6 所示，单击"完成"按钮即可。

【友情提示】

➢ 安装 IIS 所需要的文件可从 Windows 操作系统盘中取得，若找不到系统盘，可下载。

➢ 安装 IIS 所需要的具体文件应通过"浏览"按钮分次找到。

（二）安装 SQL2000

安装步骤如下：

1. 插入 MS SQL Server 2000 的安装盘（或找到 SQL2000 安装文件夹）。

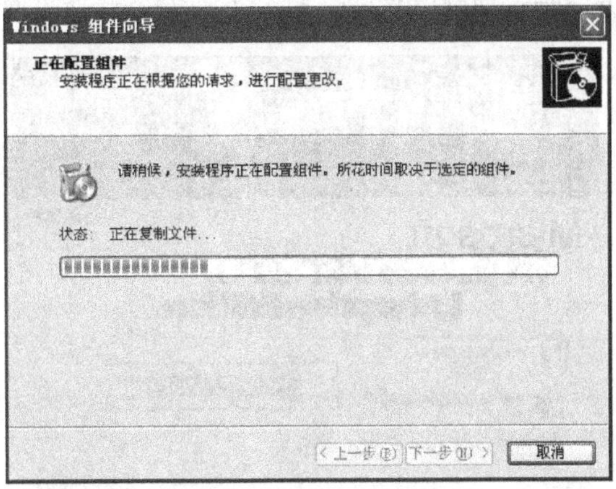

图 2-5

图 2-6

2. 双击 "AUTORUN" 或 "SETUP" 进入安装程序选择，如图 2-7 所示。

图 2-7

3. 单击"安装 SQL Server 2000 组件",打开下一安装选择界面,如图 2-8 所示。

图 2-8

4. 选择"安装数据库服务器",自动打开安装向导,显示欢迎界面,如图 2-9 所示。

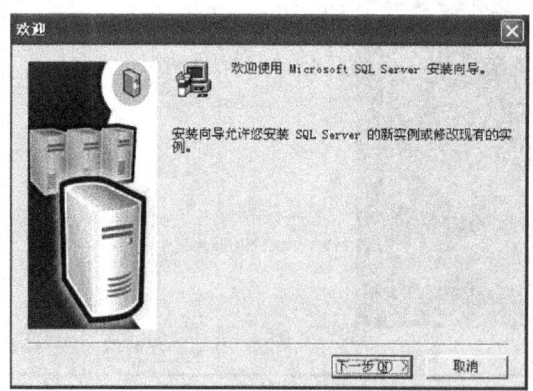

图 2-9

5. 在安装向导中单击"下一步"按钮,显示计算机名界面,如图 2-10 所示。

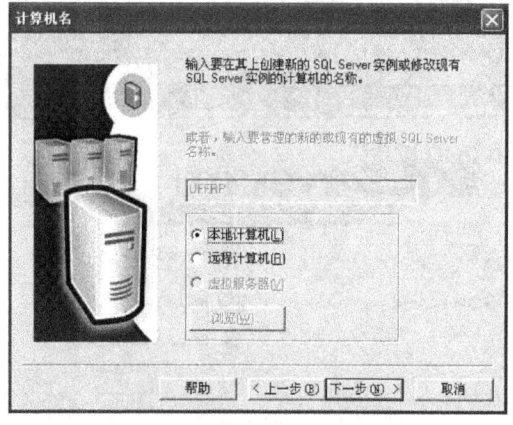

图 2-10

6. 选择"本地计算机",单击"下一步"按钮,显示安装选择界面,如图 2-11 所示。

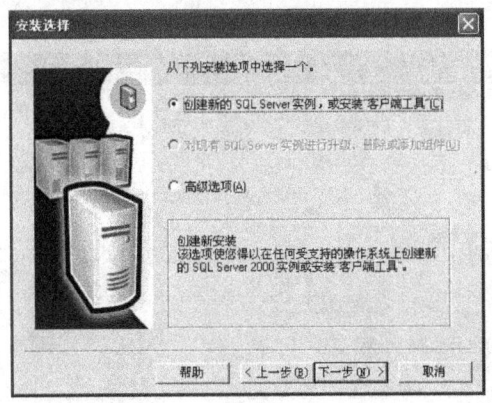

图 2-11

7. 按照系统默认,单击"下一步"按钮,显示安装定义界面,如图 2-12 所示。

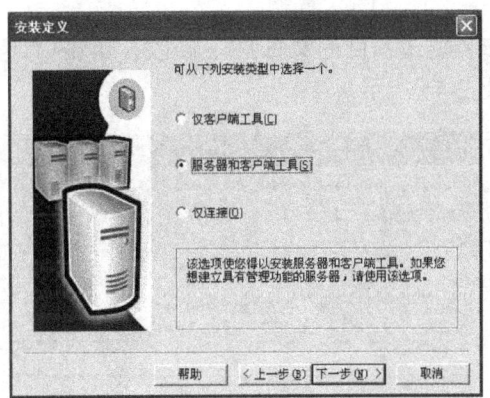

图 2-12

8. 选择"服务器和客户端工具",单击"下一步"按钮,显示实例名界面,如图 2-13 所示。

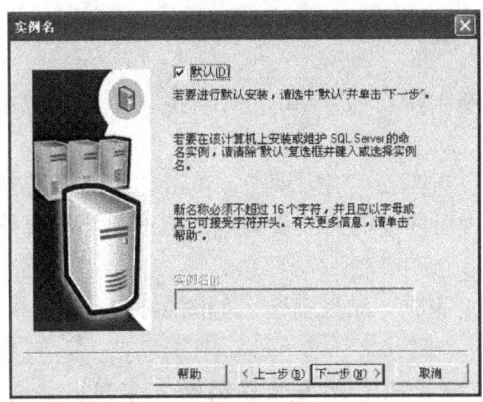

图 2-13

9. 选中"默认"安装,单击"下一步"按钮,显示安装类型以及目标地址的选择界面,如图 2-14 所示。

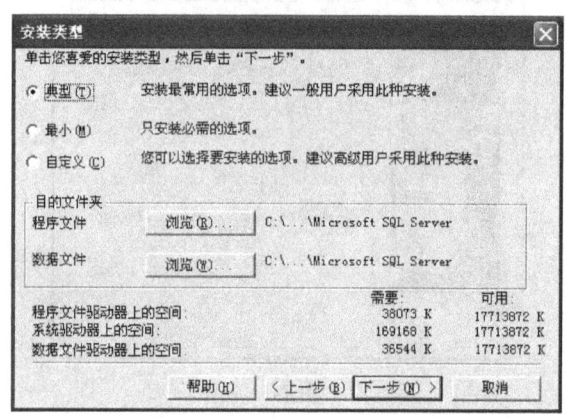

图 2-14

10. 选择"典型"安装模式,目标文件夹不修改,单击"下一步"按钮,显示"服务帐户"设置界面,如图 2-15 所示。

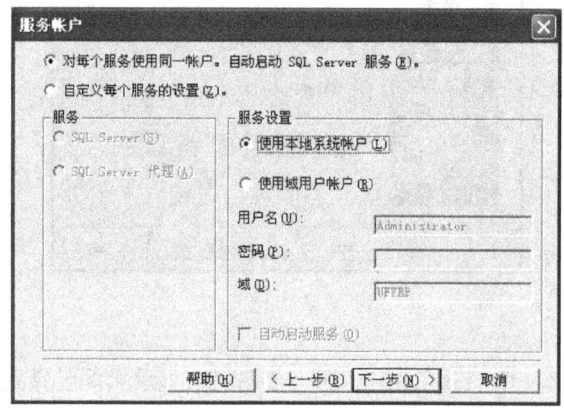

图 2-15

11. 选择"使用本地系统帐户",单击"下一步"按钮,显示身份验证模式界面,如图 2-16 所示。

12. 选择"混合模式"并勾选"空密码",单击"下一步"按钮。

13. 安装程序提示是否对前面的安装设置做出修改,不需要修改,单击"下一步"按钮,安装程序自动运行。

14. 安装完毕,点击"完成"结束安装,如图 2-17 所示。

【友情提示】

➢ 不同的操作系统在安装 SQL 时安装界面略有不同,安装时应依据安装向导进行操作。

➢ 在安装过程中第十一步一定要选择"使用本地系统帐户",第十二步一定要选择

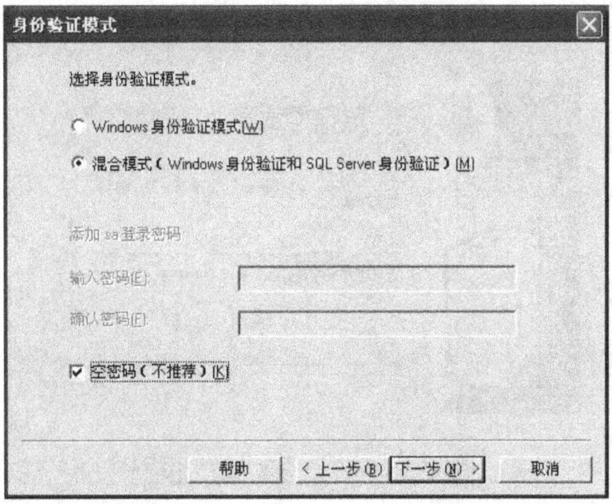

学习情境 2　用友 ERP-U8 软件安装

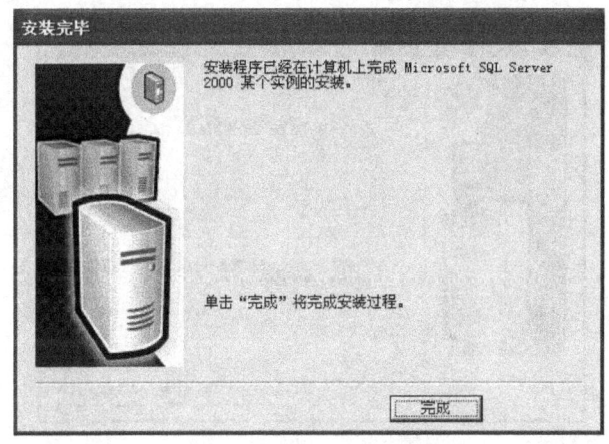

图 2-16

图 2-17

"混合模式"。

➢ 为简化和方便操作，SA 设置成空密码，安装位置在 C 盘。

(三) 安装 SQL2000sp4

由于 U8 版本功能增加，在安装完 SQL2000 后，还需安装其补丁 sp4。操作步骤如下：
1. 找到 SQL2000sp4 所在的文件夹。
2. 双击"SETUP"进入安装程序，安装程序自动运行，显示安装向导，如图 2-18 所示。
3. 单击"下一步"按钮，选择连接服务器方式，如图 2-19 所示。
4. 单击"下一步"按钮，出现 SA 密码警告界面，如图 2-20 所示。
5. 选择密码为空，单击"确定"按钮，显示安装内容选择界面，如图 2-21 所示。
6. 勾选升级，单击"继续"按钮，显示开始复制文件界面，如图 2-22 所示。
7. 单击"下一步"按钮，开始复制文件。
8. 安装完成后，提示备份数据库，如图 2-23 所示。

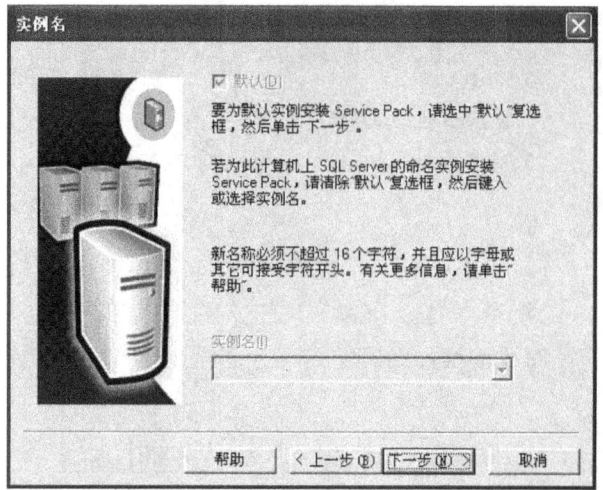

图 2-18

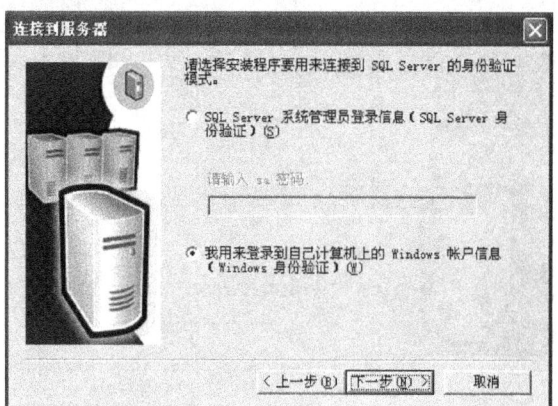

图 2-19

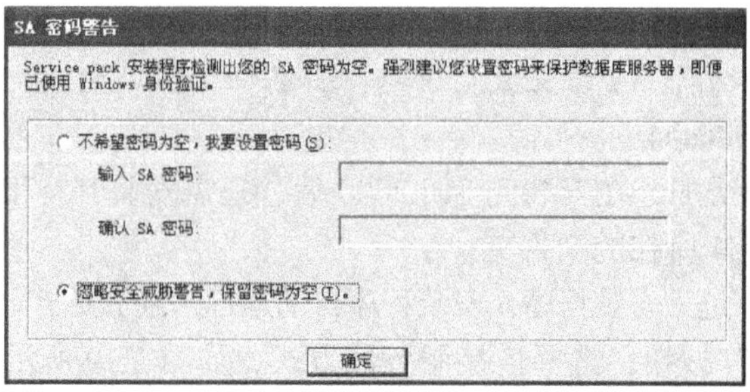

图 2-20

9. 单击"确定"按钮，显示安装完成界面，如图 2-24 所示。
10. 单击"完成"按钮结束安装。

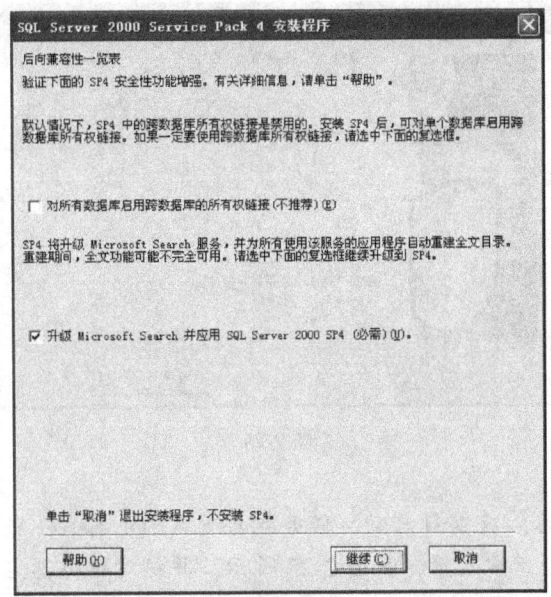

图 2-21

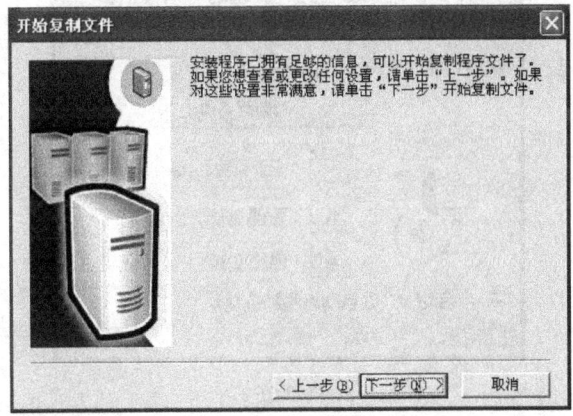

图 2-22

图 2-23

【友情提示】
> 为简化和方便操作，第三步选择的是空密码。

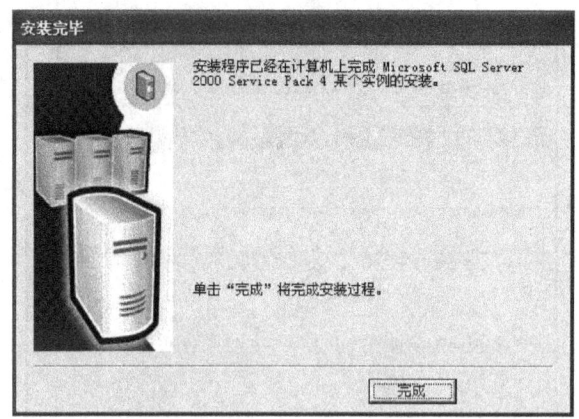

图 2-24

➤ SQL 安装完成后，应重新启动，任务栏可见"SQL Server 服务管理器"图标，双击打开检查一下是否正常启动，如图 2-25 所示，并核对服务器名称是否与自己操作的计算机名相符（要查看自己的计算机名可在桌面上【我的电脑】—【属性】对话框中找到）。

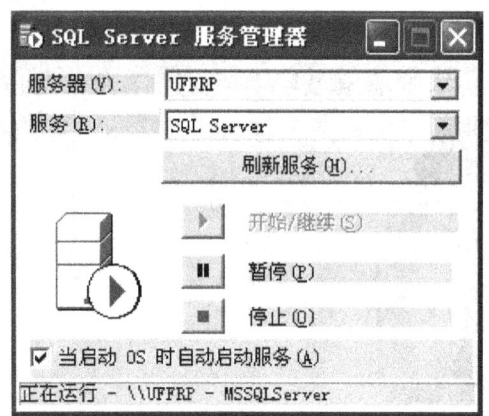

图 2-25

（四）安装用友 ERP-U8.72

前面已安装完成后台数据库，又有 IIS 支持，接下来就可以正式安装用友 ERP-U8.72。

1. 插入用友 ERP-U8.72 光盘（或找到其所在的文件夹）。
2. 双击"SETUP"文件，进入安装向导界面，如图 2-26 所示。
3. 单击"下一步"按钮，显示安装位置选择界面，如图 2-27 所示。
4. 选择安装目标文件夹，单击"下一步"按钮，显示安装类型，如图 2-28 所示。

【友情提示】

➤ 用友安装路径默认为 C：\U8SOFT，也可根据需要单击"更改"按钮修改安装的目的文件夹。

学习情境 2　用友 ERP-U8 软件安装　27

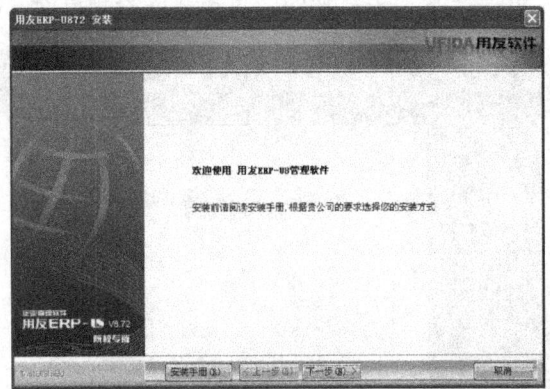

图 2-26

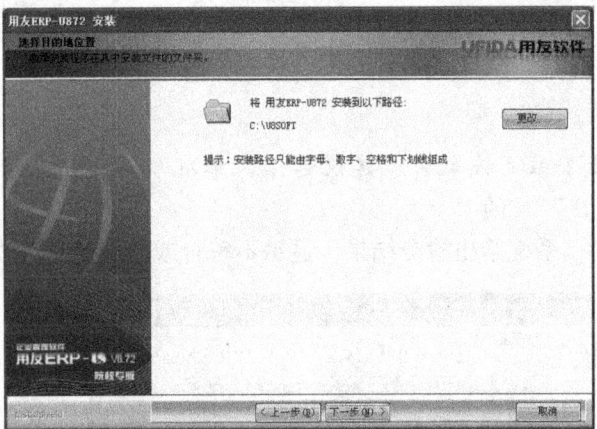

图 2-27

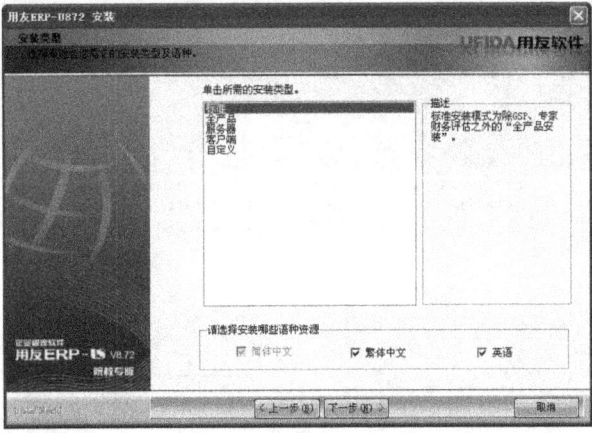

图 2-28

5. 选择标准安装，单击"下一步"按钮，显示环境检测界面，如图2-29所示。

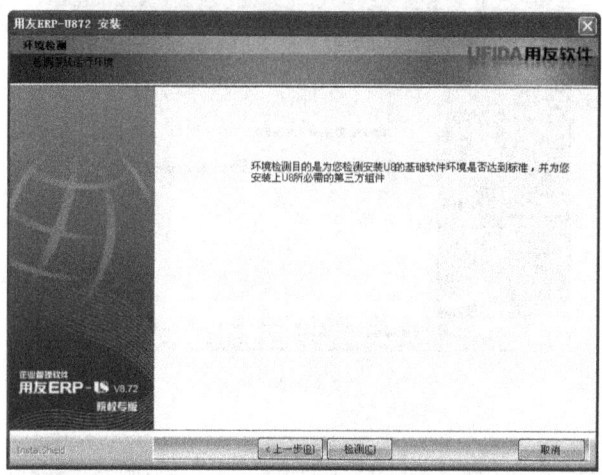

图 2-29

【友情提示】
➢ 在自己单机上安装用友软件，建议选择"标准"类型。为节省空间，也可去掉"繁体中文"和"英语"前的"√"。

6. 单击"检测"，系统给出检测结果，显示不符合或未安装项，如图2-30所示。

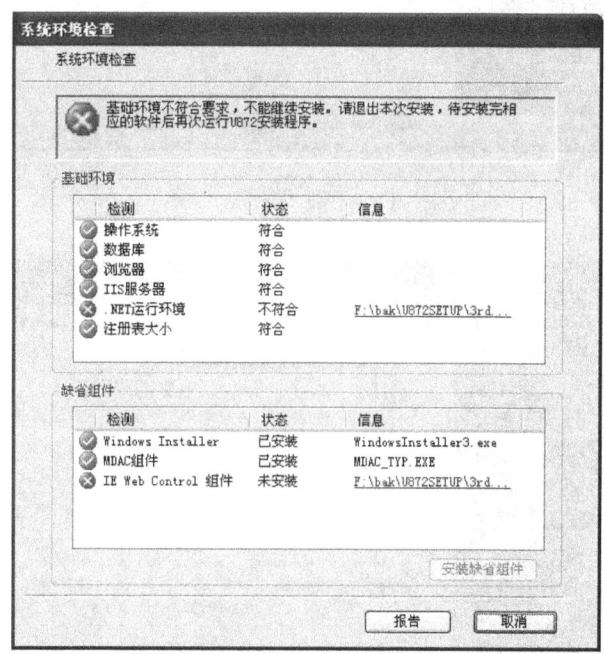

图 2-30

7. 单击不符合或未安装项的链接逐一安装，最终使系统环境完全满足用友软件的安装要求。

【友情提示】

➢ 检测时，一般在"信息"栏中给出了地址，在用友安装程序文件夹"3rdprogram"中，单击链接即可安装。如果操作系统和数据库不符合，一般要安装补丁。

➢ 全部安装完成后，需要重新启动安装，重新检测，显示检测合格后才能进入下一步安装界面，如图 2-31 所示。

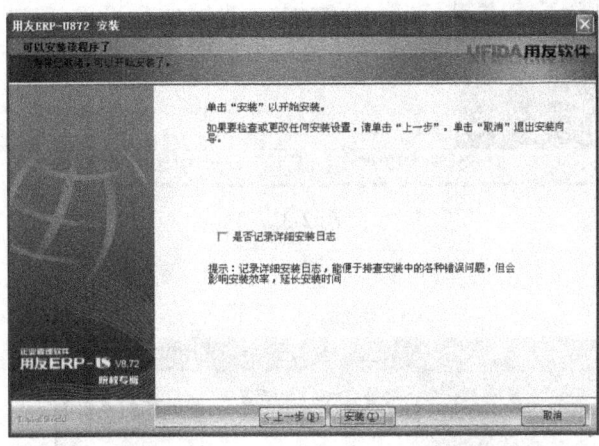

图 2-31

8. 单击"安装"按钮，开始复制和安装，如图 2-32 所示。

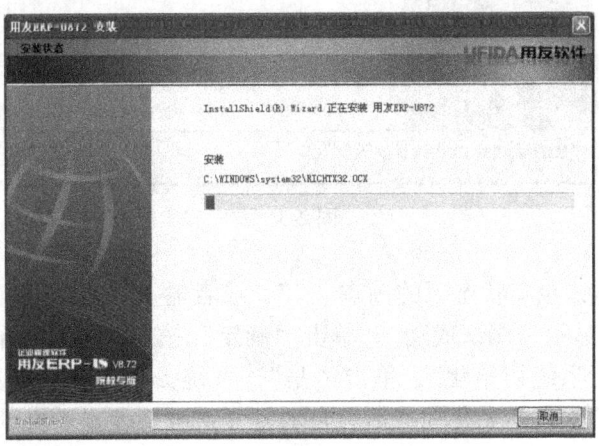

图 2-32

【友情提示】

➢ 安装过程有进度提示，大约 1 小时才能完成，请耐心等待。

9. 安装完成后显示重启信息，如图 2-33 所示，选择"是，立即重新启动计算机"，单击"完成"，系统重新启动。

10. 计算机重新启动后，系统自动进入数据源配置窗口，提示"正在完成最后的配

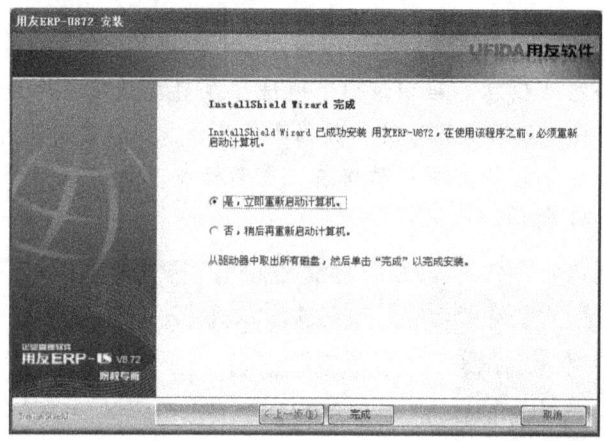

图 2-33

置",如图 2-34 所示。

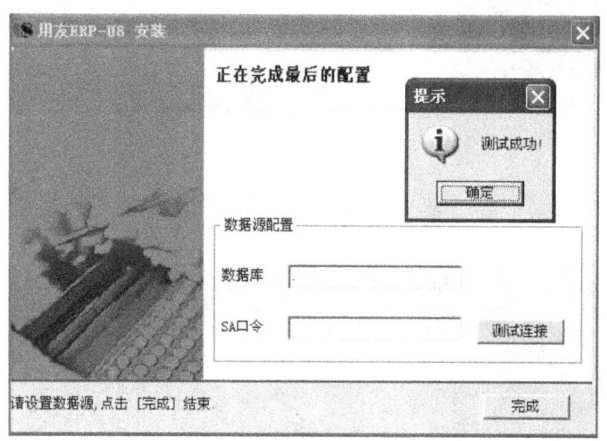

图 2-34

在数据库栏内输入英文状态下的圆点".",或者输入"127.0.0.1",SA 口令为空,单击"测试连接",显示"测试成功"。单击"确定"按钮,然后再单击"完成"按钮,系统提示"是否进行系统初始化",单击"是",系统提示"正在初始化数据库实例","正在升级系统库",系统初始化完成后,自动打开系统管理登录窗口,此时,用友软件已经安装成功。

【友情提示】

➢ 重启计算机后,应完成"配置数据源"和"初始化数据库"两项操作,否则与后台数据库不能很好连接。考虑在单机上安装,数据库实例为本地计算机,为方便起见,用"."或"127.0.0.1"代替,密码为空。

➢ 安装完成后,为方便以后操作,可在桌面建立"系统管理"与"企业应用平台"两个快捷方式图标。

七、疑难解答

1. Windows XP 的安装盘找不到，如何安装 IIS？

答：先下载 IIS 压缩包，解压后安装 IIS，可是安装进度到两三格的时候就停下来，有些时候还会出现一个对话框让你取消安装，对于这个不必理会，因为找不到文件了。继续点浏览，把放文件的地方找出来，比方说 F 盘，然后电脑继续安装，点打开，点确定，这样的情况大概持续三次，点完成，这时 IIS 就真正安装到你的电脑里了。

2. 开始安装 SQL 时，提示"从前的安装程序操作使安装程序操作挂起，需要重新启动计算机"，怎么处理？

答：可选择【开始】—【运行】，在"运行"对话框中输入"regedit"，打开注册表，找到如下目录：HKEY_LOCAL_MACHINE\SYSTEM\CurrentControlSet\Control\SessionManager，删除 PendingFileRenameOperations 项，就可以正常安装了。

3. 装了用友 ERP-U8，完成后不能和数据库连接是什么原因？

答：原因出在数据库服务器这方面，解决方法有：（1）打开 SQL 的企业管理器，点击【数据库】—【安全性】，更换一下登录方式。（2）在装 SQL 身份认证时设置了密码，可以在企业管理器中清空 SA 的密码，或在设置数据库连接时输入 SA 密码。（3）看数据库服务是不是开启，右击【我的电脑】—【管理】—【服务和应用程序】，将数据库服务打开，或通过 SQL Server 服务管理器打开服务。

◎ 思考与练习

1. 什么是 C/S 三层体系结构？
2. 安装用友 ERP-U8.72 的主要步骤是哪些？

学习情境 3 系统管理和基础设置

◎ **教学活动设计**

第一次操作用友软件，打开电脑，发现用友的菜单体系庞大，应该从哪里开始呢？用友软件管理着企业大量的数据，软件的操作有着严密的逻辑，还有数据安全性问题。想一想 Word 的操作、数据库的操作，最先需要做什么呢？当然是要解决两个方面的问题：一是能够进行系统的用户管理，二是要建立存放数据的文件，这就是用友系统管理要解决的问题。另外，由于每个企业各有各的特点，有着不同的组织结构、业务往来、企业运作模式等，为了实现通用软件的企业个性化和数据的高度共享，在开始日常业务前，需要将企业的运作规则和基础数据进行集中定义。

学习任务 3-1 准备知识

一、系统管理功能结构

用友 ERP-U8 软件由多个产品组成，各个产品为同一个主体的不同层面服务，并且产品与产品之间相互联系、数据共享，具备公用的基础信息，拥有相同的账套和年度账，操作员和操作权限集中管理并且进行角色的集中权限管理，业务数据共用一个数据库，完全实现财务业务一体化的管理。它为企业资金流、物流、信息流的统一管理提供了有效的方法和工具。

系统管理包括新建账套、新建年度账、账套修改和删除、账套备份，根据企业经营管理的不同岗位职能建立不同角色，新建操作员和权限的分配等功能。系统管理的使用者为企业的信息管理人员：系统管理员（admin）和账套主管。系统管理模块主要能够实现如下功能：

（1）对账套的统一管理，包括建立、修改、引入和输出（恢复备份和备份）。

（2）对操作员及其功能权限实行统一管理，设立统一的安全机制，包括用户、角色和权限设置。

（3）允许设置自动备份计划，系统根据这些设置定期进行自动备份处理，实现账套的自动备份。

（4）对年度账的管理，包括建立、引入、输出年度账，结转上年数据，清空年度数据。

二、系统管理操作流程

对于初次使用用友软件的用户和以后年度使用用友软件的用户，对系统管理的操作内容是不同的。新用户需要一切从头开始，而老用户有上一年的数据为基础，因此不需从零开始，只需要将上一年的数据结转到本年，再作一定的调整即可。具体操作流程如下：

新用户操作流程：启动系统管理—以系统管理员（admin）身份登录—新建账套—增加角色、用户—设置角色、用户权限—启用各相关系统。

老用户操作流程：启动系统管理—以账套主管身份登录—建立下一年度账—结转上年数据—启用各相关系统—进行新年度操作。

三、系统管理员和账套主管的权限差异

系统管理员（admin）和账套主管的权限明细如表 3-1 所示。

表 3-1　　　　　　　　　　　　系统管理员、账套主管权限明细

主菜单	子菜单	功能说明	系统管理员	账套主管
系统	设置备份计划	自动备份计划	●	●
账套	建立	建立账套	●	
	修改	修改账套		●
	引入	恢复账套	●	
	输出	备份账套	●	
年度账	建立	建立年度账		●
	清空年度数据	清空年度账数据		●
	引入	恢复年度账		●
	输出	备份年度账		●
	结转上年数据	数据年度结转		●
权限	角色	角色管理	●	
	用户	用户管理	●	
	权限	权限管理	●	●
视图	清除异常任务		●	
	清除选定任务		●	
	清除所有任务		●	
	清退站点		●	
	清除单据锁定		●	
	上机日志		●	

四、基础设置功能结构

账套与操作用户建好后,在使用各功能模块以前,需要制定统一的规则,并将所有模块共同的基础数据信息进行统一定义,在其他模块中,都需遵循相同的规则;在需用数据时,只需调用基础数据而无需重新定义,以便实现信息共享。基础设置主要有以下内容:

(1) 基本信息定义。包括系统启用、编码方案、数据精度等。

(2) 基础档案定义。包括企业基本信息定义、企业组织结构定义、企业员工定义、与企业有业务往来的客户以及供应商定义、企业存货信息定义、企业财务基本数据定义、与银行往来的收付结算数据定义、进销存与生产制造业务数据定义等。

(3) 业务单据设计。包括各业务单据个性化格式的设计、业务单据的编号方案设计等。

(4) 权限定义。包括操作员的数据权限和金额权限的定义等。

这些设置并不都要事先完成。在日常业务中,需要用到哪些内容,就定义相应的内容。其中大量需要定义的内容就是基础档案,在基础档案定义中存在着先后引用关系,操作流程如图 3-1 所示。

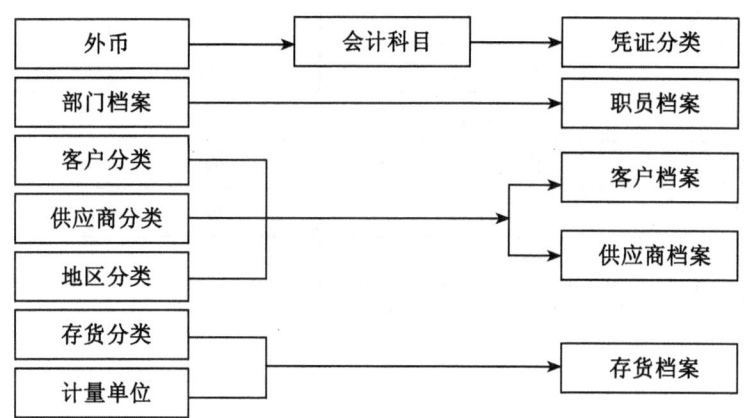

图 3-1　基础设置功能结构

学习任务 3-2　系统管理

一、实训任务

1. 增加角色和用户,建立账套,设置操作员功能权限。
2. 修改账套,输出账套,引入账套,设置自动备份计划。

二、任务目标

1. 熟悉系统管理的各项具体功能。
2. 掌握初始建账时在系统管理模块中所要做的具体工作。

3. 理解财务分工的意义。
4. 理解系统管理在整个软件系统中的作用。

三、准备工作

1. 正确安装用友软件。
2. 初步了解系统管理中系统管理员与账套主管的分工。
3. 基本了解系统管理的基本功能。
4. 修改计算机时间为 2011 年 1 月 31 日。
5. 准备一个 U 盘，要求容量不小于 2G。

四、实训引例

（一）操作员信息

张主管，编号 01，认证方式：用户+口令（传统），口令：01，角色：账套主管。
李业务，编号 02，认证方式：用户+口令（传统），口令：02，角色：无。
王审核，编号 03，认证方式：用户+口令（传统），口令：03，角色：无。
赵出纳，编号 04，认证方式：用户+口令（传统），口令：04，角色：出纳。

（二）账套信息

账套号：600　　　　　　　　账套名称：同创公司
账套路径：默认路径（一般为 C:\U8SOFT\Admin）
启用会计期：2011 年 1 月
会计期间：会计年度为 1 月 1 日至 12 月 31 日，12 个会计期间，每个期间按自然月份设置起止日期

（三）单位信息

单位名称：同创科技有限公司　　　单位简称：同创公司
单位地址：　　　　　　　　　　　法人代表：吴某　　　　邮政编码：

（四）核算类型

本币代码：RMB　　　　　　　　本币名称：人民币
企业类型：商业
行业性质：2007 年新会计制度科目，并按行业性质预置科目
科目预置语言：中文（简体）　　　账套主管：张主管

（五）基础信息

对存货、客户、供应商进行分类，有外币。

（六）分类编码方案

科目编码级次：4222　　　　　　客户分类编码级次：223
供应商分类编码级次：223　　　　存货分类编码级次：22
部门编码级次：22　　　　　　　结算方式编码级次：12
收发类别编码级次：12

（七）数据精度

存货数量小数位：2　　　　　存货体积小数位：2

存货重量小数位：2　　　　　存货单价小数位：2

开票单价小数位：2　　　　　件数小数位：2

换算率小数位：2　　　　　　税率小数位：2

（八）用户权限

张主管：负责账套全方位的管理，是账套主管，具有所有模块全部权限。

李业务：负责日常业务处理工作，具有总账、UFO报表、应付款、应收款、薪资管理、固定资产、公共单据、存货核算、采购管理、销售管理、库存管理等模块的全部权限。

王审核：负责凭证的审核工作，具体权限有：总账—凭证—审核凭证（GL0204）、总账—凭证—查询凭证（GL0205）

赵出纳：负责出纳签字、支票管理、银行账管理工作，具体权限有：总账—凭证—出纳签字（GL0203）、总账—凭证—查询凭证（GL0205）以及出纳（GL04）的全部权限。

（九）自动备份计划

计划编号：201101　　　　　计划名称：600账套备份计划

备份类型：账套备份　　　　发生频率：每周

发生天数：1　　　　　　　　开始时间：03：00：00

有效触发：2小时　　　　　　保留天数：0

备份路径：C：\UFIDAU8BAK　账套：600

五、学情关注

系统管理的本质体现在两个方面：一是建立后台存放数据的文件，即账套管理；二是对使用这套系统的操作员进行管理，即用户与权限管理。

在整个用友软件操作过程中，每个操作界面有很多录入内容，但并不都需要录入，重点关注蓝色项。蓝色项为必填项，其他是扩展项。

另外，很多同学在操作过程中只会对着书上的操作步骤进行操作，离开书本后就不知所措，建议大家在操作时，一定要多问一些为什么，看清界面中的提示内容，理解每个操作的本质，每个操作至少要操作两遍，一遍对着书操作，另一遍离开书本操作。

六、过程指导

（一）登录系统

本操作主要是为了启动系统管理模块，以系统管理员身份登录。操作步骤如下：

1. 通过操作系统的开始菜单启用系统管理。选择【开始】—【用友ERP-U8】—【系统服务】—【系统管理】，进入系统管理模块。

2. 在系统管理中打开登录界面。选择【系统】—【注册】功能菜单，显示登录界面，如图3-2所示。

3. 输入登录信息，进入系统。在"登录到"中选择登录服务器，在"操作员"中输

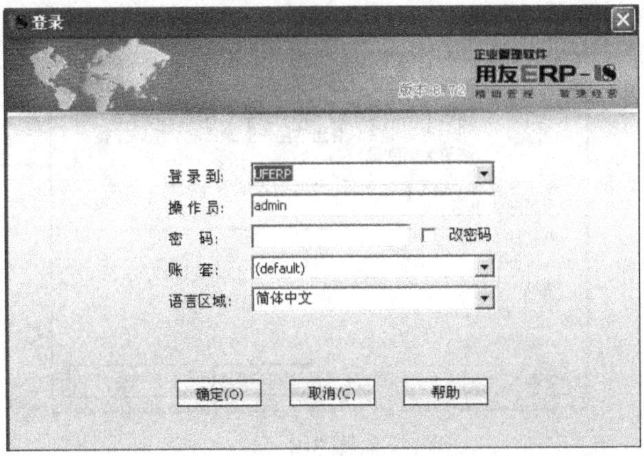

学习情境 3 系统管理和基础设置

图 3-2

入系统管理员代码 admin,第一次登录时 admin 的密码为空,在"账套"中选择 default (此项默认已填写),单击"确定"按钮,即可登录系统管理模块,如图 3-3 所示。

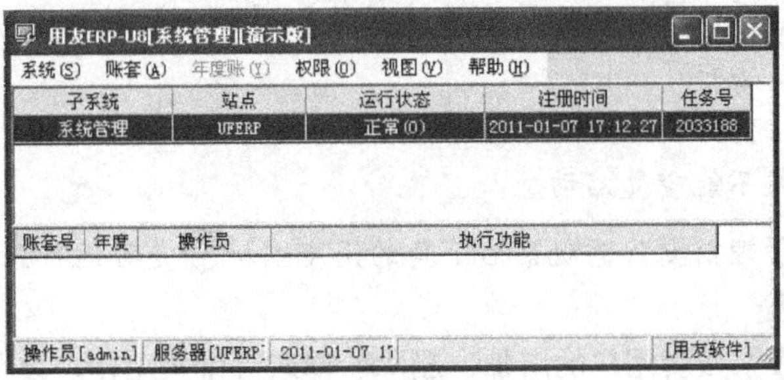

图 3-3

登录后显示"系统管理界面",界面分为上下两部分,上半部分列示的是正登录的系统管理的各子系统名称、运行状态和注册时间,下半部分列示的是各子系统正在执行的功能。查看时,用户可在上半部分用鼠标选中一个子系统,下半部分将自动列示出该子系统正在执行的功能。这两部分的内容都是动态的,它们将根据系统的执行情况而自动更新。

【友情提示】

➢ 关于 admin 的理解。第一次进入系统时,只有 admin 这一操作员可以登录,此操作员我们称为系统管理员,他是系统安装时自带的一个用户,用户名不可修改,但可以修改密码。由系统管理员建立账套主管,之后,账套主管也可以登录系统管理。

➢ 系统管理员与其他操作员的登录界面内容不同。系统管理员登录界面只包括:服务器、操作员、密码、语言区域,而账套主管则包括:服务器、操作员、密码、账套、操作日期、语言区域。

➢ 修改口令的方法。在登录界面中,可以选择"改密码"复选框修改当前操作员的密码。设置操作员密码界面见图 3-4。系统管理员、账套主管和其他普通操作员都可以使用此方法。在工作中为了安全,一定要修改 admin 的密码,而目前为了自己学习方便,请不要修改密码。

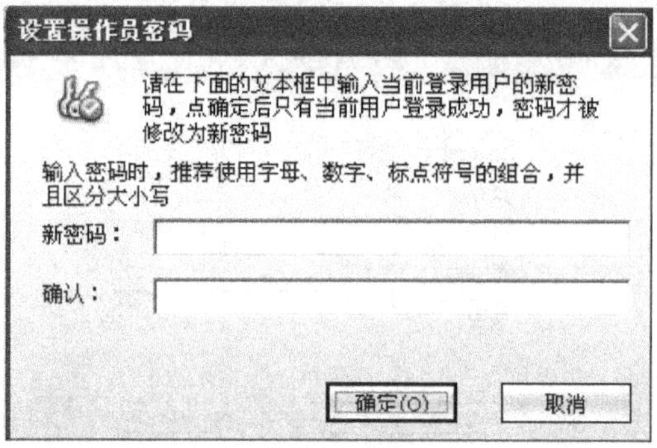

图 3-4

➤ 更换操作员的方法。有的同学在需要更换操作员时，采用的方法是关闭系统管理，然后重新打开，再进行登录。其实没有必要。简易的方法是：在系统管理登录成功后，界面的左下角会显示当前操作员的姓名，如果要更换操作员，只需要选择【系统】—【注销】功能菜单，退出当前操作员，然后再选择【系统】—【注册】功能菜单，重新打开登录界面，输入新的登录信息即可。

【注意事项】

➤ 系统管理模块不能重复启动。

➤ 在运行系统管理前要注意观察右下角的用友图标 是否运行正常。

（二）用户管理

本功能主要完成本账套用户的增加、删除、修改等维护工作。设置用户后，系统对于登录操作要进行相关的合法性检查。其作用类似于 Windows 的用户账号，只有设置了具体的用户，才能进行相关的操作。操作步骤如下：

1. 打开功能菜单。在"系统管理"主界面，选择【权限】菜单中的【用户】，点击进入用户管理界面。

2. 录入用户信息。在用户管理界面，点击"增加"按钮，显示"增加用户"界面，见图3-5。此时按照前面的资料录入编号、姓名、口令，并选择认证方式为用户+口令（传统），如果有角色，在所属角色中选中相应角色，然后点击"增加"按钮，保存新增用户信息。

3. 重复上一步的操作，完成所有操作员的信息定义。

【友情提示】

➤ 关于修改用户。点击"修改"按钮，可进入修改状态，除编号外，其他信息均可修改，在修改界面会出现一个"注销当前用户"按钮，可以通过此功能对用户进行停用。

➤ 关于删除用户。选中要删除的用户，点击"删除"按钮，可删除该用户。但已经使用过的用户不能删除，包括设置过角色或权限的用户。

➤ 关于认证方式。此功能是新增功能，系统提供三种用户身份认证方式。一是"用户+口令"方式，是U8软件提供的用户身份认证方式，通过系统管理模块来管理用户安

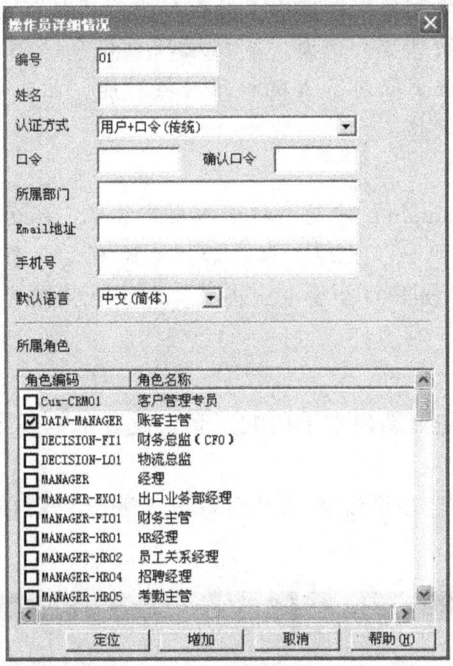

图 3-5

全信息，这种方式是以前版本的传统方式。二是"动态密码"方式，采用的是第三方的用户身份认证方式。本版默认支持"易安全动态密码系统"，可以由用户配置。三是"CA 认证"方式，指数字证书认证，支持 2 家 CA 厂商的认证（天威诚信、北京数字认证中心），其他厂商通过二次开发的模式进行支持。如果该用户指定为 CA 认证，输入用户口令、选择数据源，登录界面确定后还需要输入 pin 码（CA 的认证码）。

➢ 关于角色。角色的本质是权限的集合，一个角色对应所需要的权限，用户选择角色后，即对应这个角色的全部权限。角色既可以是真实岗位，也可以是虚拟名称，一个用户可以对应多个角色。

➢ 关于权限转授。工具栏上的"权限转授"功能，是一个与功能权限相关的新增功能，是对功能权限管理的扩展，实现了除系统管理员外，其他用户也可进行功能权限的授权。目的是减少系统管理员的压力和责任，完善功能权限的管理，提高功能权限授权的灵活性。操作方法为两步。

第一步是由系统管理员在【系统管理】—【用户管理】页面上选择用户，点击"授权"按钮，设置此用户能够把权限转授给哪些人。

第二步是拥有转授权限的用户登录企业应用平台，选择【系统服务】页签，进入【权限】—【功能权限转授】界面设置权限转授，选择要转授权的用户，点击"修改"，弹出权限分配页面，设置要给用户转授的权限。

取消转授的权限的方法是：在【功能权限转授】界面把已经转授的权限取消即可，被授权的用户则只拥有他原来本身的权限。权限分配页面中灰色的部分为目标用户已经拥有的权限，不能对目标用户的该权限进行更改。

如果系统管理员在系统管理中删除具有转授权限的用户时，已经授予出去的权限依然存在，需要系统管理员手动调整。例如：系统管理员设置 A 可以对 B 进行转授，A 对 B 进行了权限转授，系统管理员取消了 A 的权限转授功能，此时 B 还拥有 A 对他转授的权限，需要系统管理员手动调整。

【注意事项】

➢ 只有系统管理员（admin）才能有权进入用户管理，账套主管无此权限。

➢ 设置口令时，会有"＊"出现，保存后，无论有无口令，无论口令长短，都会显示 8 个"＊"，目的是为了保护口令安全。因此，即使你清除了口令，保存后再查看，还是会显示 8 个"＊"。

（三）新建账套

在使用系统之前，首先要新建本单位的账套，设置基本规则，建立后台数据库文件。操作步骤如下：

1. 打开新建账套功能。在系统管理界面单击【账套】菜单，选择"建立"，进入创建账套向导，如图 3-6 所示。

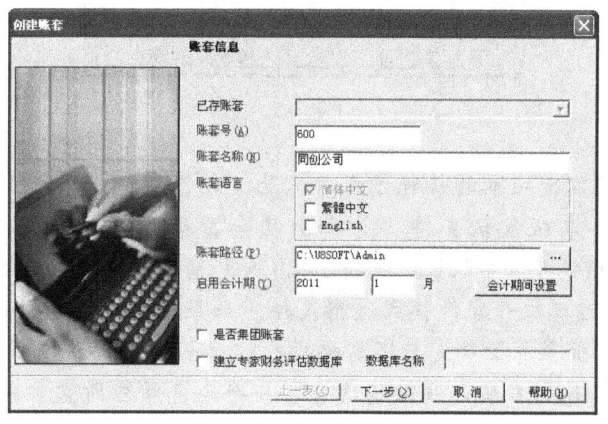

图 3-6

【注意事项】

➢ 只有系统管理员才能新建账套。

2. 录入账套信息。根据实训资料，录入账套号"600"，账套名"同创公司"，启用会计期 2011 年 1 月。

【友情提示】

➢ 已存账套：系统将现有的账套以下拉框的形式在此栏目中表示出来，用户只能参照，而不能输入或修改。其作用是在建立新账套时可以明确已经存在的账套，避免在新建账套时重复建立。

➢ 账套号：用来输入新建账套的编号，用户必须输入，可输入 3 个字符（只能是 001 至 999 之间的数字，而且不能是已存账套中的账套号）。

➢ 账套名称：用来输入新建账套的名称，用户必须输入，可以输入 40 个字符。

➢ 账套语言：用来选择账套数据支持的语种，也可以在以后通过语言扩展对所选语种进行扩充。

> 账套路径：用来输入新建账套的保存路径，用户必须输入，可以参照输入，但不能是网络路径中的磁盘。

> 启用会计期：用来输入新建账套启用的时间，具体到"月"，用户必须输入。

> 会计期间设置：因为企业的实际核算期间可能和正常的自然日期不一致，所以系统提供此功能进行设置。用户在输入"启用会计期"后，用鼠标点击"会计期间设置"按钮，弹出会计期间设置界面。系统根据前面"启用会计期"的设置，自动将启用月份以前的日期标为不可修改的部分，而将启用月份以后的日期（仅限于各月的截止日期，至于各月的初始日期则随上月截止日期的变动而变动）标为可以修改的部分。用户可以任意设置。

> 两个复选框目前不要选择。

【注意事项】

> 账套号录入后，不可修改。

> 由于机房是共用环境，在上机时如果发现 600 账套已被其他同学使用（在已存账套中可以看到），则需要重新对系统做一次初始化，以便清空所有已录入的数据，还原至最原始的状态，初始化的操作方法见后面的讲解。

> 启用会计期默认如果不是 2011 年 1 月，说明你的系统时间没有按要求修改，请修改系统时间。启用会计期一定不要录入错误，否则会对后面的业务日期有很大影响。

3. 录入单位信息。单击"下一步"按钮，进入单位信息录入界面，录入单位基本信息，如图 3-7 所示。

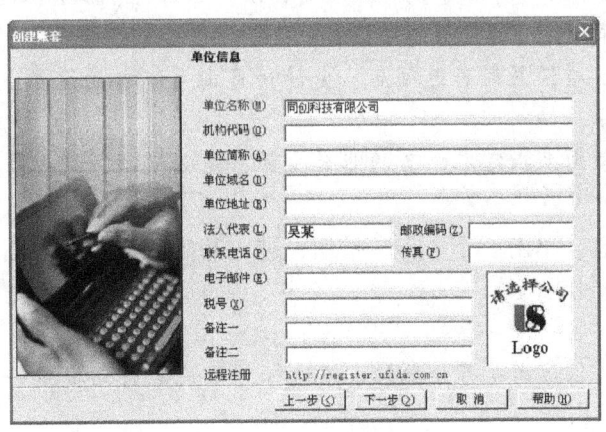

图 3-7

【友情提示】

> 单位名称为必填项。其他内容可以根据情况自由录入，还可以给公司自由指定一个图标作为 Logo。

> 单位名称应录入单位的全称，因为在打印发票时会调用这个信息，这也是为什么它是必填项的原因。

> 单位信息的内容在进入企业应用平台后，可以在基础数据定义中修改。

4. 录入核算类型。单击"下一步"按钮，进入核算类型界面，选择企业类型为"商业"，行业性质为"2007年新会计制度科目"，选择账套主管，并选中"按行业性质预置科目"复选框，如图3-8所示。

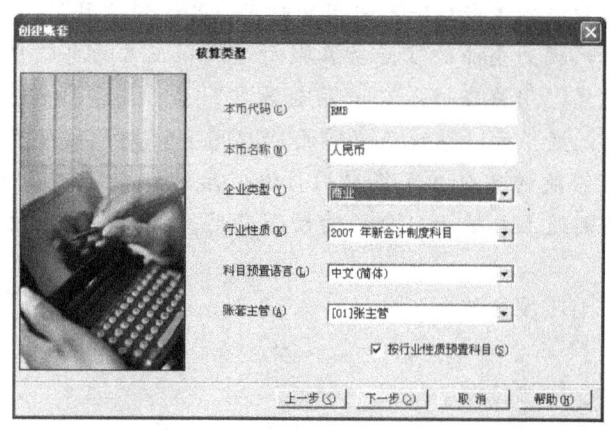

图 3-8

【友情提示】

➤ 对于企业类型，系统提供工业、商业和医药流通三种选择。

➤ 对于行业性质，提供工业、商品流通、旅游饮食、外商投资、铁路运输、对外合作、房地产、交通运输、民航运输、金融、保险、邮电通信、农业、股份制、科学事业、医院、国家物资储备、中小学校、高校、社会保险——医疗、社会保险——失业、社会保险——养老、社会保险——其他等不同选择。

➤ 选择按行业性质预置科目选项后，会计科目由系统自动设置；如果不选，则由用户自己设置会计科目。

➤ 账套主管选项用来指定本账套的账套主管，是必填项，这也是为什么需要先定义用户的原因。

5. 设置基础信息。单击"下一步"按钮，进入基础信息选择界面，将所有复选框选中，如图3-9所示。

【友情提示】

➤ 存货、客户、供应商是否分类如果不选择，系统会自动提供一个大类，无需再定义分类。

➤ 考虑企业未来发展的需要，即使业务量小，也选择分类，目前主动建一大类，以后根据发展需要再建立更细的分类。

➤ 外币核算建议选择，以备用。

6. 开始创建账套。单击"完成"按钮，出现提示"可以创建账套么?"，选择"是"，进入创建账套过程。如果在账套路径中发现有相同的数据库文件，会提示"将要建立的年度数据库已经存在，但不在系统控制内，是否删除?"和"UAP账套已经存在，是否覆盖?"，分别选择"是"。创建账套的过程需要5~10分钟，如图3-10所示。

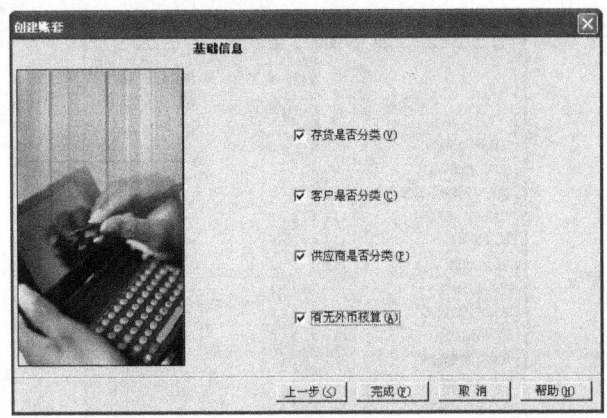

图 3-9

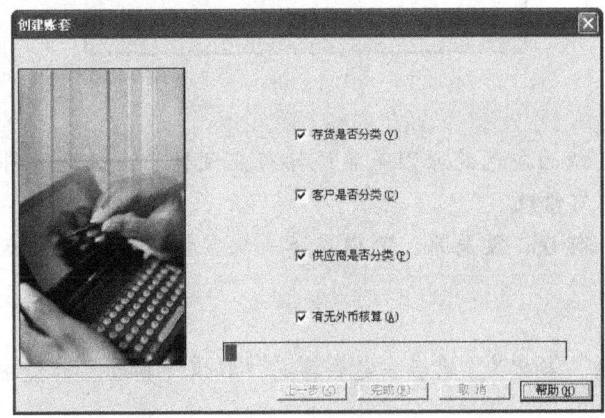

图 3-10

【友情提示】
➢ 在创建账套的过程中，系统根据录入参数在指定的位置创建后台数据库文件，并完成相应配置，由于数据库文件有 1G 左右大小，需要较长的时间。

【注意事项】
➢ 此步骤时间较长，点击会出现无反应提示，不要以为计算机死机了，也不要强行关闭软件，一定要耐心等待。
➢ 在这个过程中，建议不要打开别的软件，否则会加长创建账套的时间。

7. 设置编码方案。等待几分钟后，自动弹出编码方案界面。根据实训资料修改编码方案，录入完成后，点击"确定"按钮保存方案，然后再点"取消"按钮关闭界面，如图 3-11 所示。

【友情提示】
➢ 此处主要是制定各种编码需要遵循的规则。
➢ 删除多余编码只能从最后一级删除，方法是选择最后一级，输入 0，或者按 Delete 或退格键即可。

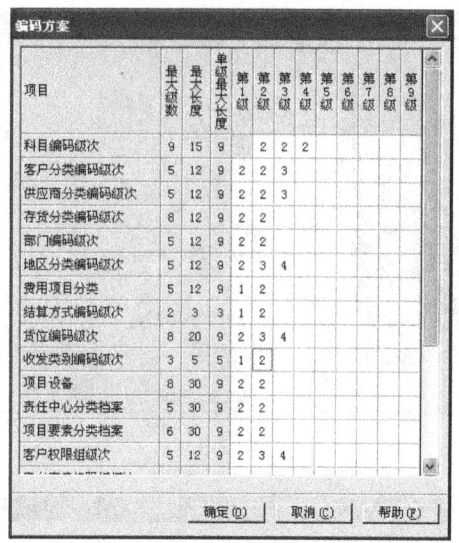

图 3-11

➢ 科目编码第 1 级为灰色的原因是系统按行业预置了一级会计科目。以后用过的级次都将变为灰色，不可修改。

➢ 此处如果录入错误，没关系，可以在下一次实训中通过企业应用平台对错误进行修改。

【注意事项】

➢ 修改后，单击"确定"，然后一定要再点"取消"按钮，才能进入下一个界面，此处无需等待。

➢ 在实际工作中，一定要花足够的时间进行调查分析，考虑发展的需要，留足编码位数。

8. 设置数据精度。关闭编码方案后，会自动弹出数据精度界面，设置各种数据类型的小数位数，默认值与资料相同，不需要修改，因此直接点"取消"按钮即可，如图 3-12 所示。

9. 完成操作。关闭数据精度界面后，系统提示"现在进行系统启用设置？"，建议在此处选择"否"，目前不进行设置。接着会弹出提示"请进入企业应用平台进行业务操作！"，单击"确定"，完成建立账套的操作。

【友情提示】

➢ 系统启用功能可以在后面的企业应用平台中完成，因此，此处无需操作。

➢ 如果不小心选择了"是"，将打开系统启用界面，只需要退出界面即可。

（四）修改账套

如果在上一环节操作过程中有部分内容操作错误，可通过本功能修正错误，建议无论是否有操作错误，都进行一次修改账套的操作，研究一下是不是所有的内容都可以修改。操作方法如下：

1. 以账套主管注册系统管理。在系统管理中选择菜单【系统】—【注销】，退出当前

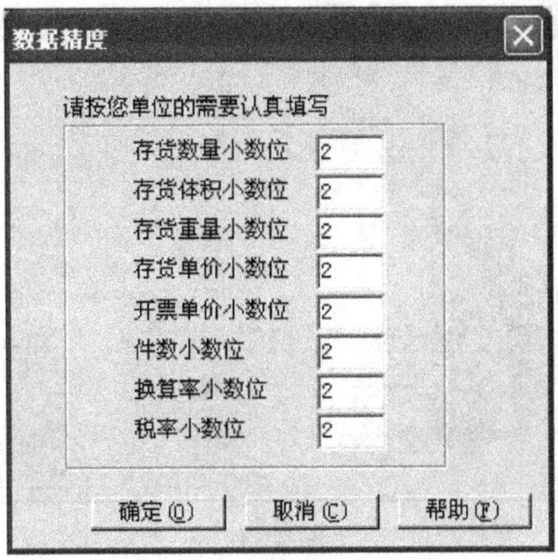

学习情境 3　系统管理和基础设置　45

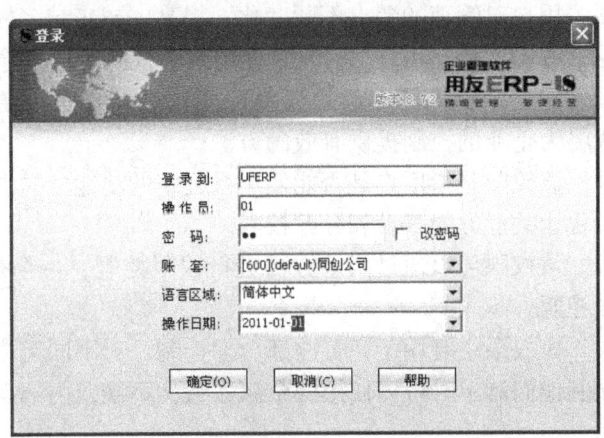

图 3-12

登录操作员 admin，进入登录界面，输入账套主管 01，密码 01，选择账套 600，操作日期为"2011-01-01"，单击"确定"重新进入系统，如图 3-13 所示。

图 3-13

【友情提示】
➢ 只有账套主管才能修改自己管理的账套，系统管理员无权修改账套。
➢ 注意分析账套主管登录界面与系统管理员登录界面有什么不同。

2. 打开修改账套功能。在系统管理中选择菜单【账套】—【修改】，进入修改账套界面，如图 3-14 所示。

3. 修改账套信息。根据需要修改账套的信息，操作方法与新建账套类似。

【友情提示】
➢ 可以修改的信息主要有：账套信息页中的"账套名称"，单位信息页中的所有信息，核算信息页中的"企业类型"（只能由商业企业改为医药流通企业，其他类型不允许修改），基础信息页中的全部信息，还有编码方案和数据精度。

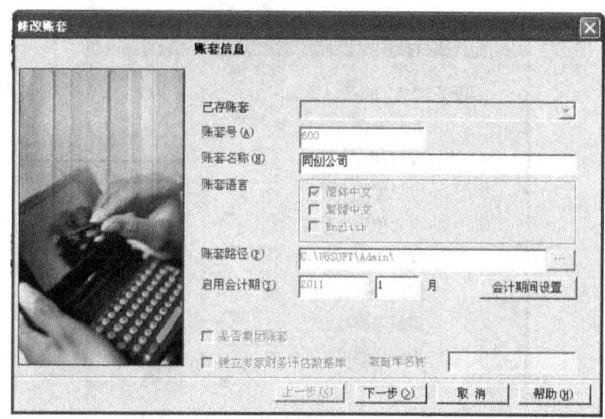

图 3-14

➤ 只有没有业务数据的会计期间才可以修改其开始日期和终止日期。
➤ 总结一下不能修改的内容有哪些。

(五) 权限管理

随着经济的发展，用户对管理的要求不断变化、提高，越来越多的信息都表明权限管理必须向更细、更深的方向发展。用友 ERP-U8 提供集中权限管理，除了提供用户对各模块操作的权限之外，还相应地提供了金额的权限管理和对于数据的字段级和记录级的控制，不同的组合方式将为企业的控制提供有效的方法。

第一，功能权限。该权限是指用户是否能使用系统中的功能，提供细致的功能级权限管理，包括各功能模块相关业务的查看和分配权限。

第二，数据权限。该权限可以通过两个方面进行权限控制，一个是字段级权限控制，另一个是记录级权限控制。

第三，金额权限。该权限主要用于完善内部金额控制，对不同岗位和职位的操作员进行金额级别控制，限制他们制单时可以使用的金额数量，不涉及内部系统控制的不在管理范围内。

数据权限和金额权限在企业应用平台中的【数据权限】中进行分配。对于数据权限和金额权限的设置，必须在系统管理的功能权限分配之后才能进行。给用户增加权限的操作步骤如下：

1. 以系统管理员（admin）登录系统管理（如果当前操作员是 admin，可跳过这一步操作）。

2. 打开功能权限界面。选择菜单【权限】—【权限】，打开功能权限分配界面，如图 3-15 所示。

3. 核对账套和年度。在界面的右上角核对是否为 600 账套和 2011 年度，如果不是，进行修改（由于目前只有一套账和一个年度，所以此步为默认值，无需修改）。

4. 选择权限分配对象。从操作员列表中选择操作员 02，点击"修改"按钮。

5. 设置权限。根据实训资料，在界面的右边分别选择总账、UFO 报表、应付款管理、应收款管理、薪资管理、固定资产管理、公共单据、存货核算、采购管理、销售管理、库

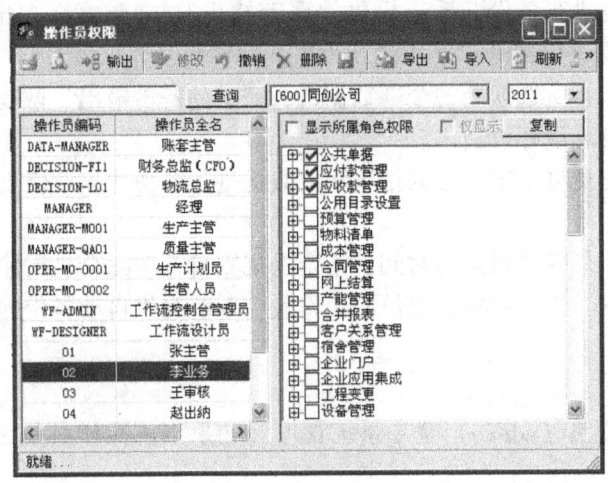

图 3-15

存管理。

6. 保存权限。点击工具栏上的保存按钮，保存当前权限。

7. 依次设置其他操作员的权限。重复步骤四、五、六，依据实训资料，设置操作员 03、04 的权限。

【友情提示】
➢ 此功能系统管理员和账套主管都可以操作，不同之处在于系统管理员可以对所有账套设置用户权限，而账套主管只能对登录的这一套账设置用户权限。
➢ 账套主管具有所有权限，不需要再单独设置权限。
➢ "删除" 功能将该操作员的所有权限删除。

【注意事项】
➢ 当存在多套账或多个年度账时，一定要核对右上角的账套号和年度。

（六）年度账管理

企业是持续经营的，企业的日常工作是连续性的工作，只是为了统计分析方便，人为地将企业持续经营时间划分为一定的时间段，一般以年为最大单位来统计。在软件中采用年度账来解决这一问题。一套账可以包括多个年度账，当新建账套时，会自动建立第一个年度账，第一个年度业务全部完成后，需要建立下一年度的年度账。操作流程为两步：第一步是建立年度账，结转基础定义数据；第二步是结转上年数据，将上一年度的期末数据结转到本年作为期初数据。

【友情提示】
➢ 年度账管理只能由账套主管完成操作。

【注意事项】
➢ 只有第一个年度最后一个期间结账后，才能建立下一年的新年度账，因此，目前不能操作。

（七）数据备份与恢复

数据备份是保证系统数据安全的重要手段。为防止因自然灾害或人为过失造成数据丢失,需要定期对数据进行备份。系统提供"账套输出"、"年度账输出"、"自动备份计划"三种方式对数据进行备份。

账套输出:是指将所选账套的全部数据进行完整的备份输出。恢复数据时不需要任何账套,只需要有用友环境即可引入。

年度账输出:是指将指定账套的指定年度数据进行备份输出。恢复数据时需要对应的账套存在于系统中。

自动备份计划:是指按指定的时间、指定的规则自动对账套进行输出备份。由于账套的备份必须定期操作,为了减轻管理员的工作量,系统提供自动备份的方案,让计算机代替人工进行备份。

1. 账套输出

(1) 以系统管理员(admin)登录系统管理(如果当前操作员是 admin,可跳过这一步操作)。

【注意事项】

➢ 一定要以系统管理员登录,才能操作账套的输出,如果以账套主管登录,可能会错操作成年度账的输出。

(2) 打开账套输出功能。选择菜单【账套】—【输出】,打开账套输出界面,如图 3-16 所示。

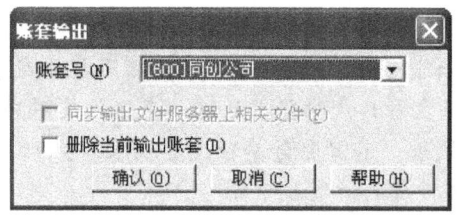

图 3-16

(3) 选择需要备份的账套。在账套号中选择 600 账套,单击"确定"按钮,等待 5 分钟后,进入下一个界面。

【友情提示】

➢ 如果要删除账套,只需要在账套输出界面选择"删除当前输出账套",系统完成备份操作后,会提示删除当前账套。

【注意事项】

➢ 点击"确定"后,需要等待 5 分钟左右,原因是系统在做数据整理和复制工作,文件较大,约 1G。在此期间不要做其他事情。

(4) 选择备份存放的位置。出现账套备份路径选择窗口后,选择一个位置(此处以 C 盘为例),点击"新建文件夹"按钮,录入"3-2 系统管理"后确定,系统自动建立一个新文件夹,选择这个文件夹,点击"确定"按钮,如图 3-17 所示。

【友情提示】

➢ 位置以及新建的文件夹名称可以自行确定,建议以后每次备份时,都建一个新的

学习情境 3　系统管理和基础设置　**49**

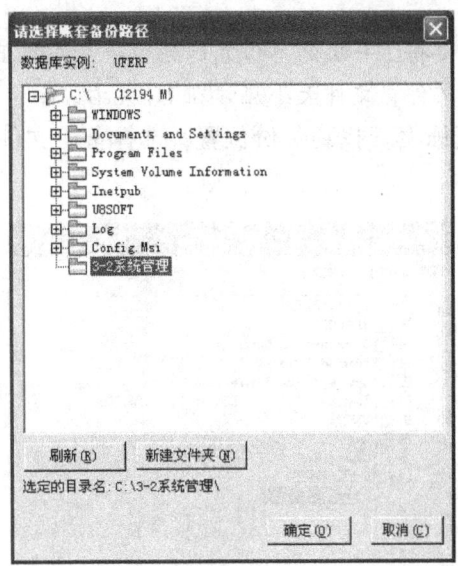

图 3-17

不一样的文件夹，以区分每次实验。

【注意事项】

➢ 不要直接输出到 U 盘。

➢ 每次在点击"确定"前，一定要看清最下面的一行提示"选定的目录名：C：\ 3-2 系统管理"，确保路径正确。

（5）备份输出。系统自动将备份文件复制到上一步指定的目录，提示"输出成功"，点击"确定"按钮，完成账套输出。

【友情提示】

➢ 提示输出成功后，建议到指定的目录中查看是否有 UFDATA. BAK 和 UfErpAct. Lst 这两个文件，并查看文件大小和生成日期。

（6）存放备份。将备份文件夹压缩后，复制到 U 盘存放。

【注意事项】

➢ 一定要压缩再复制，否则复制时间可能会很长，且 U 盘空间可能会不够。

➢ 复制完后一定要正常弹出 U 盘，否则会导致数据不完整，以至于下次上课时无法引入。

2. 账套引入

（1）以系统管理员（admin）登录系统管理（如果当前操作员是 admin，可跳过这一步操作）。

【注意事项】

➢ 一定要以系统管理员登录，才能操作账套的引入，如果以账套主管登录，可能会错操作成年度账的引入。

（2）打开账套引入功能。选择菜单【账套】—【引入】，进入恢复账套功能。

50 会计信息化实务

【注意事项】

➢ 在引入账套前,需要将上一次的备份复制到硬盘,并解压。

➢ 解压后应该有两个文件,文件大小应该在 1G 左右。

(3) 选择从哪里恢复账套。找到备份位置,选择备份文件 UfErpAct.Lst,点击"确定"按钮,如图 3-18 所示。

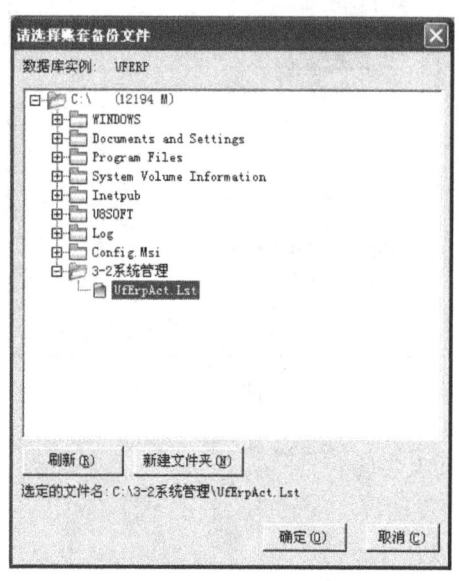

图 3-18

【注意事项】

➢ 这一步是选择恢复的数据源,注意体验与下一步的操作有何不同。

➢ 由于是实验室共用电脑,可能有多个备份,注意看清楚自己的备份文件位置。

(4) 选择将账套恢复到哪里。出现默认引入路径提示后,点击"确定",出现账套恢复路径选择窗口,选择"C:\U8SOFT\Admin",点击"确定"按钮,如图 3-19 所示。

【注意事项】

➢ 此步是选择将备份文件恢复到哪里,是目的地,因此不能选择"C:\3-2系统管理"这个文件夹。

➢ 选择"C:\U8SOFT\Admin"这个位置的原因是当初建账套时,选择的是这个位置,因此,按原位置恢复。

➢ 选择后,注意查看一下最下面的提示行是否为"选定的目录名:C:\U8SOFT\Admin"。

(5) 开始恢复。在恢复过程中,如果有历史数据,会有"覆盖"等相关提示,分别选择"是"或"确定"即可。5 分钟后,提示"账套引入成功!",确定后完成操作,如图 3-20 所示。

【注意事项】

➢ 此步需要 5~8 分钟,请耐心等待,不要做其他事情。

学习情境 3　系统管理和基础设置

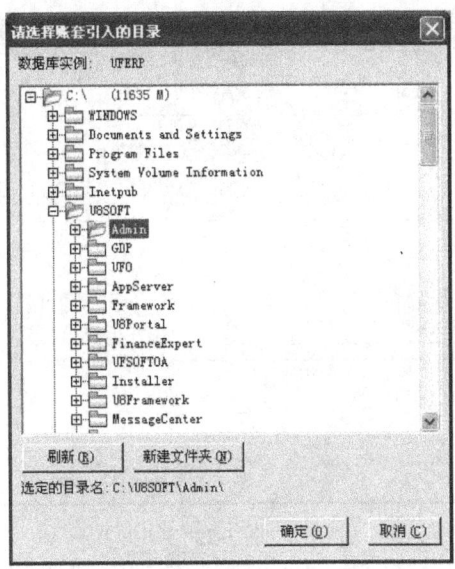

图 3-19

图 3-20

3．自动备份计划

（1）以系统管理员（admin）登录系统管理（如果当前操作员是 admin，可跳过这一步操作）。

（2）打开自动备份计划。选择菜单【系统】—【设置备份计划】，进入备份计划设置界面，如图 3-21 所示。

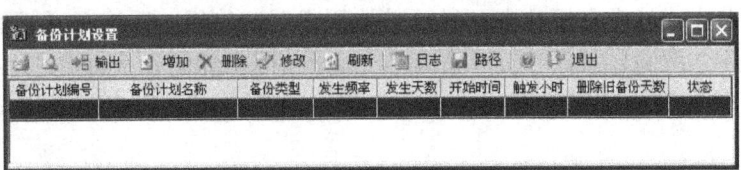

图 3-21

（3）进入增加状态。点击"增加"按钮，打开备份计划详细情况设置界面，如图 3-22 所示。

（4）定义备份计划。录入计划编号：201101，计划名称：600 账套备份计划，修改发生频率：每周，录入开始时间：03：00：00，点击"请选择备份路径"后的"增加"按

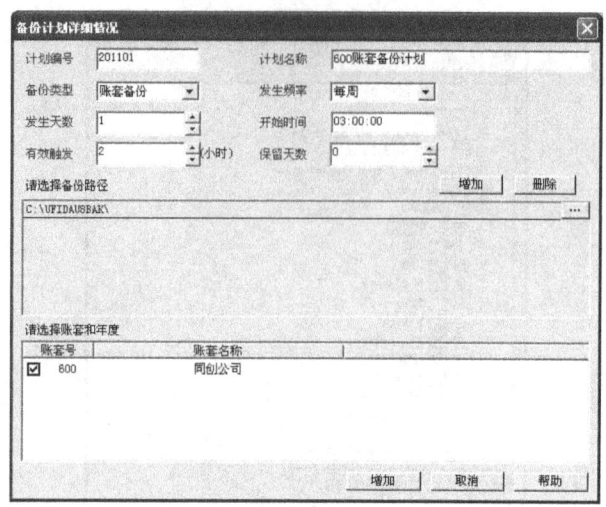

图 3-22

钮，新建一个文件夹"C：\UFIDAU8BAK"，并选择此文件夹，点击"确定"，选择账套号：600，最后点击最下行的"增加"按钮即可。

（5）退出增加界面。点击备份计划详细情况界面中的"取消"按钮，在备份计划设置中可以看到有一条记录，点击工具栏"退出"按钮完成全部操作。

【友情提示】

➤ 此功能系统管理员和账套主管都可以登录，系统管理员登录后，将进行账套的自动输出设置；而账套主管登录后，将进行年度账的自动输出设置。

➤ 操作的内容是每周一凌晨3点自动备份账套600账套，并将备份文件存放在"C：\UFIDAU8BAK"文件夹。

➤ 完成操作后，指定的"C：\UFIDAU8BAK"文件夹并不会生成文件，因为当前并不满足给定的条件。

（八）异常问题处理

用友软件可在多用户环境下运行，在使用过程中可能会由于不可预见的原因造成某些单据处于锁定状态或异常占用状态，导致其他用户无法使用。系统在【视图】菜单下提供清除单据锁定、清除异常任务、清除选定任务、清除全部任务等功能对这些异常情况进行处理。当出现非正常锁定状态或异常状态时，只需要调用相应功能即可清除只读和锁定。

【友情提示】

➤ 出现异常情况或锁定情况后，如果不知道调用哪个功能处理，只需要调用清除全部任务即可清除，这也是U8.72新增的功能。

（九）初始化数据库

初始化功能是对系统中的所有数据进行清空，将系统还原到安装时最干净的状态，除了三个自带的操作员外，系统内没有任何账套，也没有任何自定义的操作员。由于在机房练习时是多用户操作环境，为了防止上一次课的操作对你的影响，建议在引入账套前，先做一次初始化。初始化数据库的操作方法如下：

1. 打开初始化功能。选择【系统】—【初始化数据库】，进入初始化界面，如图3-23所示。

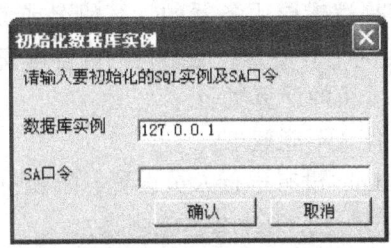

图3-23

2. 输出实例和口令。在数据库实例中输入"127.0.0.1"，由于安装时没有设置SA口令，所以口令为空，直接点击"确认"按钮。

3. 系统自动还原数据。系统提示"确定初始化数据库实例吗？"，选择"是"，进入初始化过程，在此过程中，会出现"覆盖系统数据库"、"覆盖门户数据库"、"覆盖工作流数据库"、"覆盖MOM数据库"等提示，分别选择"是"即可。5分钟后，自动完成。

【友情提示】
➢ 由于在练习时三层结构都安装在一台电脑中，所以需要在实例中输入本地计算机，此处可以有多种填写方法，除了可以录入"127.0.0.1"外，可以录入"."，也可以录入本地计算机名，还可以录入本地真实IP地址。
➢ 在工作中由于三层结构分别安装在不同的计算机上，初始化实例中应该录入数据层的IP地址。

【注意事项】
➢ 初始化功能可在没有登录的情况下直接调用，也可在登录后调用，如果登录后调用，初始化完成后，需要重新登录。
➢ 在备份账套前，一定不要做初始化。要求在下课前每个人都要做备份，以保证每次课操作的连续性。有的同学在下课备份前先做初始化，然后备份，这会导致账套丢失，无法进行备份。
➢ 在正式工作过程中，千万不要随意做初始化。工作环境与学习环境不一样，工作中的操作每天是连续的，千万不要像在学校练习一样每天做初始化，初始化会导致数据丢失，后果非常严重。

七、疑难解答

1. 系统管理员登录时有一个账套选择，而账套主管登录时也有一个账套选择，但内容不相同，如何理解？

答：系统管理员登录时选择的账套是系统默认的default，账套主管登录时选择的账套是default+账套名。因为系统管理员管理所有的账套，而账套主管只管理他登录的那套账。

2. 第一次登录时的admin是哪里来的？

答：第一次登录时的 admin 是系统的第一个超级用户。

3. 登录界面中，在"登录到"框里，输入和书上一样的内容"UFERP"，为什么不能登录？

答："登录到"中的内容是逻辑层服务器的计算机名或 IP 地址，用于配置表示层与逻辑层的连接，因为在练习时为了方便，三层结构的内容都安装在一台电脑上，所以，在"登录到"中输入的都是自己本机的计算机名。

4. 在登录时，输入 01 为什么不能登录？

答：目前，系统管理员 admin 没有进行人员设置，账套中不存在 01，01 没有权限。

5. 刚新增的用户，没有登录过，为什么不能删除？

答：查一下这个用户是否设置了角色或权限，在系统中有一个原则，就是一个数据在其他地方用到了，就不能修改，更不能删除，这句话很简单，但道出了数据关系的本质。

6. 在新建账套时，提示账套已存在，如何处理？

答：有两种处理方案：（1）在新建账套前进行初始化处理；（2）改变账套号后再新建账套。

7. 为什么操作员 01 能登录系统管理，而操作员 02 不能登录系统管理？

答：因为只有系统管理员 admin 和账套主管 01 才能登录系统管理，操作员 02 没有这一权限。

◎ 思考与练习

1. 2011 年业务完成后，需要新建账套吗？为什么？
2. 为什么在菜单中有增加账套和修改账套，却没有删除账套？如何删除账套？

学习任务 3-3　基础设置

一、实训任务

1. 系统启用。
2. 部门档案管理，人员管理。
3. 客户管理，供应商管理。
4. 数据权限管理。

二、任务目标

1. 熟悉基础设置的各项具体功能。
2. 掌握基础设置中各项定义内容的操作方法。
3. 理解数据权限与功能权限的差异。
4. 理解基础设置在整个软件系统中的作用。

三、准备工作

1. 修改计算机时间为 2011 年 1 月 31 日。
2. 引入 "3-2 系统管理" 账套备份。

四、实训引例

（一）系统启用

启用 "GL 总账"、"AR 应收款管理"、"AP 应付款管理"、"FA 固定资产"、"WA 薪资管理" 等模块，启用日期为 2011 年 1 月 1 日。

（二）部门档案

部门编码	部门名称	部门编码	部门名称
01	总经理办公室	06	销售部
02	人力资源部	0601	总部销售中心
03	会计核算中心	0602	华南办事处
04	资产管理中心	0603	华北办事处
05	采购部	0604	海外办事处
0501	商品采购部	07	仓管部
0502	办公品采购部		

（三）人员类别

人员类别编码	人员类别名称
1001	管理人员
1002	采购人员
1003	销售人员

（四）人员档案

人员编码	人员姓名	性别	人员类型	行政部门	是否业务员
0001	郎某	男	管理人员	总经理办公室	是
0002	张某	男	管理人员	人力资源部	是
0003	钱某	男	管理人员	会计核算中心	是
0004	邹某	男	管理人员	资产管理中心	是

续表

人员编码	人员姓名	性别	人员类型	行政部门	是否业务员
0005	蒋某	男	采购人员	商品采购部	是
0006	李某	男	采购人员	商品采购部	是
0007	马某	男	采购人员	商品采购部	是
0008	刘某	男	采购人员	办公品采购部	是
0009	王某	男	销售人员	总部销售中心	是
0010	田某	男	销售人员	华南办事处	是
0011	陈某	男	销售人员	华北办事处	是
0012	徐某	男	销售人员	海外办事处	是
0013	袁某	男	管理人员	仓管部	是
0014	林某	女	管理人员	仓管部	是

（五）客户分类

客户类别编码	客户类别名称
01	海外
02	国内

（六）客户档案

客户编码	客户名称	客户简称	所属分类	税号	分管部门	分管业务员
01	SAP集团	SAP	01	1720343212398XX	海外办事处	徐某
02	用友集团	用友	02	2239400948374XX	华北办事处	陈某
03	金蝶集团	金蝶	02	4047382112222XX	华南办事处	田某
04	金算盘有限公司	金算盘	02	2222112233322XX	华北办事处	陈某
05	任我行有限公司	任我行	02	1020304433223XX	华北办事处	陈某
06	速达有限公司	速达	02	11221111124564XX	华南办事处	田某
07	零散销售客户	零售	02		总部销售中心	王某

（七）供应商分类

供应商类别编码	供应商类别名称
01	产品供应商
02	办公用品供应商

（八）供应商档案

供应商编码	供应商名称	供应商简称	所属分类	税号	分管部门	分管业务员
01	联想集团	联想	01	4322334322377XX	商品采购部	李某
02	戴尔集团	戴尔	01	43879909876733XX	商品采购部	马某
03	惠普集团	惠普	02	67543388902319XX	办公品采购部	刘某

以上供应商全部选择货物属性。

五、学情关注

在这部分实训过程中，学生可能不理解为什么要进行这些操作，只知道往计算机里录数据，因此教师要讲清楚录入的每一个基础数据分别在哪些地方用到，学生也要主动研究数据的逻辑关系。容易出错的地方有系统启用日期、编码方案，需要特别注意。

六、过程指导

（一）登录企业应用平台

账套管理和用户管理在系统管理模块中完成，基础数据定义和日常业务操作都在企业应用平台中完成。基础数据定义由操作员 01 完成，操作步骤如下：

1. 通过操作系统的开始菜单启用企业应用平台。选择【开始】—【用友 ERP-U8】—【企业应用平台】，打开操作员登录界面，如图 3-24 所示。

图 3-24

2. 以操作员 01 身份登录系统。输入操作员 01，密码 01，选择账套 600，操作日期改为"2011-01-01"，点击"确定"按钮，进入企业应用平台，如图 3-25 所示。

【友情提示】
➢ 系统管理员（admin）无法登录企业应用平台。

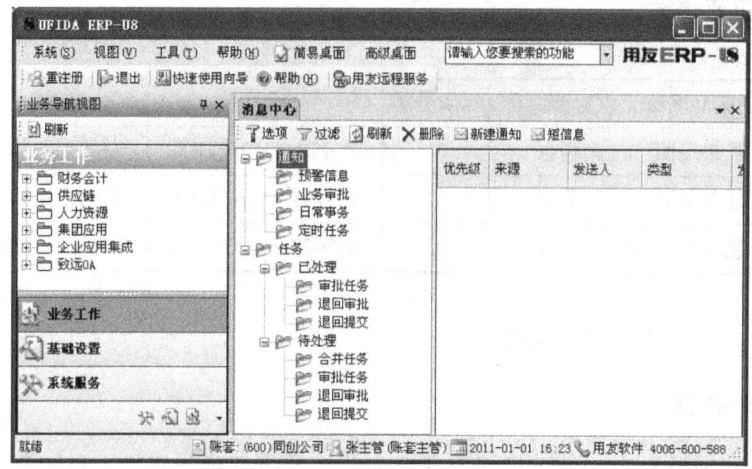

图 3-25

➢ 操作日期可以通过上下键改动。
➢ 企业应用平台中的主要功能通过左边的"业务导航视图"实现，通过页签和树状图实现模拟菜单功能。

【注意事项】
➢ 操作日期一定不要录入错误。在以后登录过程中，操作日期非常重要，由于是演示版，只能连续使用 3 个月，所以超过 3 个月的登录日期会导致软件过期而无法使用，正式版无此问题。

（二）系统启用

本功能用于已安装系统（或模块）的启用，并记录启用日期和启用人。要使用一个产品必须先启用这个产品。操作步骤如下：

1. 打开"系统启用"功能。双击【基础设置】—【基本信息】—【系统启用】菜单，进入系统启用界面，如图 3-26 所示。
2. 启用总账。选择"GL 总账"，在方框内打钩，弹出日历，选择 2011 年 1 月 1 日，单击"确定"按钮完成总账的启用，见图 3-27。
3. 依次启用其他模块。其他模块有"AR 应收款管理"、"AP 应付款管理"、"FA 固定资产"、"WA 薪资管理"等，启用日期都为 2011 年 1 月 1 日。

【友情提示】
➢ 在新建账套时也可进行系统启用。
➢ 只有账套主管和系统管理员可以进行系统启用。

【注意事项】
➢ 启用日期一定要用 2011 年 1 月 1 日，很多人在此将启用日期写成了 2011 年 1 月 31 日，这样的错误会导致在以后的实训中 1 月 31 日以前的日常业务无法录入。
➢ 模块启用后，如果操作过相关模块，此模块将无法取消启用，如果想取消，需要删除已操作过的内容。

学习情境 3　系统管理和基础设置

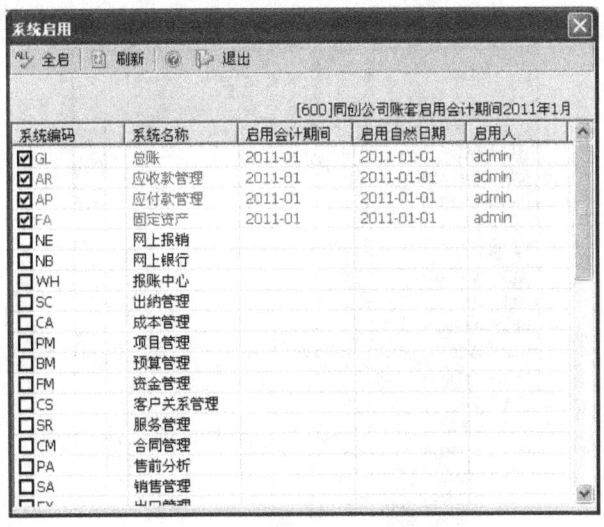

图 3-26

图 3-27

（三）编码方案

在新建账套时，如果编码方案录入错误，可以在此对编码方案重新调整，如果没有错误，可以跳过此步操作。操作步骤如下：

1. 启动"编码方案"。双击【基础设置】—【基本信息】—【编码方案】菜单，进入编码方案录入界面，如图 3-28 所示。

2. 修改编码方案。根据实训资料，修改编码方案中的错误。

3. 保存退出。全部修改完后，单击"确定"按钮保存，然后再单击"取消"按钮退出当前功能。

【友情提示】

➢ 使用过的定义无法修改。

➢ 如果出现只读状态，需要通过系统管理中的清除异常任务进行处理。

（四）本单位信息

本单位信息主要录入单位的名称、法人等基本信息，其中单位名称为必填项，此处已在建账套时录入过基础数据，如果在建账套时有错误，可以在此处修改。操作步骤如下：

1. 启动"本单位信息"。双击【基础设置】—【基础档案】—【机构人员】—【本单位信息】菜单，进入单位信息录入界面。

项目	最大级数	最大长度	单级最大长度	第1级	第2级	第3级	第4级	第5级	第6级	第7级	第8级	第9级
科目编码级次	9	15	9		2	2	2					
客户分类编码级次	5	12	9	2	2	3						
供应商分类编码级次	5	12	9	2	2	3						
存货分类编码级次	8	12	9	2	2							
部门编码级次	5	12	9	2	2							
地区分类编码级次	5	12	9	2	3	4						
费用项目分类	5	12	9	1	2							
结算方式编码级次	2	3	3	1	2							
货位编码级次	8	20	9	2	3	4						
收发类别编码级次	3	5	5	1	2							
项目设备	8	30	9	2	2							
责任中心分类档案	5	30	9	2	2							
项目要素分类档案	6	30	9	2	2							
客户权限组级次	5	12	9	2	3	4						

图 3-28

2. 根据实训资料修改数据。通过“下一步”和“上一步”录入数据，录入完成后，单击“完成”按钮，自动保存数据并关闭界面，如图 3-29 所示。

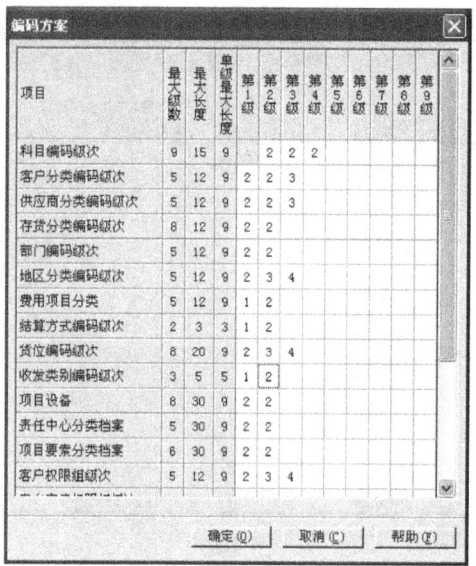

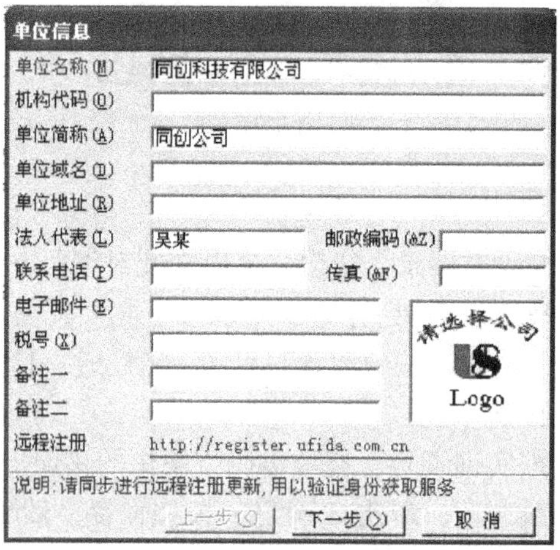

图 3-29

【友情提示】

➢ 单位信息可随时修改，没有限制。

➢ 单位名称应录入单位的全称。

（五）部门档案定义

主要用于设置企业各个职能部门的信息，既可以是企业真实的部门机构，也可以是虚拟的核算单元。操作步骤如下：

1. 启动“部门档案”。双击【基础设置】—【基础档案】—【机构人员】—【部门档案】

菜单，进入部门档案录入界面。

2. 进入增加状态。单击工具栏上的"增加"按钮，界面右边进入增加状态。

3. 根据实训资料录入数据。在部门编码中录入"01"，在部门名称中录入"总经理办公室"，如图3-30所示。

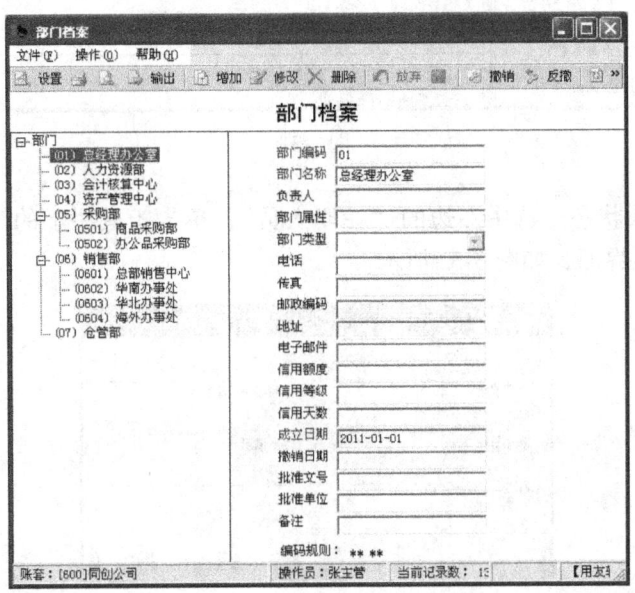

图3-30

4. 保存数据。单击工具栏上的"保存"按钮，保存当前记录。
5. 依次录入其他部门数据。重复步骤二、三、四，根据实训资料录入其他部门。
6. 关闭界面。单击工具栏上的"退出"按钮，关闭当前界面。

【友情提示】
➢ 部门编码和部门名称是必填项，成立日期自动取登录日期。
➢ 部门编码不可修改，部门名称可随时修改。
➢ 增加的快捷键是F5，保存的快捷键是F6，可以通过快捷键的使用提高操作速度。
➢ 部门编码必须符合编码规则，编码规则一旦使用，不可修改。

【注意事项】
➢ 注意查看最下一行的编码规则"*"号的个数，"* *　* *"表示编码规则为"22"，如果你的编码规则与此不相同，说明你在前面录入的"编码方案"有问题，需要到前面重新调整编码方案。

(六) 人员类别定义和人员档案定义

主要用于设置企业各职能部门中需要进行核算和业务管理的职员信息，方便其他业务模块的调用。在定义个人档案时需要调用人员类别信息，因此需先定义人员类别。

1. 人员类别操作步骤

（1）启动"人员类别"。双击【基础设置】—【基础档案】—【机构人员】—【人员类别】菜单，进入人员类别管理界面，如图3-31所示。

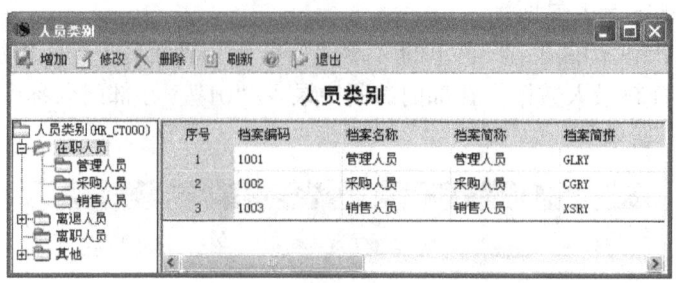

图 3-31

（2）进入增加状态。选中左边的"在职人员"，单击工具栏上的"增加"按钮，系统打开增加档案项界面，如图 3-32 所示。

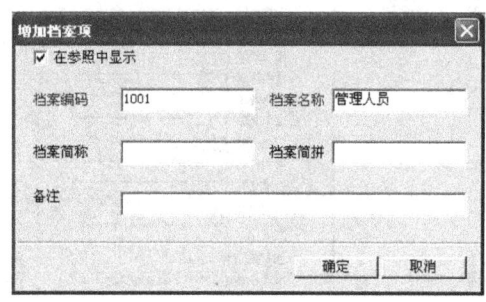

图 3-32

（3）录入数据。在档案编码中录入"1001"，在档案名称中录入"管理人员"。
（4）保存数据。单击"确定"按钮，保存当前记录。
（5）依次录入数据。重复步骤二、三、四，根据实训资料录入其他人员类别。
（6）关闭界面。单击工具栏上的"退出"按钮，关闭当前界面。

【友情提示】

➢ 系统预置了在职人员、离退人员、离职人员、其他四种一级人员类别和部分二级人员类别。

➢ 一级类别可以修改，但不允许增加和删除。

【注意事项】

➢ 在新增时，一定要选中"在职人员"，才能增加二级档案，如果选中的是"人员类别"，新增后会有提示，无法完成新增操作。

2. 人员档案操作步骤

（1）启动"人员档案"。双击【基础设置】—【基础档案】—【机构人员】—【人员档案】菜单，进入人员档案管理界面。

（2）进入增加状态。单击工具栏上的"增加"按钮，系统打开增加档案项界面。

（3）录入其他数据。在人员编码中录入"0001"，在人员姓名中录入"郎某"；单击性别的参照，选择"男"；单击人员类别的参照，选择"管理人员"；单击行政部门的参照，选择"总经理办公室"；选择复选框"是否业务员"，系统自动填写业务或费用部门，如图 3-33 所示。

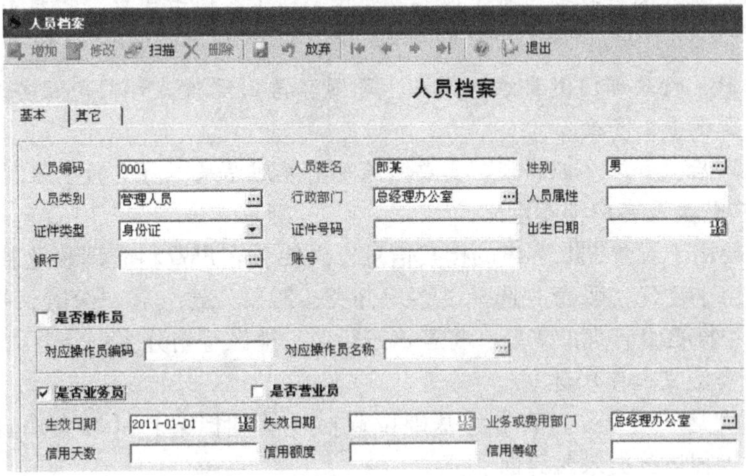

图 3-33

（4）保存数据。单击工具栏上的"保存"按钮，保存当前记录。

（5）依次录入其他数据。单击工具栏上的"增加"按钮，重复步骤三、四，根据实训资料录入其他人员档案，如图 3-34 所示。

图 3-34

（6）关闭界面。单击工具栏上的"退出"按钮，返回到人员列表界面，再单击工具栏上的"退出"按钮，关闭当前界面。

【友情提示】

➢ 进入新增状态时，无需选中具体的部门。
➢ 录入人员档案信息时，有参照的尽量用参照。
➢ 参照的快捷键是 F2。
➢ 为了提高参照的速度，可以打一个字，然后再参照，可以实现参照记录的过滤。
➢ 人员编码必须唯一，人员姓名可以重复。

➢ 行政部门可以是非末级部门。

➢ 修改个人所在的行政部门时，业务或费用部门不会同步变更，需要手工修改。

【注意事项】

➢ 在新增时，行政部门不要录入错误，否则容易出现行政部门与业务或费用部门不一致的现象，需要手工修改。

➢ 参照录入后，如果参照错误，需要清除原有参照结果，再重新参照。

（七）客户分类及客户档案定义

本功能主要用于设置往来客户的档案信息，以便对客户资料管理和业务数据的录入、统计、分析。由于在建立账套时选择了客户分类，需要先建立客户分类，再定义客户档案。企业可以根据自身管理的需要，将客户按行业、地区等划分客户分类。

1. 客户分类定义操作步骤

（1）启动"客户分类"。双击【基础设置】—【基础档案】—【客商信息】—【客户分类】菜单，进入客户分类录入界面。

（2）进入增加状态。单击工具栏上的"增加"按钮，界面右边进入增加状态。

（3）根据实训资料录入数据。在分类编码中录入"01"，在分类名称中录入"海外"，如图3-35所示。

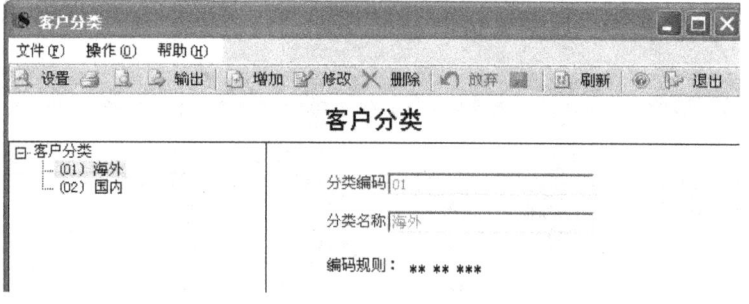

图3-35

（4）保存数据。单击工具栏上的"保存"按钮，保存当前记录。

（5）依次录入其他分类数据。重复步骤二、三、四，根据实训资料录入其他客户分类。

（6）关闭界面。单击工具栏上的"退出"按钮，关闭当前界面。

【友情提示】

➢ 由于录入内容较少，可以通过回车键实现快速录入。

➢ 如果在建账套时没有选择客户分类，那么系统在此处会自动建一个大类，并且不能修改和删除，也不能新增。

【注意事项】

➢ 注意编码规则是否有误。

2. 客户档案定义操作步骤

（1）启动"客户档案"。双击【基础设置】—【基础档案】—【客商信息】—【客户档案】菜单，进入客户档案管理界面。

（2）进入增加状态。单击工具栏上的"增加"按钮，系统打开增加客户档案界面，如图 3-36 所示。

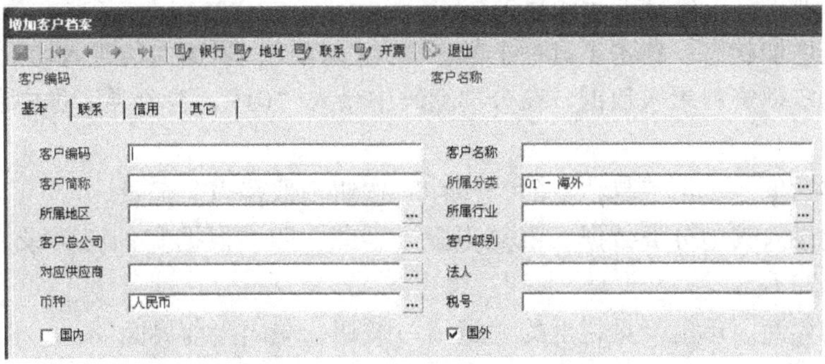

图 3-36

（3）录入数据。在客户编码中录入"01"，在客户名称中录入"SAP 集团"，在客户简称中录入"SAP"；所属分类选择"海外"；在税号中录入"1720343212398XX"；选择复选框"国外"，分管部门选择"海外办事处"，分管业务员选择"徐某"。

（4）保存数据。单击工具栏上的"保存"按钮，保存当前记录。

（5）依次录入其他数据。单击工具栏上的"增加"按钮，重复步骤三、四，根据实训资料录入其他客户档案。客户档案如图 3-37 所示。

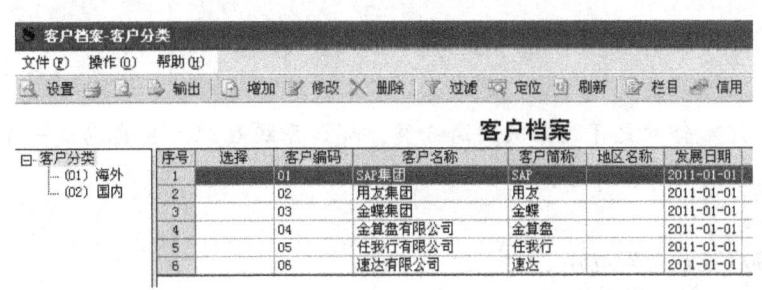

图 3-37

（6）关闭界面。单击工具栏上的"退出"按钮，返回到客户档案列表界面，再单击工具栏上的"退出"按钮，关闭当前界面。

【友情提示】

➢ 当发现一个客户定义了两个代码并且都已经使用，可以通过"并户"功能将两条记录合并成一条记录。

【注意事项】

➢ 如果没有建立客户分类，将无法新增客户档案。

（八）供应商分类及供应商档案定义

本功能主要用于设置往来供应商的档案信息，由于在建立账套时选择了供应商分类，需要先建立供应商分类，再定义供应商档案。企业可以根据自身管理的需要，将供应商按行业、地区等进行分类。操作方法与客户分类基本相同。

1. 供应商分类定义操作步骤

(1) 启动"供应商分类"。双击【基础设置】—【基础档案】—【客商信息】—【供应商分类】菜单，进入供应商分类录入界面。

(2) 进入增加状态。单击工具栏上的"增加"按钮，界面右边进入增加状态。

(3) 根据实训资料录入数据。在分类编码中录入"01"，在分类名称中录入"产品供应商"。

(4) 保存数据。单击工具栏上的"保存"按钮，保存当前记录。

(5) 依次录入其他分类数据。重复步骤二、三、四，根据实训资料录入其他供应商分类，如图3-38所示。

(6) 关闭界面。单击工具栏上的"退出"按钮，关闭当前界面。

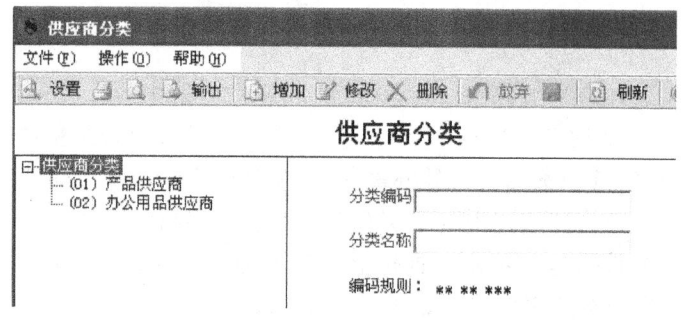

图3-38

【友情提示】

➢ 如果在建账套时没有选择供应商分类，那么系统在此处会自动建一个大类，并且不能修改和删除，也不能新增。

【注意事项】

➢ 注意编码规则是否有误。

2. 供应商档案定义操作步骤

(1) 启动"供应商档案"。双击【基础设置】—【基础档案】—【客商信息】—【供应商档案】菜单，进入供应商档案管理界面。

(2) 进入增加状态。单击工具栏上的"增加"按钮，系统打开增加供应商档案界面，如图3-39所示。

(3) 录入数据。在供应商编码中录入"01"，在供应商名称中录入"联想集团"，在供应商简称中录入"联想"，所属分类选择"01-产品供应商"，在税号中录入"4322334322377XX"。

(4) 保存数据。单击工具栏上的"保存"按钮，保存当前记录。

(5) 依次录入其他数据。单击工具栏上的"增加"按钮，重复步骤三、四，根据实训资料录入其他供应商档案。供应商档案如图3-40所示。

(6) 关闭界面。单击工具栏上的"退出"按钮，返回到供应商档案列表界面，再单

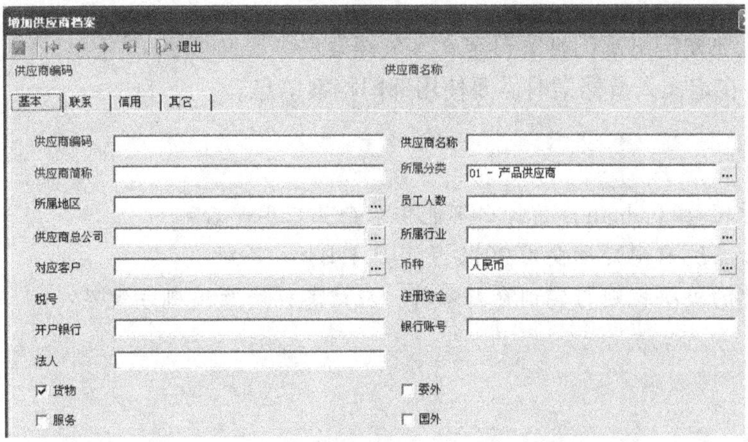

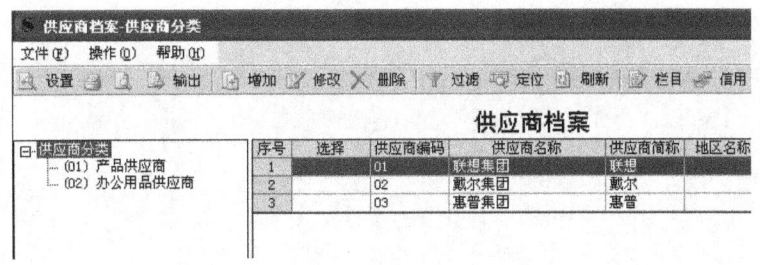

图 3-39

图 3-40

击工具栏上的"退出"按钮，关闭当前界面。

【友情提示】
➢ 当发现一个供应商定义了两个代码并且都已经使用，可以通过"并户"功能将两条记录合并成一条记录。

【注意事项】
➢ 如果没有建立供应商分类，将无法新增供应商档案。

（九）账套备份

将账套输出至"3-3 基础设置"账套备份文件夹，压缩后保存到 U 盘。

七、疑难解答

1. 为什么在建立客户档案时，要先进行客户分类？
答：在新建账套时如果设置了客户分类，那么在建立客户档案时就必须先进行客户分类定义，然后设置客户档案；如果没有设置客户分类，建立客户档案时系统会自动建立大类为无分类，然后在里面设置客户档案。

2. 在设置人员档案时，"业务员"起什么作用？
答：如果该员工希望其他档案或单据能在"业务员"项目被参照，就选中"是否业务员"。

  3. 为什么要先定义部门档案再定义人员档案？

  答：因为在定义人员档案时需要使用部门档案信息。

◎ 思考与练习

  1. 系统管理员（admin）为什么不能登录企业应用平台？

  2. 为什么系统启用日期要用 2011 年 1 月 1 日？

  3. 如果你的编码规则与实训资料不符，应该怎样修改编码方案呢？

学习情境 4 总账系统

◎ **教学活动设计**

在学习本课程前,大家已练习过如何手工做账,那么如何在计算机上进行账务处理呢?这就是总账系统要告诉你的内容。在上一学习情境中,我们已建立了账套,并建立了操作人员和基础档案。本学习情境将引导大家进行总账初始化,填制凭证,审核凭证,引导计算机记账,完成银行对账,并进行月末转账和结账。在整个总账系统的学习中,学生应注意与手工做账的流程和方法进行比较,体会辅助核算带来的好处。

学习任务 4-1 准备知识

一、功能结构

总账系统作为会计软件系统的核心模块,其主要功能有基础设置、凭证管理、出纳管理、账簿管理、辅助核算管理和期末处理等。

(一)基础设置

基础设置即为总账系统初始设置,是使用总账系统的第一步,直接关系到日后账务处理和业务点控制的便利与否。总账系统初始设置的实质,是结合本企业的实际情况,对会计软件中的通用账务核算系统根据企业需要进行选择和调整,将其设置为适合本企业核算要求的"专用账务核算系统"。总账系统初始设置包括定义参数、财务设置、录入期初余额三项内容。

(二)凭证管理

凭证管理包括常用凭证定义,进行凭证录入、审核、记账、查询、打印,以及出纳签字等。

(三)出纳管理

出纳管理是出纳人员进行管理的一套工具,包括现金和银行存款日记账的输出、支票登记簿的管理及银行对账功能,并可对长期未达账项提供审计报告。

(四)账簿管理

账簿管理是日常账务处理的一项重要内容。除现金和银行存款日记账的查询输出外,账簿管理还包括基本会计核算账簿的查询输出,以及各种辅助会计核算账簿的查询输出,并能在整个系统中实现总账、明细账、凭证联查,还可查询包含未记账凭证的最新数据。

(五)辅助核算管理

辅助核算管理是总账系统的补充内容,包括个人往来核算、部门核算、项目核算和往来核算等。

1. 个人往来核算

进行个人借款、还款管理，提供个人借款明细账、催款单、余额表、账龄分析报告及自动清理核销已清账等。

2. 部门核算

考核部门收支的发生情况，及时反映控制部门的费用支出，对各部门的收支情况加以比较，便于进行部门考核，提供各级部门总账、明细账的查询，并对部门收入与费用进行部门收支分析等。

3. 项目核算

用于生产成本、在建工程等业务的核算，以项目为中心，为使用者提供各项目的成本、费用、收入、往来等汇总与明细情况，以及项目计划执行报告等，也可用于核算科研课题、专项工程、产成品成本、旅游团队、合同、订单等，提供项目总账、明细账及项目统计表的查询。

4. 往来核算

进行客户和供应商往来款项的清欠管理，及时掌握往来款项最新情况，提供往来款的总账、明细账、催款单、账龄分析报告等。

（六）期末处理

期末处理工作是指会计人员在每个会计期末都需要完成的一些特定的会计工作，主要包括银行对账、期末转账、试算平衡、对账、结账及期末会计报表的编制等。

二、与其他系统的关系

总账系统在整个会计软件系统中处于核心地位，既可以单独使用，也可以与其他系统同时使用。总账系统接收应收款系统、应付款系统、存货核算系统、固定资产系统、薪资管理系统、成本管理系统生成的凭证；向会计报表系统、决策支持系统、财务分析系统提供财务数据，生成会计报表及其他财务分析表。总账系统与其他系统的数据流程关系如图4-1所示。

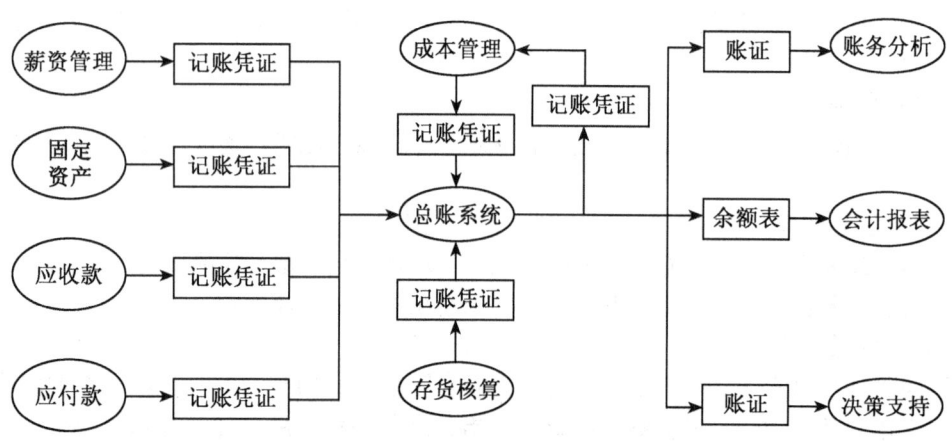

图 4-1　总账系统与其他系统的数据流程关系

三、操作流程

总账系统的基本工作流程如图4-2所示。

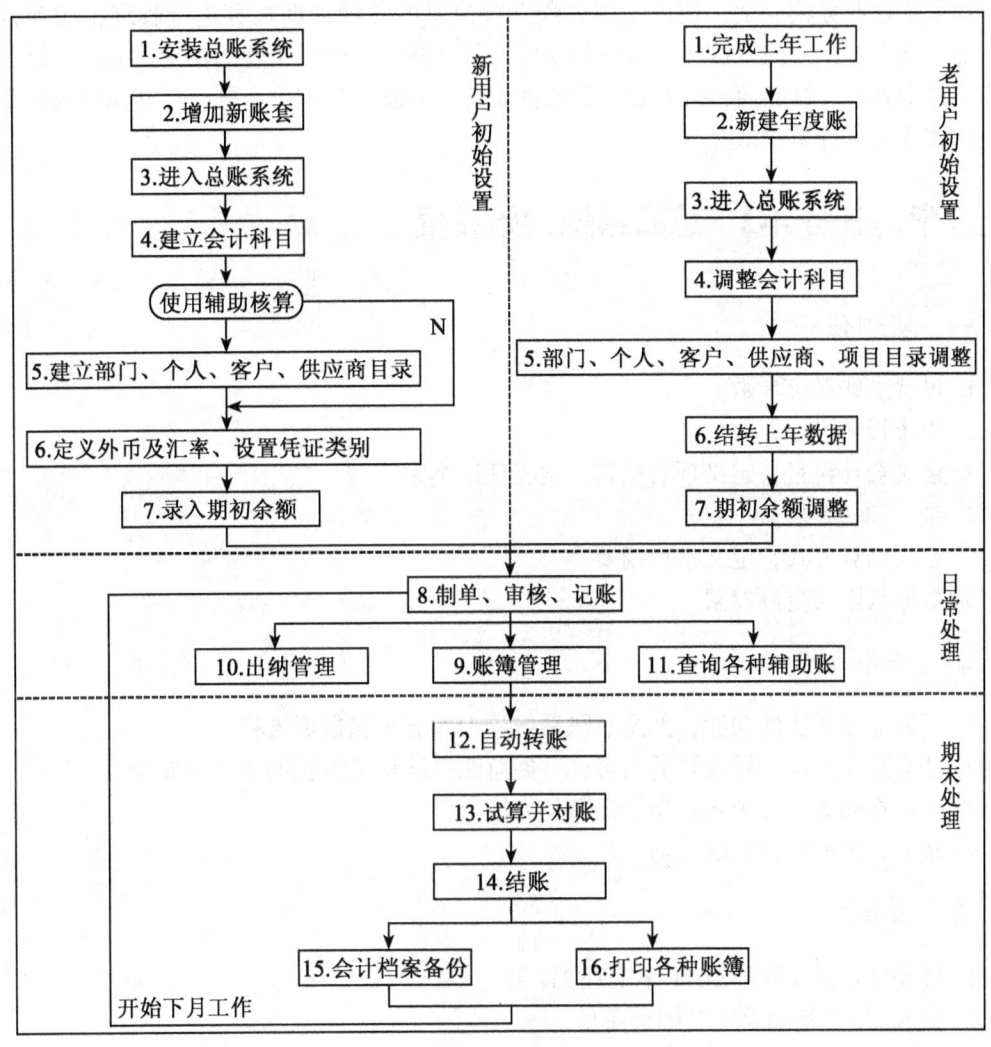

图4-2 总账系统的基本工作流程

总体来看，总账的操作流程分为建账和日常业务两部分：建账也常称为账务初始化，主要完成科目体系的建立和期初值的录入。日常业务主要完成凭证的录入、审核、记账、月末转账与结账以及账表的查询输出。

日常业务的流程可以从系统的角度来理解，凭证录入相当于数据输入，记账相当于数据处理，账表查询相当于数据输出。而审核是为了保证输入的正确性，月末转账与结账是为了对输入的数据进行封存。账务初始化是为了给日常业务提供基础数据。

在一个系统中，数据输入由操作员完成，数据处理和输出由计算机完成。"输入的是垃圾，输出的一定是垃圾"，因此，数据输入在整个系统中的地位非常重要，它直接关系到最后数据输出的准确性。

对于业务较简单、数据量较少的小型企业,只使用总账系统,按照制单、审核、记账、查账、结账的工作流程进行即可。

如果企业业务较复杂,建议使用总账系统提供的各种辅助核算进行管理,如项目核算、部门核算、个人往来核算、客户与供应商往来核算。如果企业的往来业务较频繁,有较多的往来客户、供应商,且希望会计软件系统提供发票处理等业务,可使用应收款系统和应付款系统来管理往来业务。

学习任务 4-2　总账系统初始设置

一、实训任务

1. 设置总账系统参数。
2. 外币设置。
3. 定义会计科目,定义项目档案,定义凭证类别。
4. 录入期初余额。
5. 定义结算方式,定义常用摘要。
6. 数据权限与金额权限。

二、任务目标

1. 了解总账系统的功能,熟悉总账系统的工作流程和数据流程。
2. 理解总账系统初始设置的内容,掌握总账系统初始设置的要求及流程。
3. 掌握在初始设置中录入期初余额的方法。
4. 掌握设置辅助核算的技巧。

三、准备工作

1. 修改计算机时间为 2011 年 1 月 31 日。
2. 引入"3-3 基础设置"账套备份。

四、实训引例

(一) 总账系统的参数

1. 支票控制,取消"现金流量科目必录现金流量项目"。
2. 可以使用应收受控科目、应付受控科目、存货受控科目。
3. 制单权限控制到科目,凭证审核控制到操作员,不允许修改、作废他人填制的凭证。
4. 其他选项按默认值。

(二) 外币

符号:USD,名称:美元,固定汇率方式,汇率小数位数:4,记账汇率 7.0000,调整汇率6.6295。

（三）会计科目

表4-1　　　　　　　　　　　　会 计 科 目

类型	级次	科目编码	科目名称	外币	单位	辅助账类型	方向
资产	1	1001	库存现金			日记账	借
资产	1	1002	银行存款			日记账　银行	借
资产	2	100201	工商银行			日记账　银行	借
资产	2	100202	建设银行	美元		外币　日记　银行	借
资产	1	1121	应收票据			客户	借
资产	1	1122	应收账款			客户	借
资产	1	1123	预付账款			供应商	借
资产	2	122101	其他个人应收款			个人	借
资产	2	122102	其他单位应收款			客户	借
资产	2	122103	预付报刊费				借
资产	2	122104	其他				借
资产	2	132101	受托代销商品				借
资产	2	140501	联想电脑		台	数量	借
资产	2	140502	戴尔电脑		台	数量	借
资产	2	140601	分期收款发出商品				借
资产	1	1605	工程物资			项目	借
资产	2	160501	专用材料			项目	借
资产	2	160502	专用设备			项目	借
资产	2	160503	预付大型设备款			项目	借
资产	2	160504	为生产准备的工具及器具			项目	借
负债	1	2201	应付票据			供应商	贷
负债	2	220201	应付货款			供应商	贷
负债	2	220202	暂估应付款				贷
负债	1	2203	预收账款			客户	贷
负债	2	221101	应付工资				贷
负债	2	221102	应付福利费				贷

续表

类型	级次	科目编码	科目名称	外币	单位	辅助账类型	方向
负债	2	222101	应交增值税				贷
负债	3	22210101	进项税额				贷
负债	3	22210102	销项税额				贷
负债	2	222102	未交增值税				贷
负债	2	222103	应交营业税				贷
负债	2	222104	应交所得税				贷
负债	2	231401	受托代销商品款				贷
权益	2	410101	法定盈余公积				贷
权益	2	410102	任意盈余公积				贷
权益	2	410401	提取法定盈余公积				贷
权益	2	410402	提取任意盈余公积				贷
权益	2	410403	未分配利润				贷
损益	2	600101	联想电脑		台	数量	贷
损益	2	600102	戴尔电脑		台	数量	贷
损益	2	640101	联想电脑		台	数量	借
损益	2	640102	戴尔电脑		台	数量	借
损益	2	660101	广告费				借
损益	2	660102	会务费			部门	借
损益	2	660103	招待费			部门	借
损益	2	660104	通讯费			部门	借
损益	2	660105	办公费			部门	借
损益	2	660106	折旧费			部门	借
损益	2	660107	工资			部门	借
损益	2	660108	福利			部门	借
损益	2	660109	其他				借
损益	2	660201	差旅费			部门	借
损益	2	660202	办公费			部门	借
损益	2	660203	会务费			部门	借
损益	2	660204	折旧费			部门	借
损益	2	660205	工资			部门	借
损益	2	660206	福利			部门	借

续表

类型	级次	科目编码	科目名称	外币	单位	辅助账类型	方向
损益	2	660207	招待费			部门	借
损益	2	660208	坏账准备				借

1. 根据表 4-1 增加不存在的科目和修改已有的会计科目，不在本表中的科目不用删除。
2. 指定"1001 库存现金"为现金总账科目，"1002 银行存款"为银行存款总账科目；指定"1001 库存现金"、"100201 工商银行"、"100202 建设银行"为现金流量科目。
3. "1121 应收票据"、"1122 应收账款"、"2203 预收账款"、"122102 其他单位应收款"科目辅助账类型为"客户往来"，受控系统：应收系统。
4. "2201 应付票据"、"220201 应付货款"、"1123 预付账款"科目辅助账类型为"供应商往来"，受控系统：应付系统。

（四）项目目录

编号	名称	是否结算	所属分类码
01	办公区停车棚	否	停车棚（01）
02	宿舍区停车棚	否	停车棚（01）

项目大类：工程管理（普通项目，项目级次：1 级长度为 2，其他级次长度为 0）
核算科目："1605 工程物资"及其下级所有明细科目
项目分类：01 停车棚　　　02 仓库

（五）凭证类别

类别名称	限制类型	限制科目
收款凭证	借方必有	1001，1002
付款凭证	贷方必有	1001，1002
转账凭证	凭证必无	1001，1002

（六）期初余额

科目编码	科目名称	外币	单位	辅助账类型	方向	余额
100201	工商银行			日记 银行	借	1 200 000.00
100202	建设银行			外币 日记 银行	借	364 000.00

续表

科目编码	科目名称	外币	单位	辅助账类型	方向	余额
		美元				52 000.00
1122	应收账款			客户	借	959 400.00
122101	其他个人应收款			个人	借	6 000.00
132101	受托代销商品				借	45 000.00
140501	联想电脑			数量	借	500 000.00
			台			100.00
140502	戴尔电脑			数量	借	1 250 000.00
			台			250.00
1407	商品进销差价				贷	20 000.00
1601	固定资产				借	2 608 600.00
1602	累计折旧				贷	471 200.00
160501	专用材料			项目	借	58 000.00
160502	专用设备			项目	借	43 000.00
2001	短期借款				贷	1 000 000.00
220201	应付货款			供应商	贷	585 000.00
220202	暂估应付款				贷	500 000.00
22210101	进项税额				贷	-170 000.00
22210102	销项税额				贷	340 000.00
231401	受托代销商品款				贷	25 000.00
2501	长期借款				贷	2 000 000.00
4001	实收资本				贷	2 000 000.00
410101	法定盈余公积				贷	262 800.00

1. "1122 应收账款"明细账

2010年12月6日，金蝶集团购联想电脑100台，每台无税售价8 200元，增值税销项税额为139 400元，款未收，合计959 400元，凭证号：转-0218。

2. "122101 其他个人应收款"明细账

2010年12月8日，总经理办公室郎某借差旅费6 000元，凭证号：转-0288。

3. 项目明细

科目	项目	金额（元）
160501 专用材料	01 办公区停车棚	30 000.00
	02 宿舍区停车棚	28 000.00
160502 专用设备	01 办公区停车棚	23 000.00
	02 宿舍区停车棚	20 000.00

4. "220201 应付货款"明细账

2010年12月10日，向戴尔集团购入戴尔电脑100台，每台无税价5 000元，计500 000元；增值税为85 000，合计585 000元，款未付，凭证号：转-0318。

（七）结算方式

结算方式编码	结算方式名称	是否票据管理	结算方式编码	结算方式名称	是否票据管理
1	现金	否	4	电汇	是
2	现金支票	是	5	网上银行	是
3	转账支票	是	6	银行承兑汇票	是

对应票据类型全部为空。

（八）常用摘要

摘要编码	摘要内容	摘要编码	摘要内容
1	出差借款	3	销售商品
2	商品采购	4	计提折旧

（九）数据权限定义

1. 科目权限：操作员02具有所有科目的查账和制单权限。
2. 用户权限：操作员03对应操作员01、02具有查询、审核、弃审权限。

五、学情关注

在本实训中，重点要研究科目的属性，特别是客户、供应商、部门、个人、项目、日记、银行、数量、外币、指定现金、指定银行、指定现金流量。这12个属性是总账系统的核心内容，总账系统的高级功能主要通过这12个属性展开，对每个属性都要研究基础数据定义、期初值的录入方式、制单时额外录入的内容、查询输出以及报表取数的方法。另一个需要注意的是功能权限、数据权限和金额权限三者的不同。

六、过程指导

总账系统的初始化操作全部以账套主管01的身份完成，登录日期为2011年1月

1日。

(一) 设置总账系统参数

由于每个企业的运作模式与内控方式等实际情况不尽相同，而用友软件是一个通用型软件，为了解决这个问题，需要通过本功能修改相应参数。操作步骤如下：

1. 启动总账的"设置"功能。双击【业务工作】—【财务会计】—【总账】—【设置】—【选项】菜单，进入总账的参数设置界面，如图4-3所示。

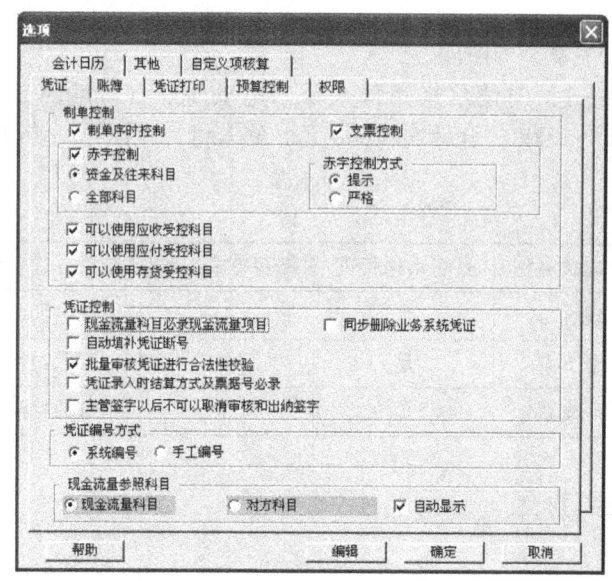

图4-3

2. 进入修改状态。点击"编辑"按钮，进入参数的修改状态。
3. 修改总账参数。根据实训资料修改总账的参数，如图4-4所示。
4. 保存设置。单击"确定"按钮，自动保存设置，并关闭选项界面。

【友情提示】

➢ 制单序时控制：指下一张凭证的制单日期必须大于等于上一张凭证的制单日期。

➢ 支票控制：在制单过程中使用银行科目编制凭证时，系统针对票据管理的结算方式进行登记，如果录入支票号在支票登记簿中已存在，系统提供登记支票报销的功能。否则，系统提供登记支票登记簿的功能。

➢ 赤字控制：在制单时，当"资金及往来科目"或"全部科目"的最新余额出现负数时，系统将予以提示。提供了提示、严格两种方式。

➢ 受控科目：系统提供应收受控、应付受控、存货受控三种受控科目。如果选择可以使用受控科目，那么此类型的科目即可在总账和其他模块制单过程中使用；如果不可以使用受控科目，那么此类型的科目就不可以在总账制单过程中使用，只可以在其他模块制单时使用。

➢ 现金流量科目必录现金流量项目：选择此项后，在录入凭证时如果使用现金流量科目，会自动弹出现金流量项目录入窗口，必须输入现金流量项目及金额，否则无法保

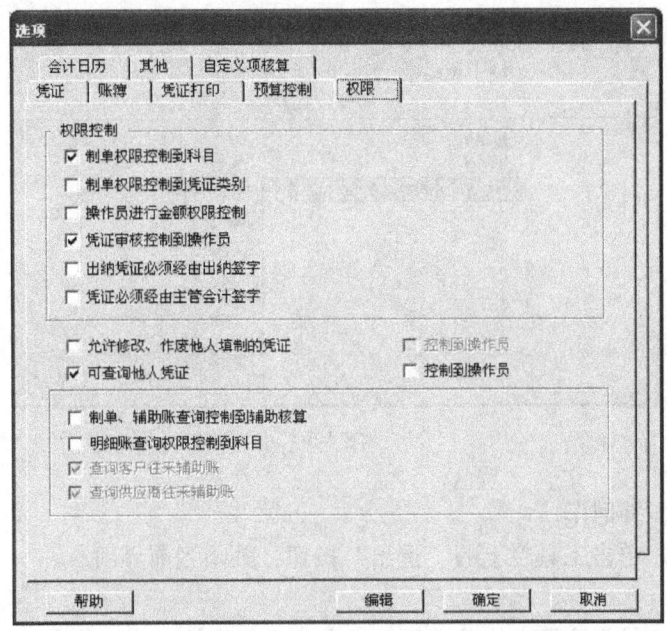

图 4-4

存。如果不选择，只能通过手工方法，点击工具栏上的"流量"弹出窗口。

➢ 同步删除业务系统凭证：选中此项后，业务系统删除凭证时，自动将总账的凭证同步删除。否则，只将总账凭证作废，不予删除。

➢ 制单权限控制到科目：此选项将启用科目数据权限，在制单时，操作员只能使用具有相应制单权限的科目。

➢ 操作员进行金额权限控制：此选项将启用金额权限，在制单时，金额的大小受金额权限控制。

➢ 凭证审核控制到操作员：此选项将启用用户数据权限，在审核时，只能审核有对应关系的操作员填写的凭证。通过此功能可以实现小组内审核。

【注意事项】

➢ 修改受控参数时，会出现"受控科目被其他系统使用时，会造成应收系统与总账对账不平"的提示，单击确定即可。

（二）外币设置

在制单过程中，如果有外币业务，一定会用到外币，月末还要进行外币的汇兑损益结转。此功能用于定义外币的种类以及汇率。操作步骤如下：

1. 启动"外币设置"功能。双击【基础设置】—【基础档案】—【财务】—【外币设置】菜单，进入外币设置界面，如图 4-5 所示。

2. 增加外币种类。点击工具栏上的"增加"按钮，进入增加状态，根据实训资料录入币符"USD"、币名"美元"、汇率小数位"4"，核对折算方式，并单击"确认"按钮，完成增加。

3. 设置外币汇率。选择"美元"，在第一行（2011.01）处录入记账汇率：7.0000，

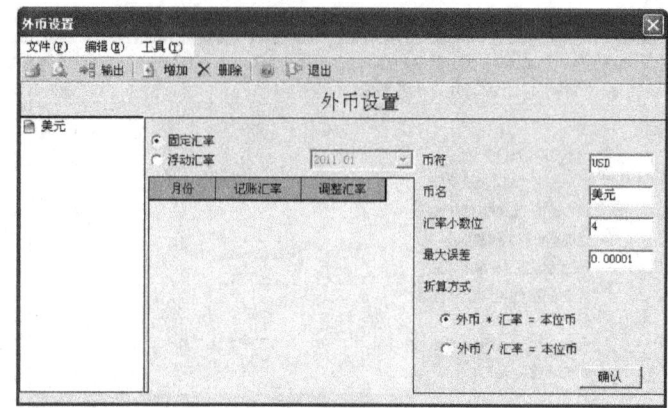

图 4-5

调整汇率：6.6295 并回车。

4. 关闭界面。单击工具栏上的"退出"按钮，关闭当前界面。

【友情提示】

➢ 记账汇率在制单过程中使用，调整汇率在月末结转汇兑损益中使用。

➢ 既可以设置固定汇率，也可以设置浮动汇率；固定汇率按月设置，浮动汇率按日设置。

➢ 此处仅供用户录入固定汇率与浮动汇率，并不决定在制单时使用固定汇率还是浮动汇率，在总账【选项】中"汇率方式"的设置决定制单使用固定汇率还是浮动汇率。

➢ 在制单时可以修改汇率，如果外币×（或/）汇率-本位币>最大折算误差，则系统给予提示，如果不想出现提示，可以将最大误差设为一个比较大的数值，如 1000000 即可。

【注意事项】

➢ 录完调整汇率后，一定要回车，或者用鼠标单击一次其他位置，然后才能关闭，否则会导致最后一个数据丢失。回车可以理解为对录入数据的确认。

（三）定义会计科目

会计科目是填制会计凭证、登记会计账簿、编制会计报表的基础，是对会计对象具体内容分门别类进行核算所规定的项目，它是一个完整的体系，它的完整性影响着会计过程的顺利实施，它的层次深度直接影响会计核算的详细、准确程度。本功能完成对会计科目的设立和管理，用户可以根据业务的需要方便地增加、插入、修改、查询、打印会计科目。具体操作如下：

1. 打开"会计科目"管理界面。双击【基础设置】—【基础档案】—【财务】—【会计科目】菜单，打开"会计科目"窗口，如图 4-6 所示。

【友情提示】

➢ 如果在新建账套时选择了"按行业预置科目"，那么此处就有系统已增加的标准科目；反之，如果没有选择，那么此处不会存在任何科目。

2. 增加会计科目。对于不存在的科目编码，需要通过新增的方法来增加科目。

图 4-6

（1）进入增加状态。单击工具栏上的"增加"按钮，打开新增科目界面，如图 4-7 所示。

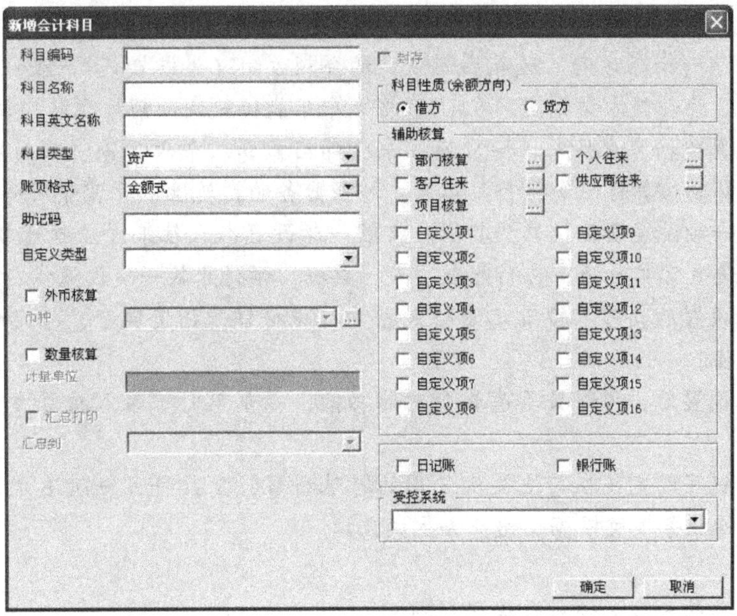

图 4-7

（2）输入科目信息。录入科目编码"100201"，科目名称"工商银行"，选择"日记账"、"银行账"复选框。

（3）保存新增数据。单击"确定"按钮，数据自动保存，"确定"按钮自动变成"增加"按钮。

(4) 继续增加其他科目。单击"增加"按钮，重复步骤二、三，根据实训资料录入其他明细科目。

(5) 退出增加状态。单击"关闭"按钮，关闭增加界面，退回到浏览状态。

【友情提示】

➤ 科目编码必须符合编码规则，须从一级科目开始逐级增加，科目编码必须唯一，编码只能由数字、英文字母、减号（-）、正斜杠（/）组成，其他字符禁止使用。

➤ 科目名称分为中文名称和英文名称，可以由汉字、数字、英文字母、减号（-）、正斜杠（/）组成。

➤ 当行业性质为2007新会计制度时，科目类型分为资产、负债、所有者权益、共同、成本、损益。

➤ 账页格式用于定义该科目在账簿打印时的默认打印格式。

➤ 助记码用于帮助记忆科目，在制单或查账中可以使用助记码快速输入科目。

➤ 外币核算选择后，将启用该科目的外币核算功能，并要设置币种，月末可进行汇兑损益结转。

➤ 数量核算选择后，将记录该科目的数量信息，并需要输入数量的计量单位，如件、千克、台等。

➤ 汇总打印是指在打印输出时该科目的金额汇总到指定科目进行打印。

➤ 封存是指对已使用的科目进行停用。

➤ 科目性质（余额方向）是指科目默认的余额方向（借或贷），下级科目的余额方向必须与一级科目的余额方向相同。在UFO报表中只能按默认余额方向取期初值和期末值。

➤ 辅助核算包括客户往来、供应商往来、部门核算、个人往来、项目核算和自定义项，巧妙使用辅助核算可以简化科目体系，增强账务的扩展性。管理费用一般设置部门核算，生产成本一般设置项目核算，其他应收款一般设置个人往来，应收账款、应收票据、预收账款一般设置客户往来，应付账款、应付票据、预付账款一般设置供应商往来。

➤ 日记账设置后，可以按日记账格式查询打印科目，指定现金、指定银行科目自动选择日记账选项。

➤ 银行账设置后，该科目具有银行对账功能，在制单时可录入结算方式、结算号和票据日期。

➤ 受控系统用于定义在其他模块使用的特殊科目，受控科目一般不允许在制单时使用，而是在其他业务模块根据原始业务生成凭证。

【注意事项】

➤ 科目编码的长度必须符合编码规则。

➤ 已经存在的科目不能重复增加。

➤ 必须存在上一级科目，才能增加下一级科目。

➤ 增加下级科目时，自动将原科目的所有账全部转移到新增的下级第一个科目中，此操作不可逆。同时要求新增的下级科目的所有科目属性与上级科目一致。

3. 修改会计科目。已存在的科目定义不完整或存在错误时，需要通过修改功能对科目的定义进行修改。操作步骤如下：

（1）选择修改对象。在"会计科目"界面找到并单击需要修改的科目"1001"。
（2）进入修改状态。单击工具栏上的"修改"按钮，打开修改界面，如图4-8所示。

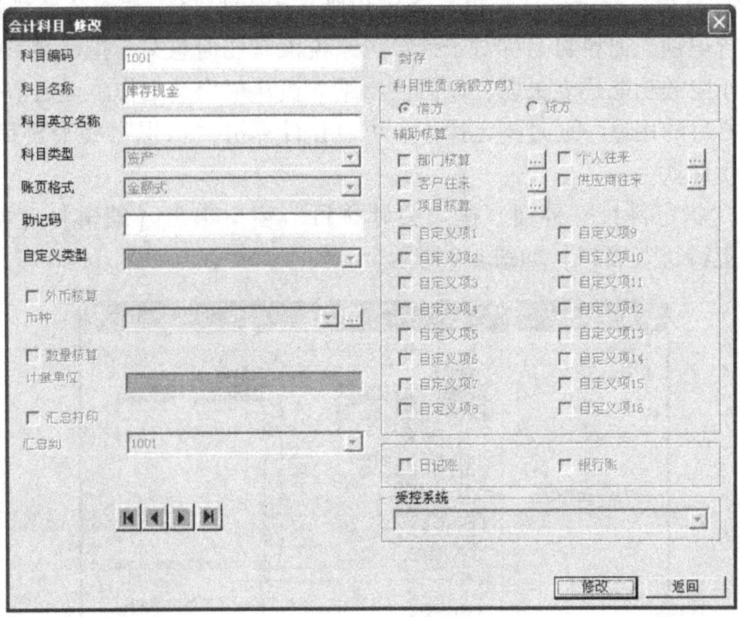

图4-8

（3）修改定义。在修改界面中单击"修改"按钮，选择"日记账"复选框。
（4）保存修改。单击"确定"按钮，保存修改数据，再单击"返回"按钮，关闭修改界面。
（5）修改其他科目。重复第一至四步，根据实训资料，将辅助项不全的科目全部进行修改。

【友情提示】
➢ 只有在修改状态才能设置汇总打印和封存。

【注意事项】
➢ 未使用的科目编码可以修改，建议不要轻易修改编码。
➢ 科目编码一旦使用，将被锁定，不能修改，但科目名称可以随时修改，注意理解原因。
➢ 已录入期初余额的科目不要强行修改科目，建议先清除该科目的余额，然后再修改。

4. 删除会计科目。对于多余的科目，可以通过此方法进行删除。
（1）选择删除对象。在"会计科目"窗口单击选择需要删除的会计科目。
（2）删除科目。单击工具栏上的"删除"按钮，系统给出安全提示。

【友情提示】
➢ 只能删除末级科目，非末级科目不能删除。已被指定的科目不能删除。
➢ 已录入期初余额的科目不能删除。已制单的科目不能删除。

【注意事项】
➢ 已使用的科目，如果以后不想使用，可能通过封存实现停用。

5. 指定会计科目。指定会计科目是指定出纳的专管科目。对于会计科目，计算机通过科目代码进行识别，而科目名称对于计算机来说没有任何意义。指定科目的目的是为了让某些科目与相应的功能建立关联，以方便出纳人员从事出纳工作。说通俗一点，计算机并不知道每个科目的用途，通过指定操作，可以让计算机"认识"哪个科目是库存现金，哪个科目是银行存款。

（1）打开"指定科目"界面。在"会计科目"窗口单击【编辑】—【指定科目】菜单，打开"指定科目"窗口，如图 4-9 所示。

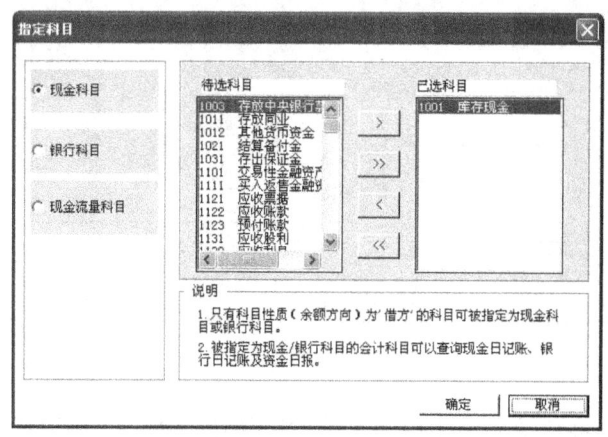

图 4-9

（2）指定现金科目。选择"现金科目"单击框，将"1001"从待选科目移至"已选科目"。

（3）指定银行科目。选择"银行科目"单击框，将"1002"从待选科目移至"已选科目"。

（4）指定现金流量科目。选择"现金流量科目"单击框，将"1001、100201、100202"从待选科目移至"已选科目"。

（5）保存并退出。单击"确定"按钮，保存指定的科目，并自动关闭窗口。

【友情提示】
➢ 指定现金科目与指定银行科目指定的都是一级科目，而指定现金流量科目指定的是末级科目。
➢ 只有进行指定现金科目与指定银行科目后，才能进行出纳签字工作，否则，无法查到出纳凭证。
➢ 只有进行指定现金科目与指定银行科目后，才能查询现金日记账和银行存款日记账。
➢ 指定现金科目后，相应科目自动具有"日记账"属性。
➢ 指定银行科目后，相应科目自动具有"日记账"与"银行账"属性。

➢ 指定现金流量科目的目的是为了编制现金流量表,指定后,相应科目自动与现金流量项目关联,在制单时可以录入现金流量,编制现金流量表时只需汇总即可。

【注意事项】

➢ 在指定现金科目时,只能将"1001"移到已选区,千万不要将"1002"移过去,否则指定银行科目时会找不到科目。

(四) 定义项目档案

企业在实际业务处理中会对多种类型的项目进行核算和管理,如在建工程、对外投资、技术改造项目、项目成本管理、合同等。可以将具有相同特性的一类项目定义成一个项目大类,一个项目大类可以核算多个项目。为了便于管理,我们还可以对这些项目进行分类管理。可以将存货、成本对象、现金流量、项目成本等作为核算的项目分类,也可以自由设置任何具有相同经济性质的一类经济业务组成一个项目大类,例如一份合同、一张订单、一个建筑项目、一个投资项目等。

定义项目档案的内容包括四个方面:定义项目大类、定义项目核算科目、定义项目分类、定义项目目录。操作步骤如下:

1. 启动"项目档案"管理功能。双击【基础设置】—【基础档案】—【财务】—【项目档案】菜单,进入项目档案设置界面,如图 4-10 所示。

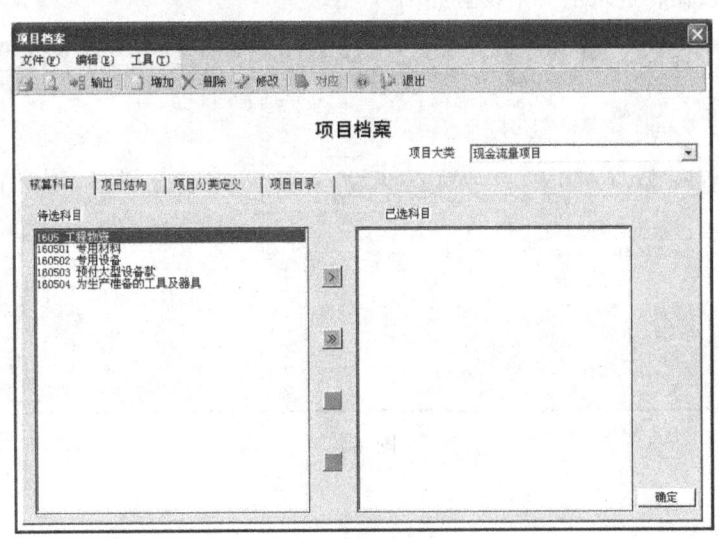

图 4-10

2. 定义项目大类,具体步骤如下:

(1) 打开增加项目大类向导。单击工具栏上的"增加"按钮,系统打开向导,进入增加状态。

(2) 定义项目大类名称。在新项目大类名称处录入"工程管理",并选择"普通项目",如图 4-11 所示,然后单击"下一步"按钮,进入下一个设置界面。

【友情提示】

➢ 系统提供 5 个可选项:普通项目、存货项目、成本对象、现金流量项目、项目成

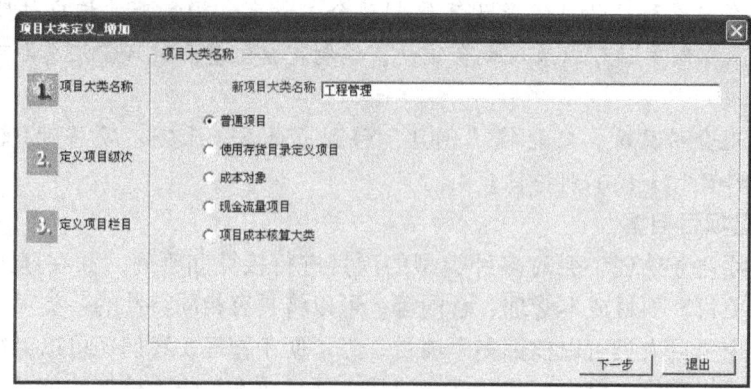

图 4-11

本核算大类。普通项目是可以自由定义的项目，是一个通用型的项目；其他几个类型是专用型的项目，会按项目内容自动增加项目栏目，或者增加项目目录，有一定的使用条件限制，在此，我们仅以普通项目为例进行学习。

（3）录入项目级次。在项目级次一级处将"1"改成"2"，如图4-12所示，然后单击"下一步"按钮，进入下一个设置界面。

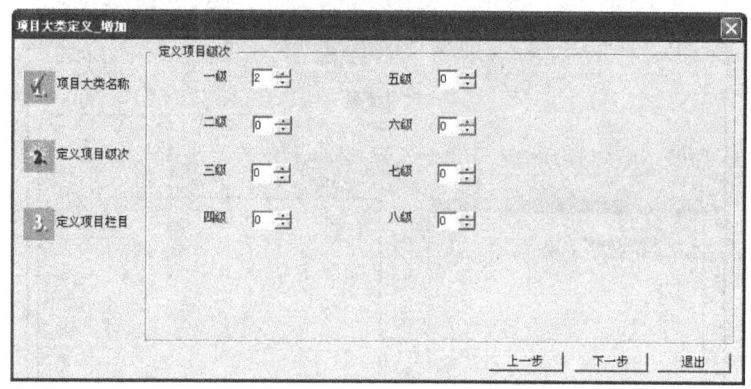

图 4-12

【友情提示】
➢ 此处的级次是指项目分类编码的长度，项目分类编码必须符合此处定义的编码规则。

（4）定义项目栏目。此处无需增加新的栏目，因此单击"完成"按钮，完成项目大类的定义，返回到项目档案界面，如图4-13所示。

【友情提示】
➢ 定义项目栏目的本质是定义表结构，也可以理解为定义项目的属性，相当于数据库表的字段。
➢ 项目栏目还可通过"项目结构"页签进行补充和修改。

3. 定义项目核算科目。此处用于定义项目大类与科目的关系，也就是说什么样的科

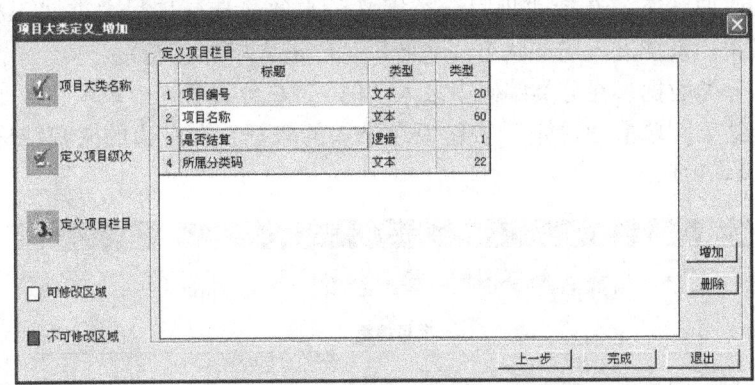

图 4-13

目使用什么样的项目,如图 4-14 所示。

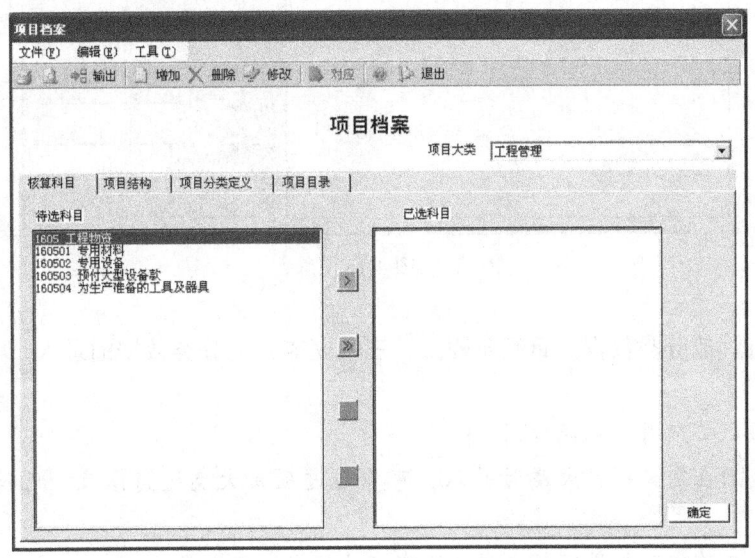

图 4-14

(1) 选择项目大类。选择"核算科目"页签,在右上角选择项目大类"工程管理"。
(2) 选择科目。将左边的"1605"及其明细科目从待选科目区全部移到已选科目区。
(3) 保存设置。单击右下角的"确定"按钮,保存科目。

【注意事项】
➢ 在此处的操作中,最容易出错的地方有两个,一个是没有修改项目大类,错将科目关联到现金流量项目;另一个错误就是设置好科目后,没有点"确定"按钮保存数据。
➢ 如果错将科目关联至其他项目,需要将科目移回到待选科目,单击确定后,重新设置。
➢ 单击"确定"按钮后,没有"保存数据"等任何提示,这是软件设计的失误。
4. 定义项目分类。此处用于定义项目目录的分类。

(1) 进入增加状态。选择"项目分类定义"页签,选择项目大类"工程管理",单击"增加"按钮,系统进入增加状态(系统默认已进入增加状态)。

(2) 录入分类数据。在分类编码中录入"01",在分类名称中录入"停车棚"。

(3) 保存结果。单击"确定"按钮保存录入的数据,在左边的树状结构中会显示保存结果,如图4-15所示。

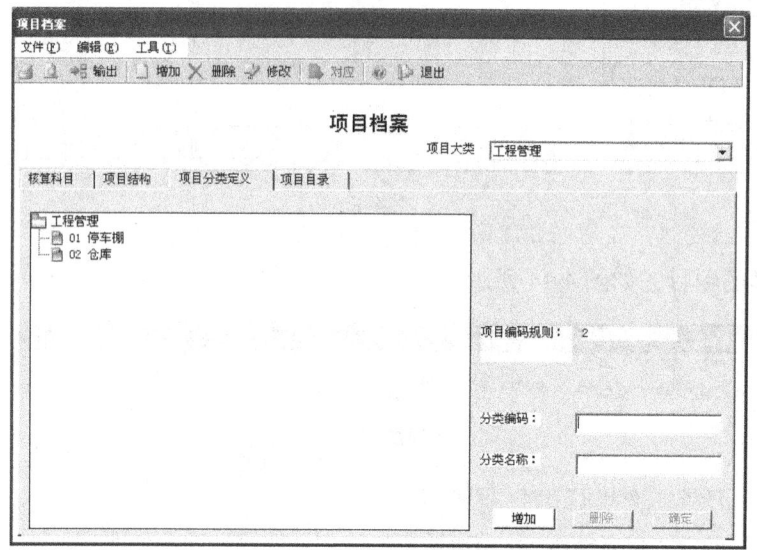

图4-15

(4) 录入其他分类数据。重复步骤二、三,完成其他分类数据的录入。

【友情提示】

➢ 分类编码必须符合编码规则。

➢ 编码规则在定义项目大类时录入,可以通过项目大类进行修改,已使用的规则不能修改。

➢ 在实际工作中,如果不想分类,可以在此建立一个大类。

【注意事项】

➢ 在录入时,注意观察项目大类是否"工程管理",项目大类是操作的对象,要确保正确。

➢ 在录入编码和名称后,要单击"确定"按钮保存数据,单击"增加"不能保存数据。

➢ 录入完成后,在左边没有出现录入的数据,说明操作错误,结果没有保存,需要重新录入。

5. 定义项目目录。此处用于录入具体的项目明细。

(1) 打开"项目目录维护"功能。选择"项目目录"页签,选择项目大类"工程管理",单击右下角的"维护"按钮,打开"项目目录维护"界面。

(2) 进入增加状态。单击工具栏上的"增加"按钮,在表体处自动增加一个空行。

（3）录入项目目录数据。在项目编码中录入"01"，在项目名称中录入"办公区停车棚"，在所属分类码中选择"01"，回车后，自动增加一个空行，依次录入其他内容，如图 4-16 所示。

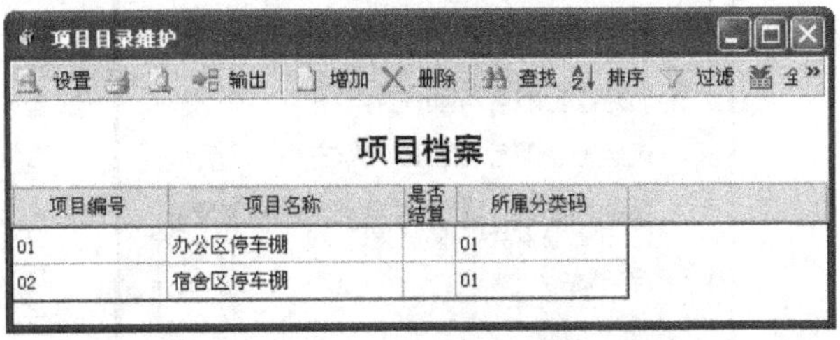

项目编号	项目名称	是否结算	所属分类码
01	办公区停车棚		01
02	宿舍区停车棚		01

图 4-16

（4）关闭当前界面。单击工具栏上的"退出"按钮，关闭当前窗口，返回到上一界面。

【友情提示】

➢ "是否结算"是指此项目是否已结算完成，在新增时无需选择，如果选择，那么在以后的录入中将无法参照到此项目。

➢ 此界面中无"保存"按钮，退出时自动保存。

➢ 多余的空行可按两次 Esc 键取消。

【注意事项】

➢ 在项目目录页签无法直接新增记录，需要单击"维护"按钮后在新窗口中录入数据。

（五）定义凭证类别

在填制凭证时，需要确定凭证类别，许多单位为了便于管理或登账方便，一般对记账凭证进行分类编制，但各单位的分类方法不尽相同，通过凭证类别的定义，用户可以按照本单位的需要对凭证进行分类。操作步骤如下：

1. 启动"凭证类别"功能。双击【基础设置】—【基础档案】—【财务】—【凭证类别】菜单，进入凭证类别管理界面。

2. 选择分类方式。根据实训资料要求，选择"收付转"分类方式，然后单击"确定"按钮，如图 4-17 所示，系统自动打开凭证类别明细列表界面，并自动增加三条记录。

3. 设置限制类型和限制科目。单击工具栏上的"修改"按钮，再双击第一行的限制类型，选择"借方必有"，在限制科目中输入或参照录入"1001,1002"，并依次录入第二行与第三行，如图 4-18 所示。

4. 关闭界面。单击工具栏上的"退出"按钮，关闭当前界面。

【友情提示】

➢ 如果已定义了凭证类别，第二次进入时将直接打开凭证类别明细列表界面。

➢ 已使用的凭证类别不能删除，也不能修改类别字。

➢ 若选有科目限制（即"限制类型"不是"无限制"），则至少要输入一个限制科目。若限制类型选"无限制"，则不能输入限制科目。

➢ 若限制科目为非末级科目，则在制单时，其所有下级科目都将受到同样的限制。

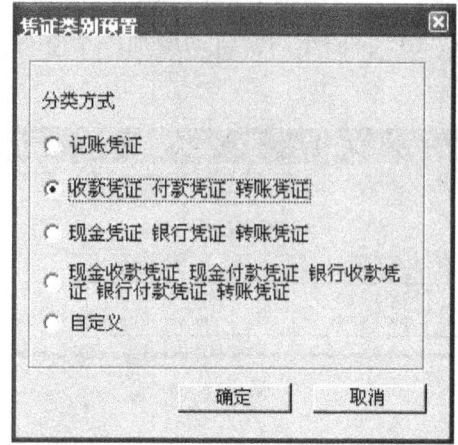

图 4-17

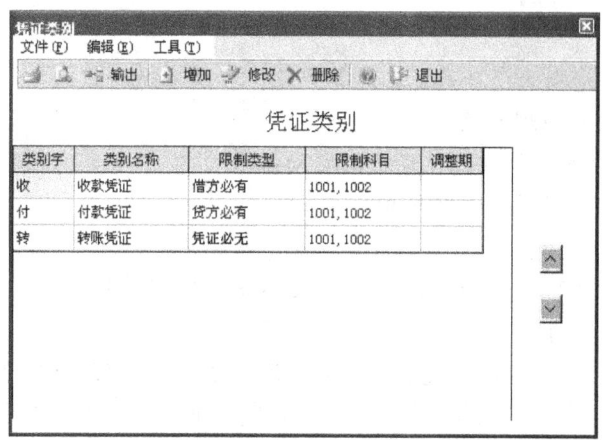

图 4-18

➢ 表格右侧的上下箭头按钮可以调整凭证类别的前后顺序,它将决定明细账中凭证的排列顺序。例如:凭证类别设置中凭证类别的排列顺序为收、付、转,那么,在查询明细账、日记账时,同一日的凭证将按照收、付、转的顺序进行排列。

➢ 对限制类型的理解:

- 借方必有:制单时,此类凭证借方至少有一个限制科目发生。
- 贷方必有:制单时,此类凭证贷方至少有一个限制科目发生。
- 凭证必有:制单时,此类凭证无论借方还是贷方至少有一个限制科目发生。
- 凭证必无:制单时,此类凭证无论借方还是贷方不可有一个限制科目发生。
- 无限制:制单时,此类凭证可使用所有合法的科目。
- 借方必无:制单时,此类凭证借方不能出现限制科目。
- 贷方必无:制单时,此类凭证贷方不能出现限制科目。

➢ 若将凭证分为收、付、转三种常用凭证类别,设置限制类型与限制科目如下:

类别字	凭证类别	限制类型	限制科目
收	收款凭证	借方必有	1001，1002
付	付款凭证	贷方必有	1001，1002
转	转账凭证	凭证必无	1001，1002

含义如下：

● 填制收款凭证时，借方必须有1001或1002科目中的至少一个科目，如果没有，则为不合法凭证，不能保存。

● 填制付款凭证时，贷方必须有1001或1002科目中的至少一个科目，如果没有，则为不合法凭证，不能保存。

● 填制转账凭证时，借方和贷方都不能出现1001和1002科目。

如果一张凭证中借方出现了1001或1002，那么就应该选择收款凭证；如果贷方出现了1001或1002，那么就应该选择付款凭证；如果借方和贷方都没有出现1001或1002，那么就应该选择转账凭证；如果借方和贷方都出现了1001或1002，那么既可以是收款凭证，也可以是付款凭证，但我们一般习惯把这种凭证作为付款凭证处理。

【注意事项】

➤ 限制科目"1001，1002"中的数字和逗号都是半角符号，如果录入错误，会出现"科目编码有误！"的提示。

➤ 当不小心增加了空行时，将无法退出，解决的方法是按Esc键两次。

（六）录入期初余额

在期初余额管理中主要完成两项工作：一是录入科目的期初余额和科目辅助账的期初明细，二是核对期初余额，并进行试算平衡。操作步骤如下：

1. 打开"期初余额录入"界面。双击【业务工作】—【总账】—【设置】—【期初余额】菜单，进入期初余额录入窗口。

2. 录入基本科目余额。单击工商银行的期初余额区域，录入1200000，根据实训资料，用同样的方法录入其他白色区域科目的余额，如图4-19所示。

【友情提示】

➤ 没有辅助项的科目为基本科目，可以直接录入期初余额。

➤ 期初余额只能在末级科目上录入，非末级科目不能录入，由计算机根据末级科目自动计算。

➤ 期初余额录入后，该科目处于已使用状态，如果要修改科目，需要将此科目的余额改成0，还原到未使用状态，然后再修改科目。

3. 录入辅助项科目余额（以应收账款为例）。具体步骤如下：

（1）打开"辅助期初余额"界面。双击"应收账款"科目的期初余额区域，系统自动打开"辅助期初余额"窗口，如图4-20所示。

（2）进入"期初往来明细"录入界面。单击工具栏上的"往来明细"按钮，系统自动打开"期初往来明细"录入窗口。

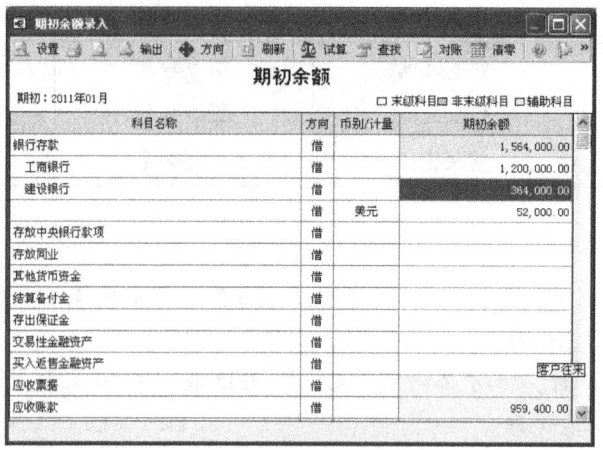

图 4-19

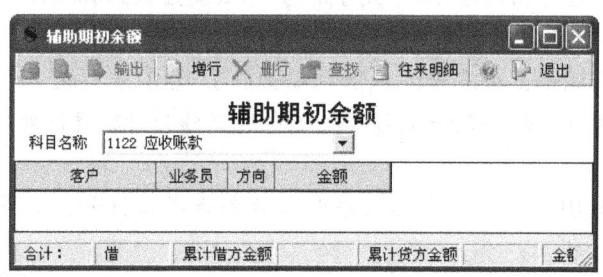

图 4-20

（3）录入往来明细。单击工具栏上的"增行"按钮，增加一个空行，根据实训资料录入日期，参照录入凭证号，参照录入客户，录入摘要，选择方向，录入金额，如图 4-21 所示。

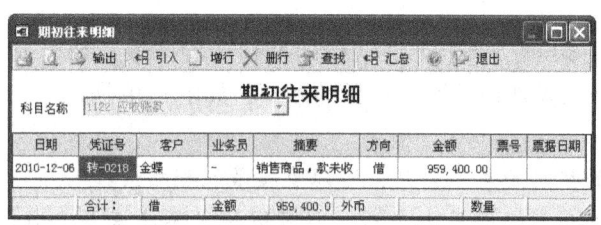

图 4-21

（4）汇总往来明细。单击工具栏上的"汇总"按钮，将明细数据根据客户和业务员分类汇总到辅助期初余额中（上一窗口），并给出提示，单击"确定"按钮即可。

（5）返回至"期初余额录入"界面。单击工具栏上的"退出"按钮，关闭"期初往来明细"窗口，在"辅助期初余额"窗口中可以看到已增加了一行汇总数据，单击工具栏上的"退出"按钮，关闭"辅助期初余额"窗口，返回到"期初余额录入"窗口。

（6）录入其他辅助数据。以相似的方法录入其他辅助项科目数据。

【友情提示】
➢ 具有辅助属性的科目所在区域都以黄色显示。辅助科目需要录入明细记录。
➢ 辅助科目的期初余额会根据录入的明细数据自动汇总，不能直接录入。

【注意事项】
➢ 如果发现别人的科目是黄色区域，而自己的科目不是黄色区域，说明你的相应科目的辅助属性没有设置，需要到"会计科目"功能中修改科目，补上相应的辅助项。

4. 期初对账。具体步骤如下：
（1）打开"期初对账"界面。单击工具栏上的"对账"按钮，系统打开"期初对账"窗口，如图4-22所示。

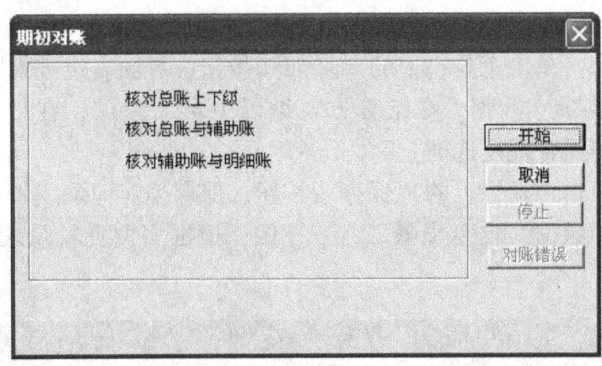

图 4-22

（2）开始对账。单击"开始"按钮，系统自动开始对账，并在界面上显示对账结果。
（3）退出对账。单击"取消"按钮，关闭"期初对账"窗口，返回至上一界面。

【友情提示】
➢ 对账的内容有：核对总账科目的上下级数据、核对总账与辅助账汇总数据以及核对辅助账与辅助明细账数据。
➢ 如果有对账错误，可以通过"对账错误"按钮查看错误原因。

5. 试算平衡。具体步骤如下：
（1）试算平衡计算。单击工具栏上的"试算"按钮，系统自动开始进行试算平衡计算，然后显示"期初试算平衡表"界面，如图4-23所示。
（2）关闭界面。单击"确定"按钮，关闭当前界面，返回到上一界面。

【友情提示】
➢ 期初余额不平，可以制单，但不能记账。记账后期初余额不能修改。

（七）定义结算方式

企业与银行的业务往来需要很多票据作为联系方式，比如现金支票、转账支票等，为了方便银行对账，在制单过程中或其他往来业务单据中，需要记录这些结算方式，因此，在使用结算方式前，需要进行结算方式的定义。该功能就是用来建立和管理用户在经营活动中所涉及的结算方式。操作步骤如下：

1. 启动"结算方式"功能。双击【基础设置】—【基础档案】—【收付结算】—【结算

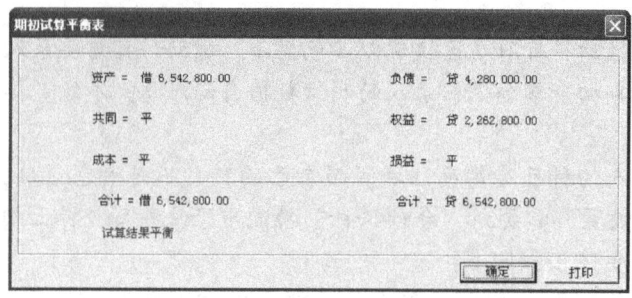

图 4-23

方式】菜单,进入结算方式管理界面。

2. 进入增加状态。单击工具栏上的"增加"按钮,界面右边进入增加状态。

3. 根据实训资料录入数据。在结算方式编码中录入"1",在结算方式名称中录入"现金",取消是否票据管理复选框。

4. 保存数据。单击工具栏上的"保存"按钮,保存当前记录。

5. 依次录入其他数据。重复步骤二、三、四,根据实训资料录入其他结算方式,结果见图 4-24。

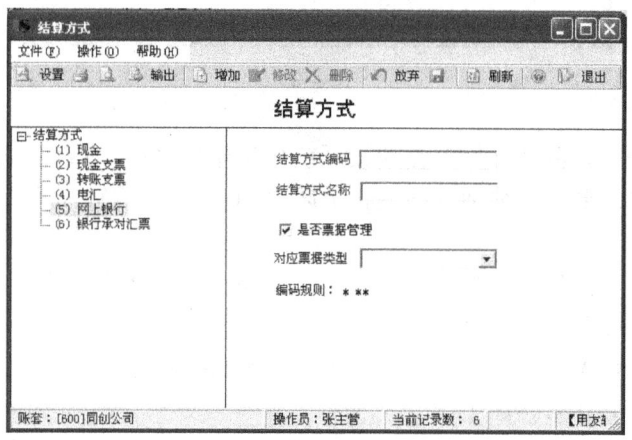

图 4-24

6. 关闭界面。单击工具栏上的"退出"按钮,关闭当前界面。

【友情提示】
➢ 结算方式编码必须符合编码规则。结算方式名称最多可写 6 个汉字(或 12 个字符)。
➢ 启用票据管理的结算方式将参与支票控制。

【注意事项】
➢ 注意编码规则是否有误。对应票据类型不用填写。

(八)定义常用摘要

企业在处理日常业务数据时,在输入单据或凭证的过程中,因为业务的重复性发生,经常会有许多摘要完全相同或大部分相同,如果将这些常用摘要存储起来,在输入单据或凭证时调用,必将大大提高业务处理效率。调用常用摘要可以在输入摘要时直接输入摘要代码或按 F2 键或参照输入。新增常用摘要的操作方法如下:

1. 启动"常用摘要"管理功能。双击【基础设置】—【基础档案】—【其他】—【常用摘要】菜单,打开常用摘要管理界面。

2. 增加一条常用摘要。点击工具栏上的"增加"按钮,进入增加状态,根据实训资料录入摘要编码"1"、摘要内容"出差借款",如图 4-25 所示,回车确认。

图 4-25

3. 录入其他常用摘要。重复第二步操作,根据实训资料录入其他常用摘要。
4. 关闭界面。单击工具栏上的"退出"按钮,关闭当前界面。

【友情提示】
➢ 摘要编码既可以是数字,也可以是字母,没有固定长度,可以采用摘要首字母进行编码,方便记忆和使用。
➢ 摘要编码和摘要内容无论是否使用,都可以随意修改和删除,是一个特例,因为它仅仅起到一个参考作用。

【注意事项】
➢ 在退出前,如果最后一行是空行或者是不完整的行,将无法退出,解决的方法是按两次 Esc 键。第一次是退出录入状态,第二次是退出增加状态。

(九) 数据权限与金额权限

用友软件中的权限分为功能权限、数据权限和金额权限三种,其中功能权限在系统管理中已涉及。

1. 数据权限

数据权限分为记录级数据权限和字段级数据权限,记录级数据权限可以理解为对一个数据表中行的使用权限,比如科目表中部分科目的使用权限或用户表中对部分用户的审核权限;而字段级数据权限可以理解为对一个数据表中列的使用权限,如限制仓库保管员看到出入库单据上的有关产品的价格信息。记录级数据权限的操作方法如下:

(1) 启动"数据权限分配"。双击【系统服务】—【权限】—【数据权限分配】菜单,进入数据权限分配界面,如图 4-26 所示。

(2) 选择权限分配对象和业务对象。选择用户"02 李业务",业务对象下拉列表选择"科目",单击工具栏上的"授权"按钮,系统打开记录权限设置界面,如图 4-27 所示。

(3) 设置权限并选择记录。核对权限,保证"查账"和"制单"权限处于选择状

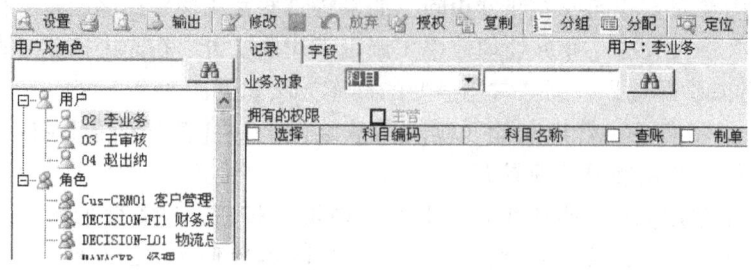

图 4-26

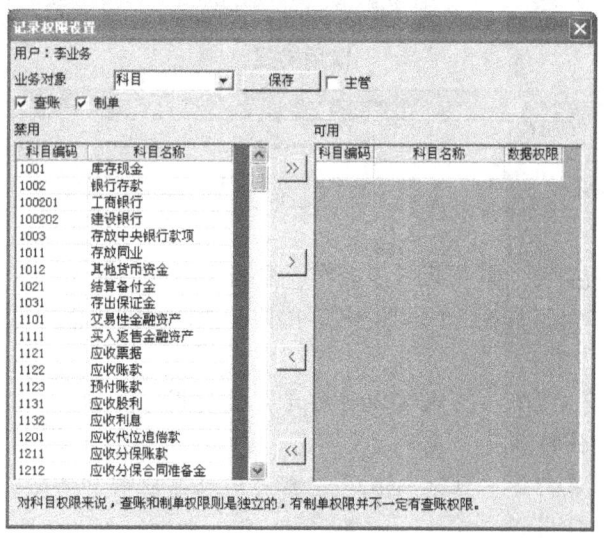

图 4-27

态，根据资料要求，将全部科目从左边的禁用区移至右边的可用区。

（4）保存设置。单击"保存"按钮，弹出提示信息，单击"确定"按钮关闭提示，再单击窗口右上角的"关闭"按钮，关闭当前界面，返回到前一界面。

（5）重复操作，完成操作员的数据权限设置。根据实训资料，重复步骤二、三、四，需要将第二步中的业务对象改成"用户"，其他操作方法基本相同，如图 4-28 所示。

（6）关闭数据权限分配界面。点击工具栏上的"退出"按钮，关闭当前界面。

【友情提示】

➢ 可对用户进行权限分配，也可对角色进行权限分配。

➢ 账套主管不受此功能限制。

➢ 当角色与用户权限相冲突时，以用户权限为准。

➢ 业务对象可以通过"数据权限控制设置"功能进行管理。

➢ "主管"复选项表示具有当前业务对象所有记录的全部权限，无需再设置记录。

【注意事项】

➢ 在操作过程中一定要先设置权限，再移动记录，最后保存，否则权限会出现错误。

2. 金额权限

学习情境 4　总 账 系 统

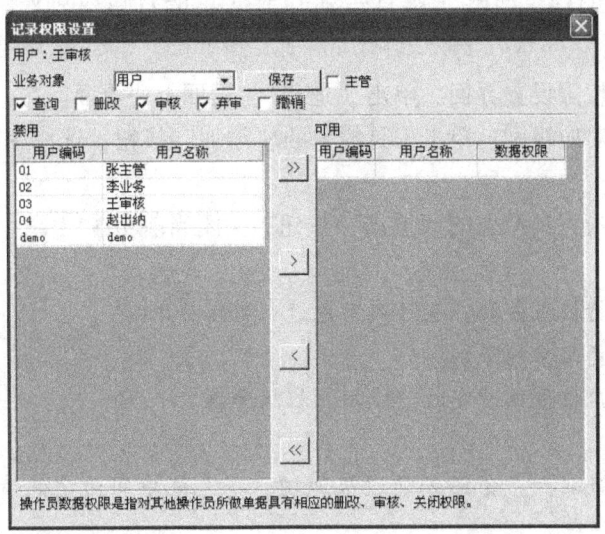

图 4-28

本功能用于设置用户可使用的金额级别，比如某操作员在填写凭证时对于某科目只能填写 5 000 元以内的金额。金额级别分为科目级别和采购订单级别，分别对科目的金额和采购订单中的金额大小进行控制。操作主要分两大步，一是定义某级别所对应的金额，二是定义用户所对应的级别。操作方法如下：

（1）启动"金额权限分配"。双击【系统服务】—【权限】—【金额权限分配】菜单，进入金额权限设置界面，如图 4-29 所示。

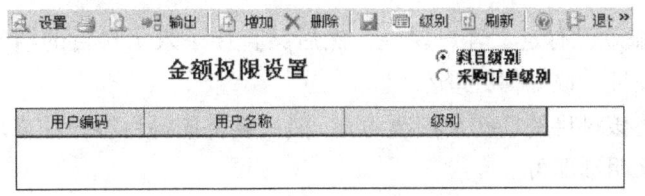

图 4-29

（2）打开设置级别界面。单击工具栏上的"级别"按钮，打开金额级别设置界面，如图 4-30 所示。

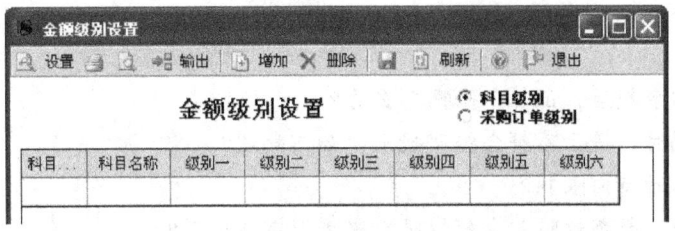

图 4-30

(3) 设置级别明细。选择"科目级别"或"采购订单级别",增加级别明细,并保存。

(4) 返回金额权限设置界面。单击"退出",返回上一界面。

(5) 设置用户对应级别。单击工具栏上的"增加"按钮,选择用户编码,选择级别,单击保存。

(6) 关闭。单击工具栏上的"退出"按钮,关闭当前功能。

【友情提示】
- 可对用户进行权限分配,也可对角色进行权限分配。
- 账套主管不受此功能限制。
- 当角色与用户权限相冲突时,以用户权限为准。

【注意事项】
- 从级别一至级别六,金额必须逐级递增,不允许中间为空的情况存在,但允许最后有不设置的级别存在。
- 没有定义级别的科目或科目对应金额为空的科目不受金额大小限制。
- 在启用金额权限控制时,若用户没有金额权限记录,则该用户没有任何金额权限。
- 金额权限控制中有三种情况不受控制:调用常用凭证生成的凭证、期末结转生成的凭证、外部系统生成的凭证。

(十) 账套备份

将账套输出至"4-2总账系统初始设置"文件夹,压缩后保存到U盘。

七、疑难解答

1. 如果应收账款没有定义客户属性,然后又直接录入了科目的期初余额,现在想设置该科目的客户属性,该如何处理?

答:需要先将该科目的期初余额改为0,然后再将该科目客户往来属性选中,再录入该科目的客户往来明细即可。

2. 为什么定义完项目大类后,在待选科目区没有科目?

答:有两种可能性,一是已将科目与其他项目大类关联,二是没有定义相应的科目为项目核算属性。如果是第一个错误,需要在其他项目大类中将科目移回待选区;如果是第二个错误,只需要修改相应科目为项目核算属性即可。

◎ 思考与练习

1. 录入期初余额后,试算不平衡怎么办?
2. 录入代码时,提示不符合编码规则,如何处理?
3. 新增科目时有何限制?
4. 功能权限、数据权限与金额权限三者之间有何区别?

学习任务 4-3　凭证处理

一、实训任务

1. 填制凭证，修改凭证，删除凭证，设置常用凭证。
2. 审核凭证，出纳签字，主管签字。
3. 记账。

二、任务目标

1. 了解总账系统的日常账务处理工作内容。
2. 掌握总账系统日常业务中凭证处理和记账的方法。
3. 掌握制单过程中辅助账数据录入的方法。

三、准备工作

1. 修改计算机时间为 2011 年 1 月 31 日。
2. 引入 "4-2 总账系统初始设置" 账套备份。

四、实训引例

（一）2011 年 1 月发生的经济业务

1. 1月1日，从工商银行提取现金 50 000 元，用于开展日常工作备用金。

借：库存现金　　　　　　　　　　　　　　　　　　　50 000
　贷：银行存款　　　　　　　　　　　　　　　　　　　50 000

2. 1月2日，收到金蝶集团转账支票一张，用于支付上月货款 959 400 元，结算号：ZZ3004，存入工商银行。

借：银行存款——工商银行　　　　　　　　　　　　　959 400
　贷：应收账款　　　　　　　　　　　　　　　　　　959 400

3. 1月3日，向联想集团购入联想笔记本电脑 100 台，每台无税价 5 000 元，计 500 000 元；增值税为 85 000 元，发票已到，商品已验收入库，款未付。

借：库存商品　　　　　　　　　　　　　　　　　　　500 000
　　应交税费——应交增值税（进项税额）　　　　　　　85 000
　贷：应付账款　　　　　　　　　　　　　　　　　　585 000

4. 1月4日，用工商银行转账支票向联想集团支付货款 585 000 元，支票号：ZZ1002，用于支付上一次 100 台电脑的货款。

借：应付账款　　　　　　　　　　　　　　　　　　　585 000
　贷：银行存款　　　　　　　　　　　　　　　　　　585 000

5. 1月4日，以工商银行转账支票归还前欠戴尔集团货款 585 000 元，支票号：

ZZ1003，用于支付上个月100台电脑的货款。

  借：应付账款   585 000

   贷：银行存款   585 000

6. 1月5日，以现金预付全年的报刊费9 600元。

  借：其他应收款——预付报刊费   9 600

   贷：库存现金   9 600

7. 1月5日，人力资源部摊销应由本月负担的报刊费800元。

  借：管理费用——办公费   800

   贷：其他应收款——预付报刊费   800

8. 1月5日，向用友集团出售联想电脑100台，每台无税售价8 200元，增值税销项税额为139 400元，产品已发出，款项尚未收到。

  借：应收账款   959 400

   贷：主营业务收入   820 000

     应交税费——应交增值税（销项税额）   139 400

9. 1月5日，向SAP集团出售戴尔电脑50台，每台售价1 400美元，汇率7.0000，共计人民币490 000元，增值税销项税额为83 300元，产品已发出，货款通过网上银行结算，已存入建设银行，结算号：WY4001。

  借：银行存款——建设银行   573 300

   贷：主营业务收入   490 000

     应交税费——应交增值税（销项税额）   83 300

10. 1月6日，收到用友集团转账支票一张，用于支付上次货款959 400元，结算号：ZZ2004，存入工商银行。

  借：银行存款——工商银行   959 400

   贷：应收账款   959 400

11. 1月6日，以工商银行转账支票支付产品广告费3 000元，支票号：ZZ1004。

  借：销售费用   3 000

   贷：银行存款   3 000

12. 1月8日，总经理办公室郎某报销差旅费5 700元，偿还借款300元。

  借：库存现金   300

    管理费用——差旅费   5 700

   贷：其他应收款——其他个人应收款   6 000

（二）修改凭证

把第七笔业务摊销部门由人力资源部改为总经理办公室。

（三）常用凭证

摘要：从工商银行提取现金；凭证类别：付款凭证；科目编码：1001和100201。

（四）审核记账

对所有的凭证进行审核、出纳签字、主管签字、记账。

五、学情关注

本次实训重点是填制凭证，注意分析在制单过程中，如何判断凭证的类别；对于具有辅助项的科目，分别会弹出什么样的窗口；掌握修改辅助项的方法；分析如何快速有效地录入凭证，体会数据权限和金额权限的作用；掌握现金流量录入的方法。填制凭证过程指导中只写出部分特殊业务操作过程，自己操作时注意将所有业务全部录入。在审核、出纳签字和主管签字时，注意更换操作员。

六、过程指导

初始设置工作完成并确保正确后，即可开始进行凭证处理。凭证处理包括填制凭证，修改、删除凭证，出纳签字，主管签字，审核凭证，记账，账证查询等工作。

（一）填制凭证

填制凭证也称为制单，是进行账务处理最基础的环节，凭证处理的好坏直接影响到整个账务处理系统的应用效果。

1. 填制第一笔业务，操作步骤如下：

（1）启用企业应用平台，以操作员 02 身份登录系统。

（2）启动"填制凭证"功能。双击【业务工作】—【总账】—【凭证】—【填制凭证】菜单，打开"填制凭证"窗口。

（3）进入增加状态。单击工具栏上的"增加"按钮或按 F5 键。

（4）修改凭证类型。单击凭证类别的参照按钮，选择"付款凭证"。

（5）修改凭证日期。将制单日期改为"2011.01.01"。

（6）录入摘要。在摘要栏录入"日常工作备用金"，并回车确认。

（7）录入借方科目。在科目名称栏，单击参照按钮（或按 F2 键），选择"资产"类科目"1001 库存现金"，或者直接在科目名称栏输入"1001"，并回车确认。

（8）录入借方金额。在借方金额栏录入金额"50000"并回车确认。

（9）录入贷方科目。在科目名称栏，参照或直接录入"100201"，并回车确认。

（10）在弹出的辅助项窗口单击"取消"。

（11）录入贷方金额。按回车键，或用鼠标单击"贷方金额"栏，录入贷方金额"50000"，或直接按"="键，如图 4-31 所示。

（12）保存凭证。单击"保存"按钮，系统弹出"凭证已保存成功！"信息提示框，单击"确定"按钮返回。

【友情提示】

➢ 检查当前操作员，确认操作员是否"02"，如果不是，应重新注册更换操作员。

➢ 凭证填完后，可以单击"保存"按钮保存凭证，也可以单击"增加"保存并增加一张凭证。

➢ 如果凭证的金额录错了方向，可以直接按空格键改变余额方向。

➢ 凭证日期应满足总账选项中的设置，如果默认系统的选项，则不允许凭证日期逆序。

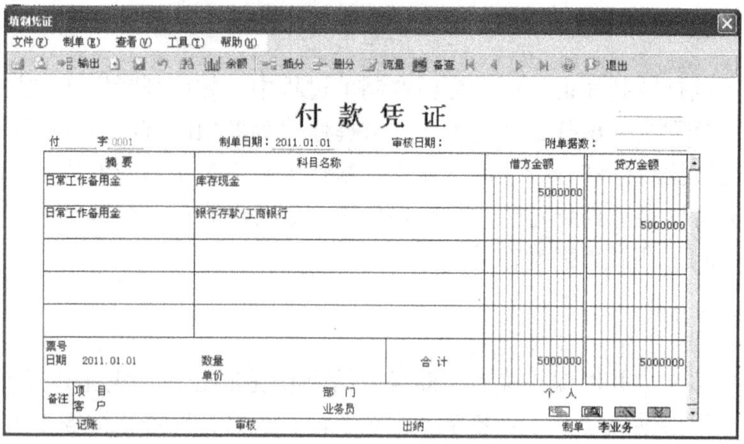

图 4-31

➤ 科目编码必须是末级科目编码。

2. 填制第二笔业务，录入银行账辅助项、现金流量、客户辅助项，操作步骤如下：

（1）进入增加状态。在"填制凭证"窗口，单击"增加"按钮或按 F5 键。

（2）选择凭证类别，修改凭证日期。

（3）录入摘要。在摘要栏录入"收到货款"，并回车确认。

（4）录入借方科目。在科目名称栏，参照或直接录入"100201"，并回车确认，打开一个"辅助项"对话框，录入辅助项数据。在"辅助项"窗口，单击"结算方式"参照按钮，选择"转账支票"，或输入结算方式编码"3"，输入支票号"ZZ3004"，如图 4-32 所示。

图 4-32

（5）录入借方金额。单击"确定"按钮，录入借方金额"959400"。

（6）录入现金流量。单击工具栏上的"流量"按钮，弹出"现金流量录入修改"对话框，如图 4-33 所示。

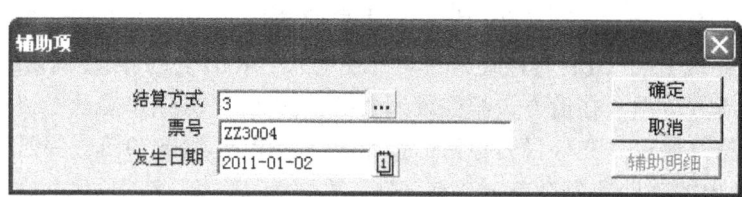

图 4-33

（7）选择参照。单击"项目编码"的参照，弹出参照列表，如图 4-34 所示。

学习情境 4　总账系统

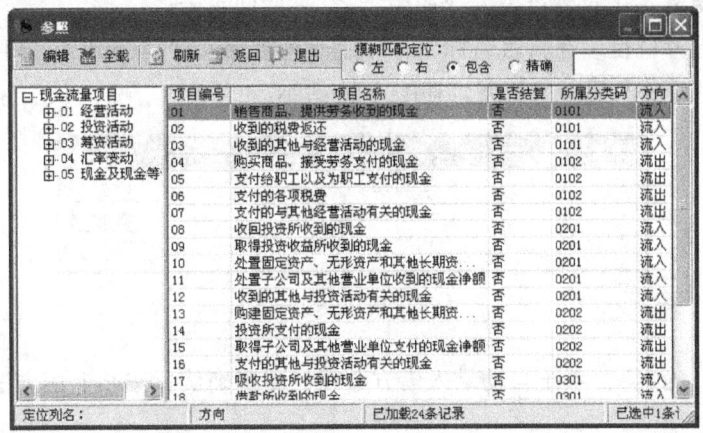

图 4-34

（8）选择编码。根据业务性质选择项目编号"01"，系统自动带出项目名称。

（9）关闭界面。单击"确定"，关闭"现金流量录入修改"界面。

（10）录入贷方科目。在科目名称栏，参照或直接录入"1122"，并回车确认。

（11）打开辅助项窗口。打开一个"辅助项"对话框，录入客户信息，如图 4-35 所示。

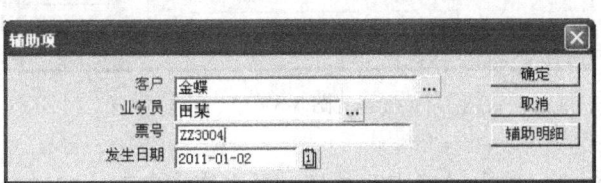

图 4-35

（12）录入贷方金额。单击"确定"按钮，录入贷方金额"959400"。

（13）保存凭证。单击"保存"按钮，系统弹出"凭证已保存成功！"信息提示框，单击"确定"按钮返回。

【友情提示】

➢ 在填制凭证时如果使用含有辅助核算内容的会计科目，则应选择相应的辅助核算内容，否则将不能查询到辅助核算的相关资料。

➢ 如果在设置凭证类别时已经设置了不同种类凭证的限制类型及限制科目，则在填制凭证时，如果凭证类别选择错误，则在进入新的状态时系统会提示凭证不能满足的条件，凭证不能保存。

➢ 当业务涉及现金流量时，一定要录入现金流量，以方便后续操作，否则在填制报表时会出现数据错误。

3. 填制第三笔业务，录入数量辅助项、供应商辅助项，操作步骤如下：

（1）进入增加状态。在"填制凭证"窗口，单击"增加"按钮或按 F5 键。

（2）选择凭证类别，修改凭证日期。

（3）录入摘要。在摘要栏录入"应付货款"，并回车确认。

（4）录入借方科目。在科目名称栏，参照或直接录入"140501"，并回车确认，弹出一个辅助项窗口，录入辅助项数据，如图4-36所示。

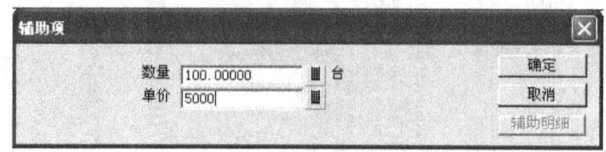

图4-36

（5）单击"确定"，系统自动录入借方金额，回车确认，按照上述方法，录入借方第二个科目。

（6）录入贷方科目。在科目名称栏，参照或直接录入"220201"并回车确认。

（7）打开辅助项窗口。打开一个"辅助项"对话框，录入供应商信息。在"辅助项"窗口，单击"供应商"参照按钮，选择"联想"，或输入编码"01"（业务员会自动弹出），如图4-37所示。

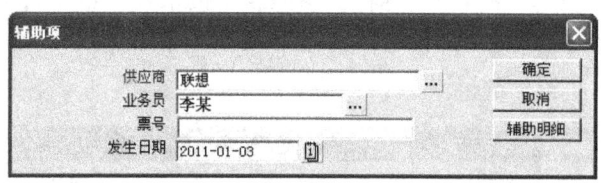

图4-37

（8）录入贷方金额。单击"确定"按钮，录入贷方金额"585000"。

（9）保存凭证。单击"保存"按钮，系统弹出"凭证已保存成功！"信息提示框，单击"确定"按钮返回。

【友情提示】

➢ 供应商辅助项的必填项是供应商，如果业务中没有提供票号，则不填。

4. 填制第七笔业务，录入部门辅助项，操作步骤如下：

（1）进入增加状态。在"填制凭证"窗口，单击"增加"按钮或按F5键。

（2）选择凭证类别，修改凭证日期。

（3）录入摘要。在摘要栏录入"摊销报刊费"，并回车确认。

（4）录入借方科目。在科目名称栏，参照或直接录入"660202"，并回车确认，弹出一个辅助项窗口。

（5）录入部门信息。在"辅助项"窗口，单击"部门"参照按钮，选择"人力资源部"，或输入编码"02"，如图4-38所示。

（6）录入借方金额。单击"确定"按钮，录入借方金额"800"。

（7）录入贷方科目。在科目名称栏，参照或直接录入"122103"，并回车确认。

（8）录入贷方金额。单击"确定"按钮，录入贷方金额"800"。

图 4-38

（9）保存凭证。单击"保存"按钮，系统弹出"凭证已保存成功！"信息提示框，单击"确定"按钮返回。

【友情提示】

➢ 按照上述方法将所有业务录入到系统中。

（二）修改凭证

凭证输入时，尽管系统提供了多种控制错误的措施，但误操作还是在所难免，记账凭证的错误必然会影响系统的核算结果。未复核记账的凭证可以由制单人直接修改，现以第七笔业务为例进行修改，操作步骤如下：

（1）启动"填制凭证"功能。双击【业务工作】—【总账】—【凭证】—【填制凭证】菜单，找到转字 2 号凭证。

（2）选中科目。选中科目"600202"。

（3）打开辅助项。双击辅助项图标 ，弹出辅助项窗口，如图 4-39 所示。

图 4-39

（4）修改部门。删除"人力资源部"，单击参照按钮，选择"总经理办公室"，或输入部门编码"01"，如图 4-40 所示。

图 4-40

（5）保存凭证。单击"确定"按钮，保存凭证，系统弹出"凭证已保存成功！"信息提示框，单击"确定"按钮，退出界面。

【友情提示】

➢ 参照功能默认按已录入的值过滤显示，当参照对象已填写值时，单击参照按钮只显示过滤后的参照，如果要重新参照，应先清除已填写的值，再重新参照选择。

➢ 外部系统传递来的凭证不能在总账系统中修改。

➢ 已审核未记账的凭证不能直接修改，但可以先取消审核，再由制单人修改。
➢ 修改日期不能在上一张日期之前，下一张日期之后。
➢ 能否修改他人填写的凭证受总账系统参数控制，同时受数据权限控制。

（三）删除凭证

系统未提供直接删除凭证的功能，必须先作废，再删除。操作步骤如下：

1. 进入填制凭证窗口。以操作员"02"身份登录系统，双击【业务工作】—【总账】—【凭证】—【填制凭证】菜单，进入"填制凭证"窗口。

2. 查找凭证。单击"上张"、"下张"，找到要删除的凭证。

3. 作废凭证。单击菜单【制单】—【作废/恢复】，在凭证左上角打上"作废"的标志。

4. 整理凭证。单击菜单【制单】—【整理凭证】，根据系统要求选择凭证期间，单击"确定"按钮，系统打开"作废凭证表"对话框，在表格中双击"删除"栏选择删除对象。

5. 整理凭证号。单击"确定"按钮，系统弹出"是否还需整理凭证断号"信息提示框，单击"是"按钮，系统完成对凭证号的重新整理。

6. 关闭界面。单击"退出"按钮退出。

【友情提示】

➢ 未审核凭证可以直接删除，已审核或已进行出纳签字的凭证不能直接删除，必须在取消审核及取消出纳签字后再删除。

➢ 若要删除凭证，必须先进行"作废"操作，而后再进行整理。如果在总账系统的选项中选中"自动填补凭证断号"及"系统编号"，那么在对作废凭证整理时，若选择不整理断号，则再填制凭证时可以由系统自动填补断号。否则，将会出现凭证断号。

➢ 对于作废凭证，可以单击"作废/恢复"按钮，取消"作废"标志。

➢ 作废凭证不能修改、不能审核，但应参与记账。

➢ 只能对未记账凭证进行凭证整理。

➢ 账簿查询时查不到作废凭证的数据。

（四）设置常用凭证

可以将反复出现的业务设置成常用凭证，从而提高制单的工作效率。其操作步骤如下：

1. 启动"常用凭证"功能。双击【业务工作】—【总账】—【凭证】—【常用凭证】菜单，打开常用凭证对话框。

2. 进入增加状态。单击"增加"按钮。

3. 选择凭证类型。录入编码"1"，录入说明"从工行提取现金"，单击"凭证类别"栏的下三角按钮，选择"付款凭证"，如图4-41所示。

4. 进入常用凭证填制窗口。单击"详细"按钮，进入"常用凭证——付款凭证"窗口。

5. 录入科目编码。单击"增加"按钮，录入科目编码"1001"，再单击"增加"按钮，在第二行"科目编码"栏录入"100201"，如图4-42所示。

学习情境 4　总账系统

图 4-41

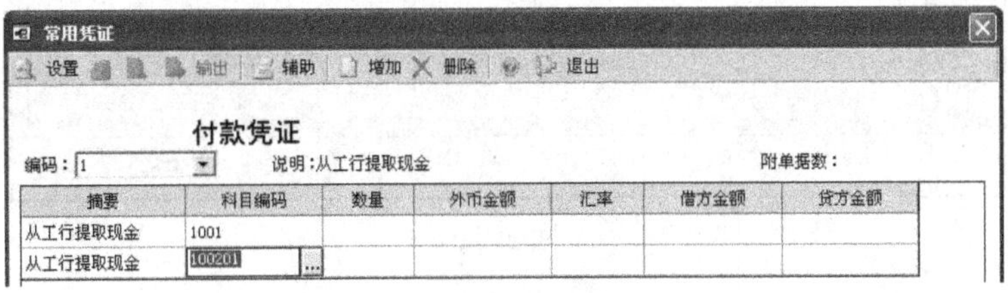

图 4-42

6. 退出界面。单击"退出"按钮退出。

【友情提示】

➢ 在填制凭证时可以执行【制单】—【调用常用凭证】命令，调用事先定义的常用凭证，或在常用凭证功能中按 F4 键调用常用凭证。

➢ 调用的常用凭证可以修改。

（五）出纳签字

为加强企业现金收入与支出的管理，出纳人员可通过"出纳签字"功能对制单人填制的带有现金或银行存款科目的凭证进行检查核对，主要核对凭证的科目金额是否正确，审查中认为错误或有异议的凭证，应交填制人员修改后再核对。操作步骤如下：

1. 重新注册。以操作员 04 身份登录系统。

2. 启动"出纳签字"功能。双击【业务工作】—【总账】—【凭证】—【出纳签字】菜单，打开"出纳签字"对话框，如图 4-43 所示。

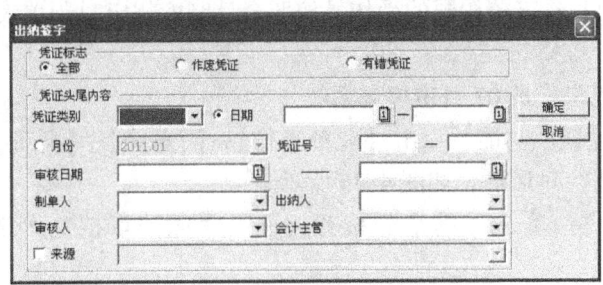

图 4-43

3. 打开"出纳签字"窗口。单击"确定"，进入"出纳签字"列表窗口，如图 4-44 所示。

4. 打开待签字凭证。单击"确定"，打开待签字的收字 1 号凭证。

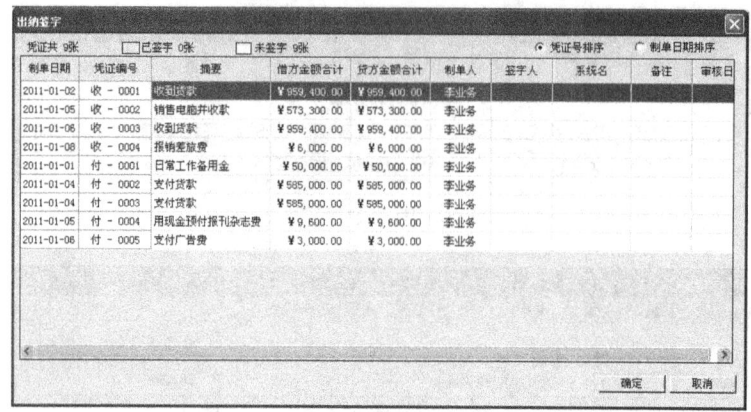

图 4-44

5. 出纳签字。单击工具栏上的 签字 按钮，单击"下张凭证"按钮，再单击"签字"按钮，直到已经填制的凭证全部经出纳签字。

6. 关闭界面。单击"退出"按钮退出。

【友情提示】

➢ 出纳签字的操作既可以在"凭证审核"后进行，也可以在"凭证审核"前进行。

➢ 进行出纳签字的操作员应在系统管理中赋予了出纳的权限。

➢ 要进行出纳签字的操作应满足以下 3 个条件：首先，在总账系统的"选项"中已经设置了"出纳凭证必须经由出纳签字"；其次，已经在会计科目中进行了"制定科目"的操作；最后，凭证中所使用的会计科目是已经在总账系统中设置为"日记账"辅助核算内容的会计科目。

➢ 如果发现已经进行了出纳签字的凭证有错误，应在取消出纳签字后再在填制凭证功能中进行修改。

（六）审核凭证

审核凭证是指由具有审核权限的操作员按照会计制度规定对制单人填制的记账凭证进行合法性检查。

1. 重新注册。以操作员 03 身份登录系统。

2. 启动"审核凭证"功能。双击【业务工作】—【总账】—【凭证】—【审核凭证】菜单，打开"凭证审核"对话框，如图 4-45 所示。

3. 设置查询条件。单击"确定"按钮，进入"凭证审核"列表窗口，如图 4-46 所示。

4. 打开待审核凭证。单击"确定"按钮，打开待审核的收字 1 号凭证。

5. 审核凭证。单击工具栏上的 审核 按钮，系统自动审核第一张凭证，并打开下一张未审核凭证。

6. 依次审核其他凭证。重复第五步，直到已经填制的凭证全部经审核签字。

7. 关闭界面。单击"退出"按钮退出。

学习情境 4 总账系统

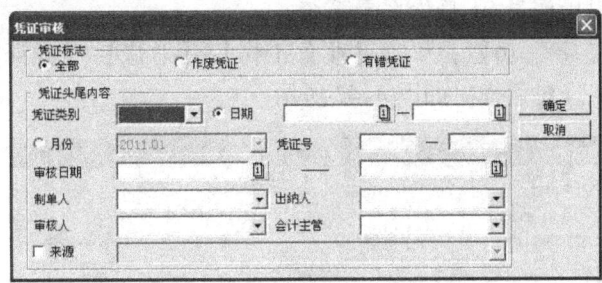

图 4-45

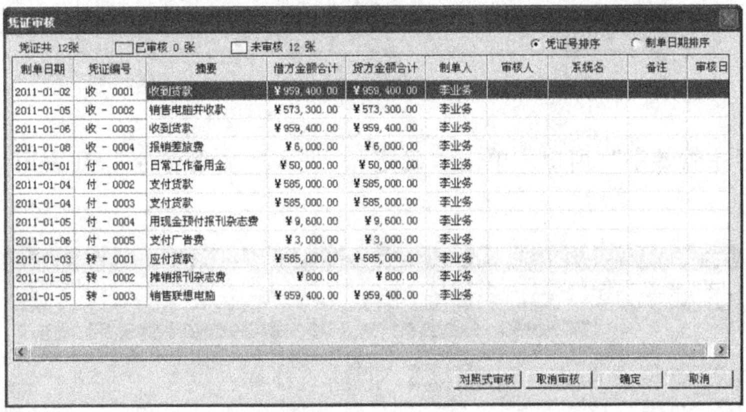

图 4-46

【友情提示】
➢ 系统要求制单人和审核人不能是同一个人，因此在审核凭证前一定要检查当前操作员是否制单人，如果是，应更换操作员。
➢ 凭证审核的操作权限应首先在"系统管理"中进行赋权，其次还要注意在总账系统的选项中是否设置了"凭证审核控制到操作员"的选项，如果设置了该选项，则应继续设置审核的明细权限，即"数据权限"中的"用户"权限。只有在"数据权限"中设置了某用户有审核其他某一用户所填制凭证的权限，该用户才真正拥有了审核凭证的权限。
➢ 在凭证审核的功能中除了可以分别对单张凭证进行审核外，还可以执行"成批审核"的功能，对符合条件的待审核凭证进行成批审核。
➢ 在审核凭证的功能中可以对有错误的凭证进行"标错"处理，还可以"取消"审核。
➢ 已审核的凭证不能直接修改，只有在取消审核后才能在填制凭证的功能中进行修改。

（七）主管签字
在企业内控环节中，有的企业凭证需要经过主管签字，主管签字可以理解为主管对凭证的"复核"，可以通过"主管签字"功能实现。操作步骤如下：

1. 重新注册。以操作员01身份登录系统。

2. 启动“主管签字”功能。双击【业务工作】—【总账】—【凭证】—【主管签字】菜单，打开“主管签字”对话框，如图4-47所示。

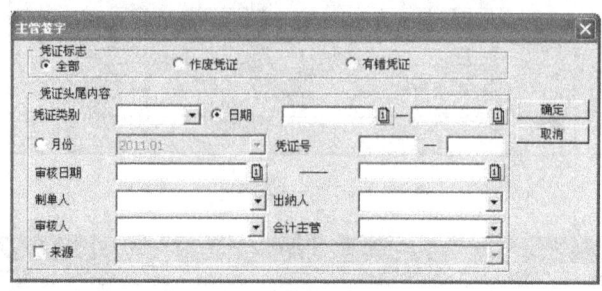

图4-47

3. 打开“主管签字”窗口。单击“确定”，进入“主管签字”列表窗口，如图4-48所示。

制单日期	凭证编号	摘要	借方金额合计	贷方金额合计	制单人	签字人	系统名	备注	审核日
2011-01-02	收 - 0001	收到货款	¥959,400.00	¥959,400.00	李业务				
2011-01-05	收 - 0002	销售电脑并收款	¥573,300.00	¥573,300.00	李业务				
2011-01-06	收 - 0003	收到货款	¥959,400.00	¥959,400.00	李业务				
2011-01-08	收 - 0004	报销差旅费	¥6,000.00	¥6,000.00	李业务				
2011-01-01	付 - 0001	日常工作备用金	¥50,000.00	¥50,000.00	李业务				
2011-01-04	付 - 0002	支付货款	¥585,000.00	¥585,000.00	李业务				
2011-01-04	付 - 0003	支付货款	¥585,000.00	¥585,000.00	李业务				
2011-01-05	付 - 0004	用现金预付报刊杂志费	¥9,600.00	¥9,600.00	李业务				
2011-01-06	付 - 0005	支付广告费	¥3,000.00	¥3,000.00	李业务				
2011-01-03	转 - 0001	应付货款	¥585,000.00	¥585,000.00	李业务				
2011-01-05	转 - 0002	摊销报刊杂志费	¥800.00	¥800.00	李业务				
2011-01-05	转 - 0003	销售联想电脑	¥959,400.00	¥959,400.00	李业务				

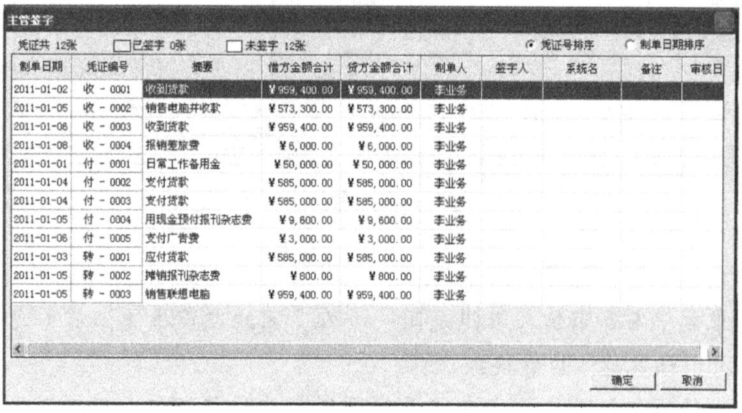

图4-48

4. 打开待签字凭证。单击“确定”，打开待签字的收字1号凭证。

5. 主管签字。单击工具栏上的 签字 按钮，系统将自动在凭证的右上角签字，如图4-49所示。

6. 依次对其他凭证进行签字。单击“下张凭证”按钮，再单击“签字”按钮，直到对已经填制的凭证全部签字。

7. 关闭界面。单击“退出”按钮退出。

【友情提示】

➢ 出纳签字、审核凭证、主管签字之间没有先后顺序。

（八）记账

记账是以会计凭证为依据，将经济业务全面、系统、连续地记录到具有账户基本结构的账簿中的一种方法。它将凭证中的数据记入总分类账、明细账、日记账、辅助账。记账

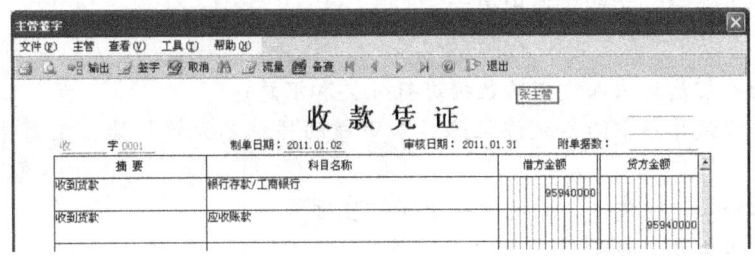

图 4-49

一般采用向导方式，记账工作由计算机自动进行，不用人工干预。当操作员发出记账指令时，计算机按照预先设计的记账程序自动地进行合法性检验、科目汇总、登记账簿等操作。操作步骤如下：

1. 打开记账对话框。以操作员 01 身份登录系统，双击【业务工作】—【总账】—【凭证】—【记账】菜单，打开"记账"对话框，如图 4-50 所示。

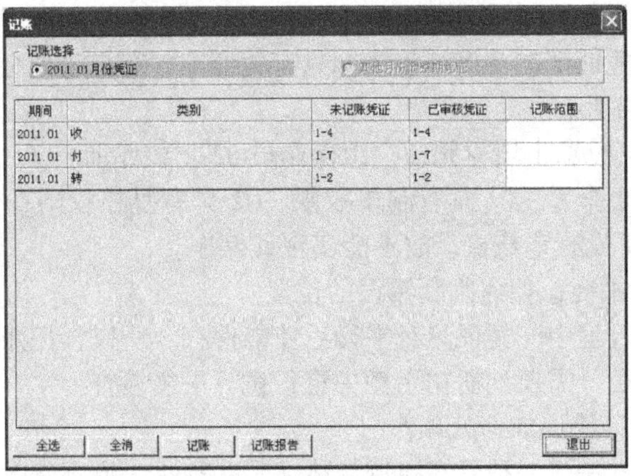

图 4-50

2. 选择记账范围。单击"全选"按钮，再单击"记账"按钮，弹出"期初试算平衡表"，如图 4-51 所示。

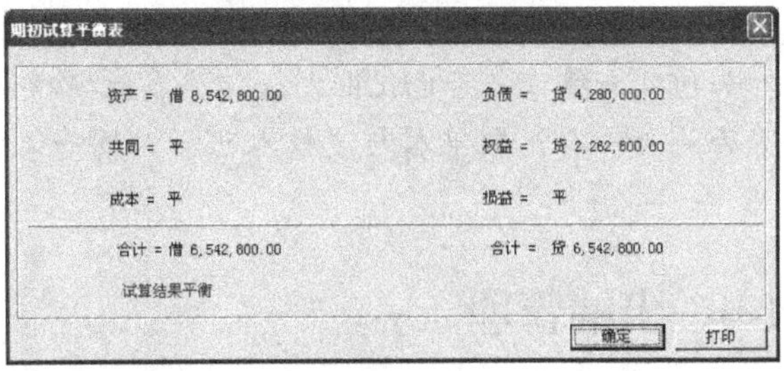

图 4-51

3. 进行记账。单击"确定"按钮，系统自动开始记账，完成后，弹出"记账完毕！"

对话框，单击"确定"按钮，退出界面。

【友情提示】

> 记账的本质是对录入凭证的数据进行分类和汇总。
> 期初余额试算不平衡不允许记账，未审核的凭证不允许记账，上月未结账本月不能记账。
> 如果不输入记账范围，系统默认为所有凭证。
> 记账后不能整理断号。
> 已记账的凭证不能在"填制凭证"功能中查询。
> 如果要取消记账，则在对账窗口同时按下 Ctrl+H 键，激活恢复记账前状态，在"恢复记账前状态"功能中选择恢复方式，恢复到记账前状态。

（九）账套备份

将账套输出至"4-3凭证处理"文件夹，压缩后保存到U盘。

七、疑难解答

1. 为什么在出纳签字时，只能看到部分凭证？

答：并不是所有凭证都需要出纳签字，只有凭证中含有指定现金、指定银行中包含的科目时，才需要出纳签字。

2. 可不可以由操作员01填写凭证，由操作员02复核凭证？

答：从功能权限上来看，01具有制单权限，02具有复核权限，但是由于设置了用户级数据权限，02对01没有审核权，故不能实现此操作。

3. 记账时试算不平衡，如何判断错误的位置？

答：因为在制单过程中，凭证只有平衡后才能保存，所以，记账时提示不平衡，一般是因为期初余额不平衡，需要到期初余额中进行试算平衡检查。

4. 记账后发现凭证错误如何处理？

答：有两种处理方法，一种是有痕迹修改，另一种是无痕迹修改。有痕迹修改的方法是采用红字冲销法，即根据错误凭证生成一张红字凭证，然后再填写一张正确的凭证；无痕迹修改的方法是取消记账，取消复核，然后将凭证修改正确后再复核、记账。

◎ 思考与练习

1. 如何批量复核凭证？如何查询凭证？

2. 如何取消记账？如何判断凭证是否已记账？如何生成红字冲销凭证？

3. 制单人与出纳可否为同一人？制单人与复核人可否为同一人？制单人与签字主管可否为同一人？

学习任务4-4　出纳管理

一、实训任务

1. 登记支票登记簿。

2. 录入银行对账期初数据，录入银行对账单。
3. 银行对账，输出银行存款余额调节表，核销银行账。
4. 查询现金日记账，查询资金日报表。

二、任务目标

1. 掌握出纳业务的内容和处理方法。
2. 掌握银行对账的内容和处理方法。

三、准备工作

1. 修改计算机时间为 2011 年 1 月 31 日。
2. 引入"4-3 凭证处理"账套备份。

四、实训引例

（一）转账支票

1 月 12 日，办公品采购部刘某领用转账支票一张，支票号：ZZ1080，准备用于购买办公用品，限额 5 000 元。

（二）银行对账期初数据

企业日记账余额为 364 000 元，银行对账单期初余额为 314 000 元，企业已收而银行未收的转账支票（2010 年 12 月 28 日），结算号：ZZ0911，金额 50 000 元。

（三）2011 年 1 月银行对账单

日期	结算方式	票号	借方金额	贷方金额	余额
2011.01.01	现金		50 000		364 000
2011.01.02	转账支票	ZZ0911	50 000		414 000
2011.01.04	转账支票	ZZ3004	959 400		1 373 400
2011.01.08	转账支票	ZZ1003		585 000	788 400
2010.01.20	转账支票	ZZ4008	72 000		860 400

五、学情关注

银行对账的本质是根据企业日记账和银行对账单查出未达账项，编制银行存款余额调节表。企业日记账的数据来源于企业记账后生成的银行存款日记账，银行对账单来自于对口银行。当月凭证填写完成、记账后，即可得到企业日记账，而银行对账单需要每月手工输入。在练习过程中，应注意体会什么样的科目才能进行银行对账，如果在填写凭证时没有填写结算方式和结算号，会有什么样的结果。

六、过程指导

（一）登记支票登记簿

为了加强企业的支票管理，出纳人员通常通过"支票登记簿"记录支票领用人、领用日期、支票用途、是否报销等情况。操作步骤如下：

1. 启用企业应用平台，以操作员 04 身份登录系统。
2. 启动"登记支票登记簿"功能。双击【业务工作】—【财务会计】—【总账】—【出纳】—【支票登记簿】菜单，打开"银行科目选择"对话框，如图 4-52 所示。

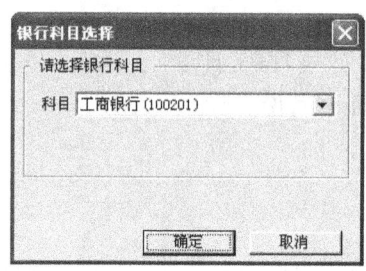

图 4-52

3. 选择银行科目。单击"确定"按钮，进入"支票登记簿"窗口。
4. 进入增加状态。单击工具栏上的"增加"按钮，系统自动增加一个空行。
5. 录入支票领用信息。录入领用日期"2011.01.12"，领用部门"采购部"，领用人"刘某"，支票号"ZZ1080"，预计金额"5000"，如图 4-53 所示。

科目	工商银行(100201)				支票登记簿		支票张数：4 其中：已报3 未报1	
领用日期	领用部门	领用人	支票号		预计金额		用途	收款人
2011.01.04		0008	ZZ1002		585,000.00			
2011.01.04			ZZ1003		585,000.00			
2011.01.06			ZZ1004		3,000.00			
2011.01.12	采购部	刘某	ZZ1080		5,000.00			

图 4-53

6. 保存数据。单击"保存"按钮，保存当前数据。
7. 关闭界面。单击工具栏上的"退出"按钮，关闭当前界面。

【友情提示】

➢ 只有在总账系统的初始设置选项中已选择"支票控制"，并在结算方式设置中已设置"票据结算"，在"会计科目"中已指定银行账的科目，才能使用支票登记簿。

➢ 支票登记簿中报销日期为空时，表示该支票未报销；填写报销日期后，系统认为该支票已报销。

➢ 当支票支出后，在填制凭证时输入该支票的结算方式和结算号，系统会自动在支票登记簿中为该支票写上报销日期，该支票即为已报销。

➢ 报销日期不能在领用日期之前。

> 已报销的支票可以成批删除。

(二) 录入银行对账期初数据

录入银行对账期初数据,是第一次使用银行对账功能前要做的工作,系统要求录入日记账和对账单的调整前余额与未达账项。操作步骤如下:

1. 启动"银行对账期初"录入功能。双击【业务工作】—【财务会计】—【总账】—【出纳】—【银行对账】—【银行对账期初】菜单。

2. 选择"银行科目"。进入"银行科目选择"窗口,选择"100201 工商银行存款",单击"确定"按钮,进入银行对账期初窗口。

3. 录入调整前余额。在单位日记账的调整前余额栏录入"364000",在银行对账单的调整前余额栏录入"314000",如图 4-54 所示。

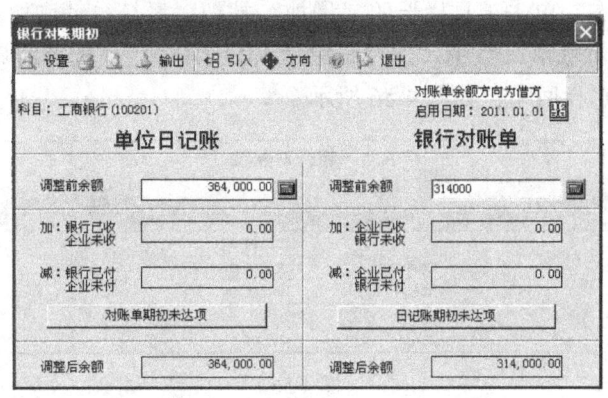

图 4-54

5. 录入期初未达账项。单击"日记账期初未达项"按钮,打开"企业方期初"窗口,单击工具栏上的"增加"按钮,录入或选择凭证日期"2010-12-28",在借方金额栏录入"50000",如图 4-55 所示。

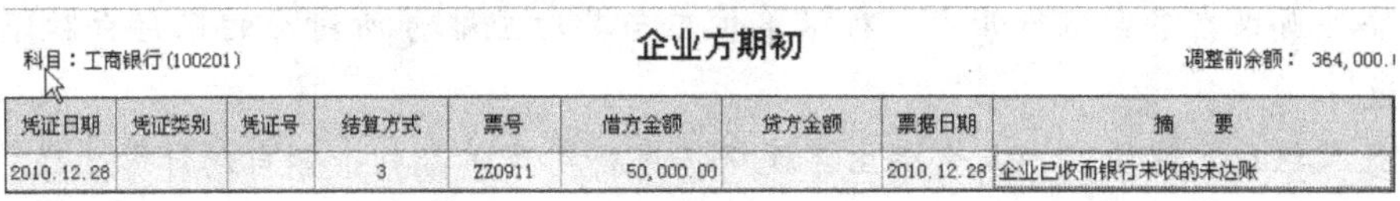

图 4-55

6. 保存数据。单击"保存"按钮,保存当前数据。

7. 关闭界面。单击工具栏上的"退出"按钮,返回银行对账期初窗口,关闭当前界面。

【友情提示】

> 在第一次使用银行对账功能时,应录入单位日记账及银行对账单的期初数据,包括期初余额和期初未达账项。

> 系统默认银行对账单余额方向为借方。即银行对账单中借方发生额为银行存款的增加,贷方发生额为银行存款的减少。单击"方向"按钮可以调整银行对账单的余额方

向，如果把余额方向调整为贷方，银行对账单中借方发生额为银行存款的减少，贷方发生额为银行存款的增加。

> 系统会根据调整前余额及期初未达账项自动计算出银行对账单与单位日记账的调整后的余额。

(三) 录入银行对账单

要实现计算机自动进行银行对账，在每月月末对账前，必须将银行开出的银行对账单输入计算机，存入"对账单"文件，其操作步骤如下：

1. 启动"银行对账单"功能。双击【业务工作】—【财务会计】—【总账】—【出纳】—【银行对账】—【银行对账单】菜单，打开"银行科目选择"对话框。

2. 选择银行科目。单击"确定"按钮，进入"银行对账单"窗口。

3. 进入增加状态。单击工具栏上的"增加"按钮，系统自动增加一个空行。

4. 录入"银行对账单"数据。选择日期"2011.01.01"，选择结算方式"现金"，录入借方金额"50000"，回车，如图4-56所示。

银行对账单

科目：工商银行(100201)　　　　　　　　　　　　　　　　对账单账面余额：860,400.00

日期	结算方式	票号	借方金额	贷方金额	余额
2011.01.01	1		50,000.00		364,000.00
2011.01.02	3	ZZ0911	50,000.00		414,000.00
2011.01.04	3	ZZ3004	959,400.00		1,373,400.00
2011.01.08	3	ZZ1003		585,000.00	788,400.00
2011.01.20	3	ZZ4008	72,000.00		860,400.00

图4-56

5. 依次录入其他数据。重复第三、四步操作，录入其他数据。
6. 保存数据。单击工具栏上的"保存"按钮，保存录入的数据。
7. 关闭界面。单击"退出"按钮，关闭当前界面。

【友情提示】

> 企业如果在多家银行开户，对账单位应与其对应账号所对应的银行存款下的末级科目一致。

> 录入银行对账单时，其余额由系统根据银行对账单期初余额自动计算生成。

(四) 银行对账

银行对账是指将银行对账单与银行存款日记账中相同的业务进行核对勾销，得到未达账项。系统提供"自动对账"和"手工对账"两种方法。标准的业务，可以通过自动对账进行核对，对于因结算方式、结算号等录入错误或漏填的业务，则需要通过手工的方式核对。操作步骤如下：

1. 启动"银行对账"功能。双击【业务工作】—【财务会计】—【总账】—【出纳】—【银行对账】菜单，打开银行科目选择窗口。

2. 选择银行科目。单击"确定"按钮，进入"银行对账"窗口，如图4-57所示。

3. 进行对账。单击"对账"按钮，打开"自动对账"对话框，如图4-58所示。

4. 设置对账条件。在"自动对账"窗口中选择对账条件，单击"确定"按钮，出现

学习情境 4 总账系统

科目：100201（工商银行）				单位日记账							银行对账单			
票据日期	结算方式	票号	方向	金额	两清	凭证号数		日期	结算方式	票号	方向	金额	两清
2010.12.28	3	ZZ0911	借	50,000.00		-0000		2011.01.01	1		借	50,000.00	
			贷	50,000.00		付-0001		2011.01.02	3	ZZ0911	借	50,000.00	
2011.01.02	3	ZZ3004	借	959,400.00		收-0001		2011.01.04	3	ZZ3004	借	959,400.00	
2011.01.04	3	ZZ1002	贷	585,000.00		付-0002		2011.01.08	3	ZZ1003	贷	585,000.00	
2011.01.04	3	ZZ1003	贷	585,000.00		付-0003		2011.01.20	3	ZZ4008	借	72,000.00	
2011.01.06	3	ZZ2004	借	959,400.00		收-0003							
2011.01.06	3	ZZ1004	贷	3,000.00		付-0005							

图 4-57

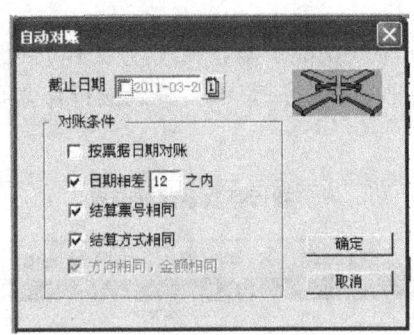

图 4-58

"对账"结果，如图 4-59 所示。

科目：100201（工商银行）				单位日记账							银行对账单			
票据日期	结算方式	票号	方向	金额	两清	凭证号数		日期	结算方式	票号	方向	金额	两清
2010.12.28	3	ZZ0911	借	50,000.00	○	-0000		2011.01.01	1		借	50,000.00	
			贷	50,000.00		付-0001		2011.01.02	3	ZZ0911	借	50,000.00	○
2011.01.02	3	ZZ3004	借	959,400.00	○	收-0001		2011.01.04	3	ZZ3004	借	959,400.00	○
2011.01.04	3	ZZ1002	贷	585,000.00		付-0002		2011.01.08	3	ZZ1003	贷	585,000.00	○
2011.01.04	3	ZZ1003	贷	585,000.00	○	付-0003		2011.01.20	3	ZZ4008	借	72,000.00	
2011.01.06	3	ZZ2004	借	959,400.00		收-0003							
2011.01.06	3	ZZ1004	贷	3,000.00		付-0005							

图 4-59

5. 关闭界面。单击"退出"按钮，关闭当前界面。

【友情提示】

➢ 如果在银行对账期初中默认银行对账单余额方向为借方，则对账条件为方向相同、金额相同的日记账与对账单进行核对。如果在银行对账期初中将银行对账单的余额方向修改为贷方，则对账条件为方向相反、金额相同的日记账和对账单进行核对。

➢ 银行对账包括自动对账和手工对账两种形式。自动对账是系统根据对账依据自动进行核对、勾销，自动对账两清的标志为"○"。手工对账是对自动对账的一种补充，手工对账两清的标志为"Y"。

➢ 系统默认的自动对账的对账条件为"日期相差 12 天"、"结算方式相同"、"结算票号相同"，单击每一项对账条件前的复选框可以取消相应的对账条件，即在对账时不考虑相应的对账条件。

➢ 在自动对账后如果发现一些应该核对勾销而未核对勾销的账项，可以分别双击“两清”栏直接进行手工调整。

➢ 如果想取消对账可以采用自动取消和手工取消两种方式。单击“取消”按钮可以自动取消所有两清标记，如果手工取消，则可以双击要取消对账标志业务的“两清”栏，取消两清标志。

（五）输出银行存款余额调节表

对账完成后，系统自动整理汇总未达账和已达账，生成银行存款余额调节表，操作步骤如下：

1. 启动“余额调节表查询”功能。双击【业务工作】—【财务会计】—【总账】—【出纳】—【银行对账】—【余额调节表查询】菜单，进入银行存款余额调节表列表窗口，如图 4-60 所示。

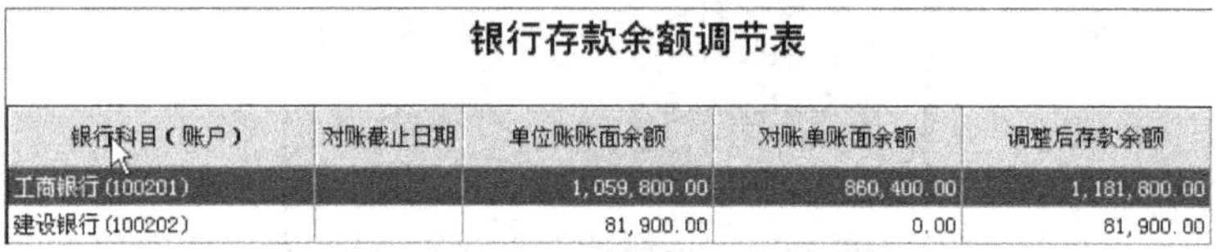

银行存款余额调节表

银行科目（账户）	对账截止日期	单位账账面余额	对账单账面余额	调整后存款余额
工商银行(100201)		1,059,800.00	860,400.00	1,181,800.00
建设银行(100202)		81,900.00	0.00	81,900.00

图 4-60

2. 查看“银行存款余额”。单击工具栏上的“查看”按钮，进入“银行存款余额调节表”明细窗口，如图 4-61 所示。

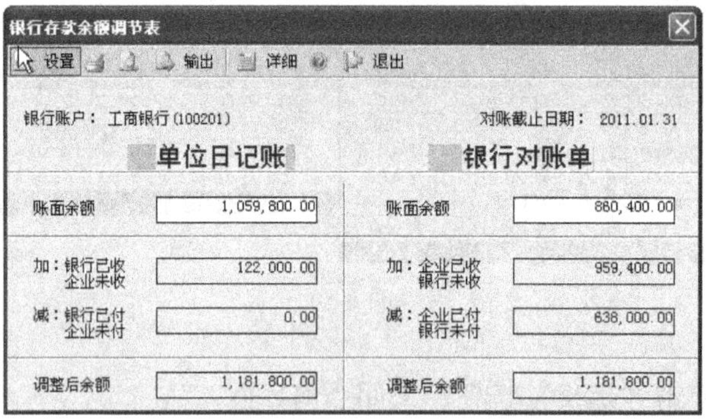

图 4-61

3. 查看详细记录。单击工具栏上的“详细”按钮，进入“余额调节表（详细）”窗口。

4. 关闭界面。单击工具栏上的“退出”按钮，关闭当前界面，依次关闭其他界面。

【友情提示】

➢ 银行存款余额调节表应显示账面余额平衡，如果不平衡应分别查看银行对账期初余额、银行对账单和银行对账是否正确。

➢ 在银行对账之后可以查询对账情况，如果确认银行对账结果是正确的，可以使用

"核销银行账"功能核销已达账。

(六) 核销银行账

当银行对账已平,系统中已达账项已没有保留的必要时,可以通过核销已达账功能,清空用于对账的日记账已达账项和银行对账单已达账项。操作步骤如下:

1. 启动"核销银行账"功能。双击【业务工作】—【财务会计】—【总账】—【出纳】—【银行对账】—【核销银行账】菜单,打开"核销银行账"窗口,如图4-62所示。

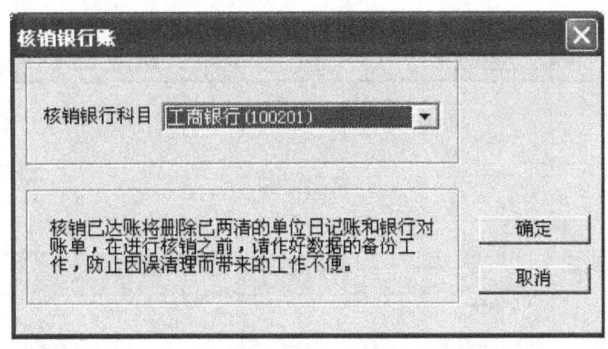

图 4-62

2. 核销银行账。在核销银行科目栏选择"100201",单击"确定"按钮,自动核销银行账。

3. 关闭界面。单击"关闭"按钮,关闭当前界面。

【友情提示】

➢ 核销银行账不可恢复,练习时最好不要做核销银行账。

➢ 银行对账不平时,不能使用核销功能。核销不影响银行日记账的查询和打印。

(七) 查询现金日记账

设置好指定现金和指定银行科目后,在日常业务处理过程中,凭证填写完成后,通过记账功能就能生成现金日记账和银行存款日记账,查询现金日记账主要用于查询和输出现金与银行存款的账务资料。操作步骤如下:

1. 启动"现金日记账"功能。双击【业务工作】—【财务会计】—【总账】—【出纳】—【现金日记账】菜单,打开现金日记账查询条件窗口,如图4-63所示。

2. 显示查询结果。单击"确定"按钮,打开"现金日记账"窗口,如图4-64所示。

3. 关闭界面。单击工具栏上的"退出"按钮,关闭当前界面。

【友情提示】

➢ 只有在"会计科目"功能中使用"指定科目"功能指定现金科目和银行科目,才能查询"现金日记账"和"银行存款日记账"。

➢ 既可按日期查询,也可按月份查询现金和银行存款日记账。

➢ 查询日记账时还可以查询包含未记账凭证的日记账,未记账记录将以"*"号标注。

➢ 可以按工具栏上的"凭证"按钮,查询该条记录所对应的记账凭证(联查)。

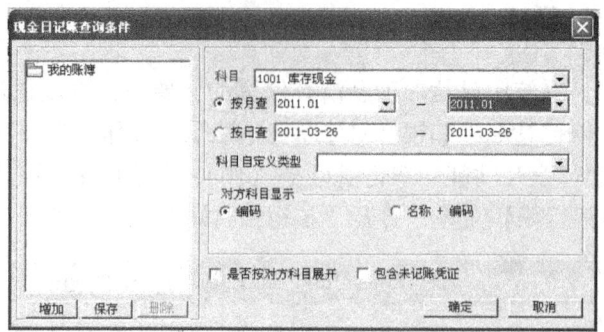

图 4-63

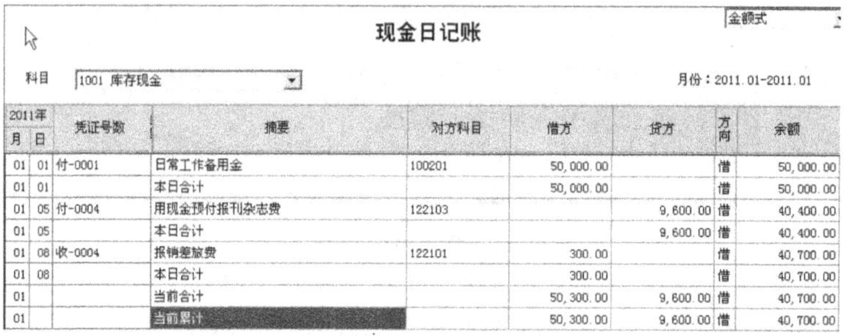

现金日记账

金额式

科目 1001 库存现金　　　　月份：2011.01-2011.01

2011年 月	日	凭证号数	摘要	对方科目	借方	贷方	方向	余额
01	01	付-0001	日常工作备用金	100201	50,000.00		借	50,000.00
01	01		本日合计		50,000.00		借	50,000.00
01	05	付-0004	用现金预付报刊杂志费	122103		9,600.00	借	40,400.00
01	05		本日合计			9,600.00	借	40,400.00
01	08	收-0004	报销差旅费	122101	300.00		借	40,700.00
01	08		本日合计		300.00		借	40,700.00
01			当前合计		50,300.00	9,600.00	借	40,700.00
01			当前累计		50,300.00	9,600.00	借	40,700.00

图 4-64

（八）查询 1 月 1 日资金日报表

资金日报表是反映某一日现金、银行存款发生额及余额情况的报表，在企业财务管理中占据重要位置，提供当日借、贷金额合计和余额，发生的业务量等信息。操作步骤如下：

1. 启动“资金日报表”功能。双击【业务工作】—【财务会计】—【总账】—【出纳】—【资金日报表】菜单，打开资金日报表查询条件窗口，如图 4-65 所示。

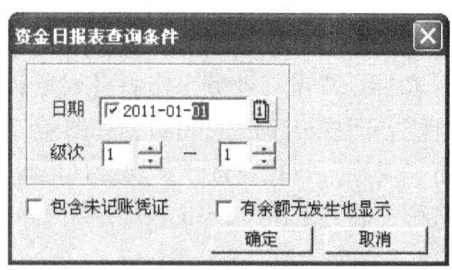

图 4-65

2. 显示查询结果。选择日期“2011-01-01”，单击“确定”，进入“资金日报表”窗口，如图 4-66 所示。

3. 关闭界面。单击工具栏上的“退出”按钮，关闭当前界面。

科目编码	科目名称	币种	今日共借	今日共贷	方向	今日余额	借方笔数	贷方笔数
1001	库存现金		50,000.00		借	50,000.00	1	
1002	银行存款			50,000.00	借	1,514,000.00		1
合计			50,000.00	50,000.00		1,564,000.00	1	1

资金日报表

图 4-66

【友情提示】

➢ 资金日报表功能可以查询现金、银行存款科目某日的发生额及余额情况，还可以查询包含未记账凭证的资金日报表。

➢ 如果在"资金日报表查询条件"窗口中选中"有余额无发生也显示"，则即使现金或银行存款科目在查询日没有发生业务，只有余额时，也显示该科目。

（九）账套备份

将账套输出至"4-4 出纳管理"文件夹，压缩后保存到 U 盘。

七、疑难解答

1. 在进行银行对账时，单位日记账是空的，是什么原因？

答：单位日记账是空的，说明银行存款日记账中没有发生额，如果已填写凭证，证明还没有记账。解决的方法是对所有的凭证进行记账。

2. 为什么银行账期初余额平衡，在操作完银行对账后，结果不平衡？

答：因为在做手工对账时，左边选择的金额之和不等于右边选择的金额之和。

◎思考与练习

1. 在什么情况下才可以使用支票登记簿功能？
2. 单位日记账调整前余额与哪里的金额相同？
3. 核销银行账完成后，核销的记录可以恢复吗？
4. 请比较资金日报表与现金、银行存款日记账有何不同。

学习任务 4-5 期末账务处理

一、实训任务

1. 完成自定义结转，完成对应结转。
2. 完成销售成本结转，完成汇兑损益结转，完成期间损益结转。
3. 完成期末对账工作，完成期末结账工作。

二、任务目标

1. 了解自动转账原理，掌握自动转账设置的方法。

2. 能够利用自动转账功能设置自动转账凭证。
3. 能够利用已设置的自动转账模型生成转账凭证，并对凭证进行后续处理。
4. 了解期末账务处理的内容与程序，熟悉期末账务处理的步骤。
5. 能够按规范步骤完成期末转账、对账、结账工作。
6. 能根据系统提示信息或报告信息判断系统运行所遇到的问题，并按正确的方法修正错误，完成会计核算工作。

三、准备工作

1. 修改计算机时间为 2011 年 1 月 31 日。
2. 引入"4-4 出纳管理"账套备份。

四、实训引例

1. 计提应由本月负担的短期借款利息，月利息率为 0.5%。
借：财务费用
　　贷：应付利息
2. 结转进项税额与销项税额到未交增值税。
3. 结转已销商品的成本。
4. 汇兑损益结转，月末美元汇率为 6.629 5。
5. 结转本年利润。
6. 计提应交所得税：按利润总额的 25% 计提本期应交所得税并予以结转。

$$应交所得税税额 = 应纳税所得额 \times 所得税税率$$

其中：　　　　　应纳税所得额 = 利润总额 ± 调整项目
假设调整项目为零：　应交所得税 = 利润总额 × 25%
借：所得税费用
　　贷：应交税费——应交所得税
借：本年利润
　　贷：所得税费用

五、学情关注

在本实训中，要深刻体会"转账数据的来源是总账，转账数据的去向是一张未审核的凭证"这句话，正确认识自动转账原理。转账凭证的生成有严格的顺序，比如计提福利费一定要先于结转制造费用，而结转制造费用必须在结转生产成本之前。同理，结转汇兑损益、摊销无形资产等所有摊、提事项都必须在结转期末损益之前完成。由于多数期末结转业务从账簿中提取当前数据，所以在确认结转之前所有的记账凭证都必须登记入账。尤其是对后续有影响的期末业务凭证生成之后，一定要立即审核入账，登账完成后才能处理后续转账业务。建议每生成一张结转业务凭证，都执行审核记账操作。如生成凭证时系统弹出"2011 年 1 月之前有未记账凭证，是否继续结转"信息提示框，说明有凭证没有记账，应记账后再操作。所有期末结转业务都应遵循这一处理规则。

六、过程指导

（一）自定义转账

由于各个企业情况不同，各个企业对各类成本费用分摊结转方式不同。在计算机条件下，为了实现各个企业不同时期期末会计业务处理的通用性，用户可以自行定义自动转账凭证，以完成每个会计期末的固定会计业务的自动转账。操作步骤如下：

1. 设置自定义结转

（1）启动企业应用平台。以操作员 02 身份注册进入企业应用平台。

（2）启动期末"自定义转账"功能。双击【总账】—【期末】—【转账定义】—【自定义转账】菜单，打开"自定义转账设置"窗口。

（3）进入增加状态。单击工具栏上的"增加"按钮，打开"转账目录"设置对话框，如图 4-67 所示。

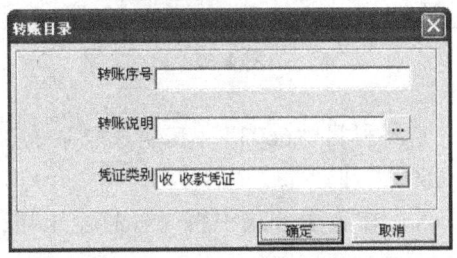

图 4-67

（4）录入转账目录。录入转账序号"0001"，录入转账说明"计提短期借款利息"，选择凭证类别"转账凭证"，单击"确定"按钮，继续定义转账凭证分录信息。

（5）增加一个空行。单击工具栏上的"增行"按钮，系统自动增加一个空行。

（6）录入科目并选择方向。在科目编码中选择"6603"，方向选择"借"。

（7）打开金额公式定义向导。双击金额公式栏，选择参照按钮，打开"公式向导"对话框，如图 4-68 所示。

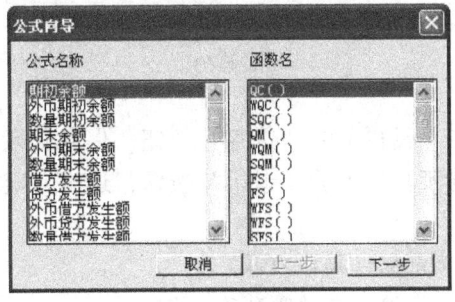

图 4-68

（8）选择函数。选择"期末余额"函数，单击"下一步"按钮，继续定义公式，如图 4-69 所示。

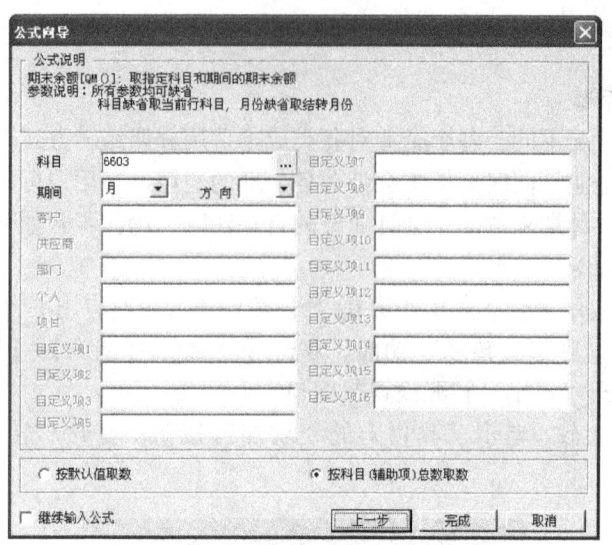

图 4-69

(9) 输入函数的参数。选择科目"6603",其他采取系统默认,单击"完成"按钮,系统自动填写公式"QM(6603,月)"。

(10) 完成金额公式录入。在金额公式中将光标移至末尾,输入"*0.005",回车确认。

(11) 增加一个空行。单击工具栏上的"增行"按钮,系统再次自动增加一个空行。

(12) 录入分录的贷方信息。选择科目编码"2231",方向"贷",输入金额公式"JG()",回车确认,如图4-70所示。

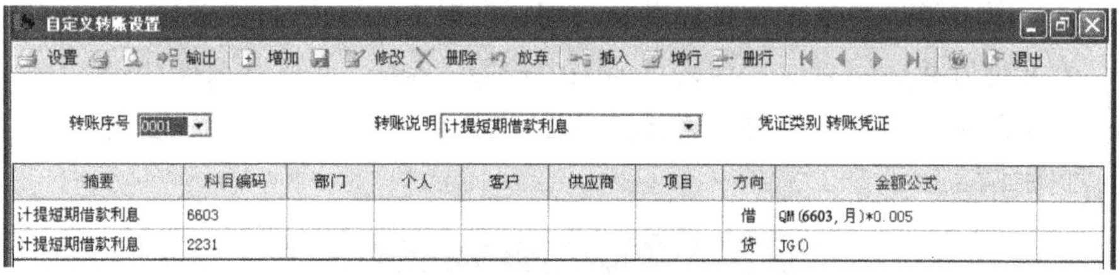

图 4-70

(13) 保存定义。单击工具栏上的"保存"按钮,保存录入的数据。

(14) 关闭界面。单击工具栏上的"退出"按钮,退出自定义转账设置界面。

【友情提示】

➢ 转账说明中的内容就是凭证摘要内容。

➢ 当一行填完后,按回车键,自动跳到下一行。

➢ 自动转账凭证编号是指所定义的自动转账凭证的编码。这里的编码是指所定义的凭证模板的编码,而不是所生成的记账凭证的号码,记账凭证的号码是在凭证生成后由系统根据当前凭证库中的凭证数量另行确定的。

➢ 转账序号是指期末运用自动转账模型生成凭证时的处理次序。当存在多个自动转账模型时，系统将根据转账序号依次处理并生成记账凭证。

2. 生成自定义结转凭证

（1）启动"转账生成"功能。双击【总账】—【期末】—【转账生成】菜单，打开转账生成窗口。

（2）选择类型。单击"自定义转账"按钮。

（3）选择编号。单击编号"0001"后面的空白处，出现"Y"，如图 4-71 所示。

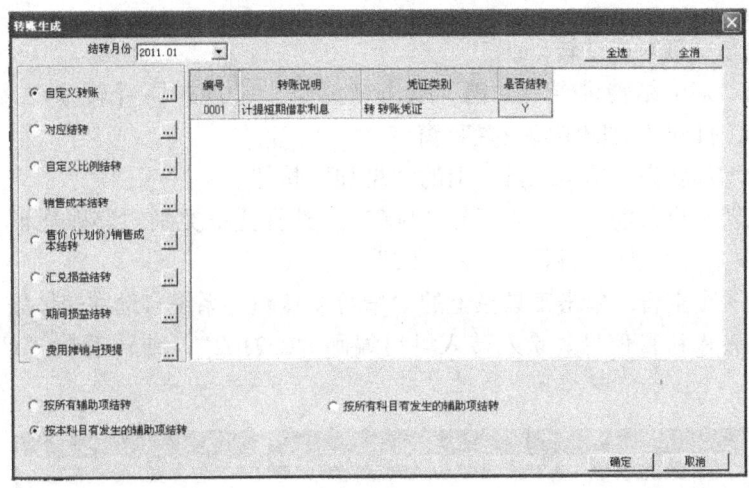

图 4-71

（4）生成凭证。单击"确定"按钮，生成计提短期借款利息凭证。

（5）保存凭证。单击工具栏上的"保存"按钮，凭证上出现"已生成"的标志，如图 4-72 所示。

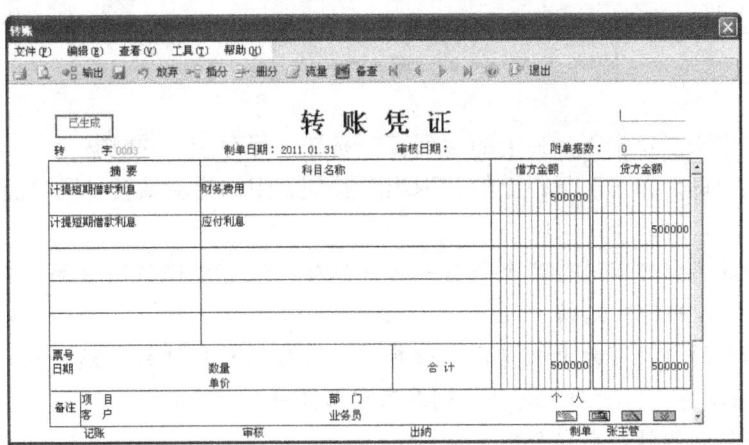

图 4-72

（6）退出凭证。单击工具栏上的"退出"按钮，退出凭证界面。

(7) 退出转账生成功能。单击"取消"按钮,退出该功能。

【注意事项】

➢ 凭证生成后,需要对该凭证进行审核和记账操作,否则,可能会导致后面的转账数据不完整。

(二)对应结转

对应结转是指将一个科目的全部期末余额按比例结转到其他多个科目中。由于取数方法固定,所以无需定义公式,只需定义转出方和转入方以及结转比例即可。操作步骤如下:

1. 设置销项税额对应结转

(1) 启动"对应结转设置"功能。双击【总账】—【期末】—【转账定义】—【对应结转设置】菜单,打开"对应结转设置"窗口。

(2) 进入增加状态。单击工具栏上的"增加"按钮。

(3) 录入转出科目信息。录入编号"0002",选择凭证类别"转账凭证",录入摘要"结转销项税额",录入转出科目"22210102"。

(4) 增加一个空行。单击工具栏上的"增行"按钮,系统自动在表体增加一个空行。

(5) 录入转入科目信息。录入转入科目编码"222102",结转系数"1",如图4-73所示。

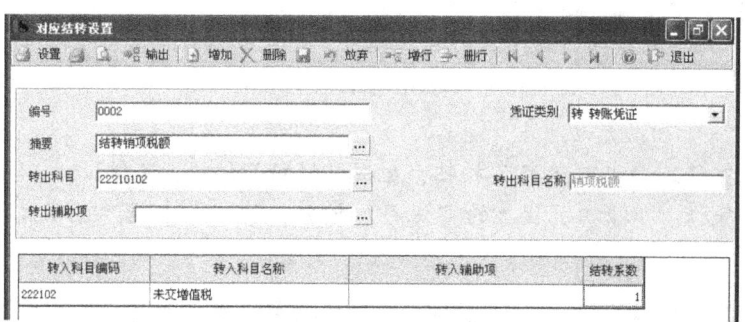

图4-73

(6) 保存定义。单击工具栏上的"保存"按钮,保存录入的数据。

(7) 关闭界面。单击工具栏上的"退出"按钮,退出对应结转设置界面。

【友情提示】

➢ 对应结转不仅可以进行两个科目一对一结转,还可以进行科目的一对多(一个转出科目对多个转入科目)结转。

➢ 对应结转的科目可为上级科目,但其下级科目的科目结构必须一致(相同明细科目),如果有辅助核算,则两个科目的辅助项也必须一一对应。

➢ 对应结转只能结转期末余额。

2. 生成结转销项税额凭证

(1) 启动"转账生成"功能。双击【总账】—【期末】—【转账生成】菜单,打开转账生成窗口。

(2) 选择类型。单击"对应结转"单选按钮。
(3) 选择编号。单击"全选"按钮，系统自动选择要结转的凭证所在行，如图 4-74 所示。

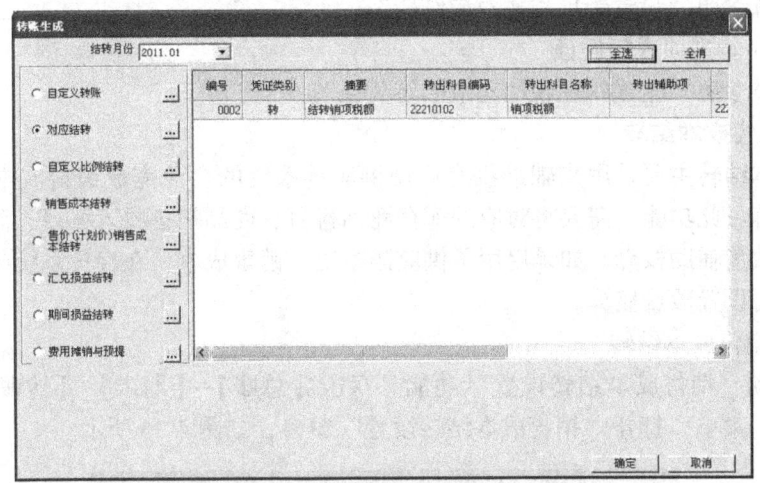

图 4-74

(4) 生成凭证。单击"确定"按钮，生成结转销项税额凭证，如图 4-75 所示。

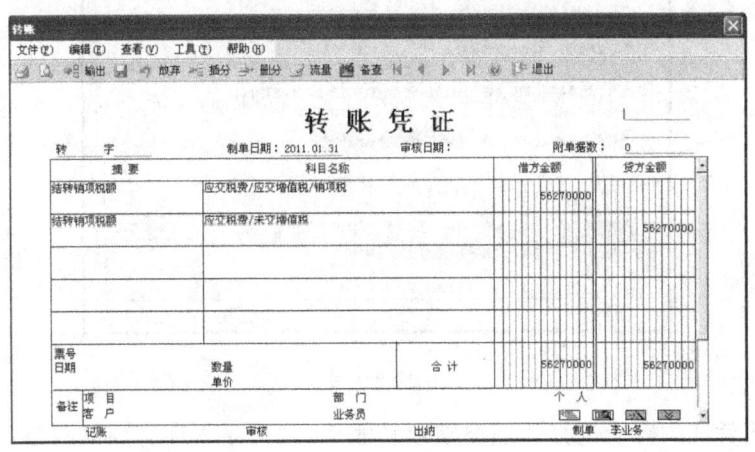

图 4-75

(5) 保存凭证。单击工具栏上的"保存"按钮，凭证上出现"已生成"的标志。
(6) 退出凭证。单击工具栏上的"退出"按钮，退出凭证界面。
(7) 退出转账生成功能。单击"取消"按钮，退出该功能。

【友情提示】
➢ 只要一生成凭证，就进行审核和记账，否则后面的操作无法进行。
➢ 期末转账业务的数据来源为账簿，因此，为了保证数据准确，应在所有业务都记账后再进行期末转账业务的操作。

➢ 在进行期间损益结转之前,需要将本月所有未记账凭证进行记账,以保证损益类科目的完整性。

3. 设置进项税额对应结转

操作步骤参照"设置销项税额对应结转"。

4. 生成结转进项税额凭证

操作步骤参照"生成销项税额对应结转凭证"。

(三)销售成本结转

销售成本结转主要是用来辅助没有启用供应链系统的企业完成销售成本的计算和结转。如果要练习此功能,需要将对应的库存商品科目、商品销售收入科目、商品销售成本科目设置成数量辅助核算。如果启用了供应链系统,销售成本将在存货系统中结转,而在总账中,无需设置数量核算。

1. 设置销售成本结转

(1)启动"销售成本结转设置"功能。双击【总账】—【期末】—【转账定义】—【销售成本结转】菜单,打开"销售成本结转设置"窗口,如图4-76所示。

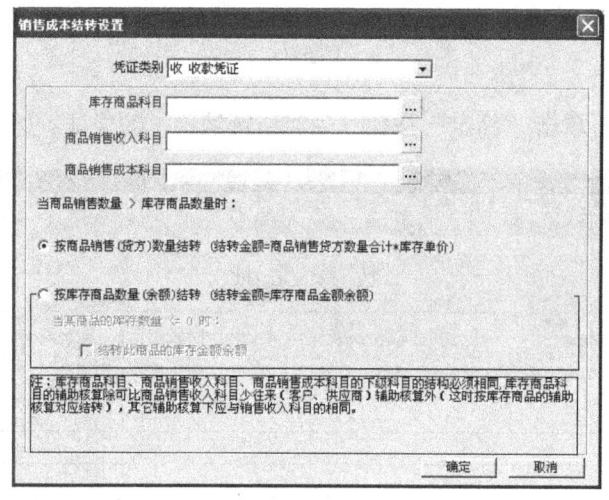

图4-76

(2)录入凭证内容。选择凭证类别"转账凭证",录入库存商品科目编码"1405",商品销售收入科目编码"6001",商品销售成本科目编码"6401"。

(3)完成操作,退出销售成本结转功能。单击"确定"按钮,退出界面。

2. 生成销售成本结转凭证

(1)启动"转账生成"功能。双击【总账】—【期末】—【转账生成】菜单,打开"转账生成"窗口。

(2)选择类型。单击"销售成本结转"单选按钮。

(3)生成销售成本结转一览表。单击"确定"按钮,打开"销售成本结转一览表"窗口,如图4-77所示。

(4)生成凭证。单击"确定"按钮,生成凭证,如图4-78所示。

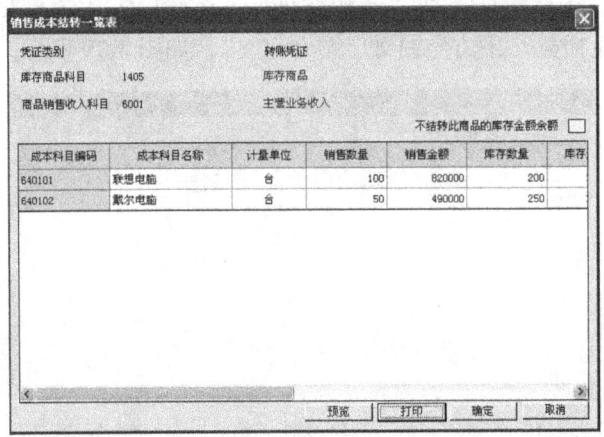

图 4-77

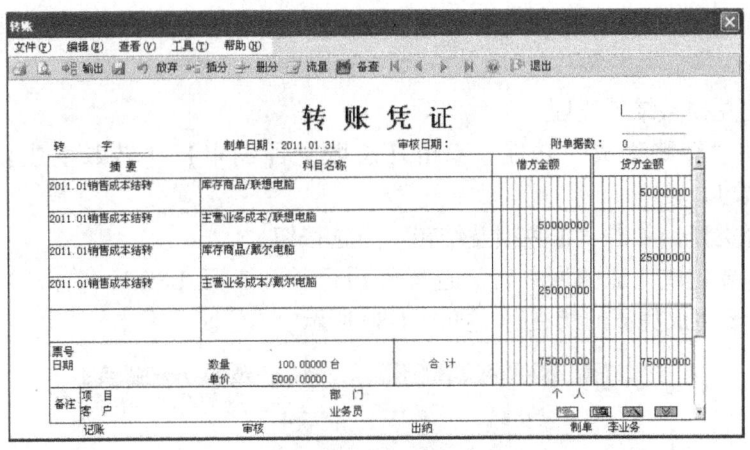

图 4-78

(5) 保存凭证。单击工具栏上的"保存"按钮，凭证上出现"已生成"的标志。
(6) 退出凭证。单击工具栏上的"退出"按钮，退出凭证界面。
(7) 退出转账生成功能。单击"取消"按钮，退出该功能。

【注意事项】
➤ 凭证生成后，需要对该凭证进行审核和记账操作，否则，可能会导致后面的转账数据不完整。

(四) 汇兑损益结转

汇兑损益结转可将期末外币账户的汇兑损益自动计算，并自动生成汇兑损益转账凭证。在生成汇兑损益凭证时，取外币定义中的调整汇率。

1. 设置汇兑损益结转

(1) 启动"汇兑损益结转"功能。双击【总账】—【期末】—【转账定义】—【汇兑损益结转】菜单，打开"汇兑损益结转设置"窗口。

(2)定义凭证。选择凭证类别"转账凭证",录入汇兑损益入账科目编码"6061",单击"是否计算汇兑损益"下方空白处,显示"Y",如图4-79所示。

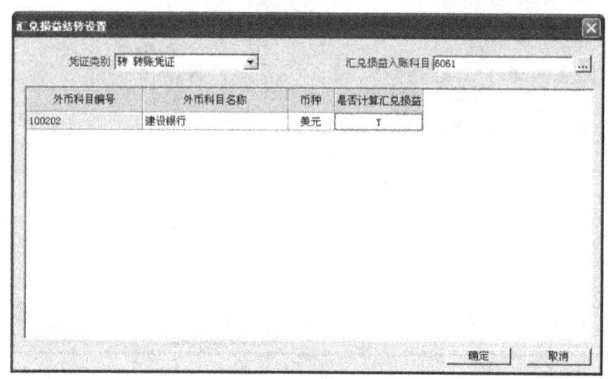

图 4-79

(3)完成定义,退出该功能。单击"确定"按钮,退出"汇兑损益结转设置"界面。

2. 生成汇兑损益结转凭证

(1)启动"转账生成"功能。双击【总账】—【期末】—【转账生成】菜单,打开"转账生成"窗口。

(2)选择类型。单击"汇兑损益结转"单选按钮。

(3)选择要生成凭证的所在行。选择外币币种"美元 USD",单击"全选"按钮,系统自动选择要生成凭证的所在行,如图4-80所示。

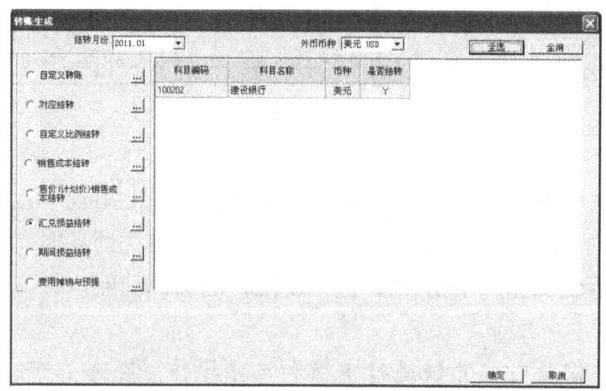

图 4-80

(4)生成汇兑损益试算表。单击"确定"按钮,生成汇兑损益试算表,如图4-81所示。

(5)生成凭证。单击"确定"按钮,生成汇兑损益结转凭证。

(6)保存凭证。单击"保存"按钮,凭证上出现"已生成"的标志,如图4-82所示。

学习情境 4 总账系统 131

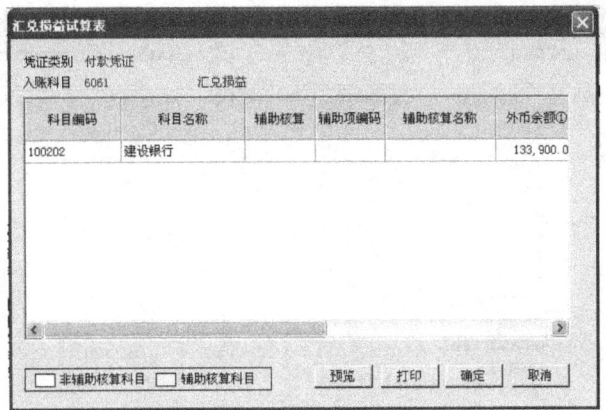

图 4-81

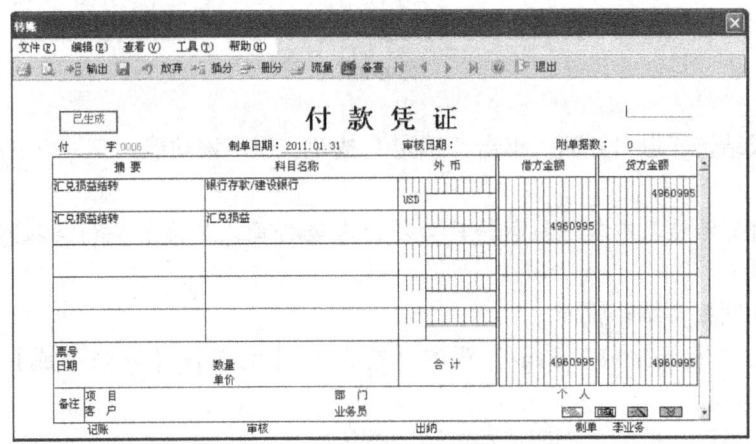

图 4-82

（7）退出凭证。单击工具栏上的"退出"按钮，退出凭证界面。

（8）退出转账生成功能。单击"取消"按钮，退出该功能。

【注意事项】

➢ 凭证生成后，需要对该凭证进行审核和记账操作，否则，可能会导致后面的转账数据不完整。

（五）期间损益结转

期间损益结转用于在一个会计期间终了将损益类科目的余额结转到本年利润科目中，从而及时反映企业的盈亏情况。操作步骤如下：

1. 设置期间损益结转

（1）启动"期间损益结转"功能。双击【总账】—【期末】—【转账定义】—【期间损益结转】菜单，打开"期间损益结转设置"窗口。

（2）定义设置。选择凭证类别"转账凭证"，录入本年利润科目编码"4103"，如图 4-83 所示。

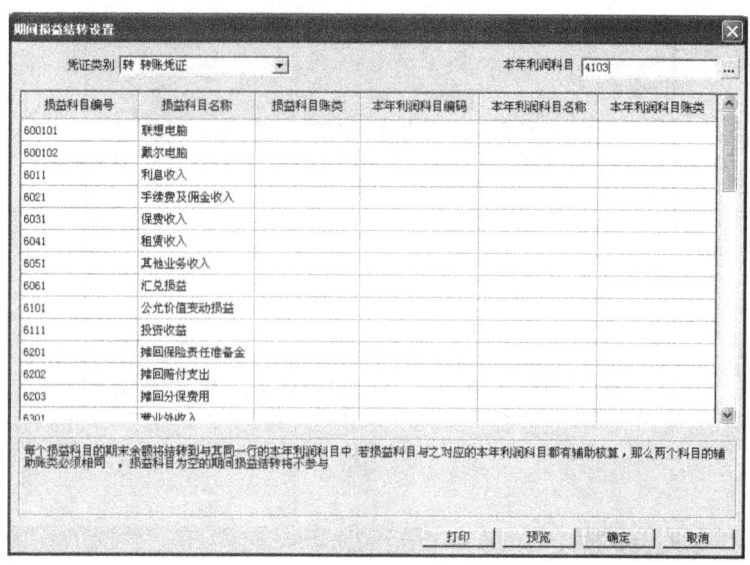

图 4-83

(3) 完成结转，退出界面。单击"确定"按钮，退出该功能。

【友情提示】

➢ 损益科目结转表中本年利润科目必须为末级科目，且为本年利润入账科目的下级科目。

2. 生成期间损益结转凭证

(1) 启动"转账生成"功能。双击【总账】—【期末】—【转账生成】菜单，打开"转账生成"窗口。

(2) 选择类型。单击"期间损益结转"按钮。

(3) 选择要生成凭证的所在行。单击"全选"按钮，系统自动选择要生成凭证的所在行，如图 4-84 所示。

图 4-84

（4）生成凭证。单击"确定"按钮，生成期间损益结转凭证，如图4-85所示。

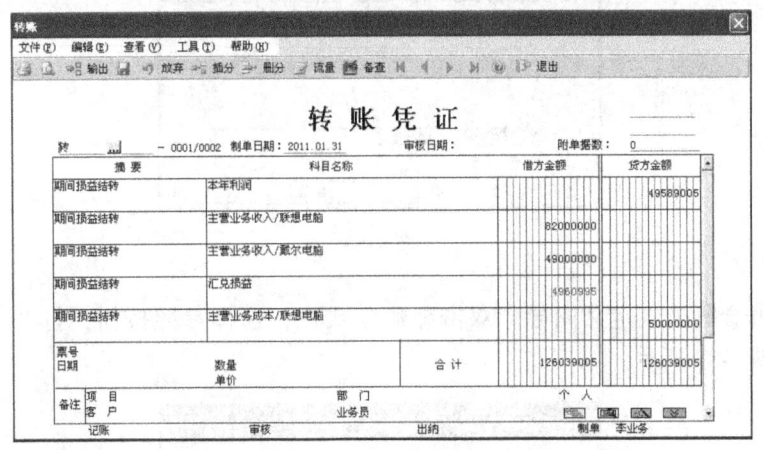

图 4-85

（5）保存凭证。单击工具栏上的"保存"按钮，凭证上出现"已生成"的标志。
（6）退出凭证。单击工具栏上的"退出"按钮，退出凭证界面。
（7）退出转账生成功能。单击"取消"按钮，退出该功能。

【友情提示】
➢ 生成转账凭证的工作应在月末进行。如果有多种转账凭证，特别是涉及多项结转业务，一定要注意转账的先后顺序。
➢ 通过转账生成功能生成的转账凭证必须保存，否则将视同放弃。
➢ 期末自动转账处理工作是针对已记账业务进行的，因此，在进行月末转账工作之前应将所有未记账的凭证记账。
➢ 如果进行期末损益结转处理后又生成了其他业务的记账凭证，则需要再次进行期末损益结转处理，以确保业务终了时期间损益类科目没有余额。

（六）综合应用：计提应交所得税
1．设置自定义结转
（1）启动"自定义转账"功能。双击【总账】—【期末】—【转账定义】—【自定义转账】菜单，打开"自定义转账设置"窗口。
（2）进入增加状态。单击工具栏上的"增加"按钮，打开"转账目录"设置对话框，如图4-86所示。
（3）录入转账目录。录入转账序号"0004"，录入转账说明"计提应交所得税"，选择凭证类别"转账凭证"，单击"确定"按钮，继续定义转账凭证分录信息。
（4）增加一个空行。单击工具栏上的"增行"按钮，系统自动增加一个空行。
（5）录入分录的借方信息。录入科目编码"6801"，方向"借"，双击金额公式栏，录入"JG（）"。
（6）增加一个空行。单击工具栏上的"增行"按钮，系统再次自动增加一个空行。
（7）录入科目并选择方向。录入科目编码"222104"，方向"贷"。

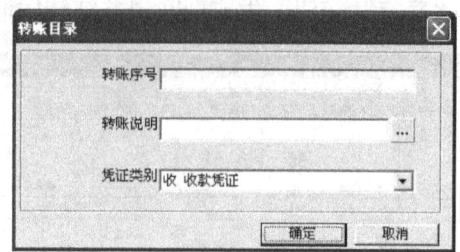

图 4-86

（8）打开金额公式定义向导。双击金额公式栏，选择参照按钮，打开"公式向导"对话框，如图 4-87 所示。

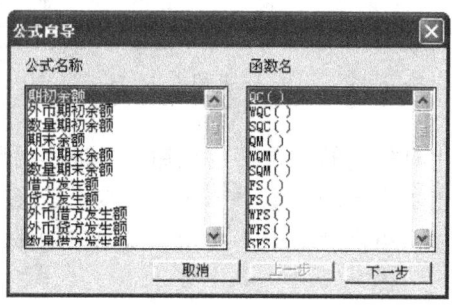

图 4-87

（9）选择函数。选择"期末余额"函数，单击"下一步"按钮，继续定义公式，如图 4-88 所示。

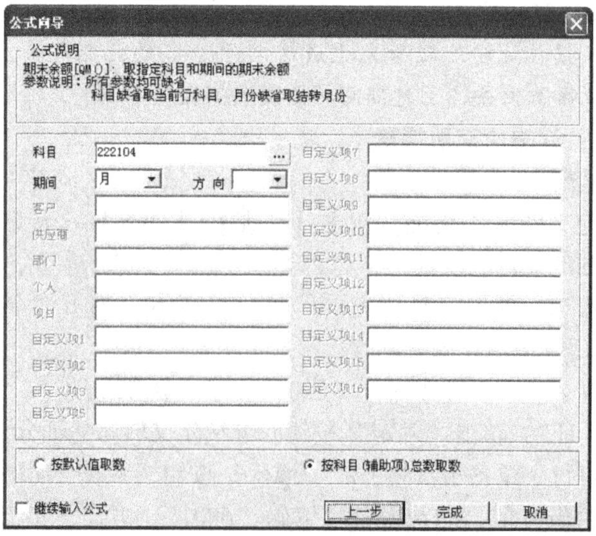

图 4-88

（10）输入函数的参数。录入科目编码"4103"，其他采取系统默认，单击"完成"

按钮，系统自动填写公式"QM（4103，月）"。

（11）完成金额公式录入。在金额公式中将光标移至末尾，输入"*0.25"，回车确认，如图4-89所示。

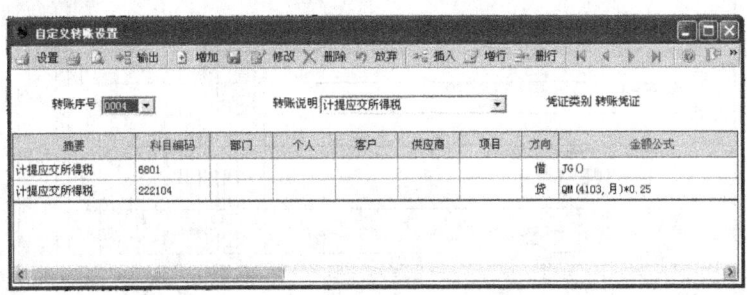

图 4-89

（12）保存定义。单击工具栏上的"保存"按钮，保存录入的数据。
（13）关闭界面。单击工具栏上的"退出"按钮，退出自定义转账设置界面。

2. 生成计提应交所得税凭证

（1）启动"转账生成"功能。双击【总账】—【期末】—【转账生成】菜单，打开"转账生成"窗口。

（2）选择类型。单击"自定义转账"按钮。

（3）选择编号。单击编号"0004"后面的空白处，出现"Y"，如图4-90所示。

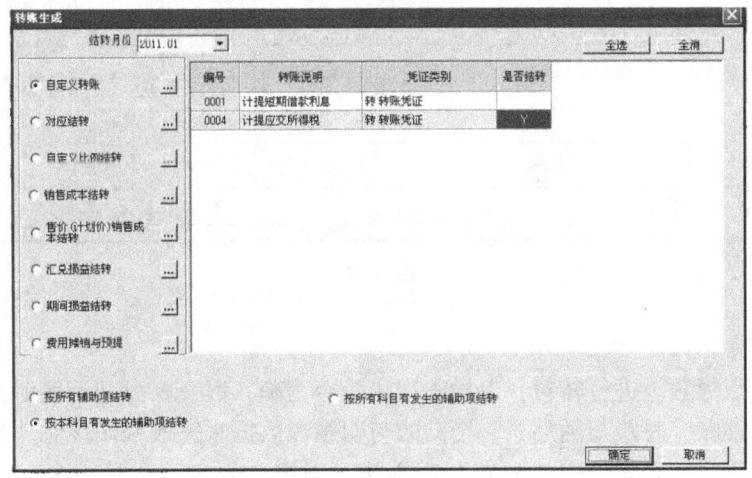

图 4-90

（4）生成凭证。单击"确定"按钮，生成计提应交所得税凭证，如图4-91所示。
（5）保存凭证。单击工具栏上的"保存"按钮，凭证上出现"已生成"的标志。
（6）退出凭证。单击工具栏上的"退出"按钮，退出凭证界面。
（7）退出转账生成功能。单击"取消"按钮，退出该功能。

3. 生成期间损益结转凭证

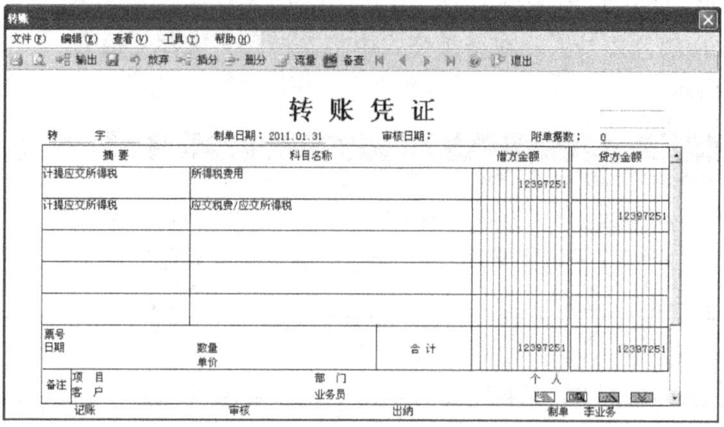

图 4-91

操作步骤参照"生成期间损益结转凭证",在生成凭证时,前面生成的凭证要进行审核、记账,如图 4-92 所示。

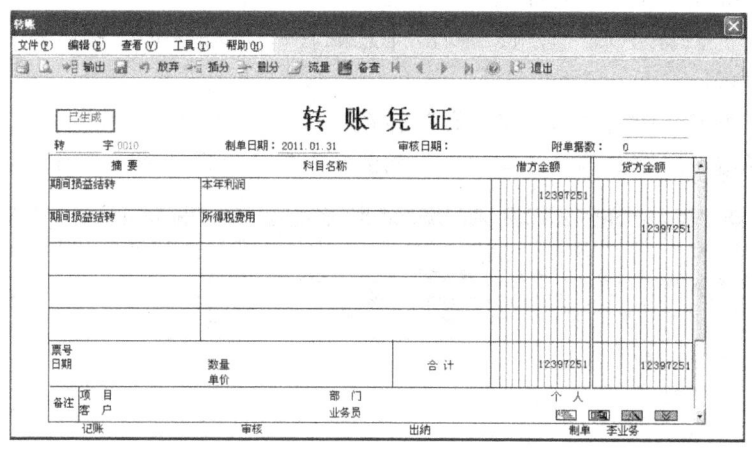

图 4-92

(七) 对账

对账是对账簿数据进行核对,以检查记账是否正确,以及账簿是否平衡,主要是通过核对总账和明细账、总账与辅助账、辅助账与明细账数据来完成账账核对。为了保证账证相符、账账相符,应经常使用"对账"功能进行对账,至少一个月一次,一般可在月末结账前进行。操作步骤如下:

1. 启动"对账"功能。双击【总账】—【期末】—【对账】菜单,打开"对账"对话框。

2. 进行平衡试算。单击工具栏上的"试算"按钮,出现"2011.01 试算平衡表",单击"确定"按钮,如图 4-93 所示。

3. 选择月份。单击"选择"按钮,系统自动地选择要进行对账的月份,在"2011.01""是否对账"栏出现"Y"标志。

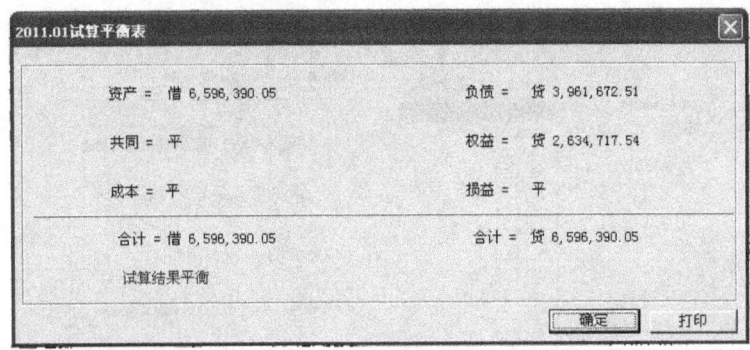

图 4-93

4. 开始进行对账。单击工具栏上的"对账"按钮，系统开始自动对账，并显示对账结果，如图 4-94 所示。

图 4-94

5. 退出对账功能。单击工具栏上的"退出"按钮，退出对账界面。

【友情提示】

➢ 在进行对账之前，请对之前生成的凭证进行审核记账。

（八）结账

结账是指每月月末计算和结转各账簿的本期发生额和期末余额，并终止本期的账务处理工作的过程。结账每月只进行一次，操作步骤如下：

1. 启动"结账"功能。双击【总账】—【期末】—【结账】菜单，打开"结账"对话框，如图 4-95 所示。

2. 进行对账。单击"下一步"按钮，系统自动进行对账，如图 4-96 所示。

3. 生成工作报告。单击"下一步"按钮，打开"2011 年 01 月工作报告"对话框，如图 4-97 所示。

4. 完成结账。单击"下一步"按钮，窗口中出现"2011 年 01 月未通过工作检查，

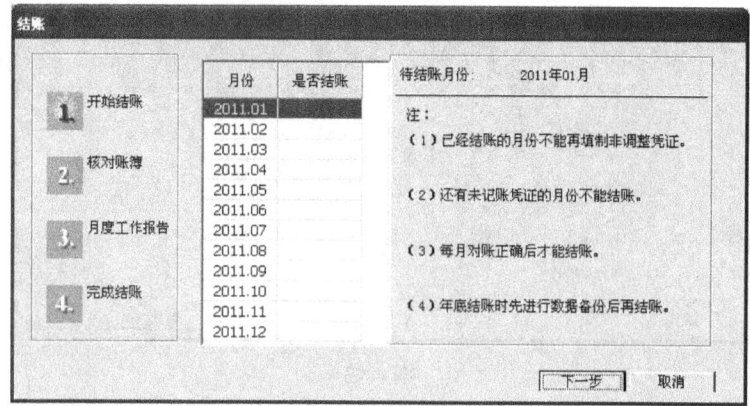

图 4-95

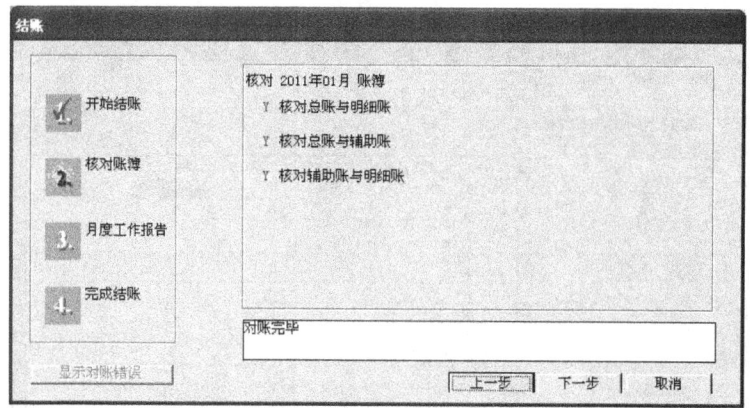

图 4-96

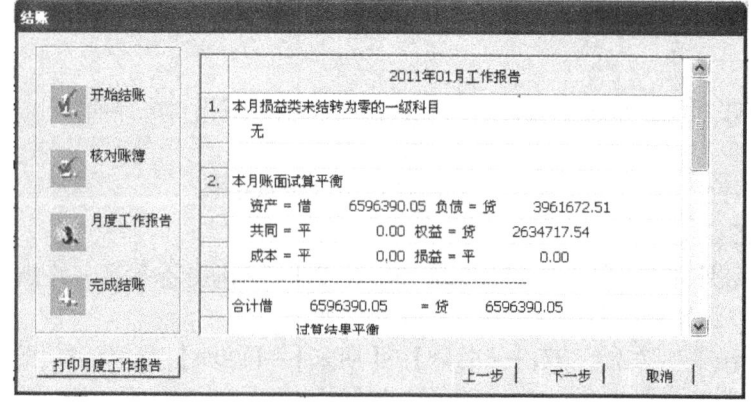

图 4-97

不可以结账!"提示信息,如图 4-98 所示。

5. 检查原因。单击"上一步"按钮,下拉"2011 年 01 月工作报告"的滚条,可看

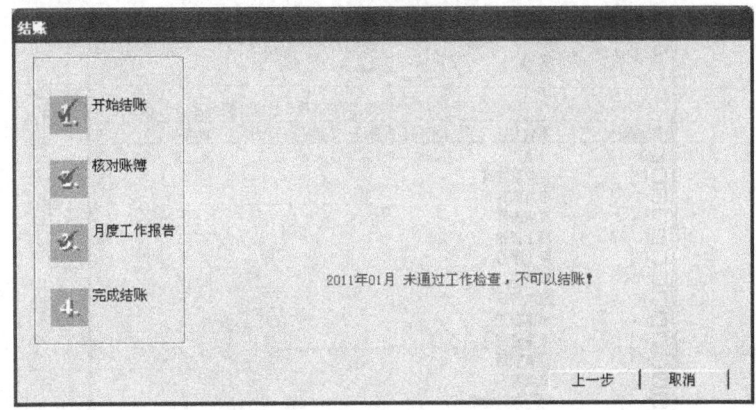

图 4-98

到其他系统结账状态，如图 4-99 所示。

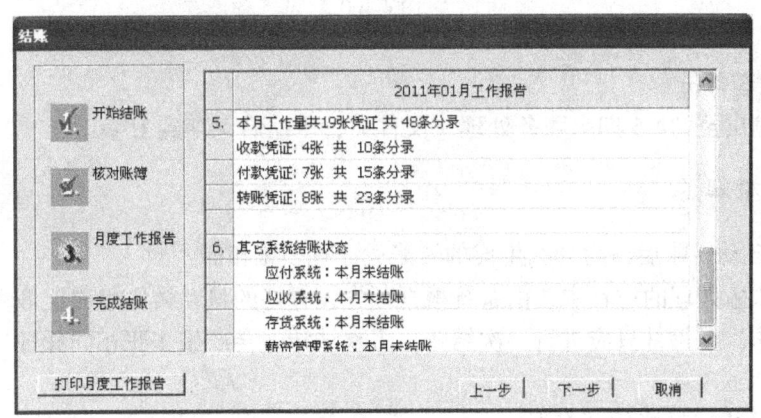

图 4-99

6. 取消本次结账。单击"取消"按钮，退出结账界面。

7. 退出总账系统。

8. 启动"系统启用"功能。双击【基础设置】—【基本信息】—【系统启用】菜单，打开"系统启用"对话框。

9. 注销未使用的模块。单击"应收款管理"前的复选框，系统提示"确实要注销当前系统吗？"，单击按钮"是"，取消对"应收款管理"系统的启用，同理取消"应付款管理"系统、"薪资管理"系统的启用，如图 4-100 所示。

10. 完成结账。双击【总账】—【期末】—【结账】菜单，打开"结账"对话框，重新进行结账操作，完成结账。

【友情提示】

➢ 结账后除查询外，不得再对本月业务进行任何操作。

➢ 取消结账的方法：账套主管在"结账"界面按 Ctrl+Shift+F6 键激活"取消结账"功能，输入口令，即可取消结账标记。

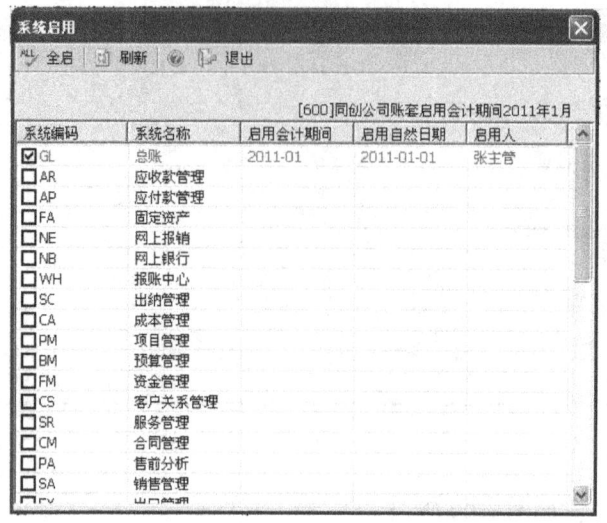

图 4-100

（九）账套备份

将账套输出至"4-5 期末账务处理"文件夹，压缩后保存到 U 盘。

七、疑难解答

1. 执行自动转账后，为什么生成的转账凭证有多张相同？

答：在账务处理的过程中，由系统根据预先设置好的自动转账生成记账凭证，并完成相应结转工作，但每月只应进行一次结转，多次结转就会产生多张相同凭证，造成账簿记录错误。

2. 为什么生成转账凭证有误？

答：生成的转账凭证有误，可能存在以下问题：一方面，可能是自动转账的设置有误，主要是科目设置或计算公式设置存在问题；另一方面，可能因为存在相关联的未记账凭证，导致账中取数不完整。

解决办法：查看自动转账定义，确认或修改自动转账设置，确保正确无误；将相关联的未记账凭证全部记账，然后再执行转账生成的操作。

3. 为什么生成的期间损益结转凭证是错误的？

答：可能没有充分考虑到账务取数时的前后联系，账中取数不完整。

解决办法：先废除错误的凭证，再进行后面的操作，对于前后有联系的转账业务，每生成一张凭证，都要及时进行审核并记账，然后才能进行后面的转账凭证生成工作。

4. 为什么月末结账时，系统提示尚有未结转为零的损益类账户？

答：期末结账时，损益类账户余额应为零，如果还有未结转为零的账户，说明期末的损益结转工作还没有做完。

解决办法：将未结转的损益类账户的余额进行相应结转（生成凭证），然后更换操作员，进行审核签字，再进行记账，完成期末的损益结转工作。

◎思考与练习

1. 期末自动转账为什么要遵循严格的顺序？如果不按顺序生成期末转账凭证，可能会出现什么问题？

2. 在设置对应结转时，如果转入科目有多个，则转入比率之和必须为100%。这是为什么？

3. 在已经结账的情况下，有什么方法可以纠正账务处理中出现的错误？应该如何操作？

学习任务4-6　账务查询

一、实训任务

1. 查询凭证。
2. 查询总账，并联查明细账。
3. 查询明细账，并联查总账、凭证。
4. 查询多栏账，查询辅助账。

二、任务目标

1. 掌握总账、明细账查询的方法。
2. 掌握编制多栏账的方法。
3. 掌握总账、明细账、凭证三者联查的方法。
4. 明确每个查询的条件、输出的格式及内容。

三、准备工作

1. 修改计算机时间为2011年1月31日。
2. 引入"4-5期末账务处理"账套备份。

四、实训引例

1. 查询本月全部凭证。
2. 查询"主营业务收入"总账，并联查明细账。
3. 查询"主营业务收入"明细账，并联查总账、凭证。
4. 查询"管理费用"普通多栏账。
5. 查询"应收账款"客户科目余额表。

五、学情关注

总账的查询是很多学生学习时忽略的内容，认为此内容不重要，其实并不是这样，我们操作日常业务的最终目的就是为了得到这些查询结果，如果不认真研究查询结果，那么就可能不会建账套，不会设置科目体系，我们需要对每个查询条件以及查询结果的内容和格式进行认真分析，明确其用途。

六、过程指导

（一）查询本月全部凭证

本部分主要用于练习如何查询凭证，注意查看凭证查询条件中的条件组合，另外还可以按辅助条件设置更高级的查询条件。操作步骤如下：

1. 以操作员 02 身份登录企业应用平台。

2. 打开"查询凭证"界面。双击【财务会计】—【总账】—【凭证】—【查询凭证】菜单，启动"查询凭证"功能，显示凭证查询条件窗口，如图 4-101 所示。

图 4-101

3. 设置凭证查询条件。选择记账范围中的"全部凭证"，选择凭证标志中的"全部"，单击"确定"按钮，显示查询结果，如图 4-102 所示，单击"确定"按钮可查看凭证内容。

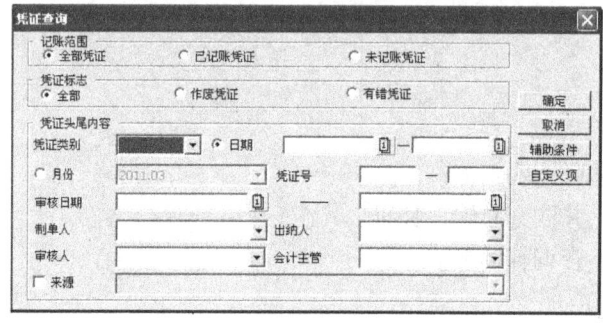

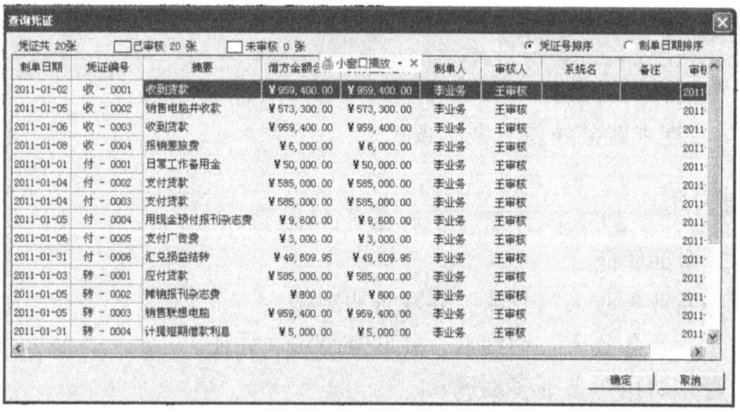

图 4-102

4. 关闭界面。单击"取消"按钮，关闭查询功能。

【友情提示】

➢ 在凭证查询界面，可单击"辅助条件"设置摘要、科目、方向、金额等凭证内容。

（二）查询“主营业务收入”总账，并联查明细账

总账查询中可以按期间对科目的借方发生额和贷方发生额进行汇总，并可根据发生额汇总数据联查明细账。与手工账不同的是，所有科目都可以查询总账，查询条件中没有时间条件。查询时，注意练习联查明细账功能。操作步骤如下：

1. 打开“总账查询条件”界面。在总账系统中，双击【账表】—【科目账】—【总账】菜单，进入总账查询条件界面，如图4-103所示。

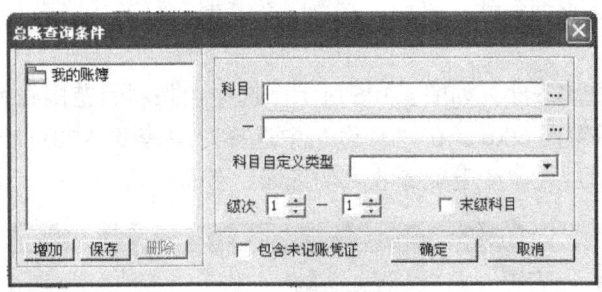

图4-103

2. 设置总账查询条件。直接录入或选择科目编码6001，单击“确定”按钮，显示“主营业务收入总账”查询结果，如图4-104所示。

主营业务收入总账

科目 6001 主营业务收入

2011年 月	日	凭证号数	摘要	借方	贷方	方向	余额
			上年结转			平	
01			本月合计	1,310,000.00	1,310,000.00	平	
01			本年累计	1,310,000.00	1,310,000.00		

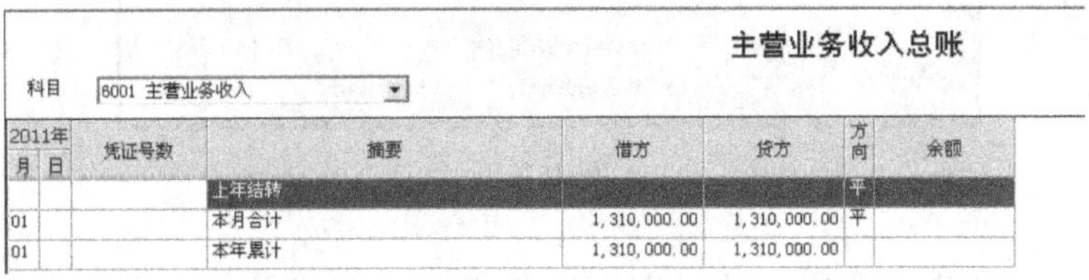

图4-104

3. 联查明细账。单击选中“本月合计”栏，单击页面上方工具栏中的“明细”按钮，显示“主营业务收入明细账”查询结果，如图4-105所示。

主营业务收入明细账

科目 6001 主营业务收入

2011年 月	日	凭证号数	摘要	借方	贷方	方向	余额
01	05	收-0002	销售电脑并收款		490,000.00	贷	490,000.00
01	05	转-0003	销售联想电脑		820,000.00	贷	1,310,000.00
01	31	转-0008	期间损益结转	820,000.00		贷	490,000.00
01	31	转-0008	期间损益结转	490,000.00		平	
01			本月合计	1,310,000.00	1,310,000.00	平	
01			本年累计	1,310,000.00	1,310,000.00	平	

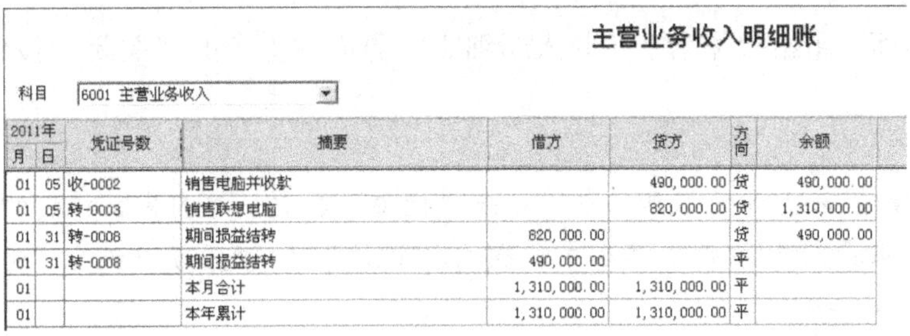

图4-105

4. 关闭明细账查询界面。单击界面右上角的“关闭”按钮，关闭界面。

5. 关闭总账查询界面。单击界面右上角的“关闭”按钮，关闭界面。

【友情提示】
> 期初余额或上年结转所在行是当前行时,不能联查明细账。
> 总账查询功能可以查询"包含未记账凭证"的总账。

(三) 查询"主营业务收入"明细账,并联查总账、凭证

明细账查询可以按指定月份段显示科目的明细记录。查询条件中的月份条件,不能具体到日,查询结果可联查总账和凭证。操作步骤如下:

1. 打开"明细账查询条件"界面。在总账系统中,双击【账表】—【科目账】—【明细账】菜单。

2. 设置明细账查询条件。如图4-106所示,选择"按科目范围查询",在"科目"中直接录入或选择科目编码6001,在"月份"中选择时间跨度"2011.01"至"2011.03",单击"确定"按钮,进入"主营业务收入明细账"界面。

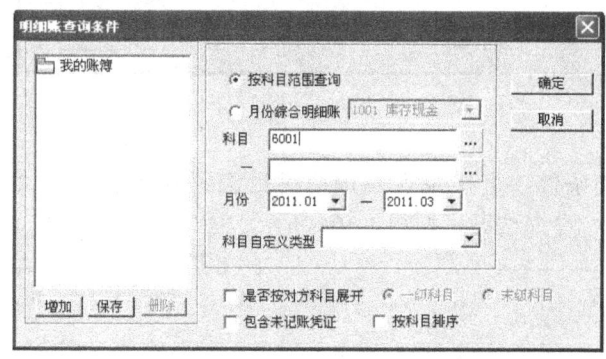

图 4-106

3. 联查总账。单击工具栏上的"总账"按钮,系统打开"主营业务收入总账"界面,查看总账数据,然后,单击"退出"按钮,关闭总账查询界面。

4. 联查凭证。选中"应收账款"一行,单击工具栏上的"凭证"按钮,系统进入"联查凭证"界面,查看凭证信息,如图4-107所示,然后,单击"退出"按钮,关闭凭证查询界面。

5. 关闭界面。单击"主营业务收入明细账"界面右上角的"关闭"按钮,关闭查询功能。

【友情提示】
> 在明细账界面上方的工具栏中,点击"摘要"按钮,可自定义摘要的显示组成。
> 在明细账界面上方的工具栏中,点击"过滤"按钮,可以设置"明细账过滤条件"。
> 在查询过程中,可以点击"科目"下拉框选择其他需要查看的科目。

(四) 查询"管理费用"普通多栏账

普通多栏账类似手工账中的多栏账,核算科目为非末级科目,分析栏目自动编制时为核算科目的末级科目,也可随意定义。操作步骤如下:

1. 打开"多栏账"界面。在总账系统中,双击【账表】—【科目账】—【多栏账】

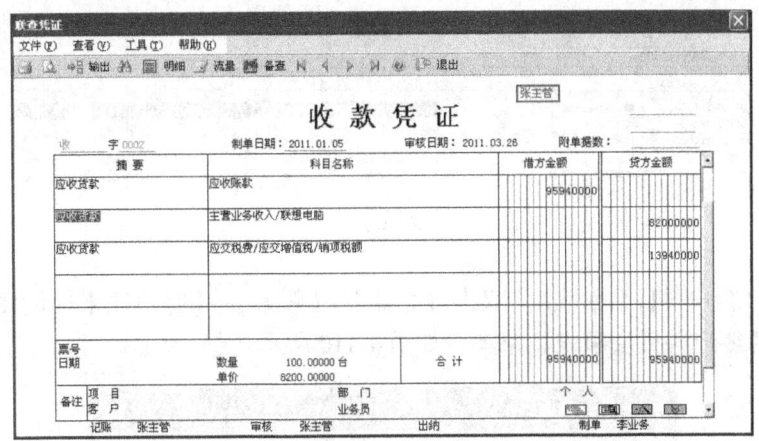

图 4-107

菜单。

2. 增加多栏账。单击工具栏上的"增加"按钮,系统自动打开多栏账定义窗口,选择核算科目"管理费用",然后单击"自动编制"按钮,系统自动填写栏目,如图 4-108 所示,单击"确定"按钮,保存并退出增加状态,返回上一界面。

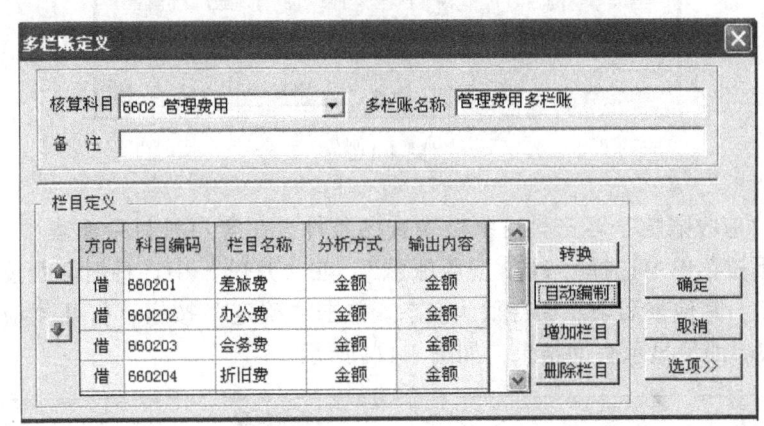

图 4-108

3. 查询"管理费用"多栏账。选中"管理费用多栏账",单击工具栏上的"查询"按钮,显示多栏账查询条件对话框,单击"确定"按钮,显示"管理费用多栏账"查询结果,如图 4-109 所示。

4. 关闭界面。单击"多栏账"界面右上角"关闭"按钮,关闭查询功能。

【友情提示】

➢ 多栏账内容可以自定义。

(五) 查询"应收账款"客户科目余额表

辅助账查询是以前没有接触过的内容,要求对辅助账查询的每一个账表进行练习,此处仅以客户科目余额表为例。操作步骤如下:

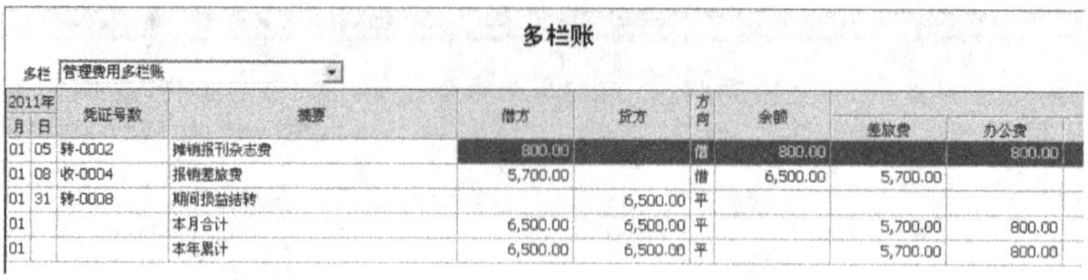

多栏账

多栏 管理费用多栏账

2011年 月	日	凭证号数	摘要	借方	贷方	方向	余额	差旅费	办公费
01	05	转-0002	摊销报刊杂志费	800.00		借	800.00		800.00
01	08	收-0004	报销差旅费	5,700.00		借	6,500.00	5,700.00	
01	31	转-0008	期间损益结转		6,500.00	平			
01			本月合计	6,500.00	6,500.00	平		5,700.00	800.00
01			本年累计	6,500.00	6,500.00	平		5,700.00	800.00

图 4-109

1. 打开“客户科目余额表”。双击【总账】—【账表】—【客户往来辅助账】—【客户往来余额表】—【客户科目余额表】菜单，如图 4-110 所示。

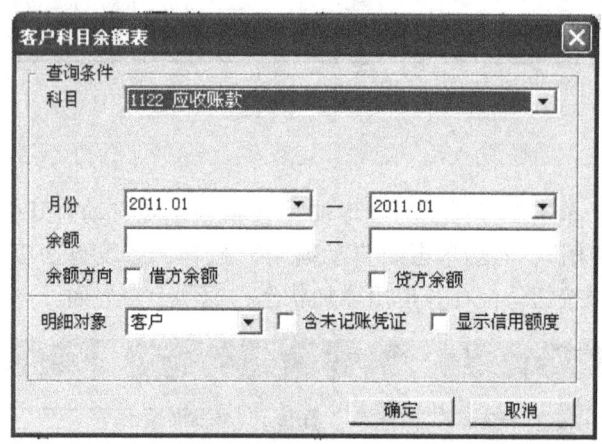

图 4-110

2. 设置“应收账款”客户科目余额表查询条件。在客户科目余额表中“查询条件”的“科目”下拉菜单中选择“1122 应收账款”，在“月份”中选择时间跨度“2011. 01”至“2011. 01”，其他查询条件保持默认状态。单击“确定”按钮，打开“应收账款”客户科目余额表界面，显示查询结果，如图 4-111 所示。

科目余额表

科目 1122 应收账款

科目 编码	科目 名称	客户 编号	客户 名称	方向	期初余额 本币	借方 本币	贷方 本币	方向	期末余额 本币
1122	应收账款	02	用友	平		959,400.00	959,400.00	平	
1122	应收账款	03	金蝶	借	959,400.00		959,400.00	平	
合计：				借	959,400.00	959,400.00	1,918,800.00	平	

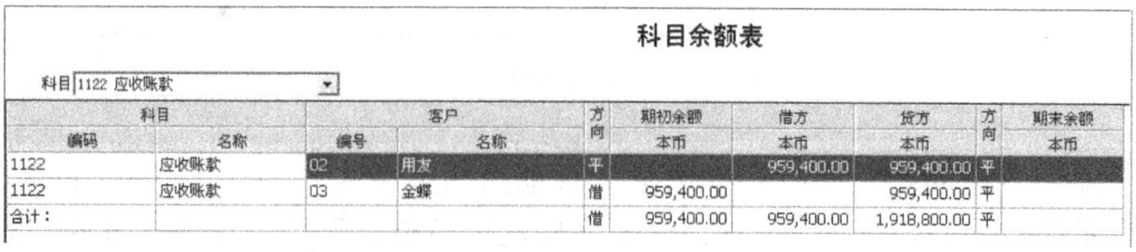

图 4-111

3. 关闭界面。单击界面右上角的“关闭”按钮，关闭查询功能。

【友情提示】

➢ 查询条件中，“余额方向”指借贷方向，可以选择余额表是显示所有余额在借方的客户还是显示余额在贷方的客户。

➢ 若选择“包含未记账凭证”，系统将未记账凭证中符合条件的数据计入结果。

➢ 选择"显示信用额度"选项，余额表显示符合条件的客户的信用额度信息，信用额度信息可以在客户档案中录入。

◎ 思考与练习

1. 在查询明细账时，如何联查总账和联查凭证？
2. 在查询总账时，如何联查明细账？
3. 在查询明细账时，如何查询未记账凭证数据？
4. 在填制凭证时，联查的明细账是否包含未记账凭证？
5. 如何查询本月含有现金科目的凭证？

学习情境 5
报 表 系 统

◎**教学活动设计**

账务处理完毕,就要进行报表编制。会计电算化为报表编制提供了极大的便利。在会计电算化中,出于报表编制灵活性方面的要求,将报表从账务处理子系统中独立出来,以便满足各类客户的不同需要。如何根据自己企业的特点,设置出适合自己企业的会计报表格式呢?

学习任务 5-1　准备知识

一、功能结构

用友 UFO 报表系统是报表处理的工具,利用 UFO 报表系统既可编制对外报表,又可编制各种内部报表。它的主要功能有:

(1) 提供各行业报表模板。系统提供了 27 个行业单位的标准财务报表模板。

(2) 文件管理功能。系统提供了创建报表新文件、打开已有的报表文件、保存文件、备份文件的功能,还能够进行不同格式文件的转换。

(3) 格式管理功能。系统提供了丰富的格式设计功能。

(4) 数据处理功能。系统以固定的格式管理大量不同的表页,能将多达 99 999 张格式相同的报表统一在一个报表文件中管理,每张表页之间建立有机的联系,每张表页的行列容量多达 9 999 行×255 列,还提供了种类丰富的函数,可方便快捷地定义报表公式。

(5) 图表功能。系统提供了很强的图形分析功能,能够制作包括直方图、立体图、圆饼图、折线图等 10 种图式的分析图形。

(6) 打印功能。系统实现了"所见即所得",报表、图形以及插入对象都可以打印输出,也可以通过"打印预览"提前观看报表或图形的打印效果。

(7) 二次开发功能。系统能够自动记录命令窗中输入的多个命令,并且提供批命令和自定义菜单,可将有规律性的操作过程编成批命令文件。

上述七项功能中,提供各行业报表模板、格式管理、数据处理、打印这四项是日常报表管理工作要用到的最主要功能,还可以将报表结果另存为 Excel,使用 Excel 功能对数据进行加工处理。

二、报表系统的基本概念

(一) 报表结构

按照报表结构的复杂性,将报表分为简单表和复合表。简单表就是由若干行和列组成的规则的二维表。资产负债表、利润表、现金流量表都是简单表。复合表就是由若干张简单表组合而成的某种组合。

简单表的格式一般都由标题、表头、表体和表尾组成。

(1) 标题:用来表示报表的名称。

(2) 表头:包括报表的编制单位名称、编制日期、编制计量单位、报表栏目名称等。报表栏目名称是表头中最重要的内容。

(3) 表体:是一张报表的核心,是报表数据的主要表现区域,是报表的主体,由表行和表列组成。

(4) 表尾:表体以下的辅助说明部分。

(二) 单元、单元属性、单元风格

单元是报表中由行和列确定的方格,是组成报表的最小单位,由列、行表示。如 C2 表示第二行 C 列对应的单元。

单元属性是指单元类型、数字格式、边框的样式。单元类型有数值型、字符型、表样型。

单元风格是指单元内容的字体、字号、字形、对齐方式、颜色图案等。

(三) 报表和报表文件

报表,也叫表页,一张表页是由若干行和列组成的一个二维表(<列><行>)。表示某表页某单元格的格式为:列行@页,如第 2 页中的 C2 单元的表示方法为:C2@2。

报表文件是存储数据的基本单位,是以 rep 为后缀的一个文件,如 zcfzb.rep。表示某文件某表页某单元格的格式为:"路径+文件名" ->列行@页,如 d 盘 zcfzb.rep 文件第 2 页 C2 单元格的表示方法为:"d:\ zcfzb.rep" ->C2@2。

(四) 固定区和可变区

固定区是指组成一个区域的行数和列数是固定的。一旦设定好以后,在固定区内单元总数是不变的。

可变区是指一个区域的行数或列数是不固定的。可变区的最大值在格式设计中设定。许多情况下,报表内的记录数是不固定的,不能确定表的大小,如一个图书馆的藏书目录,如果每次买进新书都要修改整个表的大小,会很麻烦,这时就可以在报表中设置一个可变区来解决这个问题。

含有可变区的报表叫可变表,不含有可变区的表叫固定表,一个报表只能设置一个可变区,行可变,或列可变,可变区在格式状态下只显示一行或一列,在数据状态下,可变区随需要增减。

(五) 区域和关键字

区域也叫块,是由一组相邻的单元组成的矩形块。在描述一个区域时,开始区域

（左上角单元）与结束单元（右下角单元）用冒号连接，如 A3：F7 表示 A3 到 F7 的一个矩形。

关键字是游离于单元之外的特殊数据单元，可唯一标示一个表页，用于在大量表页中快速选择表页，决定表页取数范围，每个表页可定义多个关键字，关键字一般包括：单位名称、单位编号、年、季、月、日，也可以自定义，在取数公式中会使用关键字。

（六）格式状态和数据状态

格式状态是设计报表格式的状态，可以定义公式，在该状态下的操作对该报表文件的所有表页都有效，在该状态下只能看到报表格式而不能看到报表的数据。

数据状态是处理报表数据的状态，用来显示报表运算的结果，在该状态下不能修改报表格式，能看到格式和数据，即报表的所有内容。

三、操作流程

报表的操作一般按以下流程进行：（1）启动报表系统。（2）创建报表文件。（3）报表格式定义，包括设置表尺寸，画表格线，设置组合单元，输入表样文字，设置关键字（位置），定义单元公式。（4）报表数据处理，包括打开报表，增加表页，录入关键字（值），编制报表，审核报表。（5）报表输出。（6）报表分析。

报表操作的关键部分是报表格式定义，系统提供常用的报表模板，可以自动生成报表格式。报表格式定义中最关键的是报表取数公式，可以从总账、固定资产、供应链等多个系统中取数。

四、函数

UFO 报表系统提供了丰富的函数，包括数学函数、字符函数以及业务函数等。利用函数可以提高系统的数据处理能力，同时可以与账务处理、供应链等模块有机结合，实现账表一体化。在这里主要介绍一下常用函数，其他内容可以参阅帮助。

（一）统计函数

1. 合计函数

对固定区、可变区或立体方向求和。

固定区：PTOTAL（<区域>[，<区域筛选条件>]）

可变区：GTOTAL（<区域>[，<区域筛选条件>]）

立体方向：TOTAL（<区域>[，<页筛选条件>]）

2. 求平均值函数

对固定区、可变区或立体方向求均。

固定区：PAVG（<区域>[，<区域筛选条件>]）

可变区：GAVG（<区域>[，<区域筛选条件>]）

立体方向：AVG（<区域>[，<页筛选条件>]）

3. 计数函数

求指定区域内满足条件的单元个数。

固定区：PCOUNT（<区域>［，<区域筛选条件>］）

可变区：GCOUNT（<区域>［，<区域筛选条件>］）

立体方向：COUNT（<区域>［，<页筛选条件>］）

（二）表操作函数

1. 页面号函数

返回当前表页页号。

格式：MRECNO（）

2. 本表他页取数函数

返回符合条件的本表他页数据区数字。

格式：SELECT（<区域>［，<页筛选条件>］）

（三）总账函数

1. 期初函数

格式：QC（<科目编码>，［<会计期间>］，［<方向>］，［<账套号>］，［<会计年度>］，［<编码1>］，［<编码2>］，［<截止日期>］，［<是否包含未记账 默认N不包含>］，［<编码1汇总>］，［<编码2汇总>］，［<是否包含调整期 默认Y包含>］）

2. 期末函数

格式：QM（<科目编码>，［<会计期间>］，［<方向>］，［<账套号>］，［<会计年度>］，［<编码1>］，［<编码2>］，［<截止日期>］，［<是否包含未记账 默认N不包含>］，［<编码1汇总>］，［<编码2汇总>］，［<是否包含调整期 默认Y包含>］）

3. 发生额函数

格式：FS（<科目编码>，<会计期间>，<方向>，［<账套号>］，［<会计年度>］，［<编码1>］，［<编码2>］，［<是否包含未记账 默认N不包含>］，［<自定义项1>］，…［<自定义项16>］，［<是否包含调整期 默认Y包含>］）

4. 净发生额函数

格式：JE（<科目编码>，<会计期间>，［<账套号>］，［<会计年度>］，［<编码1>］，［<编码2>］，［<是否包含未记账 默认N不包含>］，［<自定义项1>］，…［<自定义项16>］，［<是否包含调整期 默认Y包含>］）

会计期间：可以为1~12、全年、季、月。其中1~12表示具体的会计期间，全年、季、月取关键字的值。

账套号和会计年度：可以指定，默认取当前账套和当前年度。

编码1和编码2：如果科目有辅助账，存放辅助账的过滤条件。

是否包含未记账：指是否包含未记账凭证，默认为不包含。

是否包含调整期：指是否包含调整期的凭证，默认为包含。

学习任务 5-2　自定义报表

一、实训任务

自定义一张报表。

二、任务目标

1. 了解报表系统的基本知识。
2. 掌握报表格式定义、公式定义的操作方法。
3. 能运用教学软件根据表样定义资产负债表和利润表。

三、准备工作

1. 修改计算机时间为 2011 年 1 月 31 日。
2. 引入"4-5 期末账务处理"账套备份。

四、实训引例

（一）表样内容

利 润 表

编制单位：　　　　　　　　　　　年　月

项　目	行数	本月数	本年累计数
一、主营业务收入	1		
减：主营业务成本	2		
营业税费	3		
销售费用	4		
管理费用	5		
财务费用（收益以"-"号填列）	6		
资产减值损失	7		
加：公允价值变动净收益（净损失以"-"号填列）	8		
投资净收益（净损失以"-"号填列）	9		
其中：对联营企业与合营企业的投资收益	10		
二、营业利润（亏损以"-"号填列）	11		
营业外收入	12		
减：营业外支出	13		

续表

项　目	行数	本月数	本年累计数
其中：非流动资产处置净损失（净收益以"-"号填列）	14		
三、利润总额（亏损总额以"-"号填列）	15		
减：所得税	16		
四、净利润（净亏损以"-"号填列）	17		

（二）报表中的计算公式

位置	单元公式	位置	单元公式
C5	FS("6001",月,"贷",,,,,)	D5	LFS("6001",月,"贷",,,,,)
C6	FS("6401",月,"借",,,,,)	D6	LFS("6401",月,"借",,,,,)
C7	FS("6403",月,"借",,,,,)	D7	LFS("6403",月,"借",,,,,)
C8	FS("6601",月,"借",,,,,)	D8	LFS("6601",月,"借",,,,,)
C9	FS("6602",月,"借",,,,,)	D9	LFS("6602",月,"借",,,,,)
C10	FS("6603",月,"借",,,,,)	D10	LFS("6603",月,"借",,,,,)
C11	FS("6701",月,"借",,,,,)	D11	LFS("6701",月,"借",,,,,)
C12	FS("6101",月,"贷",,,,,)	D12	LFS("6101",月,"贷",,,,,)
C13	FS("6111",月,"贷",,,,,)	D13	LFS("6111",月,"贷",,,,,)
C14		D14	
C15	C5-C6-C7-C8-C9-C10-C11+C12+C13	D15	D5-D6-D7-D8-D9-D10-D11+D12+D13
C16	FS"6301",月,"贷",,,,,)	D16	LFS("6301",月,"贷",,,,,)
C17	FS("6711",月,"借",,,,,)	D17	LFS("6711",月,"借",,,,,)
C18		D18	
C19	C15+C16+C17	D19	D15+D16+D17
C20	FS("6101",月,"借",,,,,)	D20	LFS("6101",月,"借",,,,,)
C21	C19-C20	D21	D19-D20

五、学情关注

UFO报表系统的主要任务是设计报表的格式和编制公式，从总账系统或其他业务系统中取得有关会计信息自动编制各种会计报表，并按预订格式输出各种会计报表。同学们之前都学过Excel，学习此部分的时候可适当结合之前学过的Excel进行对比学习。

六、过程指导

（一）登录系统，设置表尺寸

表尺寸是报表的行数和列数。一张实际报表包括表头（标题、副标题、编制单位、日期等）、表体（报表主要数据内容）、表尾（辅助说明部分）三部分，在设置表尺寸时应考虑到这几部分。操作步骤如下：

1. 登录 UFO 报表系统。登录企业应用平台，双击【业务工作】—【财务会计】—【UFO 报表】菜单，进入 UFO 报表系统。

2. 创建一张报表。单击菜单栏中的【文件】—【新建】命令。

3. 打开"表尺寸"对话框。单击菜单栏中的【格式】—【表尺寸】命令。

4. 定义报表尺寸。录入行数"24"，列数"4"，单击"确认"按钮，如图 5-1 所示。

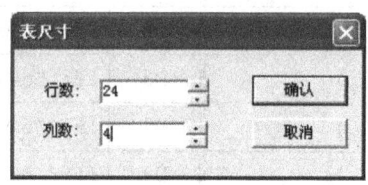

图 5-1

【友情提示】

➢ UFO 报表系统建立的是一个报表簿，可以容纳多张报表（表页）。

➢ 设置报表尺寸是指设置报表的大小。

（二）定义行高和列宽

在 UFO 报表中，应根据单元的内容，设置合适的行高和列宽，调整的方法有菜单方式和鼠标操作（在分割线上直接拖动）。菜单方式的操作步骤如下：

1. 设置 A1 单元行高。单击选中 A1 单元，执行菜单栏中的【格式】—【行高】命令，打开"行高"对话框。

2. 录入自定义行高。录入 A1 单元所在行的行高"12"，单击"确认"按钮，如图 5-2 所示。

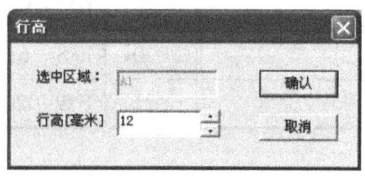

图 5-2

3. 设置 A4 单元至 D24 单元行高。单击选中 A4 单元后拖动鼠标到 D24 单元，执行菜单栏中的【格式】—【行高】命令，打开"行高"对话框。

4. 录入自定义行高。录入 A4：D24 区域的行高"6"，单击"确认"按钮，如图 5-3 所示。

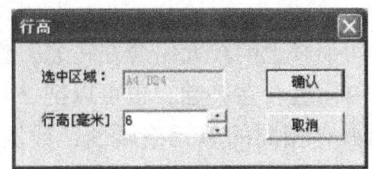

图 5-3

5. 设置 A1 单元的列宽。单击选中 A1 单元,执行菜单栏中的【格式】—【列宽】命令,打开"列宽"对话框。

6. 录入自定义列宽。录入 A1 单元所在列的列宽"50",单击"确认"按钮。

7. 按照相同的步骤,设置 B1 单元的列宽和 C 列、D 列的列宽。B1 单元的列宽为"10",C 列、D 列的列宽为"32"。

【友情提示】

➢ 设置列宽应以能够放下本栏最宽数据为原则,否则生成报表时会产生数据溢出的错误。

(三)画表格线

UFO 报表系统可以方便地在报表上画线和涂线,包括网线、斜线、横线、竖线等。操作步骤如下:

1. 打开"区域画线"对话框。单击选中 A4 单元后拖动鼠标到 D24 单元,执行菜单栏中的【格式】—【区域画线】命令,如图 5-4 所示。

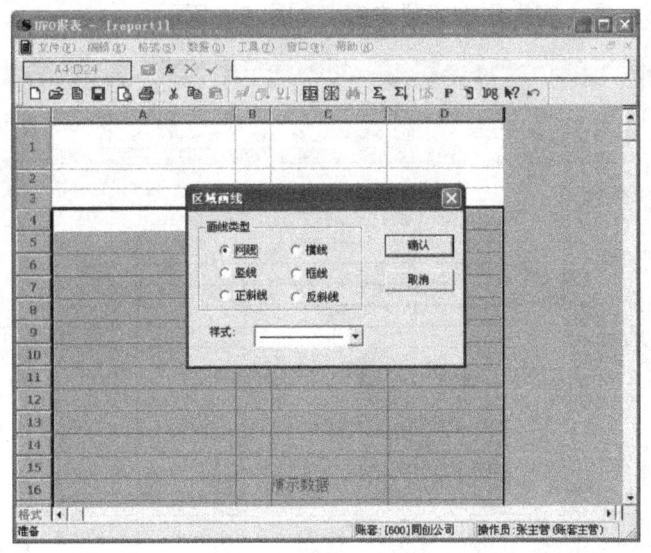

图 5-4

2. 选择适合的线条类型。此例选择"网线",单击"确认"按钮完成操作。

【友情提示】

➢ 报表的尺寸设置完之后,在报表输出时,该报表是没有任何表格线的。

（四）定义组合单元

组合单元将相邻的两个或两个以上的单元组合在一起，作为一个较大的单元。可以将同一行或同一列中相邻的几个单元组合在一起，也可以把一个多行多列的矩形区域单元设定为一个组合单元。组合单元具有相同的单元格属性，数据操作中将其作为一个单元处理。组合单元主要用于结构复杂的报表，如具有多层表头的报表，也可以用作报表的文字说明或标题等。操作步骤如下：

1. 打开"组合单元"对话框。单击选中 A1 单元后拖动鼠标到 D1 单元，执行菜单栏中的【格式】—【组合单元】命令，打开"组合单元"对话框，如图 5-5 所示。

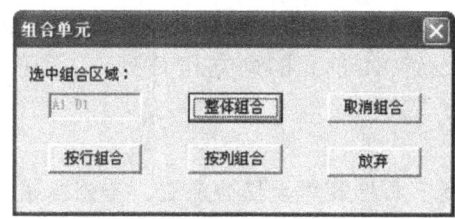

图 5-5

2. 选择适合的组合单元标准。此例选择"按行组合"，即将第一行组合为一个单元。

【友情提示】

➢ 组合单元实际上是把几个单元当成一个单元来使用。

（五）输入项目内容

在数据状态下，录入实训引例表样内容，如图 5-6 所示。

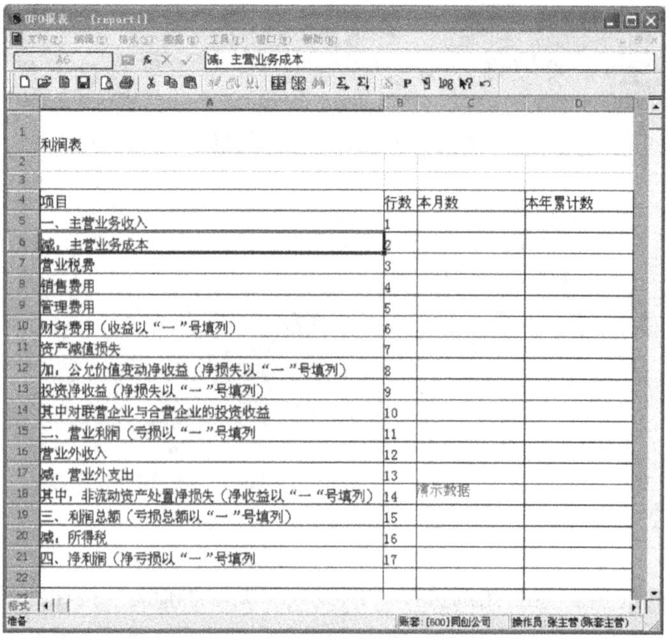

图 5-6

【友情提示】
➢ 单位名称及日期不用手工录入，一般用设置关键字的方法设置。
➢ 在报表左下角有"格式"和"数据"两种状态，单击可以相互切换。

（六）设置单元格属性

单元格属性指单元类型、字体图案、对齐、边框等方面的要求。单元格属性是报表格式的重要组成部分，设置好每一个单元格属性是设计好一张报表的重要步骤。

单元类型是指单元存放的数据类型，有以下三种类型。

数值单元：用于存放数值型数据，建立一张新表时，所有单元的类型默认为数值型。

字符单元：用于存放字符型数据，其内容可以是汉字、字母、数字及各种字符。

表样单元：用于存放报表的格式，只能在格式状态下编辑，在数据状态下只能显示，不能修改，格式状态下录入的文字都是表样。

设置单元格属性的操作步骤如下：

1. 设置 A1：D1 单元的单元属性。单击选中 A1：D1 单元，执行菜单栏中的【格式】—【单元格属性】命令，打开"单元格属性"对话框，如图 5-7 所示。

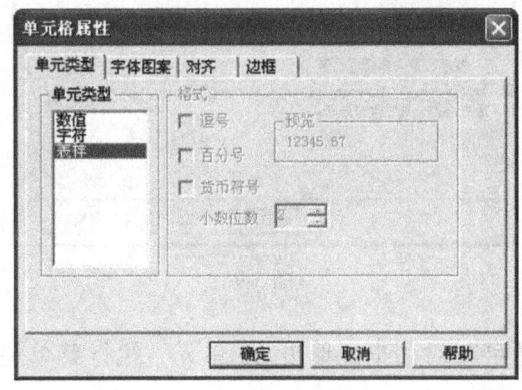

图 5-7

2. 选择所要修改的属性。单击"字体图案"选项卡，然后单击"字体"的下三角按钮，选择"楷体"，单击"字号"的下三角按钮，选择"28"，如图 5-8 所示。

3. 设置"对齐"形式。单击"对齐"选项卡，选择水平方向"居中"及垂直方向"居中"，单击"确定"按钮，如图 5-9 所示。

4. 设置 A4：D4 单元的单元属性。同理，将该区域设置为字体"黑体"、字号"14"。选择水平方向"居中"及垂直方向"居中"。

5. 以此方法再设置 A5：D24 区域的字体为"宋体"，字号为"14"，单击"确定"按钮。

（七）定义关键字

在格式状态定义关键字是指选择关键字和定义关键字显示的位置，取数公式中使用的关键字变量，在格式设计时必须定义，数据状态还要对关键字赋值，否则，公式无法运算。操作步骤如下：

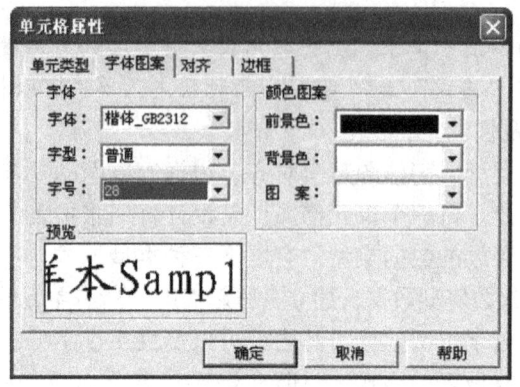

图 5-8

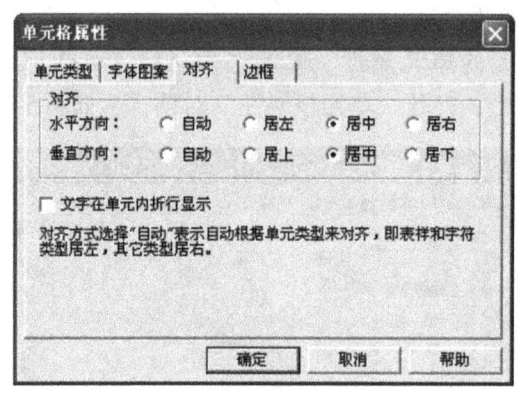

图 5-9

1. 打开"设置关键字"对话框。单击 A3 单元，执行菜单栏中的【数据】—【关键字】—【设置】命令。

2. 插入单位名称关键字。在"设置关键字"中选择"单位名称"，并单击"确定"按钮。

3. 设置其他关键字。同理，在 C3 单元设置关键字"年"，在 D3 单元设置关键字"月"。

（八）录入单元公式

单元公式是报表的灵魂。报表处理中许多单元的数据不是直接录入，而是通过从账套中取数或从其他单元格取数运算得到的。操作步骤如下：

1. 打开"定义公式"对话框。单击 C5 单元，执行菜单栏中的【数据】—【编辑公式】—【单元公式】命令。

2. 选取函数名。单击"函数向导"，打开其对话框，在"函数分类"列表中选择"用友账务函数"分类，在右侧"函数名"列表中选择"发生（FS）"函数名，如图 5-10 所示。

3. 打开"账务函数"对话框。单击"下一步"按钮，打开"用友账务函数"对话框，单击"参照"按钮，打开"账务函数"对话框，如图 5-11 所示。

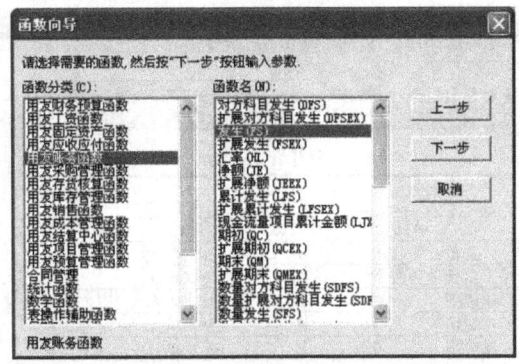

图 5-10

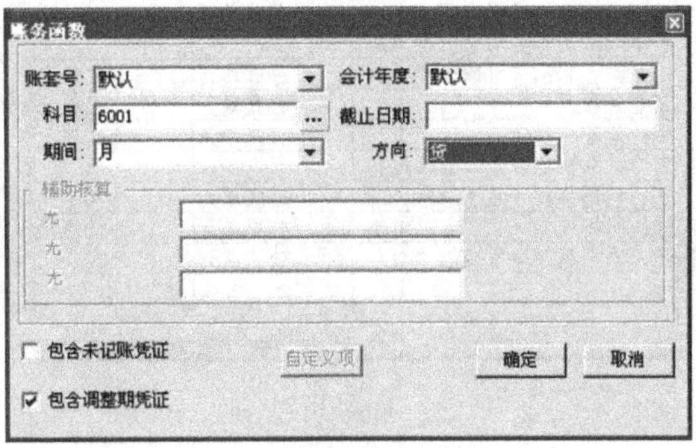

图 5-11

4. 选择函数的参数。在"科目"中选择"6001","方向"为"贷",依次单击"确定"按钮返回"定义公式"对话框,单击"确认"按钮即可,如图 5-12 所示。

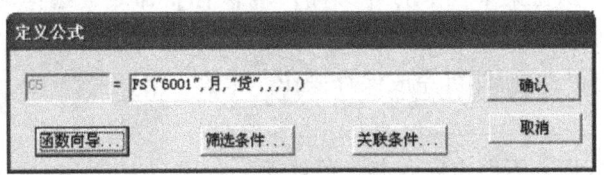

图 5-12

5. 用相同方法设置其他单元公式,如图 5-13 所示。

【友情提示】

➢ 公式录入既可以使用向导方式,也可手工录入,手工录入时,所有的字符都必须是半角状态。

(九) 编制 1 月份利润表

1. 切换到数据状态。在报表"格式"状态下,单击窗口左下角的"格式"按钮,系统提示"是否确定全表重算?",单击"否"按钮,进入报表"数据"状态。

2. 录入关键字的值。单击菜单栏中的【数据】—【关键字】—【录入】命令,打开"录

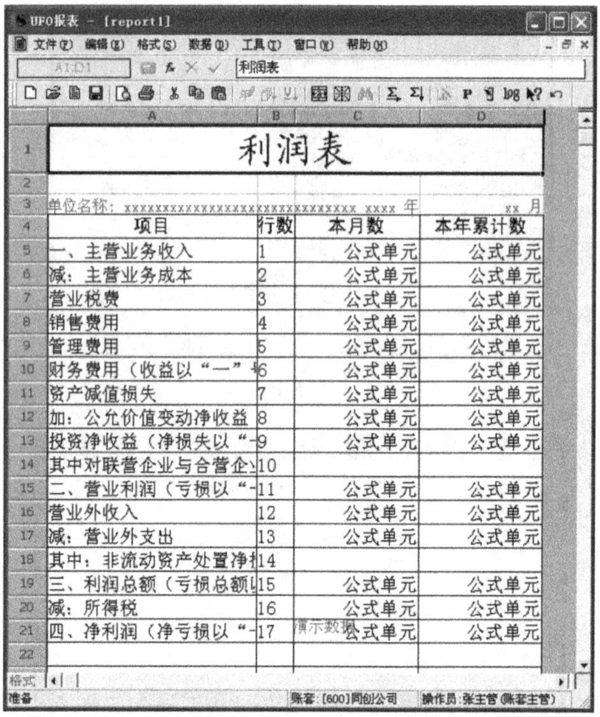

利润表			
单位名称：xxxxxxxxxxxxxxxxxxxxxxxxxxxxxxx xxxx 年			xx 月
项目	行数	本月数	本年累计数
一、主营业务收入	1	公式单元	公式单元
减：主营业务成本	2	公式单元	公式单元
营业税费	3	公式单元	公式单元
销售费用	4	公式单元	公式单元
管理费用	5	公式单元	公式单元
财务费用（收益以“—”号	6	公式单元	公式单元
资产减值损失	7	公式单元	公式单元
加：公允价值变动净收益	8	公式单元	公式单元
投资净收益（净损失以“-	9	公式单元	公式单元
其中对联营企业与合营企业	10		
二、营业利润（亏损以“-	11	公式单元	公式单元
营业外收入	12	公式单元	公式单元
减：营业外支出	13	公式单元	公式单元
其中：非流动资产处置净损	14		
三、利润总额（亏损总额以	15	公式单元	公式单元
减：所得税	16	公式单元	公式单元
四、净利润（净亏损以“-	17	公式单元	公式单元

图 5-13

入关键字”对话框，录入各项关键字，单击“确认”按钮，系统提示“是否重算第一页?”，单击“是”按钮即可生成利润表。

（十）保存利润表

1. 保存利润表。执行菜单栏中的【文件】—【保存】命令，选择保存路径，修改文件名为“利润表”。

2. 单击“另存为”按钮即可完成保存操作。

【友情提示】

➢ 保存路径可根据自己的需要做相应的改变。

➢ 报表文件是独立的文件，需要单独保存，与账套备份文件无关，账套输出文件中不包含报表文件。

七、疑难解答

1. 进入函数向导界面录入“表页内部取数公式”，为什么系统提示“公式录入错误”?

答：编辑“表页内部取数公式”不需要进入函数向导界面，直接在“定义公式界面”编辑即可。

2. 为什么关键字不能直接输入呢?

答：不要把“关键字”设置成一般报表项目。“关键字”是表页的唯一标志，“单位名称"、"年、月、日"必须在"格式"状态下以"关键字"来录入。

3. 为什么利润表编制的结果不正确呢？

答：一方面要正确把握利润表的编制时机，也就是要在月末损益类账户结转到本年利润账户前编制利润表；另一方面要正确编制取数公式，也就是要把反映实际损益的借方和贷方两个方向的发生额数据都完整地取出来，不能只取某一个方向发生的数据，避免对已经发生经济业务的计算遗漏。

◎ 思考与练习

1. 格式设计的步骤有哪些？
2. 如何定义应收账款期初值的取数公式？
3. 什么是表样？表样与字符有何不同？
4. 关键字的作用是什么？
5. 如何取消组合单元？如何取消画线？如何取消关键字？

学习任务 5-3　利用模板生成报表

一、实训任务

利用报表模板生成会计报表。

二、任务目标

1. 理解报表模板的使用。
2. 掌握报表模板的使用、修改以及报表生成的相关操作。
3. 能运用教学软件通过系统提供的模板生成报表。

三、准备工作

1. 修改计算机时间为 2011 年 1 月 31 日。
2. 引入"4-5 期末账务处理"账套备份。

四、实训引例

1. 编制 1 月份的资产负债表。
2. 编制 1 月份的现金流量表。

五、学情关注

用友 UFO 报表系统提供了标准报表格式，可以使用系统提供的标准报表格式，根据自己单位的具体情况加以修改，再保存至模板，免去从头到尾建立报表、定义公式的烦琐工作。

六、过程指导

（一）调用资产负债表模板

利用系统内置的报表模板建立一张标准格式的报表。操作步骤如下：

1. 新建一张报表。执行菜单栏中的【文件】—【新建】命令，进入报表"格式"状态。

2. 调出报表模板。执行菜单栏中的【格式】—【报表模板】命令，打开"报表模板"对话框。

3. 选择企业所在的行业。在"报表模板"对话框中"您所在的行业"栏选择"2007年新会计制度科目"，再在"财务报表"栏中选择"资产负债表"，如图 5-14 所示。

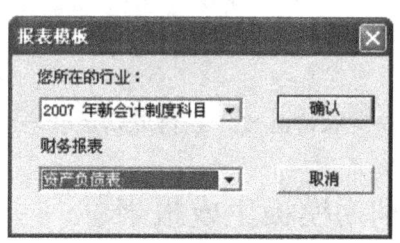

图 5-14

4. 应用所选报表模板。单击"确认"按钮，系统弹出"模板格式将覆盖本表格式！是否继续？"提示框，单击"确定"按钮即可打开资产负债表模板，如图 5-15 所示。

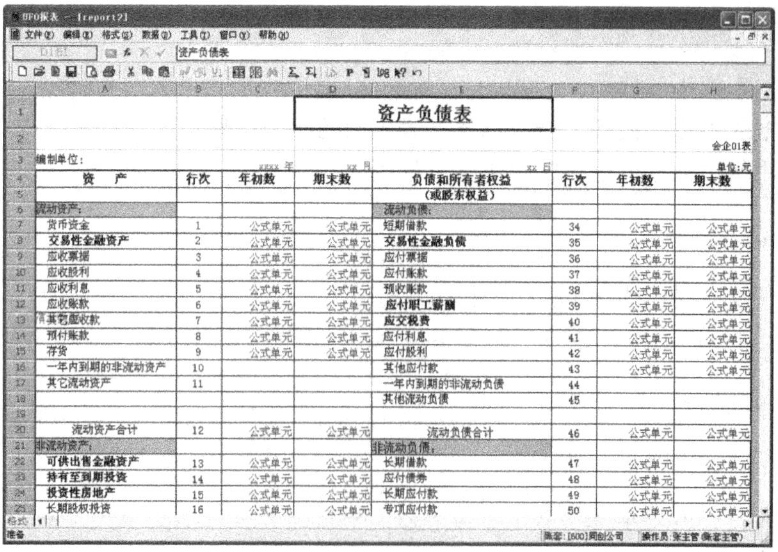

图 5-15

（二）编制 1 月份资产负债表

输入关键字的值，计算出指定月份的数据。操作步骤如下：

1. 删除单元格内容。在"格式"状态下,单击 A3 单元,删除"编制单位"。

2. 设置关键字。依旧在"格式"状态下,单击 A3 单元,执行菜单栏中的【数据】—【关键字】—【设置】命令,设置关键字为"单位名称",单击"确定"按钮即可。

3. 切换到数据状态。在报表"格式"状态下,单击窗口左下角的"格式"按钮,系统提示"是否确定全表重算?",单击"否"按钮,进入报表"数据"状态。

4. 录入关键字的值。单击菜单栏中的【数据】—【关键字】—【录入】命令,打开"录入关键字"对话框,录入各项关键字,单击"确认"按钮,系统提示"是否重算第一页?",单击"是"按钮即可生成资产负债表。

5. 保存资产负债表。单击"保存"按钮即可。

(三) 编制 1 月份现金流量表

根据标准模板生成格式,然后修改格式,并计算结果。操作步骤如下:

1. 调用现金流量表模板。依据资产负债表的编制方式,调用模板生成现金流量表格式,如图 5-16 所示。

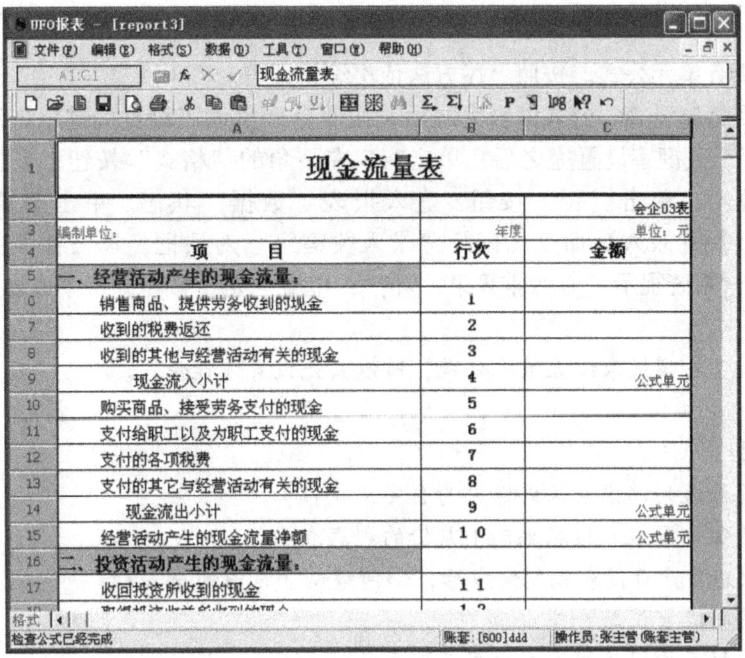

图 5-16

2. 打开"定义公式"对话框。选中 C6 单元,单击菜单栏中的【数据】—【编辑公式】—【单元公式】命令,打开"定义公式"对话框。

3. 编辑单元公式。单击"函数向导",在"函数分类"中选择"用友账务函数","函数名"中选择"现金流量项目金额",单击"下一步"按钮,在"用友账务函数"对话框中单击"参照"按钮,打开"账务函数"对话框,打开"现金流量项目编码"的参照窗口,在窗口中选择符合的项目名称后双击,依次单击"确定"按钮即可,如图 5-17 所示。

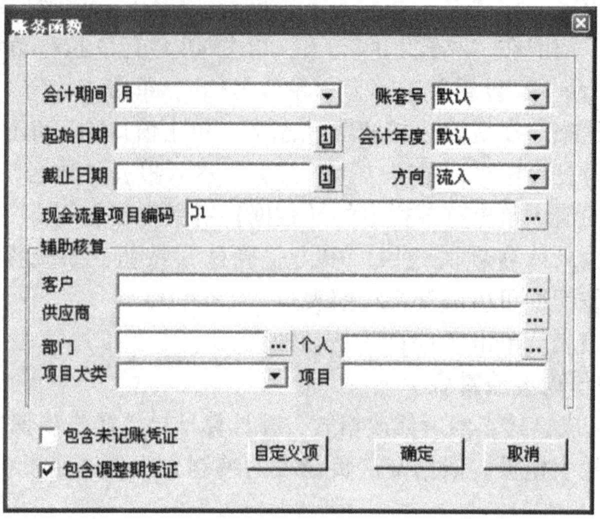

图 5-17

  4. 编辑所有单元公式。按照上述方法依次编辑即可。
  5. 生成现金流量表。公式编辑完之后，按照资产负债表设置关键字方法，设置现金流量表关键字。关键字设置完之后，单击窗口左下角的"格式"按钮，系统提示"是否确定全表重算？"，单击"否"按钮，进入报表"数据"状态。单击菜单栏中的【数据】—【关键字】—【录入】命令，打开"录入关键字"对话框，录入各项关键字，单击"确认"按钮，系统提示"是否重算第一页？"，单击"是"按钮即可生成现金流量表。

【友情提示】
  ➢ 现金流量表模板未设置单元公式，所以要先设置才能使用。

◎ 思考与练习
  1. 如何将修改好的报表格式保存为自定义模板？
  2. 利用系统内置报表模板编制 1 月份的利润表。
  3. 1 月份的资产负债表编制完成后，如何编制 2 月份的报表？
  4. 如何进行表页汇总？
  5. 如何在报表中根据报表数据显示图表？

学习情境 6 应收款系统

◎教学活动设计

应收款系统的学习大体上分三个部分：第一部分是应收款系统的初始化，主要包括系统参数设置、基础资料的设置及期初余额的设置；第二部分是日常业务处理，亦即单据的处理，如标准销售业务的处理流程、其他应收业务的处理流程、现结业务的处理流程、退货与退款业务的处理流程、转账业务的处理流程、坏账业务的处理流程；第三部分是期末结账。本系统的重点和难点集中在单据的处理，一定要理清日常业务处理的流程。

学习任务 6-1 准备知识

一、功能结构

应收款系统以发票、费用单、其他应收单等原始单据为依据，记录销售业务及其他业务所形成的往来款项，处理应收款的收回、坏账、转账等情况，同时提供票据处理功能。系统根据对客户往来款项核算和管理的程度不同，提供了两种应用方案。

（一）在总账系统核算客户往来款项

如果企业应收款业务比较简单，或者现销业务很多，则可以选择在总账系统通过辅助核算完成客户往来核算，无需使用应收款系统。

（二）在应收款系统核算客户往来款项

如果企业的应收款核算管理内容比较复杂，需要追踪每一笔业务的应收款、收款等情况，可以启用应收款系统。应收款系统可以记录详细的销售发票和收款等原始业务信息，所有客户往来凭证全部由应收款系统根据原始业务生成，其他系统不再生成这类凭证。

应收款系统的主要功能包括：根据输入的单据或由销售系统传递来的单据，记录应收款项的形成；处理应收项目的收款及转账业务；对应收票据进行记录和管理；在应收项目的处理过程中生成凭证，并向总账系统进行传递；提供各种查询及分析。

单据处理功能：单据录入、单据管理。包括增删改单据和查询、审核单据。

单据核销功能：手工核销、自动核销。

应收转账功能：进行应收冲应付、预收冲应收、红票对冲、应收冲应收等操作。

汇兑损益功能：进行有外币业务核算时的汇兑损益处理。

坏账处理功能：进行坏账计提、坏账发生、坏账收回以及坏账查询的处理。

制单处理功能：对各个业务处理提供制单的功能，并传递给总账。

票据管理功能：对银行承兑汇票和商业承兑汇票进行管理。

收款单导出功能：完成收款单与网上银行的相互导入导出处理。

选择收款功能：一次对多个客户多笔款项进行收款的业务处理，简化日常收款操作。

信用证管理：主要进行出口商在发出信用证后的押汇结汇及其后续核销处理。

二、与其他系统的主要关系

应收款系统既可以单独使用，也可以与销售管理系统集成使用，应收款系统与其他系统的主要关系如图6-1所示。

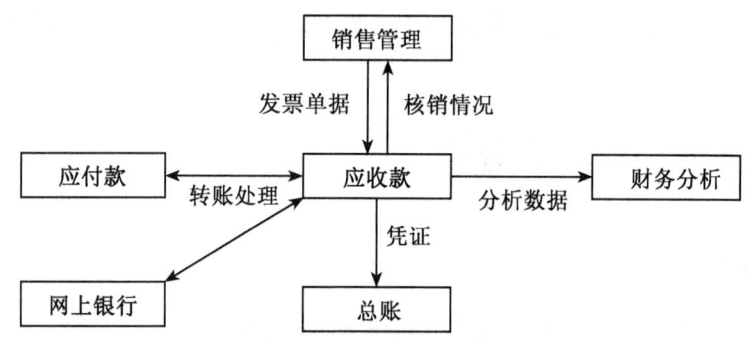

图 6-1　应收款系统与其他系统的主要关系

销售管理系统向应收款系统提供已复核的销售发票、销售调拨单以及代垫费用单，应收款系统对发票单据进行审核并进行收款结算处理，生成凭证；应收款系统和应付款系统之间可以进行转账处理；应收款系统向总账系统传递凭证，向财务分析系统提供各种分析数据。

三、操作流程

应收款系统的操作流程总体上分为三大块，一是初始化，主要定义基础档案和录入期初数据；二是日常业务，主要进行形成应收和收款结算管理、坏账处理、应收转账，其中形成应收和收款结算是主要的日常业务，操作流程见图6-2；三是月末处理，主要完成月末结账。

应收单据处理就是形成应收，可以简单理解为开票；收款单据处理就是收款结算，可以简单理解为收款。应收单据处理和收款单据处理反映了应收款的两个方面。

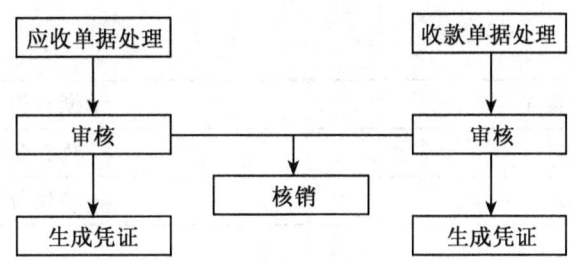

图 6-2 形成应收与收款结算流程图

学习任务 6-2　应收款系统初始设置

一、实训任务

1. 设置应收款系统参数，设置存货分类，设置计量单位，设置存货档案。
2. 设置基本科目，设置结算方式科目，设置坏账准备，设置账龄区间。
3. 设置报警级别，设置单据编号，设置开户银行。
4. 录入期初销售发票。

二、任务目标

1. 理解应收款系统的功能、与其他系统的主要关系和业务处理流程。
2. 掌握应收款系统参数的设置方法。
3. 掌握应收款系统的相关基础资料的设置方法。
4. 掌握应收款系统的期初余额的录入及与总账对账的方法。

三、准备工作

1. 初步了解应收款系统的基本功能。
2. 整理好应收款管理所需信息及数据。
3. 修改计算机时间为 2011 年 1 月 31 日。
4. 引入"4-2 总账系统初始设置"账套备份。

四、实训引例

（一）600 账套应收款系统的参数

坏账处理方式："应收余额百分比法"。
启用客户权限，并且按信用方式根据单据提前 7 天自动报警。
销售科目依据：按存货设置。

(二)存货分类

存货分类编码	存货分类名称
01	库存商品
02	应税劳务

(三)计量单位

计量单位组	计量单位代码	计量单位名称
1 基本计量单位（无换算率）	1	台
	2	公里

(四)存货档案

金额单位:元

编码	名称	分类码	单位	销项、进项税率(%)	存货属性	参考成本	参考售价	计划单价/售价
001	联想电脑	01	台	17	外购、内销、外销	5 000	8 500	
002	戴尔电脑	01	台	17	外购、内销、外销	5 000	8 500	
003	惠普打印机	01	台	17	外购、内销、外销	600	1 000	900
004	运输费	02	公里	7	外购、内销、外销、应税劳务			

(五)基本科目

应收科目为"1122 应收账款",预收科目为"2203 预收账款",银行承兑科目为"1121 应收票据",商业承兑科目为"1121 应收票据",现金折扣科目为"6603",票据利息科目为"6603",票据费用科目为"6603",收支费用科目为"660109"。

产品科目设置如表 6-1 所示。

表 6-1

存货编码	存货名称	存货规格	销售收入科目	应交增值税科目	销售退回科目
01	联想电脑		600101	22210102	600101
02	戴尔电脑		600102	22210102	600102
03	惠普打印机		6051	22210102	6051
04	运输费		6051	22210102	6051

（六）结算方式科目

结算方式编码	结算方式名称	科目	结算方式编码	结算方式名称	科目
1	现金	1001	4	电汇	100201
2	现金支票	100201	5	网上银行	100201
3	转账支票	100201	6	银行承兑汇票	100201

（七）坏账准备

提取比例为 0.5%，坏账准备期初余额为 0，坏账准备科目为"1231 坏账准备"，坏账准备对方科目为"660208 管理费用——坏账准备"。

（八）账龄区间

账期内账龄区间设置总天数为 10 天、30 天、60 天、90 天。
逾期账龄区间设置总天数分别为 30 天、60 天、90 天和 120 天。

（九）报警级别

A 级时的总比率为 10%，B 级时的总比率为 20%，C 级时的总比率为 30%，D 级时的总比率为 40%，E 级时的总比率为 50%，总比率在 50%以上的为 F 级。

（十）单据设置

修改销售专用发票单据编号：发票号采用完全手工编号。
修改应收款系统"其他应收单"、"收款单"单据编号：发票号采用完全手工编号。
修改销售专用发票的格式：表头中的销售类型项目取消"必输"。

（十一）本单位开户银行

编码：01；银行账号：420101123460；币种：人民币；开户银行：中国工商银行武汉分行；所属银行编码：01（中国工商银行）。

（十二）期初余额

单据名称：销售专用发票；存货税率 17%。

方向	开票日期	发票号	客户名称	销售部门	科目编码	货物名称	数量	无税单价	价税合计
正	2010.12.10	1201	金蝶集团	华南办事处	1122	联想电脑	100	8 200	959 400

五、学情关注

应收款系统初始化应该说比较简单，只有三个小问题：系统参数的设置、相关基础资料的设置和期初余额的设置，第二个内容已在总账基础档案中详细讲解。本任务能谈上重点的应该是系统参数设置中的"基本科目"的设置，如果定义不当，会影响记账凭证的自动生成。所以应该提醒学生，有些内容并不难，但同样会影响整个系统的使用，一定要养成谨慎细致的习惯。

六、过程指导

（一）设置系统参数

设置应收模块的运行参数，操作步骤如下：

1. 以操作员01身份登录企业应用平台。

2. 打开应收款管理"选项"设置。双击【业务工作】—【财务会计】—【应收款管理】—【设置】—【选项】菜单，打开账套参数设置对话框。

3. 设置账套的常规参数。执行"编辑"命令，单击"坏账处理方式"栏的下三角按钮，选择"应收余额百分比法"，如图6-3所示。

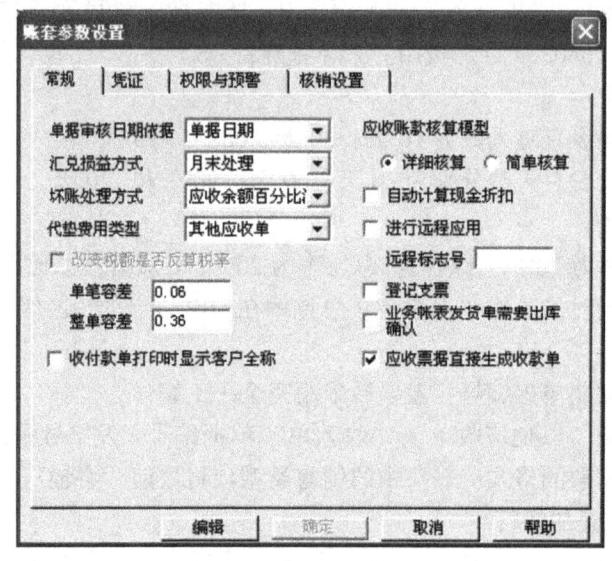

图 6-3

4. 设置账套的权限与预警参数。打开"权限与预警"选项卡，选中"启用客户权限"前的复选框；单据报警选择"信用方式"，在提前天数栏选择"7"，如图6-4所示。

5. 保存定义。单击"确定"按钮，保存数据。

6. 关闭窗口。单击工具栏上的"退出"按钮，关闭当前界面。

【友情提示】
- ➢ 在账套使用过程中可以随时修改账套参数。
- ➢ 如果选择单据日期为审核日期，则月末结账时单据必须全部审核。
- ➢ 如果当年已经计提过坏账准备，则坏账处理方式不能修改，只能下一年度修改。

（二）设置存货分类

商品、原材料、产成品、服务、人工等多个内容都被称为存货，存货分类是指定义存货的类别。操作步骤如下：

1. 打开"存货分类"界面。选择【基础设置】—【基础档案】—【存货】—【存货分类】，打开存货分类窗口。

学习情境 6 应收款系统

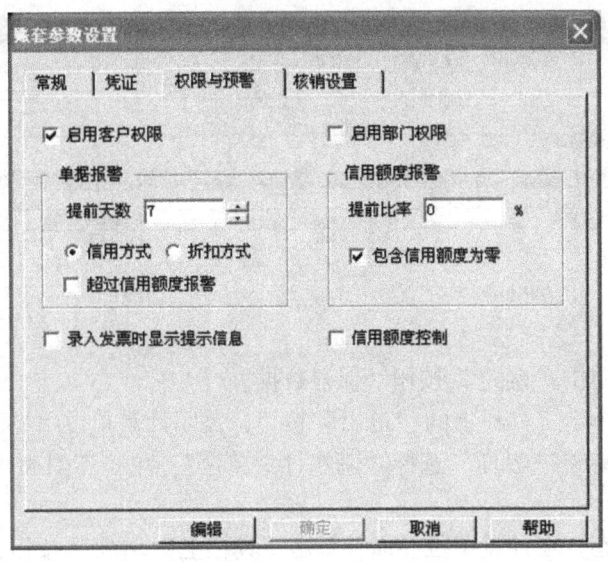

图 6-4

2. 录入存货分类信息。单击"增加",按实训资料录入存货分类信息,如图 6-5 所示。

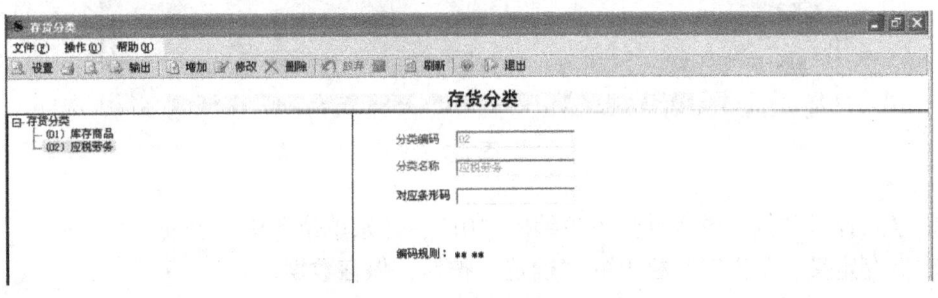

图 6-5

3. 关闭窗口。单击工具栏上的"退出",关闭当前界面。

(三) 设置计量单位

这是指定义存货的计量单位。对同一个商品可以用不同的单位进行计量,因此,需要定义各计量单位的换算关系。操作步骤分为两大步,首先定义计量单位组,再定义计量单位。具体操作步骤如下:

1. 打开"计量单位"设置功能。双击【基础设置】—【基础档案】—【存货】—【计量单位】菜单,打开计量单位设置窗口。

2. 打开"计量单位组"界面。单击工具栏上的"分组"按钮,打开计量单位组窗口,如图 6-6 所示。

3. 定义单位计量组。单击"增加"按钮,录入计量单位组编码"1",录入计量单位组名称"基本计量单位",单击计量单位组类别栏的下三角按钮,选择"无换算率"。

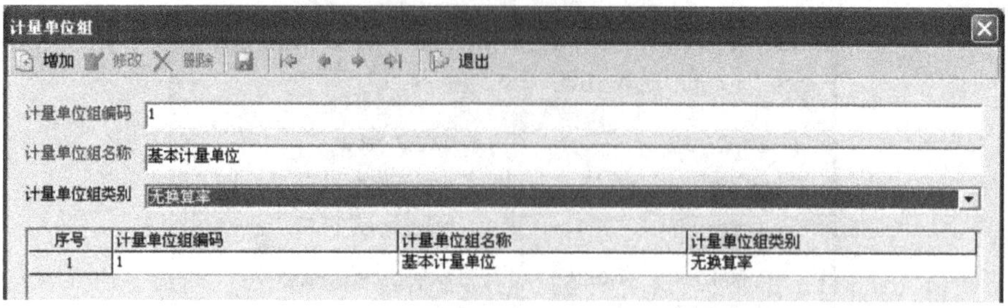

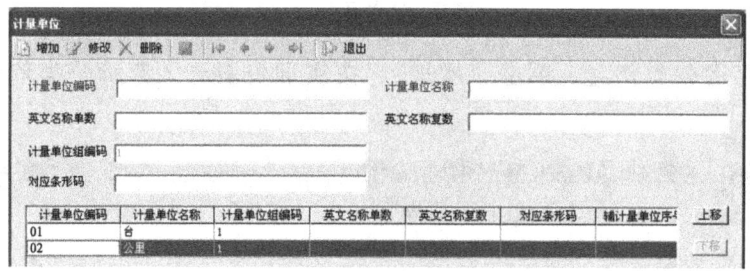

图 6-6

4. 保存定义。单击"确定"按钮，保存数据。

5. 关闭窗口。单击工具栏上的"退出"按钮，关闭计量单位组界面。

6. 打开"计量单位"界面。选择"基本计量单位"，单击工具栏上的"单位"按钮，打开计量单位窗口。

7. 进入增加状态。在计量单位界面，单击工具栏上"增加"按钮，如图 6-7 所示。

图 6-7

8. 录入计量单位。录入计量单位编码"01"，计量单位名称"台"。

9. 保存定义。单击工具栏上的"确定"按钮，保存数据。

10. 依次录入其他数据。重复第七、八、九步操作，录入其他数据，录入完成后如图 6-8 所示。

图 6-8

11. 关闭窗口。单击工具栏上的"退出"按钮，关闭当前界面。

【友情提示】

➢ 计量单位的定义需先定义计量单位组，再定义各个计量组中的计量单位。

➢ 由于存货档案定义时必须选择计量单位，定义存货档案前须先定义计量单位。

➢ 计量单位可以根据需要随时增加。

（四）设置存货档案

用于定义具体的存货。操作关键是设置存货属性，不同用途的存货应设置不同属性。如果只使用总账系统，没有使用应收应付模块，则无需定义存货。操作步骤如下：

1. 打开"存货档案"界面。选择【基础设置】—【基础档案】—【存货】，打开存货档案窗口。

2. 录入存货档案。单击存货分类中的"库存商品"，再单击"增加"按钮，录入存货编码"001"，存货名称"联想电脑"，选择存货分类"1-基本计量单位"，选择主计量单位"1-台"，单击选中"外购"、"内销"和"外销"前的复选框，如图6-9所示。

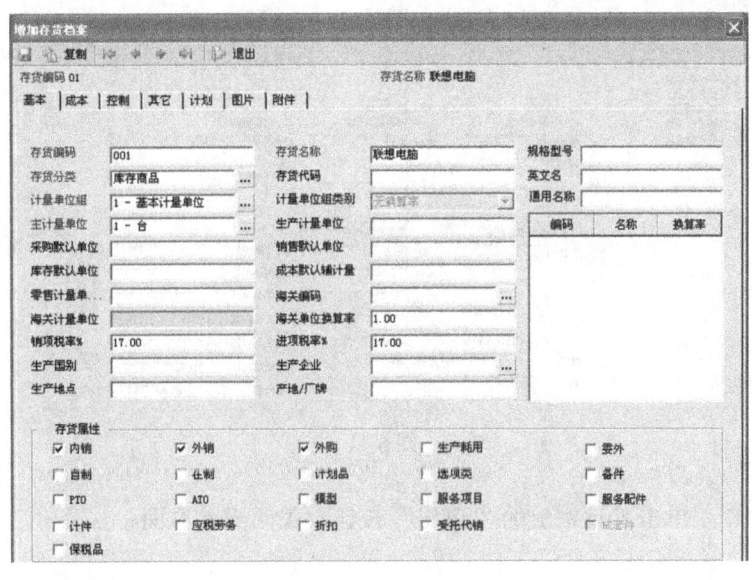

图 6-9

3. 保存定义。单击工具栏上的"保存"按钮，保存数据。

4. 依次录入其他数据。重复第二、三步操作，录入其他数据，录入完成后如图6-10所示。

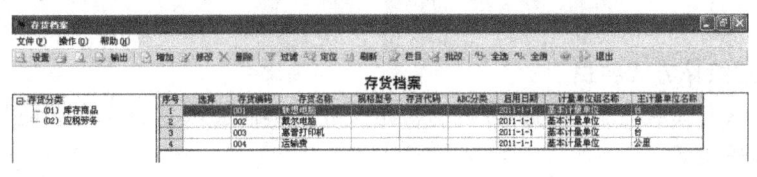

图 6-10

5. 关闭窗口。单击工具栏上的"退出"按钮，关闭当前界面。

【友情提示】

  ➢ 存货档案中的存货属性必须选择正确，否则，在填制相应单据时就不会在存货列表中出现。

> 存货档案中的有关成本数据可以在填制单据时列示。

（五）设置基本科目

用于设置生成凭证时所需的基本科目，当有的产品或客户使用特殊科目时，需要在控制科目和产品科目中进行单独定义。操作步骤如下：

1. 打开初始设置界面。选择【应收款管理】—【基础设置】—【初始设置】，打开初始设置对话框。

2. 录入基本科目。选择【科目设置】—【基本科目设置】，录入或选择应收科目"1122"及其他基本科目，如图6-11所示。

图6-11

3. 关闭窗口。单击工具栏上的"退出"按钮，关闭当前界面。

【友情提示】

> 在设置基本科目的应收科目、预收科目时，应在总账系统中设置其辅助核算内容为"客户往来"，并且受控系统为"应收系统"。否则在这里不能被选中。

> 在控制科目设置、产品科目设置中定义的科目，不再使用基本科目，如果没有定义，生成凭证时取基本科目。

> 只有设置了科目，在生成凭证时才能直接生成凭证中的会计科目，否则凭证中会计科目为空，需要手工录入。

（六）设置结算方式科目

不同的收款方式对应不同的会计科目，定义此内容后，收款时会自动填写凭证的借方科目。操作步骤如下：

1. 打开"结算方式科目设置"界面。双击【应收款管理】—【基础设置】—【初始设置】—【结算方式科目设置】菜单，打开结算方式科目设置窗口。

2. 录入结算方式科目。单击结算方式栏的下三角按钮，选择"现金结算"，单击"币种"栏，选择"人民币"，在科目栏录入或选择"1001"，回车。

3. 依次录入其他数据。重复第二步操作，录入其他数据，如图6-12所示。

4. 关闭窗口。单击工具栏上的"退出"按钮，关闭当前界面。

图 6-12

【友情提示】
➢ 如果在此不定义结算方式科目,收款时需手工输入会计科目。

（七）设置坏账准备

在参数设置中坏账处理方式如果选择了"应收余额百分比法",每月需要计提坏账准备金,需要在此定义计提的算法,以后每月只需要按此参数运行即可生成计提坏账的凭证。操作步骤如下：

1. 打开"坏账准备设置"界面。双击【应收款管理】—【基础设置】—【初始设置】—【坏账准备设置】菜单,打开坏账准备设置窗口。

2. 设置坏账准备科目。录入提取比率"0.5",坏账准备期初余额"0",坏账准备科目"1231",坏账准备对方科目"660208",完成后如图6-13所示。

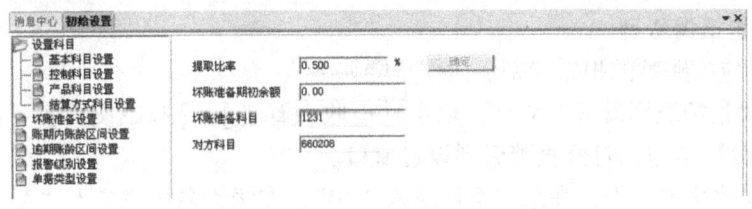

图 6-13

3. 保存定义。单击"确定"按钮,保存数据。
4. 关闭窗口。单击工具栏上的"退出"按钮,关闭当前界面。

【友情提示】
➢ 如果在系统项中默认坏账处理方式为直接转销,则不用进行坏账准备设置。
➢ 坏账准备的期初余额应与总账系统中所录入的坏账准备的期初余额相一致,但是,系统没有坏账准备期初余额的自动对账功能,只能人工核对。坏账准备的期初余额如果在借方,则用"–"号表示。如果没有期初余额,应将期初余额录为"0",否则,系统不予确认。
➢ 坏账准备期初余额确认后,如果进行了坏账准备的日常业务处理就不允许再修改。下一年度使用本系统时,可以修改提取比率、区间和科目。

（八）设置账龄区间

用于定义各账龄的区间,分为账期内和逾期（账期外）两种。操作步骤如下：

1. 打开"账期内账龄区间设置"界面。双击【应收款管理】—【基础设置】—【初始设置】—【账期内账龄区间设置】菜单，打开账龄期内账龄区间设置窗口。

2. 录入账龄区间天数。在总天数栏录入"10"，再在总天数栏录入"30"，回车。

3. 依次录入其他数据。重复第二步操作，录入其他数据，如图 6-14 所示。

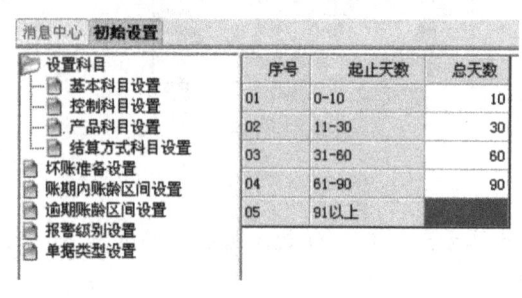

图 6-14

4. 用同样的方法进行"逾期账龄区间设置"。

5. 关闭窗口。单击工具栏上的"退出"按钮，关闭当前界面。

【友情提示】

➢ 序号由系统自动生成，不能修改和删除。

➢ 总天数栏直接输入截止该区间的账龄总天数。

➢ 最后一个区间不能修改和删除。

（九）设置报警级别

用于定义应收账款的报警级别。操作步骤如下：

1. 打开"报警级别设置"界面。双击【应收款管理】—【基础设置】—【初始设置】—【报警级别设置】菜单，打开报警级别设置窗口。

2. 录入总比率和级别。在总比率栏录入"10"，在级别名称栏录入"A"，回车。

3. 依次录入其他数据。重复第二步操作，录入其他数据，如图 6-15 所示。

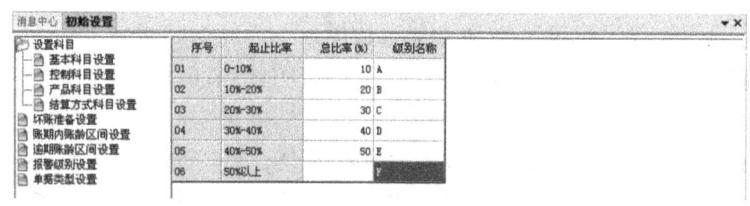

图 6-15

4. 关闭窗口。单击工具栏上的"退出"按钮，关闭当前界面。

【友情提示】

➢ 单击"增加"按钮，可以在当前级别之前插入一个级别。插入一个级别后，该级别后的级别比率会自动调整。

➢ 每一行应输入该区间的最大比率和级别名称。

➢ 最后一个比率根据上一级比率自动生成，不能删除，如果录入错误，则应修改或删除上一级比率。

(十) 单据设置

用于设置各类单据的格式和编码方式。

1. 单据编码设置

这是指设置单据的编号是由手工录入还是由计算机自动编码,有些单据的编码具有特别的用处,比如发票的编号,特别是采购发票的编号。操作步骤如下:

(1) 打开"单据编号设置"界面。双击【基础设置】—【单据设置】—【单据编号设置】菜单,打开设置窗口,如图 6-16 所示。

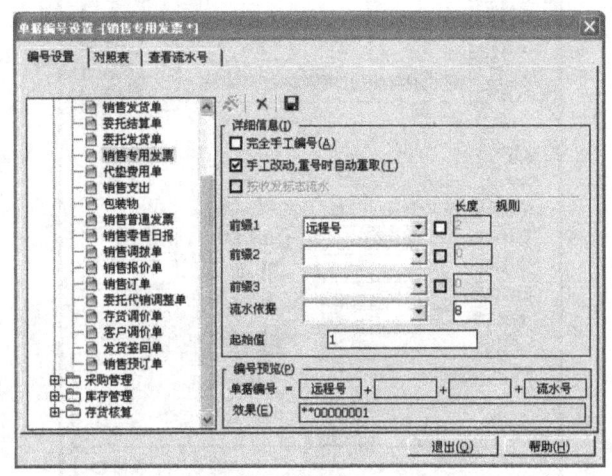

图 6-16

(2) 选择设置对象。在左边的单据类型中选择"销售管理"—"销售专用发票"。

(3) 进入修改状态。单击工具栏上的"修改"按钮,详细信息的内容变成有效状态。

(4) 修改详细信息。选择"完全手工编号"复选框。

(5) 保存修改。单击"保存"按钮,自动保存修改。

(6) 依次修改应收款系统"其他应收单"、"收款单"。重复第二步至第五步,设置应收款系统"其他应收单"、"收款单"编号采用完全手工编号。

【友情提示】

➢ "完全手工编号"是指没有默认值,需要操作员手工录入。

➢ "手工改动,重号时自动重取"是指系统按下面的规则提供默认值,操作员可以修改。

➢ 如果没有选择这两项,表示由计算机按下面的规则自动编号,不能修改。

➢ 在查看流水号页签中可以查看和设置最后一个流水号。

2. 修改单据格式

用于设置各类单据显示和打印的格式,还可以设置必输项、默认值。操作步骤如下:

(1) 打开"单据格式设置"界面。双击【基础设置】—【单据设置】—【单据格式设置】菜单,打开设置窗口。

(2) 选择设置对象。在左边的单据类型中选择"销售管理"—"销售专用发票"—"显示"—"销售专用发票"。

(3) 选择修改对象。在表头单击选择"销售类型"。

(4) 打开表头项目。单击工具栏上的"表头项目",打开表头设置属性,如图 6-17 所示。

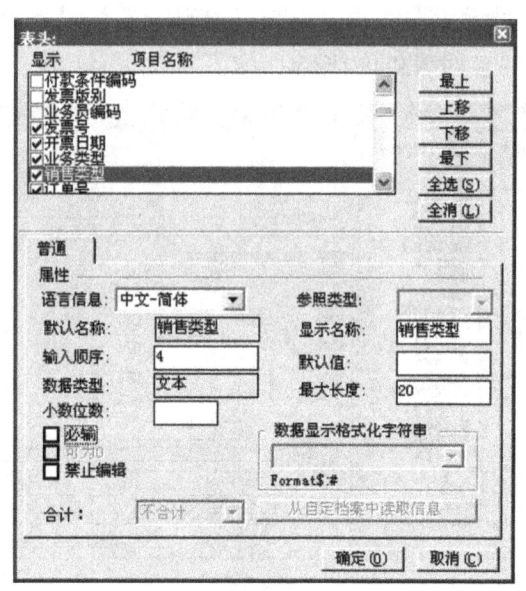

图 6-17

(5) 修改属性。"销售类型"已自动选择,单击去掉"必输"复选框,单击"确定"按钮,返回到上一界面。

(6) 保存修改。单击工具栏上的"保存"按钮,保存修改的设置。

(7) 关闭窗口。单击窗口上的"关闭"按钮,关闭当前界面。

(十一) 设置开户银行

在开具专用发票时,需要提供本单位开户行信息。设置开户银行操作步骤如下:

1. 打开"本单位开户银行"界面。双击【基础设置】—【基础档案】—【收付结算】—【本单位开户银行】菜单,打开本单位开户银行窗口。

2. 录入本单位开户银行信息。单击"增加"按钮,在增加本单位开户银行对话框的编码栏录入"01",在银行账号栏录入"420101123460",选择币种"人民币",在开户银行栏录入"中国工商银行武汉分行",选择所属银行编码"01-中国工商银行",如图 6-18 所示。

3. 保存定义。单击工具栏上的"保存"按钮,保存数据。

4. 关闭窗口。单击工具栏上的"退出"按钮,关闭当前界面。

【友情提示】

➤ 银行账号必须为 12 位,如果不设置开户银行,在填制销售发票时不能保存。

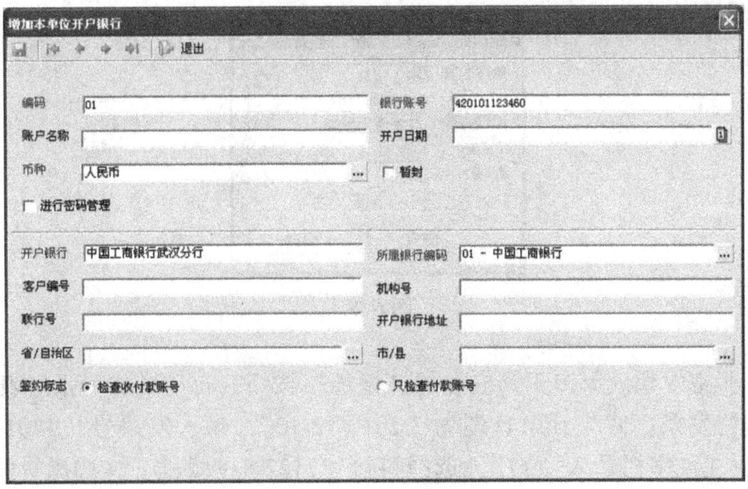

图 6-18

(十二) 录入期初销售发票

应收款系统数据的输入有形成应收和收款结算两个方面，因此，其期初值也会有这两个方面，比如未核销的销售发票和预收款。录入期初销售发票操作步骤如下：

1. 打开"期初余额"管理界面。双击【业务工作】—【应收款管理】—【设置】—【期初余额】菜单，打开"期初余额—查询"窗口，如图 6-19 所示。

图 6-19

2. 设置查询条件。在"期初余额—查询"窗口单击"确定"按钮，进入"期初余额明细表"窗口。

3. 进入增加状态。单击工具栏上的"增加"按钮，打开"单据类别"对话框，如图 6-20 所示。

4. 选择新增单据类别。单据名称选择"销售发票"，单据类型选择"销售专用发票"，方向选择"正向"，单击"确定"按钮，进入"销售专用发票"窗口。

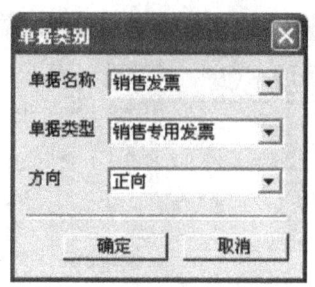

图 6-20

5. 增加一张空发票。单击工具栏上的"增加"按钮，自动增加一张空表。
6. 录入销售发票。修改开票日期为"2010-12-10"，录入发票号"1201"，选择客户名称"金蝶"，在税率栏录入"17"，选择科目"1122 应收账款"，选择货物名称"联想电脑"，在数量栏录入"100"，在无税单价栏录入"8200"，如图 6-21 所示。

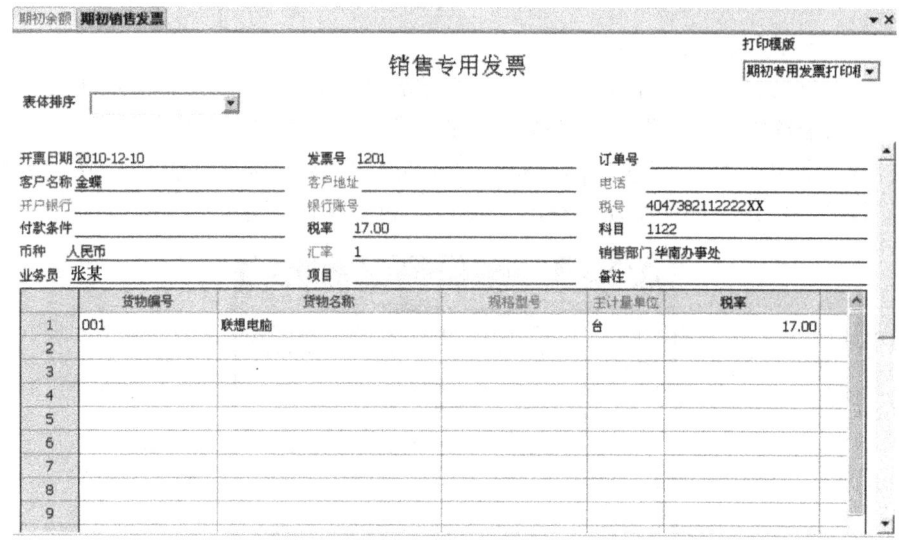

图 6-21

7. 保存销售发票。单击工具栏上的"保存"按钮，保存数据。
8. 关闭窗口。单击工具栏上的"退出"按钮，关闭当前界面。

【友情提示】
➢ 在初次使用应收款系统时，应将启用应收款系统时未处理完的所有应收账款、预收账款、应收票据等数据录入到本系统。进入第二年度时，系统自动将上年度未处理完的单据转为下一年度的期初余额。在下一年度的第一会计期间，可以进行期初余额调整。
➢ 在日常业务中，可对期初发票、收款单、预收款、票据进行后续的核销、转账处理。
➢ 如果退出录入期初余额的单据，在"期初余额明细表"窗口中并没有看到新录入的期初余额，应单击"刷新"按钮，就可以列示所有的期初余额的内容。

➢ 在录入期初余额时一定要注意期初余额的会计科目，如果科目错误，在应收款系统与总账系统进行对账时，将会导致对账错误。

➢ 如果未设置允许修改销售专用发票的编号（系统默认不允许修改），则在新增销售专用发票时发票的编号不能修改。

（十三）应收款系统与总账系统对账

期初数据录入完成后，一定要和总账进行对账，保持数据一致。操作步骤如下：

1. 打开"期初对账"界面。在期初余额明细表窗口中，单击"对账"按钮，打开期初对账窗口，如图 6-22 所示。

科目		应收期初		总账期初		差额	
编号	名称	原币	本币	原币	本币	原币	
1121	应收票据	0.00	0.00	0.00	0.00	0.00	
1122	应收账款	959,400.00	959,400.00	959,400.00	959,400.00	0.00	
122102	其他单位应收款	0.00	0.00	0.00	0.00	0.00	
2203	预收账款	0.00	0.00	0.00	0.00	0.00	
	合计		959,400.00		959,400.00		

图 6-22

2. 关闭窗口。单击工具栏上的"退出"按钮，关闭当前界面。

【友情提示】

➢ 在应收款期初余额录入完成后，应通过对账功能将应收款系统的期初余额与总账系统的期初余额进行核对。

➢ 保存了期初余额结果，在结账前或在第二年使用需要调整时可以进行修改。结账后，期初余额只能查询不能修改。

➢ 期初余额所录入的票据保存后自动审核。

（十四）账套备份

将账套输出至"6-2 应收款系统初始设置"文件夹，压缩后保存到 U 盘。

七、疑难解答

1. 为什么有时应收、预收科目在应收款系统中不能使用？

答：在设置基本科目的应收、预收科目时，应在总账系统中把"应收、预收"科目设置为"客户往来"辅助核算，并且其受控系统为"应收系统"。否则在这里不能被选中。

2. 在进行应收款系统中，自动生成凭证时，为什么生成的凭证缺少会计科目？

答：在进行应收款系统"系统参数"设置时应定义相应的"基本科目"，只有这样，系统自动生成凭证时才会出现相应的会计科目，否则，需要手工输入会计科目。

3. 为什么在应收款系统"初始设置"窗口找不到"坏账准备设置"选项卡，不能进行坏账准备的设置？

答：坏账准备设置之前，应把账套参数"坏账处理方式"设置为"应收余额百分比法"。这样，在应收款系统"初始设置"窗口才会出现"坏账准备设置"选项卡，进行坏账准备的设置。

◎ 思考与练习

1. 如果在应收款系统参数中不设置"基本科目",会造成怎样的影响?
2. 如果已经设置了相应的基础资料,在应收款系统还需要设置吗?
3. 如果应收款系统"账套参数设置"中的"坏账处理方式"不是"应收余额百分比法",可以进行坏账准备的设置吗?
4. 如果应收款系统与总账对账时提示"金额不平",应该怎样解决?

学习任务 6-3　应收款单据处理

一、实训任务

1. 普通销售业务处理,其他应收业务处理。
2. 现结业务处理,退货与退款业务处理。
3. 转账业务处理,坏账业务处理。

二、任务目标

1. 熟练掌握普通销售业务流程及处理方法。
2. 掌握其他应收业务流程及处理方法。
3. 掌握现结销售业务流程及处理方法。
4. 掌握退货与退款业务流程及处理方法。
5. 掌握转账业务流程及处理方法。
6. 掌握坏账业务流程及处理方法。

三、准备工作

1. 初步了解日常业务操作流程。
2. 修改计算机时间为 2011 年 1 月 31 日。
3. 引入"6-2 应收款系统初始设置"账套备份。

四、实训引例

(一) 标准业务

1. 2011 年 1 月 10 日,向金算盘公司销售联想电脑 10 台,无税单价为 8 000 元,增值税率为 17%(销售专用发票号码:1101001),共计 93 600 元,款未收。
2. 2011 年 1 月 10 日,财务部门审核发票,生成应收款凭证。
3. 2011 年 1 月 11 日,财务部门收到金算盘公司转账支票一张,支票号:ZZ4001,金额为 93 600 元,系支付上一次的货款。

4. 2011年1月11日，审核收款单，生成收款单凭证。

5. 2011年1月11日，核销金算盘公司的往来账。

（二）其他应收业务

1. 2011年1月12日，公司仓库向金算盘公司发货时以现金代垫运费120元。

2. 2011年1月13日，财务部门收到金算盘公司转账支票一张，支票号：ZZ4002，金额2 000元，支付运费后，多余资金作为预收账款处理。

3. 2011年1月13日，审核其他应收单和收款单，生成凭证，核销往来账。

（三）现结业务

2011年1月15日，向任我行公司销售联想电脑10台，无税单价为8 000元，增值税率为17%（销售专用发票号码：1101002），共计93 600元，当日收到任我行公司转账支票一张，支票号：ZZ5001。财务部门审核发票，生成凭证。

（四）退货与退款业务

2011年1月14日，因质量原因，金算盘公司按原价退回联想电脑一台，公司开出红字专用发票，发票号：1101003，同时开出现金支票一张，支票号：XJ0012，退还货款。审核相关单据，生成凭证，核销往来账。

（五）转账业务

1. 2011年1月15日，向任我行公司销售联想电脑1台，无税单价为8 000元，增值税率为17%（销售专用发票号码：1101004），共计9 360元，款未收，财务部门审核发票，生成凭证。

2. 2011年1月16日，经三方同意，将应向任我行公司收取的货款9 360元转成用友公司的应收账款，生成凭证。

（六）坏账业务

1. 计提本月坏账准备金。

2. 2011年1月15日，向速达公司销售联想电脑1台，无税单价为8 000元，增值税率为17%（销售专用发票号码：1101005），共计9 360元，款未收。

3. 2011年1月16日，将1月15日形成的速达公司的应收账款9 360元转为坏账。

4. 2011年1月17日，收到银行通知（网上银行支付），收回已作为坏账处理的速达公司的应收账款9 360元（收款单不能审核，否则找不到单据）。

五、学情关注

学习应收款系统以前如果已经接触过销售管理系统，应把二者结合起来，这样会更容易理解该系统，因为该系统以销售业务为基础，有些内容在销售管理系统也可以操作，比如销售发票的填制。一定要搞清楚应收款系统中日常业务的流程，这也是本章学习的重点和难点。尽管应收款业务分为几类，如标准销售业务、其他应收业务、现结业务、退货和退款业务等，但是业务流程大体相似，一般需要填制单据（销售发票或其他应收单等）—审核单据—生成凭证—填制收款单—审核收款单—生成凭证—核销往来。在掌握共性的基础上把握特点，要容易得多，也会加深理解。

六、过程指导

(一) 标准业务

标准业务是指先开票后收款或先收款后开票的业务,无论是先开票还是先收款,原则上是先发生什么业务就先做什么业务,操作方法相同。操作步骤如下:

1. 填制销售专用发票

(1) 以操作员 01 身份登录企业应用平台。

(2) 打开"应收单据录入"功能。双击【应收款管理】—【应收单据处理】—【应收单据录入】菜单,系统打开"单据类别"对话框,如图 6-23 所示。

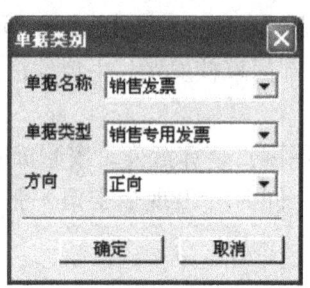

图 6-23

(3) 选择单据类别。单据名称选择"销售发票",单据类型选择"销售专用发票",方向选择"正向",单击"确定"按钮,进入"专用发票"窗口。

(4) 进入增加状态。单击工具栏上的"增加"按钮,自动增加一张空表。

(5) 录入发票。录入发票号"1101001",修改开票日期为"2011-01-10",选择销售类型"普通销售",选择客户简称"金算盘",选择存货名称"联想电脑",在数量栏录入"10",在无税单价栏录入"8000",如图 6-24 所示。

(6) 保存定义。单击工具栏上的"保存"按钮,保存数据。

(7) 关闭窗口。单击窗口上的"关闭"按钮,退出当前界面。

【友情提示】

➤ 如果应收款系统与销售管理系统同时使用,销售发票在销售管理系统中录入,在应收款系统中可以对单据进行查询、核销、制单等操作。此时应收款系统需要录入的只限于应收单。

➤ 如果没有使用销售管理系统,则所有发票和应收单均需在应收款系统录入。

➤ 如果要修改销售专用发票,进入销售专用发票窗口后,单击工具栏上的"放弃"按钮,再单击工具栏上的"下一张"按钮,找到要修改的发票进行修改。

2. 审核销售专用发票

(1) 打开"应收单据审核"功能。双击【应收款管理】—【应收单据处理】—【应收单据审核】菜单,打开"应收单过滤条件"界面,如图 6-25 所示。

(2) 进行审核。单击"确定"按钮,进入"应收单据列表"窗口。单击工具栏上的"全选"按钮,如图 6-26 所示。

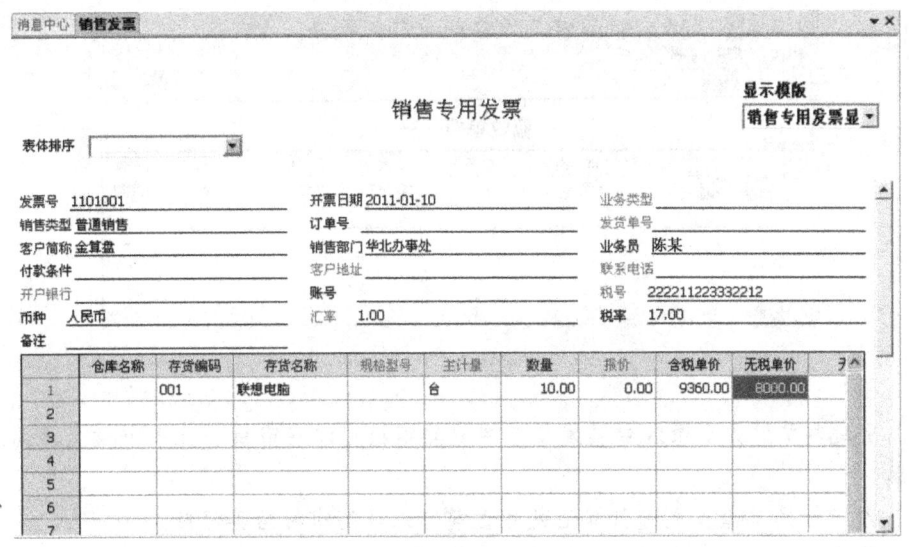

图 6-24

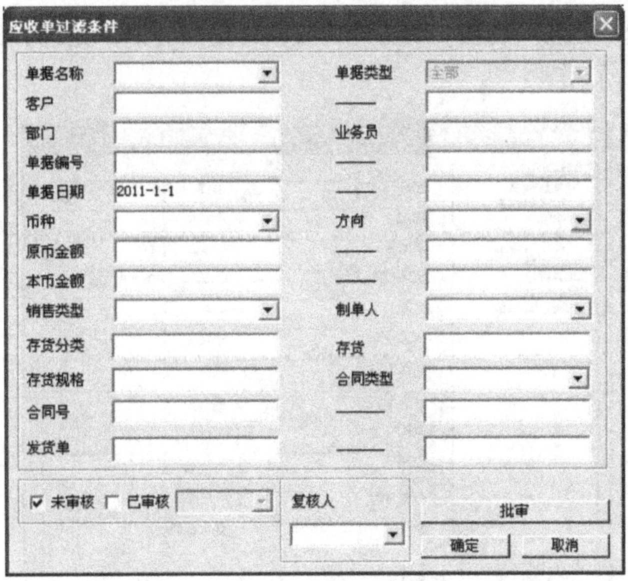

图 6-25

（3）审核单据。单击工具栏上的"审核"按钮，弹出"本次成功审核单据 1 张"对话框。

（4）关闭窗口。单击"确定"按钮，再单击"关闭"按钮，关闭当前界面。

【友情提示】

➢ 已经审核的单据不能修改或删除，已生成凭证或已核销的单据在单据界面不再显示。

➢ 在录入销售发票后可以直接进行审核，在审核后系统会提示"是否立即制单？"，

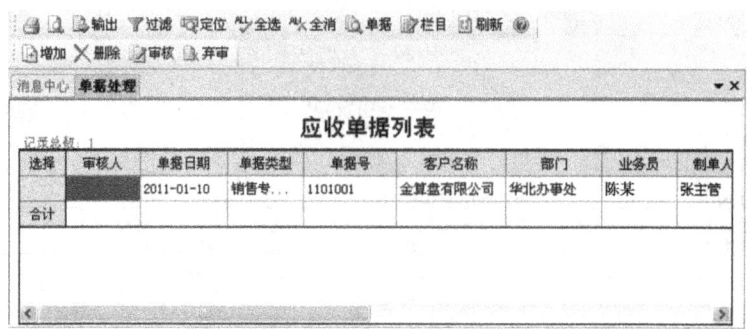

图 6-26

此时可以直接制单。如果录入销售发票后不直接审核可以在审核功能中审核,再到制单功能中制单。

➢ 已经审核的单据在未进行其他处理之前可以取消审核后再修改。
➢ 取消审核时在条件中需选择"已审核"才能显示已审核发票。

3. 生成转账凭证

(1) 打开"制单处理"功能。双击【应收款管理】—【制单处理】菜单,打开制单查询界面,如图 6-27 所示。

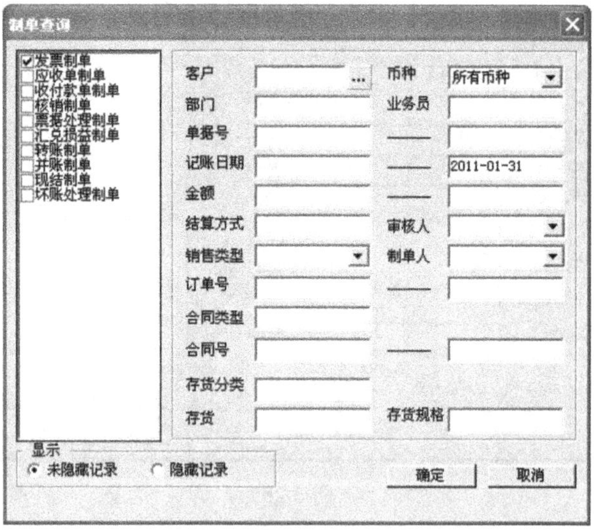

图 6-27

(2) 设置查询条件。选中"发票制单"前的复选框,单击"确定"按钮,进入"销售发票制单"窗口,如图 6-28 所示。

(3) 生成转账凭证。单击工具栏上的"全选"按钮,修改凭证类别为"转账凭证",再单击工具栏上的"制单"按钮,生成转账凭证。

(4) 保存凭证。单击工具栏上的"保存"按钮,保存数据,如图 6-29 所示。

(5) 关闭窗口。单击工具栏上的"退出"按钮,关闭当前界面。

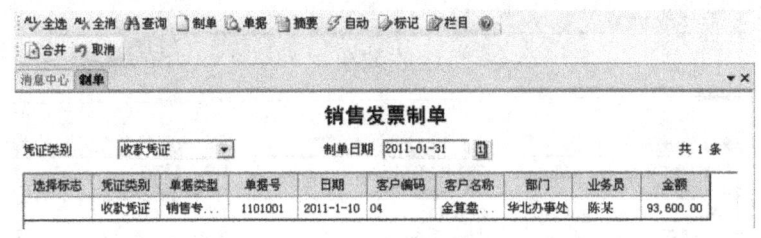

图 6-28

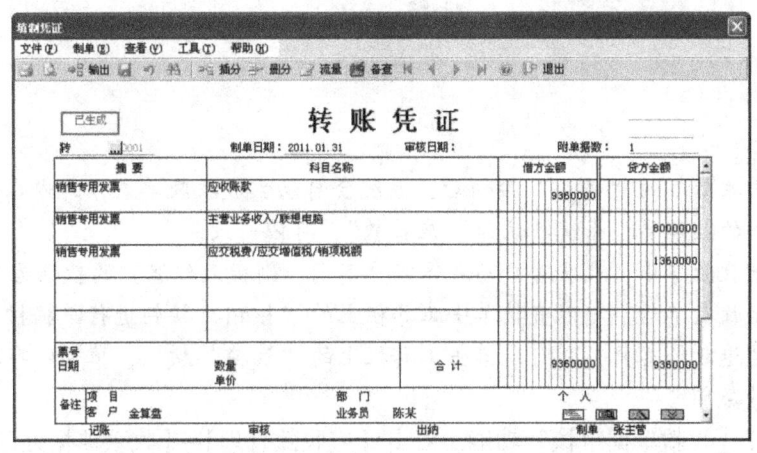

图 6-29

【友情提示】
➢ 在"制单查询"窗口中,如果只选中"发票制单"选项,则制单窗口显示的是"销售发票制单"。如果同时选中"发票制单"和"收付款单制单",则制单窗口显示的是"应收制单"。
➢ 如果所选择的凭证类型错误,可以在生成凭证后再修改。
➢ 如果一次生成了多张记账凭证,可以在保存了一张凭证后再打开其他的凭证,直到全部保存为止,未保存的凭证视为放弃本次凭证生成的操作。
➢ 凭证只有在保存后才能传递到总账系统,再在总账系统进行审核和记账等。

4. 填制收款单

(1) 打开"收款单据录入"功能。双击【应收款管理】—【收款单据处理】—【收款单据录入】菜单,打开收款单界面。

(2) 进入增加状态。单击工具栏上的"增加"按钮,自动增加一张空表。

(3) 录入收款单的数据。修改开票日期为"2011-01-11",选择客户简称"金算盘",选择结算方式"转账支票",在金额栏录入"93600",录入票据号"ZZ4001",录入摘要"收到金算盘公司支付的货款",如图 6-30 所示。

(4) 保存收款单。单击工具栏上的"保存"按钮,保存数据。

(5) 关闭窗口。单击窗口上的"关闭"按钮,退出当前界面。

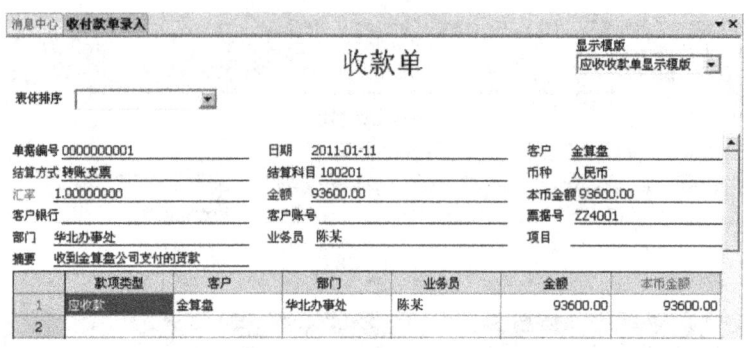

图 6-30

【友情提示】
➢ 在单击收款单的"保存"按钮后,系统会自动生成收款单表体的内容。
➢ 表体中的款项类型系统默认为"应收款",可以修改。
➢ 若一张收款单中,表头客户与表体客户不同,则视表体客户的款项为代付款。
➢ 在填制收款单后,可以直接单击工具栏上的"核销"按钮进行单据核销的操作。
➢ 如果是退款给客户,则可以单击工具栏上的"切换"按钮,填制红字收款单。

5. 审核收款单

(1) 打开"收款单据审核"功能。双击【应收款管理】—【收款单据处理】—【收款单据审核】菜单,进入"收款单过滤条件"界面。

(2) 进行审核。单击"确定"按钮,进入"收付款单列表"窗口,如图 6-31 所示。单击工具栏上的"全选"按钮,再单击"审核"按钮,系统提示"本次成功审核 1 张单据"。

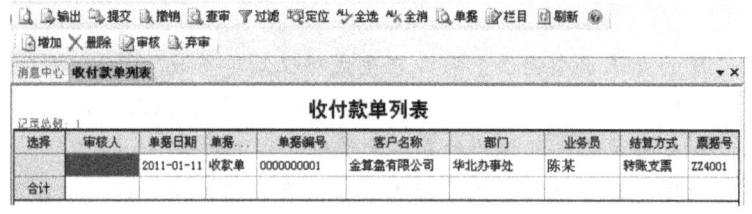

图 6-31

(3) 关闭窗口。单击"确定"按钮,再单击窗口上的"关闭"按钮,关闭当前界面。

6. 生成收款凭证

(1) 打开"制单处理"功能。双击【应收款管理】—【制单处理】菜单,打开制单查询界面。

(2) 设置查询条件。选中"收付款单制单"复选框,单击"确定"按钮,进入"收付款单制单"窗口,如图 6-32 所示。

(3) 生成收款凭证。单击工具栏上的"全选"按钮,再单击"制单"按钮,生成收

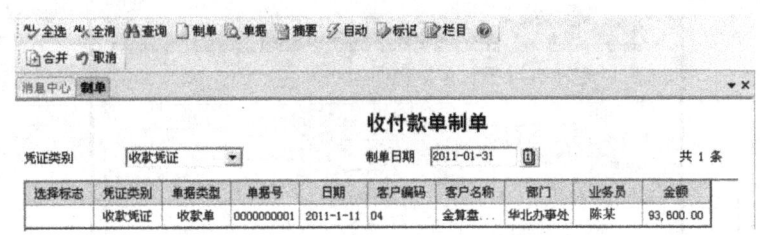

图 6-32

款凭证。

(4) 保存凭证。单击工具栏上的"保存"按钮,保存数据,如图 6-33 所示。

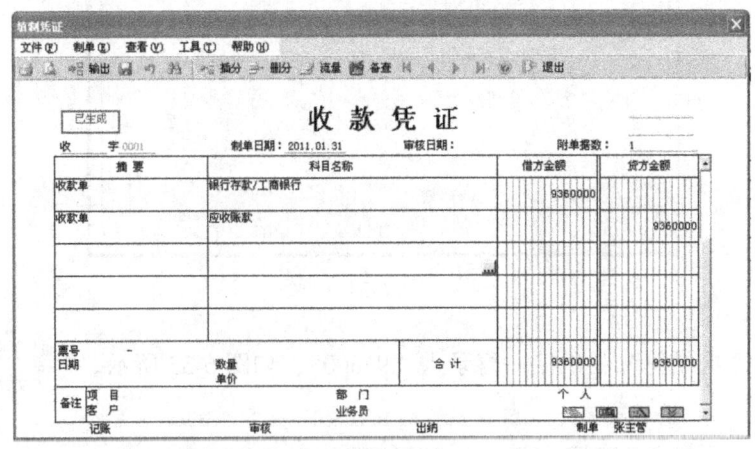

图 6-33

(5) 关闭窗口。单击工具栏上的"退出"按钮,关闭当前界面。

【友情提示】

➢ 在"制单查询"窗口中,如果只选中"收付款单制单"选项,则会打开"收付款单制单"窗口。如果同时选中"发票制单"和"收付款单制单",则制单窗口显示的是"应收制单",但两种待制的单据都会显示出来。

➢ 在制单功能中还可以根据需要进行合并制单。

7. 核销往来账

核销分为手工核销和自动核销。当收款单上的金额与发票金额一致时,可以自动核销,但在学习过程中,自动核销无法看清核销的原理,因此,建议采用手工核销的方式。操作步骤如下:

(1) 打开"核销"功能。双击【应收款管理】—【核销处理】—【手工核销】菜单,进入核销条件界面,如图 6-34 所示。

(2) 录入核销条件。选择客户"金算盘公司",单击"确定"按钮,进入"单据核销"窗口。

(3) 录入核销数据。在上半部分的"本次结算金额"栏的第一行录入"93600"。在

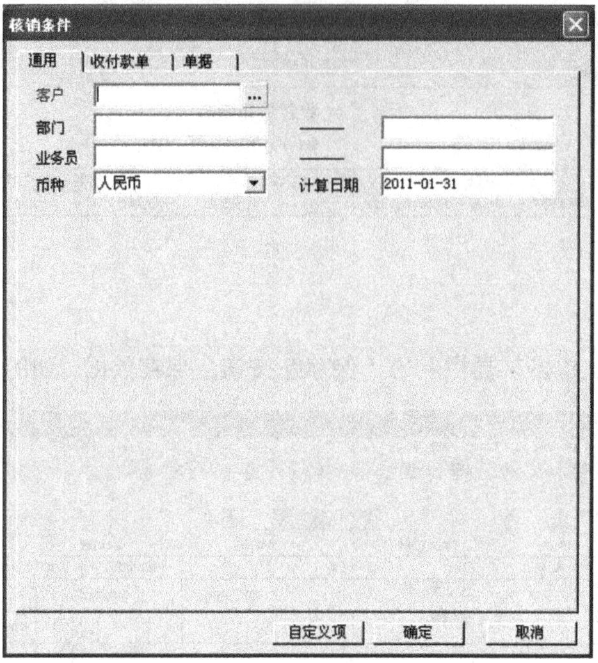

图 6-34

下半部分的"本次结算"栏的第一行录入"93600",如图 6-35 所示。

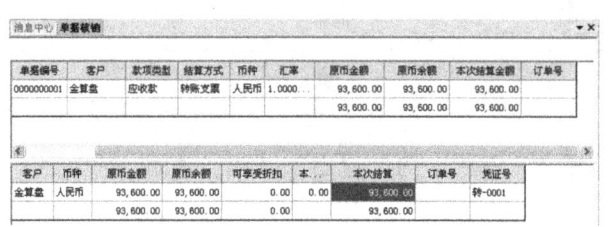

图 6-35

(4) 核销。单击工具栏上的"保存"按钮,核销并保存数据。
(5) 关闭窗口。单击窗口上的"关闭"按钮,退出当前界面。

【友情提示】
➢ 在核销窗口中,上面列示的是已收的款,下面列示的是未收款;也可以理解为上面是对方公司在我公司账上的钱,下面是对方公司买货后欠公司的款。
➢ 在结算单列表中,单击"分摊"按钮,系统将当前结算单列表中的本次结算金额合计自动分摊到被核销单据列表的本次结算栏中。
➢ 手工核销保存时,若结算单列表的本次结算金额大于或小于被核销单据列表的本次结算金额合计,系统将提示结算金额不相等,不能保存。
➢ 在保存核销内容后,单据核销窗口中将不再显示已经核销的内容。
➢ 一次只能对一种结算单类型进行核销,即手工核销的情况下需要将收款单和付款单分开核销。

➢ 若发票中同时存在红蓝记录,则核销时先进行单据的内部对冲。

➢ 如果核销后未进行其他处理,可以在期末处理的"取消操作"功能中取消核销操作。

➢ 核销时,结算单列表中款项类型为应收款的记录默认本次结算金额为该记录的原币金额;款项类型为预付款的记录默认本次结算金额为空。核销时可以修改本次结算金额,但是不能大于该记录的原币金额。

(二) 其他应收业务

其他应收业务指不能通过发票的形式表示的形成应收的业务,用应收单代替发票时,其他操作与标准业务相同。运费业务比较特殊,当运费开具了运费发票时,就需要通过发票的形式录入单据;没有开具发票时,需要通过其他应收单的形式录入。此处以其他应收单的形式录入。操作步骤如下:

1. 填制应收单

(1) 打开"应收单据录入"功能。双击【应收款管理】—【应收单据处理】—【应收单据录入】菜单,系统打开"单据类别"对话框。

(2) 选择单据类别。单据名称选择"应收单",单据类型选择"其他应收单",方向选择"正向",单击"确定"按钮,进入"应收单"窗口。

(3) 进入增加状态。单击工具栏上的"增加"按钮,自动增加一张空表。

(4) 录入应收单的数据。修改开票日期为"2011-01-12",选择客户简称"金算盘",在金额栏录入"120",录入摘要"代垫运费",如图6-36所示。

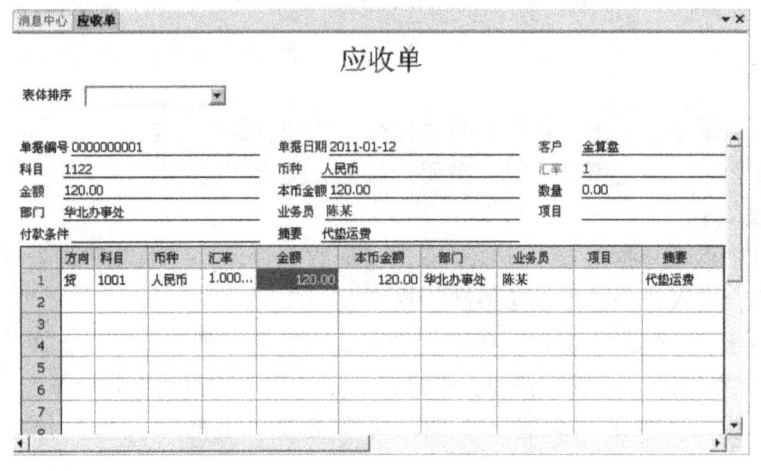

图6-36

(5) 保存应收单。单击工具栏上的"保存"按钮,保存数据。

(6) 关闭窗口。单击窗口上的"关闭"按钮,退出当前界面。

2. 审核应收单

(1) 打开"应收单据审核"功能。双击【应收款管理】—【应收单据处理】—【应收单据审核】菜单,打开"应收单过滤条件"界面。

(2) 进行审核。单击"确定"按钮，进入"应收单据列表"窗口。单击工具栏上的"全选"按钮。单击"审核"按钮，弹出"本次成功审核单据 1 张"对话框。

(3) 关闭窗口。单击"确定"按钮，再单击窗口上的"关闭"按钮，关闭当前界面。

3. 填制收款单

(1) 打开"收款单据录入"功能。双击【应收款管理】—【收款单据处理】—【收款单据录入】菜单，打开收款单界面。

(2) 进入增加状态。单击工具栏上的"增加"按钮，自动增加一张空表。

(3) 录入收款单的数据。修改开票日期为"2011-01-13"，选择客户"金算盘"，选择结算方式"转账支票"，在金额栏录入"2000"，录入票据号"ZZ4002"，录入摘要"金算盘公司支付的运费及预收款"，将第一行的金额改为"120"，将第二行的款项类型改为"预收款"，如图 6-37 所示。

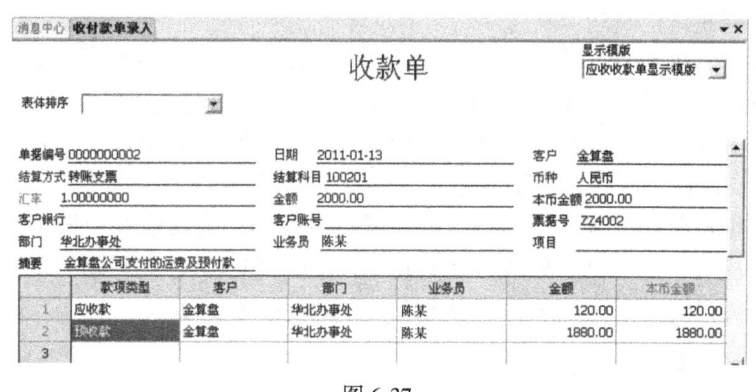

图 6-37

(4) 保存收款单。单击工具栏上的"保存"按钮，保存数据。

(5) 关闭窗口。单击窗口上的"关闭"按钮，退出当前界面。

4. 审核收款单

(1) 打开"收款单据审核"功能。双击【应收款管理】—【收款单据处理】—【收款单据审核】菜单，进入"收款单过滤条件"界面。

(2) 进行审核。单击"确定"按钮，进入"收付款单列表"窗口。单击工具栏上的"全选"按钮，再单击"审核"按钮，系统提示"本次成功审核 1 张单据"。

(3) 关闭窗口。单击"确定"按钮，再单击窗口上的"关闭"按钮，关闭当前界面。

5. 生成凭证

(1) 打开"制单处理"功能。双击【应收款管理】—【制单处理】菜单，打开制单查询界面。

(2) 设置查询条件。选中"收付款单制单"前的复选框，单击"确定"按钮，进入"收付款单制单"窗口。

(3) 生成收款凭证。单击工具栏上的"全选"按钮，再单击"制单"按钮，生成记账凭证。

（4）保存凭证。单击工具栏上的“保存”按钮，保存数据。

（5）关闭窗口。单击工具栏上的“退出”按钮，关闭当前界面。

6. 核销往来账

（1）打开“核销”功能。双击【应收款管理】—【核销处理】—【手工核销】菜单，进入“核销条件”界面。

（2）录入核销条件。选择客户“金算盘”，单击“确定”按钮，进入“单据核销”窗口。

（3）录入核销数据。在上半部分的“本次结算金额”栏的第一行录入“120”。在下半部分的“本次结算”栏的第一行录入“120”，如图 6-38 所示。

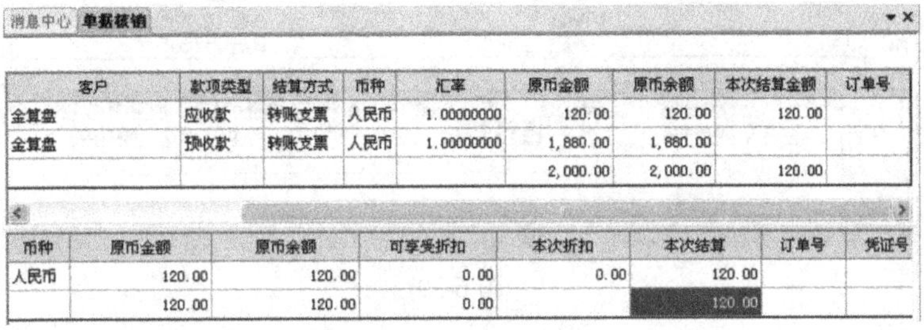
消息中心 单据核销

客户	款项类型	结算方式	币种	汇率	原币金额	原币余额	本次结算金额	订单号
金算盘	应收款	转账支票	人民币	1.00000000	120.00	120.00	120.00	
金算盘	预收款	转账支票	人民币	1.00000000	1,880.00	1,880.00		
					2,000.00	2,000.00	120.00	

币种	原币金额	原币余额	可享受折扣	本次折扣	本次结算	订单号	凭证号
人民币	120.00	120.00	0.00	0.00	120.00		
	120.00	120.00	0.00		120.00		

图 6-38

（4）核销。单击工具栏上的“保存”按钮，核销并保存数据。

（5）关闭窗口。单击窗口上的“关闭”按钮，退出当前界面。

（三）现结业务

现结业务是指在开出发票的同时，收到对方货款。在应收模块中，在销售发票中无法录入收款信息，开票和收款还是需要分开操作，因此，操作方法与标准业务完全相同。此处是为了与供应链中的现结业务进行对比。操作步骤如下：

1. 填制并审核销售专用发票，生成凭证。操作方法与标准业务相同。
2. 填制并审核收款单，生成凭证。操作方法与标准业务相同。
3. 核销往来账。操作方法与标准业务相同。

【友情提示】

➤ 当收款单上的金额与发票上的金额一致时，填写收款单并审核后，可以直接单击收款单工具栏上的“核销”，相当于调用了自动核销。

（四）退货与退款业务

退货与退款业务操作流程与标准业务相同，只是数量方向相反，退款时注意“切换”。操作步骤如下：

1. 填制红字专用发票

（1）打开“红字销售专用发票”功能。双击【应收款管理】—【应收单据处理】—【应收单据录入】菜单，打开“单据类别”对话框。单击“方向”栏的下三角按钮，选择“负向”，单击“确定”按钮，进入“红字销售专用发票”窗口。

（2）进入增加状态。单击工具栏上的"增加"按钮，自动增加一张空表。

（3）录入发票。录入发票号"1101003"，修改开票日期为"2011-01-31"，选择销售类型"销售退货"，选择客户简称"金算盘"，选择存货名称"联想电脑"，在数量栏录入"-1"，在无税单价栏录入"8000"，如图6-39所示。

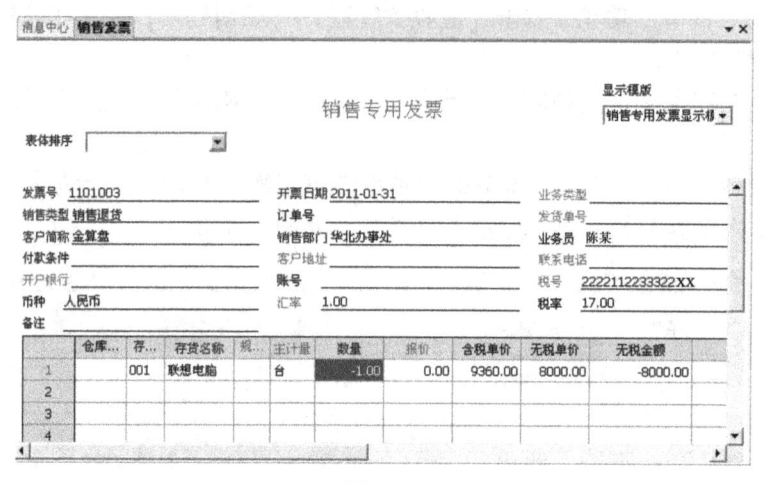

图6-39

（4）保存发票。单击工具栏上的"保存"按钮，保存数据。

（5）关闭窗口。单击窗口上的"关闭"按钮，退出当前界面。

【友情提示】

➢ 红字发票中数量小于0。

2. 填制红字收款单

（1）打开"收款单"功能。双击【应收款管理】—【收款单据处理】—【收款单据录入】菜单，进入"收款单"窗口。

（2）打开"红字收款单"功能。在收款单窗口，单击窗体工具栏上的"切换"按钮，进入"付款单"界面。

（3）进入增加状态。单击工具栏上的"增加"按钮，自动增加一张空表。

（4）录入数据。修改开票日期为"2011-01-14"，选择客户简称"金算盘"，选择结算方式"现金支票"，在金额栏录入"9360"，录入票据号"XJ0012"，在摘要栏输入"退还货款"，如图6-40所示。

（5）保存付款单。单击工具栏上的"保存"按钮，保存数据。

（6）关闭窗口。单击窗口上的"关闭"按钮，退出当前界面。

【友情提示】

➢ 退款金额需大于0。

3. 审核红字专用发票和红字收款单

操作方法同标准业务的单据审核。

4. 生成凭证

操作方法同标准业务的凭证生成。

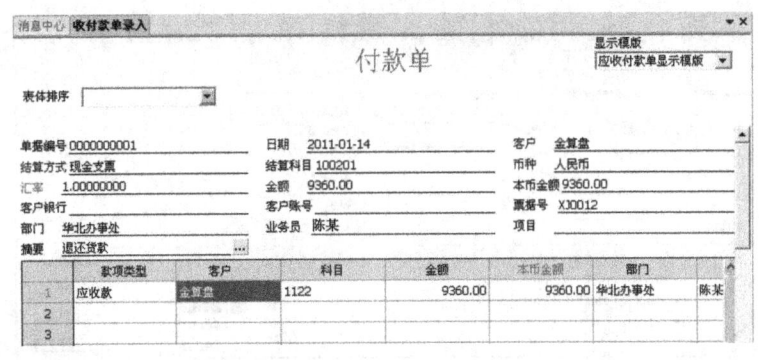

图 6-40

5. 核销往来账

操作方法同标准业务的往来账核销。

（五）转账业务

转账业务包括应收冲应收、预收冲应收、应收冲应付、红票对冲。应收冲应收是指将 A 单位的应收账款转向 B 单位，形成 B 单位的应收账款；预收冲应收是指用预收账款冲减应收账款，此功能还可以通过核销实现；应收冲应付是指用 A 单位的应收账款冲减 A 单位的应付账款；红票对冲是指红字单据与蓝字单据对冲，此功能还可以通过核销实现。下面以应收冲应收为例，操作步骤如下：

1. 填制销售专用发票

操作方法同标准业务的发票填制。

2. 审核销售专用发票

操作方法同标准业务的单据审核。

3. 生成转账凭证

操作方法同标准业务的凭证生成。

4. 应收账款冲抵应收账款

（1）打开"应收冲应收"功能。双击【转账】—【应收冲应收】菜单，打开"应收冲应收"对话框。

（2）录入条件。选择转出户"任我行有限公司"，选择转入户"用友集团"，如图 6-41 所示。

（3）录入并账金额。单击"过滤"按钮，在第一行和第二行分别录入并账金额"9 360"。单击"确定"按钮，弹出"是否立即制单"信息提示框，单击"否"按钮。

（4）关闭界面。单击"取消"按钮，关闭当前界面。

【友情提示】

➢ 在弹出"是否立即制单"信息提示框时，单击"是"按钮，则立刻生成记账凭证。

➢ 每一笔应收款的转账金额不能大于其余额。

➢ 每次只能选择一个转入单位。

5. 生成转账凭证

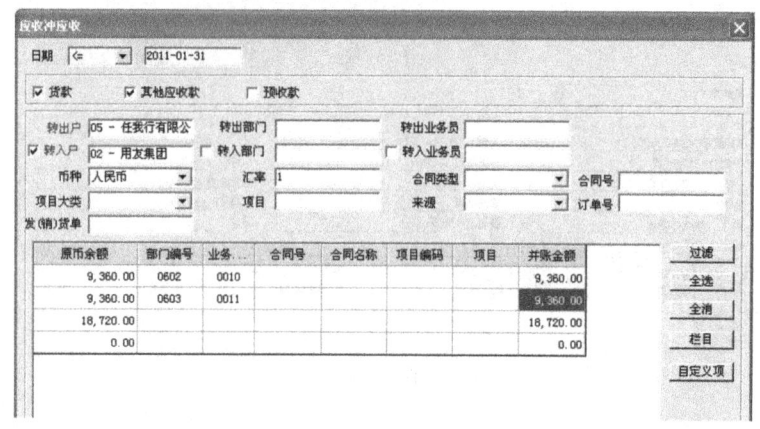

图 6-41

(1) 打开"制单处理"功能。双击【应收款管理】—【制单处理】菜单,打开"制单查询"对话框。

(2) 设置查询条件。选中"转账制单"和"并账制单"复选框,单击"确定"按钮。

(3) 制单。单击工具栏上的"全选"按钮,选择凭证类别为"转账凭证",单击"制单"按钮,生成一张记账凭证。

(4) 保存凭证。单击工具栏上的"保存"按钮,保存数据。

(5) 关闭界面。单击工具栏上的"退出"按钮,关闭当前界面。

(六) 坏账业务

坏账业务包括坏账计提、坏账发生、坏账收回三个环节。操作步骤如下:

1. 计提本月坏账准备金

(1) 打开"计提坏账准备"功能。双击【应收款管理】—【坏账处理】—【计提坏账准备】菜单,打开计提坏账准备窗口。

(2) 制单。单击工具栏上的"确定"按钮,弹出"是否立即制单"对话框,单击"是"按钮,生成一张记账凭证。

(3) 保存定义。单击工具栏上的"保存"按钮,保存数据。

(4) 关闭窗口。单击窗口上的"关闭"按钮,退出当前界面。

2. 填制销售专用发票

操作方法同标准业务的发票填制。

3. 审核销售专用发票

操作方法同标准业务的单据审核。

4. 生成转账凭证

操作方法同标准业务的凭证生成。

5. 发生坏账

(1) 打开"坏账发生"功能。双击【应收款管理】—【坏账处理】—【坏账发生】菜单,打开"坏账发生"窗口。

（2）录入坏账发生条件。将日期修改为"2011-01-15"，在客户栏录入"06"，或者单击客户栏的参照按钮，选择"速达有限公司"，如图6-42所示。

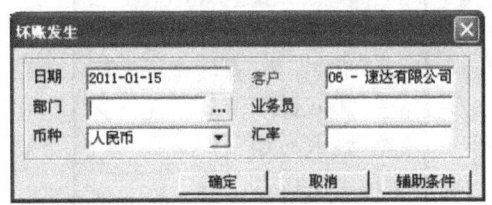

图6-42

（3）打开"坏账发生单据明细"功能。在坏账发生窗口单击"确定"按钮，打开"坏账发生单据明细"窗口。

（4）录入数据。在"本次发生坏账金额"栏的第一行录入"9360"，如图6-43所示。

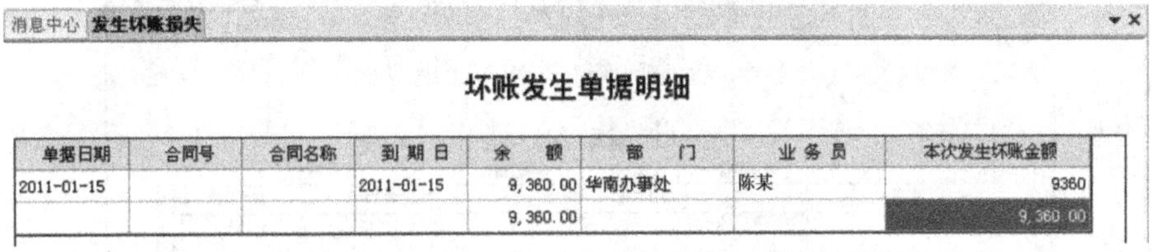

单据日期	合同号	合同名称	到期日	余额	部门	业务员	本次发生坏账金额
2011-01-15			2011-01-15	9,360.00	华南办事处	陈某	9360
				9,360.00			9,360.00

图6-43

【友情提示】
➢ 坏账发生金额只能小于或等于单据金额。

6. 生成转账凭证
操作方法同标准业务的凭证生成。

7. 填制收款单
操作方法同标准业务的单据填制。填写完成后不能审核该单据。

8. 收回坏账
（1）打开"坏账收回"界面。双击【应收款管理】—【坏账准备】—【坏账收回】菜单，打开坏账收回窗口。
（2）录入坏账收回条件。选择客户"速达有限公司"，选择结算单号"0000000003"，如图6-44所示。
（3）生成收款凭证。在坏账收回窗口单击"确定"按钮，系统提示"是否立即制单"，单击"是"按钮，生成一张收款凭证，如图6-45所示。
（4）保存凭证。单击工具栏上的"保存"按钮，保存数据。
（5）关闭窗口。单击窗口上的"关闭"按钮，退出当前界面。

【友情提示】
➢ 在录入一笔坏账收回的款项时，应该注意不要把该客户的其他应收款业务与该笔坏账收回业务录入到一张收款单据中。
➢ 坏账收回时制单不受系统选项中"方向相反分录是否合并"选项控制。

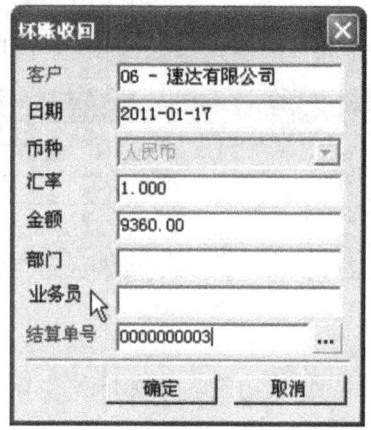

图 6-44

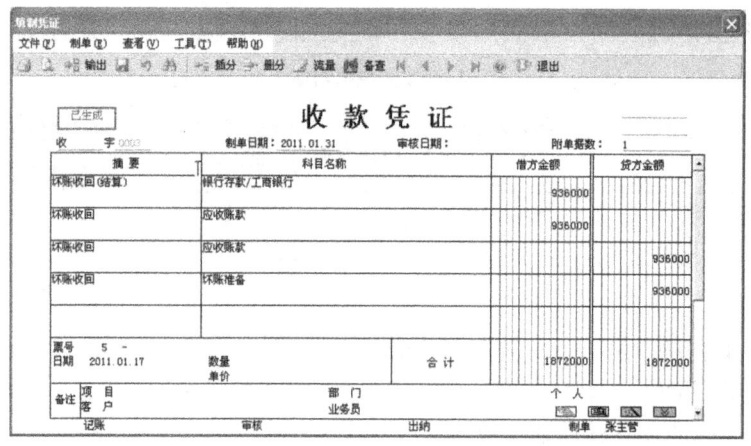

图 6-45

➢ 坏账收回中的结算单号是指收款单单号。

【注意事项】

➢ 如果收款单需要作为坏账收回的单据，那么收款单填写完成后，不能审核，否则，将无法找到此单据。

（七）账套备份

将账套输出至 "6-3 应收款单据处理" 文件夹，压缩后保存到 U 盘。

七、疑难解答

1. 如果当年已计提坏账准备，但坏账处理方式发生了变化，应该怎么办？

答：如果当年已计提过坏账准备，则坏账处理方式不允许修改，只能在下一年度修改。

2. 应收款系统使用分两种情况，一是应收款系统与销售管理系统集成使用，二是单独使用应收款系统，两种情况下如何处理销售发票？

答：如果应收款系统与销售管理系统集成使用，在销售管理系统中录入并审核销售专用发票，在应收款系统自动生成应收单，审核应收单，可以进行制单、核销等操作；应收款系统单独使用时，要在应收款系统中录入并审核销售专用发票，形成应收款，并对这些发票进行制单、核销等操作。

3. 为什么有些应收单不能修改和删除？

答：已审核和生成凭证的应收单不能修改和删除，如果要修改和删除，必须先取消相应的操作，如果已经生成凭证，应先删除凭证，再取消审核，然后才能修改和删除。

4. 为什么有时不能执行预收冲应收？

答：在初始设置时，如果将应收科目和预收科目设置为同一科目，将无法使用"预收冲应收"功能；预收款也可不先冲应收款，待收到此笔货款的剩余款项并进行核销时，再同时使用此笔预收款进行核销。

5. 为什么应收款系统不能结账？

答：如果应收款系统与销售管理系统集成使用，只有在销售管理系统结账后，才能对应收款系统进行结账处理。

◎ 思考与练习

1. 应收款业务大致流程是怎样的？
2. 如果在应收款系统参数中不设置基本科目，会有什么样的情况出现？
3. 标准销售业务的大致分哪几个步骤？
4. 现结业务相对于其他销售业务来说，其特点在是什么？

学习情境 7 应付款系统

◎ **教学活动设计**

应付款系统的内容和结构同应收款系统非常相似，整体上也分三个部分：第一部分是应付款系统的初始化，主要包括系统参数设置、基础资料的设置及期初余额的设置；第二部分是日常业务处理，亦即单据的处理，如标准采购业务的处理流程、其他应付业务的处理流程、现结业务的处理流程、退货与退款业务的处理流程、转账业务的处理流程；第三部分是期末结账。本系统的重点和难点集中在单据的处理，一定要理清日常业务处理的流程。

学习任务 7-1 准备知识

一、功能结构

应付款系统以发票、费用单、其他应付单等原始单据为依据，记录采购业务及其他业务所形成的往来款项，处理应付款的收回、转账等情况，同时提供票据处理功能。系统根据对供应商往来款项核算和管理的程度不同，提供了两种应用方案。

（一）在总账系统核算供应商往来款项

如果企业应付款业务比较简单，或者现购业务很多，则可以选择在总账系统通过辅助核算完成供应商往来核算。

（二）在应付款系统核算供应商往来款项

如果企业的应付款核算管理内容比较复杂，需要追踪每一笔业务的应付款、付款等情况，可以启用应付款系统。该方案下，可录入形成应付和付款结算原始单据，所有供应商往来凭证全部由应付款系统根据原始单据生成，其他系统不再生成这类凭证。

应付款系统的主要功能包括：根据输入的单据或由采购系统传递来的单据，记录应付款项的形成；处理应付项目的付款及转账业务；对应付票据进行记录和管理；在应付项目的处理过程中生成凭证，并向总账系统进行传递；提供各种查询及分析。

单据处理功能：单据录入、单据管理。包括增删改单据和查询、审核单据。

单据核销功能：手工核销、自动核销。

应付转账功能：进行应付冲应付、预付冲应付、应付冲应收、红票对冲等操作。

汇兑损益功能：进行有外币业务核算时的汇兑损益处理。

制单处理功能：对各个业务处理提供制单的功能，并传递给总账。

票据管理功能：对银行承兑汇票和商业承兑汇票进行管理。

付款单导出功能：完成付款单与网上银行的相互导入导出处理。

选择付款功能：进行一次支付多个供应商、多笔款项的业务处理，简化日常付款操作。

信用证管理：主要进行进口商在发出信用证后的付汇及其后续核销处理。

二、与其他系统的关系

应付款系统与其他系统的主要关系如图 7-1 所示。

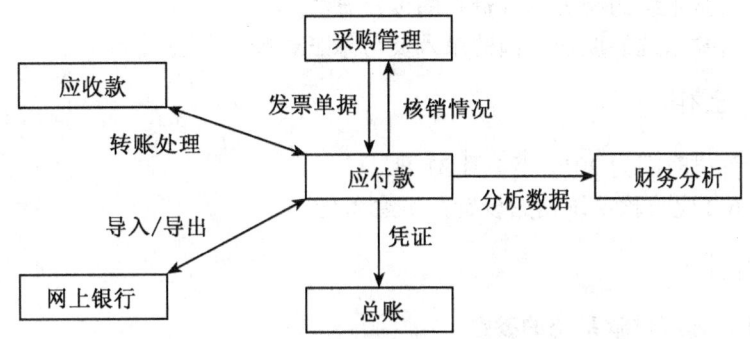

图 7-1 应付款系统与其他管理系统的主要关系

三、操作流程

应付款系统的操作流程总体上分为三大块，一是初始化，主要定义基础档案和录入期初数据；二是日常业务，主要进行形成应付和付款结算管理、应付转账，其中形成应付和付款结算是主要的日常业务，操作流程见图 7-2；三是月末处理，主要完成月末结账。

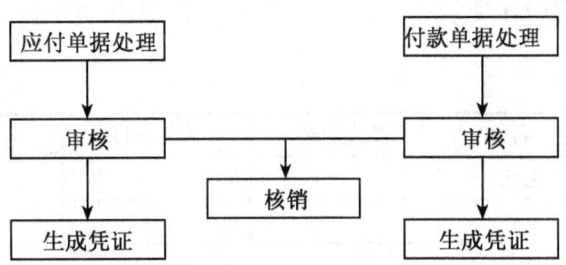

图 7-2 形成应付与付款结算流程图

应付单据处理就是形成应付，可以简单理解为收到发票；付款单据处理就是付款结算，可以简单理解为付款。应付单据处理和付款单据处理反映了应付款的两个方面。

学习任务 7-2 应付款系统初始设置

一、实训任务

1. 设置应付款系统参数。
2. 设置基本科目，设置结算方式科目。

3. 设置账龄区间，设置报警级别。
4. 录入期初余额。

二、任务目标

1. 理解应付款系统的功能、与其他系统的主要关系和业务处理流程。
2. 掌握应付款系统参数的设置方法。
3. 掌握应付款系统的相关基础资料的设置方法。
4. 掌握应付款系统的期初余额的录入及与总账对账的方法。

三、准备工作

1. 修改计算机时间为 2011 年 1 月 31 日。
2. 引入"6-2 应收款系统初始设置"账套备份。

四、实训引例

（一）600 账套应付款系统的参数

启用供应商权限，并且按信用方式根据单据提前 7 天自动报警。

（二）基本科目

应付科目为"220201 应付账款——应付货款"，预付科目为"1123 预付账款"，采购科目为"1401 材料采购"，采购税金科目为"22210101 应交税费——应交增值税——进项税额"，银行承兑科目为"2201 应付票据"，商业承兑科目为"2201 应付票据"，现金折扣科目为"6603"，票据利息科目为"6603"，票据费用科目为"6603"，收支费用科目为"660109"。

产品科目设置如表 7-1 所示。

表 7-1

存货编码	存货名称	存货规格	采购科目	应交增值税科目
001	联想电脑			
002	戴尔电脑			
003	惠普打印机		231401	22210101
004	运输费			

（三）结算方式科目

结算方式编码	结算方式名称	科目	结算方式编码	结算方式名称	科目
1	现金	1001	4	电汇	100201
2	现金支票	100201	5	网上银行	100201
3	转账支票	100201	6	银行承兑汇票	100201

（四）账龄区间

逾期账龄区间设置总天数分别为 30 天、60 天、90 天和 120 天。

账期内账龄区间设置总天数分别为 10 天、30 天、60 天和 90 天。

（五）报警级别

A 级时的总比率为 10%，B 级时的总比率为 20%，C 级时的总比率为 30%，D 级时的总比率为 40%，E 级时的总比率为 50%，总比率在 50% 以上为 F 级。

（六）单据编号设置

修改采购专用发票和付款单的单据编号方式，采用完全手工编号。

（七）期初余额

单据类型为采购专用发票，方向为正向，存货税率均为 17%。

开票日期	票号	供应商名称	采购部门	科目	货物名称	数量	无税单价	价税合计
2010.12.20	1012010	戴尔集团	商品采购部	220201	戴尔电脑	100	5 000	585 000

五、学情关注

应付款系统初始化应该说比较简单，只有三个小问题：系统参数的设置、相关基础资料的设置和期初余额的设置，第二个内容已在总账基础档案中详细讲解。本任务能谈上重点的应该是系统参数设置中的"基本科目"的设置，如果定义不当，会影响记账凭证的自动生成。所以应该提醒学生，有些内容并不难，但同样会影响整个系统的使用，一定要养成谨慎细致的习惯。

六、过程指导

（一）设置系统参数

设置应付模块的运行参数，操作步骤如下：

1. 以操作员 01 身份登录企业应用平台。
2. 打开应付款管理"选项"设置。双击【业务工作】—【财务会计】—【应付款管理】—【设置】—【选项】菜单，打开账套参数设置界面，如图 7-3 所示。
3. 修改参数。单击"编辑"按钮，根据实训资料修改参数。
4. 保存设置。单击"确定"按钮，自动保存设置，并关闭界面。

【友情提示】

➢ 在进入应付款系统之前应在企业应用平台中启用应付款系统。应付款系统的启用期间必须大于或等于账套的启用期间。

➢ 在账套使用过程中可以随时修改账套参数。

➢ 如果选择单据日期为审核日期，则月末结账时单据必须全部审核。

（二）设置基本科目

用于设置生成凭证时所需要的基本科目，当有的产品或客户使用特殊科目时，需要在

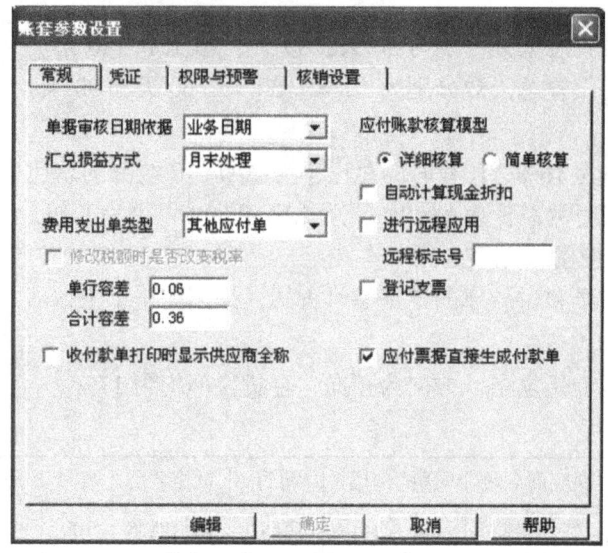

图 7-3

控制科目和产品科目中进行单独定义。操作步骤如下：

1. 打开"初始设置"功能。双击【应付款管理】—【设置】—【初始设置】菜单，打开初始设置界面。

2. 录入基本科目数据。选中"设置科目"下的"基本科目设置"，根据实训资料录入参数，如图 7-4 所示。

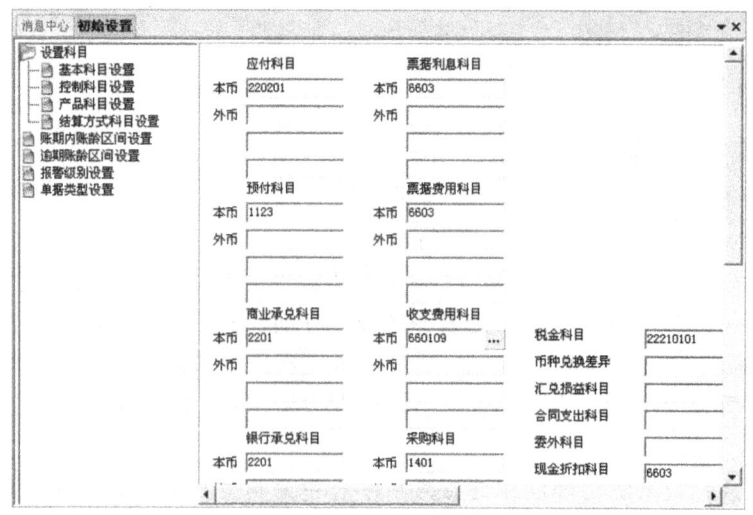

图 7-4

3. 录入产品科目数据。选中"设置科目"下的"产品科目设置"，根据实训资料录入参数，如图 7-5 所示。

4. 关闭窗口。单击工具栏上的"关闭"按钮，关闭当前界面。

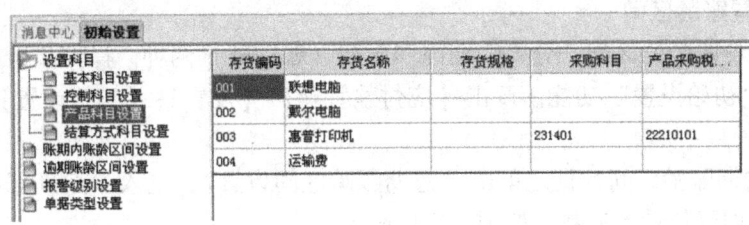

图 7-5

【友情提示】
➤ 在设置基本科目的应付科目、预付科目时,应在总账系统中设置其辅助核算内容为"供应商往来",并且受控系统为"应付系统",否则在这里不能被选中。
➤ 在控制科目设置、产品科目设置中定义的科目,不再使用基本科目,如果没有定义,生成凭证时取基本科目。
➤ 只有设置了科目,在生成凭证时才能直接生成凭证中的科目,否则凭证中将没有会计科目,需要手工输入。

(三) 结算方式科目

不同的付款方式对应不同的会计科目,定义此内容后,付款时会自动填写凭证的借方科目。操作步骤如下:

1. 打开"初始设置"功能。双击【应付款管理】—【设置】—【初始设置】菜单,打开初始设置界面。

2. 录入结算方式科目数据。选中"设置科目"下的"结算方式科目设置",根据实训资料录入参数。录入结算方式"现金",币种"人民币",科目"1001";依次录入其他数据,如图7-6所示。

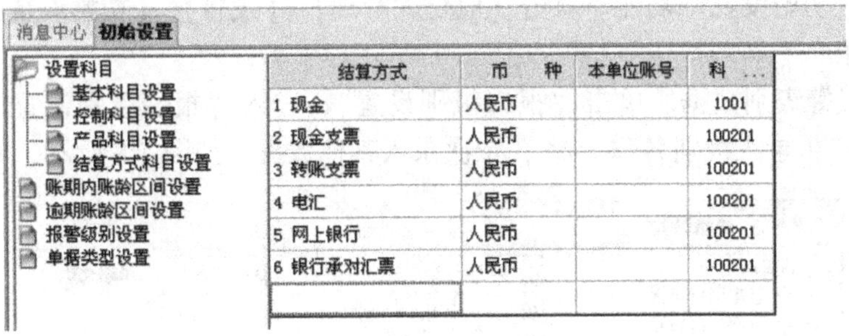

图 7-6

3. 关闭窗口。单击工具栏上的"关闭"按钮,关闭当前界面。

【友情提示】
➤ 在付款时只要输入结算方式,就可以由系统自动生成该种结算方式对应的会计科目。
➤ 如果在此不设置结算方式科目,则在付款时可以手工输入不同结算方式对应的会计科目。

(四) 设置账龄区间

用于定义各账龄的区间，分为账期内和逾期（账期外）两种。操作步骤如下：

1. 打开"初始设置"功能。双击【应付款管理】—【设置】—【初始设置】菜单，打开初始设置界面。

2. 录入逾期账龄区间数据。单击"逾期账龄区间设置"，进入"逾期账龄区间设置"窗口，根据实训资料录入参数，如图 7-7 所示。

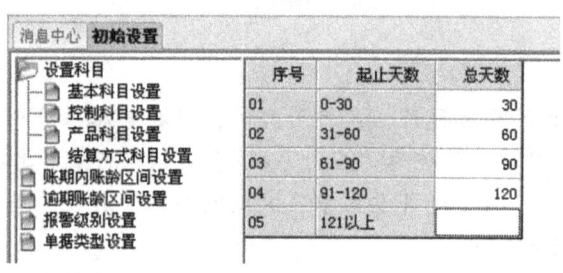

图 7-7

3. 用同样的方法，录入账期内账龄区间数据。
4. 关闭窗口。单击工具栏上的"关闭"按钮，关闭当前界面。

【友情提示】
- 序号由系统自动生成，不能修改和删除。
- 总天数栏直接输入截止区间的账龄总天数。
- 最后一个区间不能修改和删除。

(五) 设置报警级别

用于定义应付账款的报警级别。操作步骤如下：

1. 打开"初始设置"功能。双击【应付款管理】—【设置】—【初始设置】菜单，打开初始设置界面。

2. 录入报警级别数据。单击"报警级别设置"，进入"报警级别设置"窗口。录入总比率"10%"，录入级别名称"A"，依次录入其他数据，如图 7-8 所示。

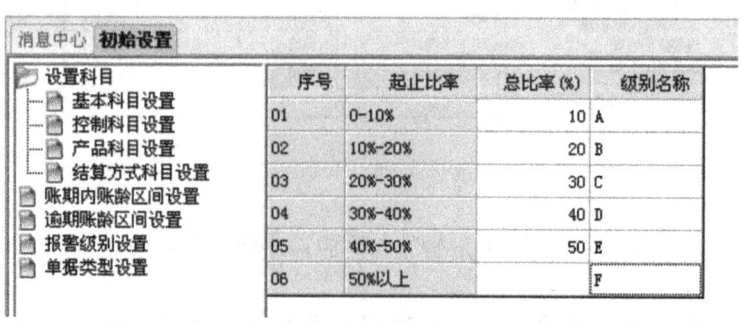

图 7-8

3. 关闭窗口。单击工具栏上的"关闭"按钮，关闭当前界面。

【友情提示】

➢ 应直接输入该区间的最大比率及级别名称,系统根据输入的比率自动生成相应的区间。

➢ 删除一个级别后,该级别后的各级比率会自动调整。

➢ 最后一个级别为某一比率之上,所以在"总比率"栏不能录入比率,否则将不能退出。

➢ 最后一个比率不能删除,如果录入错误则应先删除上一级比率,再修改最后一级比率。

(六) 单据编号设置

这是指设置单据的编号是由手工录入还是由计算机自动编码,有些单据的编码具有特别的用处,比如发票的编号,特别是采购发票的编号。操作步骤如下:

1. 打开"单据编号设置"界面。双击【基础设置】—【单据设置】—【单据编号设置】菜单,打开设置窗口,如图7-9所示。

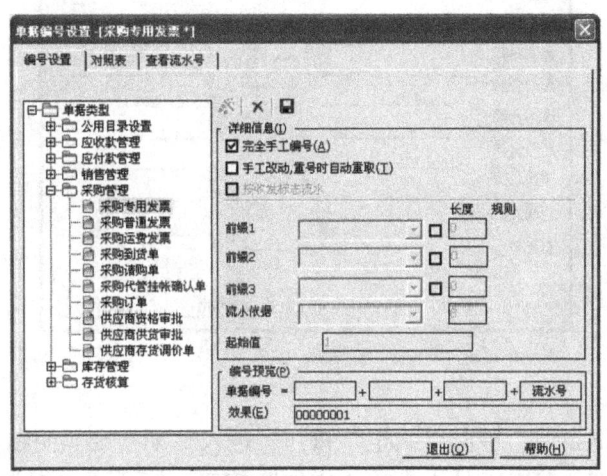

图7-9

2. 选择设置对象。在左边的单据类型中选择"采购管理"—"采购专用发票"。

3. 进入修改状态。单击工具栏上的"修改"按钮，详细信息的内容变成有效状态。

4. 修改详细信息。选择"完全手工编号"复选框。

5. 保存修改。单击"保存"按钮,自动保存修改。

6. 修改"付款单"编号设置。重复步骤二至五,将付款单的编号设置改成完全手工编号。

7. 关闭窗口。单击"关闭"按钮,关闭当前界面。

【友情提示】

➢ "完全手工编号"是指没有默认值,需要操作员手工录入。

➢ "手工改动,重号时自动重取"是指系统按下面的规则提供默认值,操作员可以修改。

➢ 如果没有选择这两项，表示由计算机按下面的规则自动编号，不能修改。

➢ 在查看流水号页签中可以查看和设置最后一个流水号。

（七）录入期初采购发票

应付款系统数据的输入有形成应付和付款结算两个方面，因此，其期初值也有这两个方面，比如未核销的采购发票和预付款。操作步骤如下：

1. 打开"期初余额"功能。双击【应收款管理】—【应付单据处理】—【应付单据录入】菜单，系统打开"期初余额—查询"对话框，如图7-10所示。

图 7-10

2. 设置过滤查询条件。单击"确定"按钮，进入"期初余额明细表"窗口。

3. 进入增加状态。单击工具栏上的"增加"按钮，打开"单据类别"对话框，如图7-11所示。

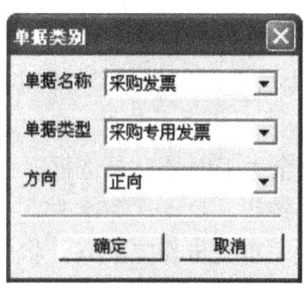

图 7-11

4. 选择单据类别。单据名称选择"采购发票"，单据类型选择"采购专用发票"，方向选择"正向"，单击"确定"按钮，进入"采购专用发票"窗口。

5. 新增一张空发票。单击工具栏上的"增加"按钮，自动增加一张空表。

6. 录入发票。将开票日期修改为"2010-12-20",录入发票号"1012010",选择供应商"戴尔集团",选择存货编码"002",录入数量"100",录入原币单价"5000",如图 7-12 所示。

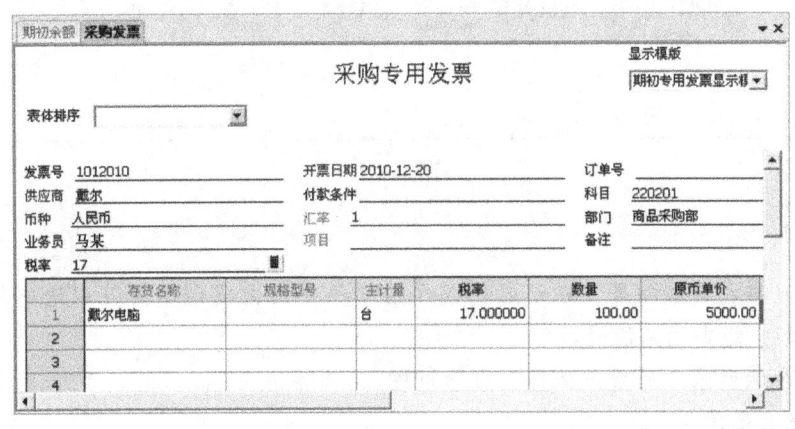

图 7-12

7. 保存采购发票。单击工具栏上的"保存"按钮,自动保存数据。
8. 关闭窗口。单击窗口上的"关闭"按钮,关闭当前界面。

【友情提示】
➢ 在初次使用应付款系统时,应将启用应付款系统时未处理完的所有供应商的应付账款、预付账款、应付票据等数据录入到本系统。进入第二年度时,系统自动将上年度未处理完的单据转为下一年度的期初余额。在下一年度的第一个会计期间,可以进行期初余额调整。
➢ 在日常业务中,可对期初发票、付款单、预付款、票据进行后续的核销、转账处理。
➢ 如果退出了录入期初余额的单据,在"期初余额明细表"窗口中并没有看到新录入的期初余额,应单击"刷新"按钮,就可以列示所有的期初余额的内容。
➢ 在录入期初余额时一定要注意期初余额的会计科目,如果科目错误,在应付款系统与总账系统进行对账时,将会导致对账错误。
➢ 如果未设置允许修改采购专用发票的编号,则在填制采购专用发票时不允许修改采购专用发票的编号。

(八) 应付款系统与总账系统对账

期初数据录入完成后,一定要和总账进行对账,保持数据一致。操作步骤如下:
1. 打开"期初余额"功能。双击【应付款管理】—【设置】—【期初余额】菜单,打开"期初余额明细表"界面。
2. 进行对账。单击工具栏上的"对账"按钮,打开"期初对账"界面,如图 7-13 所示。
3. 关闭窗口。单击"关闭"按钮,关闭当前界面。

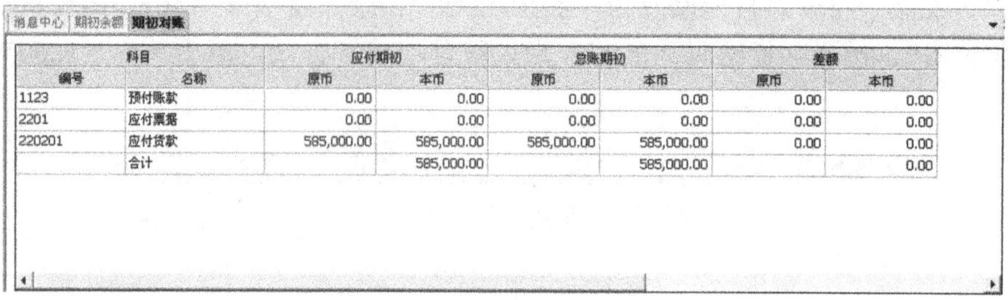

图 7-13

【友情提示】
➢ 保存了期初余额结果，在结账前或在第二年使用需要调整时可以进行修改。结账后，期初余额只能查询不能修改。
➢ 期初余额所录入的票据保存后自动审核。

（九）账套备份
将账套输出至"7-2 应付款系统初始设置"文件夹，压缩后保存到 U 盘。

七、疑难解答

1. 为什么在应付款系统"初始设置"时"应付科目"、"预付科目"不能被选中？
答：在设置基本科目的应付、预付科目时，应在总账系统中把"应付科目"、"预付科目"设置为"供应商往来"辅助核算，且受控系统为"应付系统"。否则在这里不能被选中。

2. 在应付款系统自动生成凭证时，为什么缺少会计科目？
答：在应付款系统设置"系统参数"时应定义相应的"基本科目"，只有这样，系统自动生成凭证时才会出现相应的会计科目，否则，需要手工输入会计科目。

◎ 思考与练习
1. 如果在应付款系统中不设置基本科目，会造成什么样的影响？
2. 如果已经在总账中设置了相应的基础资料，在应付款系统中还需要设置吗？
3. 如果总账系统与应付款系统对账时系统提示"余额不平"，应该怎样解决？

学习任务 7-3　应付款单据处理

一、实训任务

1. 录入应付单据、付款单据，审核应付单据、付款单据。
2. 核销付款单据，对应付单据、付款单据进行财务处理。
3. 预付冲应付并制单。

二、任务目标

1. 熟练掌握标准业务的流程及处理方法。
2. 掌握其他应付业务的流程及处理方法。
3. 掌握现结业务的流程及处理方法。
4. 掌握退货与退款业务的流程及处理方法。
5. 掌握转账业务的流程及处理方法。

三、准备工作

1. 初步了解应付款日常业务的操作流程。
2. 修改计算机时间为 2011 年 1 月 31 日。
3. 引入"7-2 应付款系统初始设置"账套备份。

四、实训引例

（一）标准业务

1. 2011 年 1 月 8 日，向联想集团采购联想电脑 10 台，无税单价为 5 000 元，增值税税率为 17%（采购专用发票号：2201001），共计 58 500 元，款未付。
2. 2011 年 1 月 8 日，财务部门审核发票，生成应付款凭证。
3. 2011 年 1 月 9 日，财务部门向联想集团支付货款，开出转账支票一张，支票号 ZZ6001，金额 58 500 元。
4. 2011 年 1 月 9 日，审核付款单，生成付款凭证。
5. 2011 年 1 月 9 日，核销联想集团的往来账。

（二）运费业务

1. 2011 年 1 月 10 日，联想集团以现金代垫运费 200 元。
2. 2011 年 1 月 10 日，财务部门开出转账支票一张，支票号 ZZ6002，金额 7 000 元，支付运费后，多余资金作为预付账款处理。
3. 2011 年 1 月 11 日，审核其他应付单和付款单，生成凭证，核销往来账。

（三）现结业务

2011 年 1 月 11 日，向联想集团采购联想电脑 10 台，无税单价为 5 000 元，增值税税率为 17%（采购专用发票号：2201002），共计 58 500 元，当日开出转账支票一张，支票号 ZZ6003。财务部门审核发票，生成凭证。

（四）退货与退款业务

2011 年 1 月 14 日，因质量原因，向联想集团按原价退回联想电脑一台，联想集团开出红字专用发票（发票号：2201003），同时收到现金支票一张，支票号 XX0091，退还货款。审核相关单据，生成凭证。

（五）转账业务

1. 2011 年 1 月 15 日，向联想集团采购联想电脑 1 台，无税单价为 5 000 元，增值税税率为 17%（采购专用发票号：3301004），共计 5 850 元，款未付，财务部门审核发票，生成凭证。

2. 2011 年 1 月 16 日，经双方同意，将联想集团的上一笔货款 5 850 元与预付款冲抵，生成凭证。

五、学情关注

应付款系统和应收款系统的内容与结构非常相似。学习应付款系统前如果已经接触过采购管理系统，应把二者结合起来，这样有助于理解该系统，因为该系统以采购业务为基础，有些内容在采购管理系统也可以操作，比如采购发票的填制。一定要搞清楚应付款日常业务的流程，这是本章学习的重点和难点。尽管应付款业务分为几类，如标准业务、其他应付业务、现结业务、退货和退款业务等，但业务流程大体相似，一般需要经过填制单据（采购发票或其他应付单等）—审核单据—生成凭证—填制付款单—审核付款单—生成凭证—核销往来。

六、过程指导

（一）标准业务

标准业务是指先收到票后付款或先付款后收到票的业务，无论是先收到票还是先付款，原则上是先发生什么业务就先做什么业务，操作方法相同。操作步骤如下：

1. 填制采购专用发票

（1）以操作员 02 身份登录企业应用平台。

（2）打开"应付单据录入"功能。双击【应付款管理】—【应付单据处理】—【应付单据录入】菜单，系统打开"单据类别"对话框。

（3）选择单据类别。单据名称选择"采购发票"，单据类型选择"采购专用发票"，方向选择"正向"，如图 7-14 所示。单击"确定"按钮，进入"专用发票"窗口。

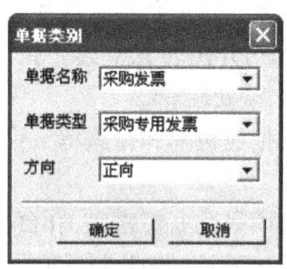

图 7-14

（4）进入增加状态。单击工具栏上的"增加"按钮，自动增加一张空表。

（5）录入发票。将开票日期修改为"2011-01-08"，录入发票号"2201001"，选择供应商"联想集团"，选择采购类型"普通采购"，选择存货编码"001"，录入数量"10"，录入原币单价"5000"，如图 7-15 所示。

（6）保存定义。单击工具栏上的"保存"按钮，保存数据。

（7）关闭窗口。单击窗口上的"关闭"按钮，退出当前界面。

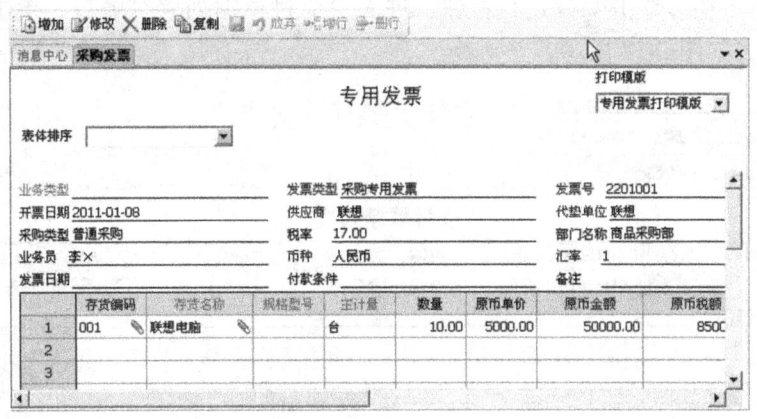

图 7-15

【友情提示】

➢ 如果应付款系统与采购管理系统同时使用，采购发票在采购管理系统录入，在应付款系统中可以对单据进行查询、核销、制单等操作。此时应付款系统需要录入的只限于应付单。

➢ 如果没有使用采购管理系统，则所有发票和应付单均需在应付款系统录入。

➢ 如果要修改采购专用发票，进入采购专用发票窗口后，单击工具栏上的"放弃"按钮，再单击工具栏上的"下一张"按钮，找到要修改的发票进行修改。

2. 审核采购专用发票

（1）打开"应付单据审核"功能。双击【应付款管理】—【应付单据处理】—【应付单据审核】菜单，打开"应付单过滤条件"界面，如图 7-16 所示。

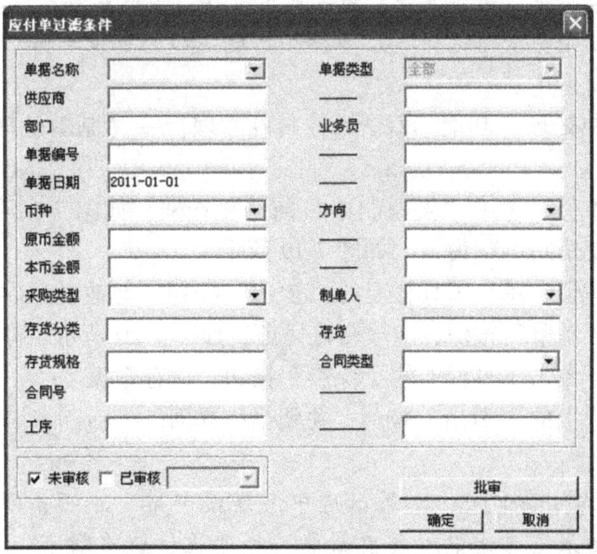

图 7-16

(2) 进行审核。单击"确定"按钮,进入"应付单据列表"窗口。单击工具栏上的"全选"按钮,如图7-17所示。

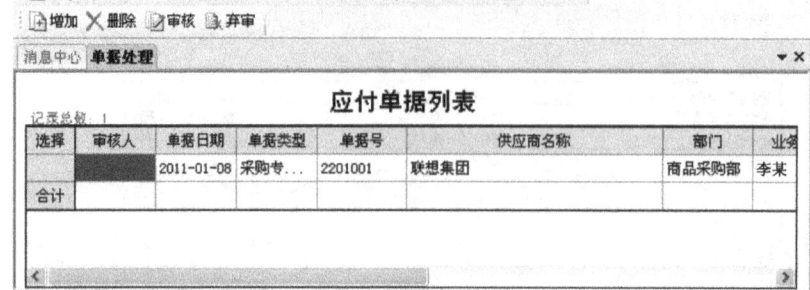

图7-17

(3) 审核单据。单击工具栏上的"审核"按钮,弹出"本次成功审核单据1张"对话框。

(4) 关闭窗口。单击"确定"按钮,再单击窗口上的"关闭"按钮,关闭当前界面。

【友情提示】

➤ 已经审核的单据不能修改或删除,已生成凭证或进行过核销的单据在应付单据列表界面不再显示。

➤ 录入采购发票后可以直接进行审核,审核后系统会提示"是否立即制单",此时可以直接制单。如果录入采购发票后不直接审核,可以打开审核功能审核,再打开制单功能制单。

➤ 已经审核的单据在未进行其他处理之前可以取消审核后再修改。

➤ 取消审核时在条件中需选择"已审核"才能显示已审核单据。

3. 生成转账凭证

(1) 打开"制单处理"功能。双击【应付款管理】—【制单处理】菜单,打开制单查询界面。

(2) 设置查询条件。选中"发票制单"前的复选框,如图7-18所示。单击"确定"按钮,进入"采购发票制单"窗口,如图7-19所示。

(3) 生成转账凭证。单击工具栏上的"全选"按钮,修改凭证类别为"转账凭证",再单击工具栏上的"制单"按钮,生成转账凭证,如图7-20所示。

(4) 保存凭证。单击工具栏上的"保存"按钮,保存数据。

(5) 单击工具栏上的"退出"按钮,关闭当前界面。

【友情提示】

➤ 在"制单查询"窗口中,如果只选中"发票制单"选项,则制单窗口显示的是"采购发票制单"。如果同时选中"发票制单"和"收付款单制单",则制单窗口显示的是"应付制单"。

➤ 如果所选择的凭证类型错误,可以在生成凭证后再修改。

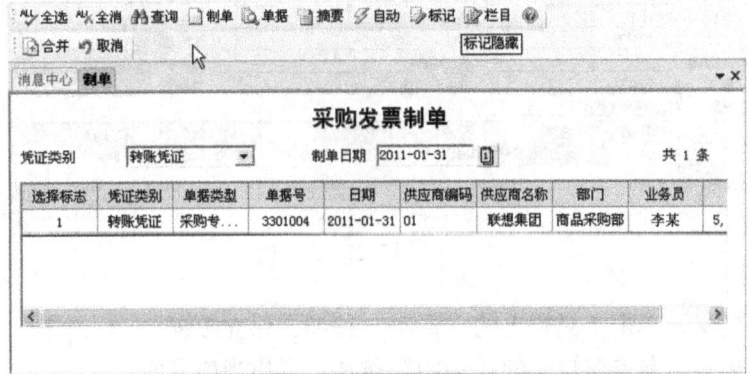

图 7-18

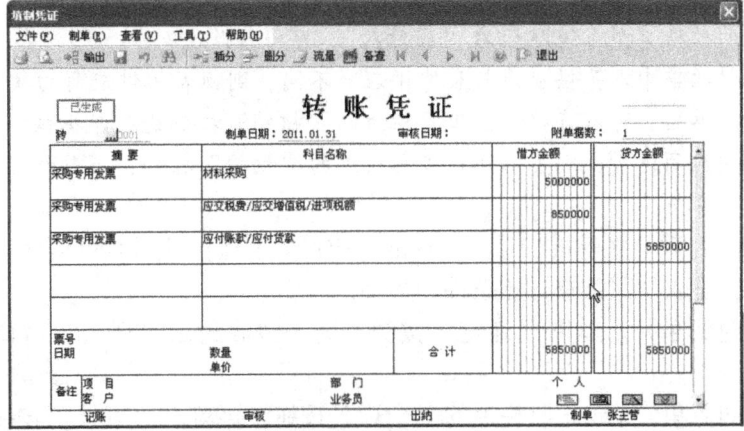

图 7-19

图 7-20

➢ 如果一次生成了多张记账凭证，可以在保存了一张凭证后再打开其他的凭证，直到全部保存为止，未保存的凭证视为放弃本次凭证生成的操作。

➢ 凭证只有在保存后才能传递到总账系统，再在总账系统进行审核和记账等。

4. 填制付款单

（1）打开"付款单据录入"功能。双击【应付款管理】—【付款单据处理】—【付款单据录入】菜单，打开付款单界面。

（2）进入增加状态。单击工具栏上的"增加"按钮，自动增加一张空表。

（3）录入付款单。将日期修改为"2011-01-09"，选择供应商"联想集团"，选择结算方式"转账支票"，录入金额"58500"，录入票据号"ZZ6001"，录入摘要"向联想集团支付货款"，如图7-21所示。

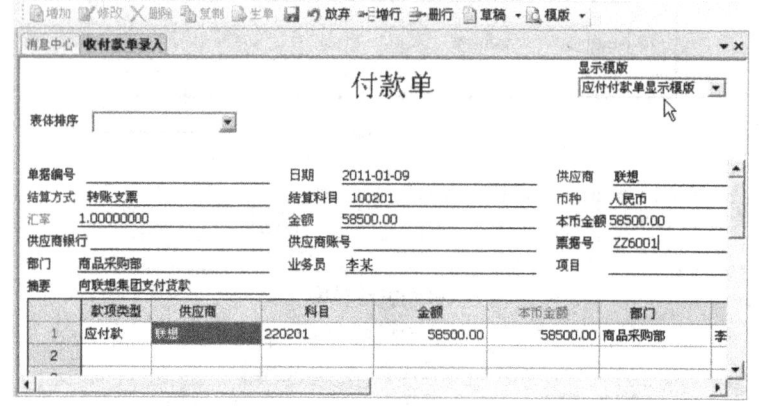

图 7-21

（4）保存定义。单击工具栏上的"保存"按钮，保存数据。

（5）关闭窗口。单击窗口上的"关闭"按钮，退出当前界面。

【友情提示】

➢ 单击付款单的"保存"按钮后，系统会自动生成付款单表体的内容。

➢ 表体中的款项类型系统默认为"应付款"，可以修改。

➢ 若一张付款单中表头供应商与表体供应商不同，则视表体供应商的款项为代收款。

➢ 填制付款单后，可以直接单击工具栏上的"核销"按钮进行单据核销的操作。

➢ 如果向供应商退货，则可以单击工具栏上的"切换"按钮，填制红字付款单。

5. 审核付款单

（1）打开"付款单据审核"功能。双击【应付款管理】—【付款单据处理】—【付款单据审核】菜单，进入"付款单过滤条件"界面。

（2）设置过滤条件。单击"确定"按钮，进入"收付款单列表"窗口，如图7-22所示。

（3）审核付款单。单击工具栏上的"全选"按钮，再单击"审核"按钮，系统提示"本次成功审核1张单据"。

（4）关闭窗口。单击"确定"按钮，再单击窗口上的"关闭"按钮，关闭当前

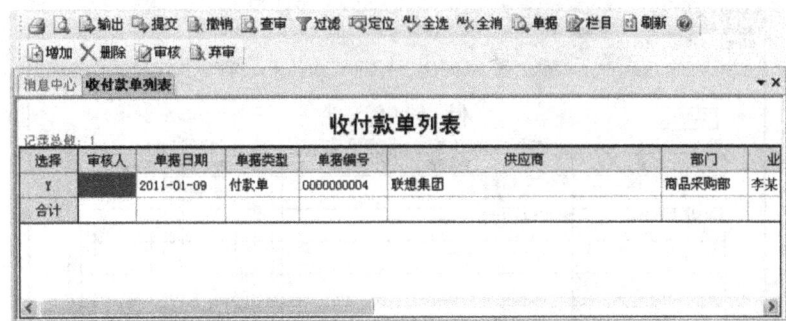

图 7-22

界面。

6. 生成付款凭证

(1) 打开"制单处理"功能。双击【应付款管理】—【制单处理】菜单,打开制单查询界面。

(2) 设置查询条件。选中"收付款单制单"前的复选框,单击"确定"按钮,进入"收付款单制单"窗口,如图 7-23 所示。

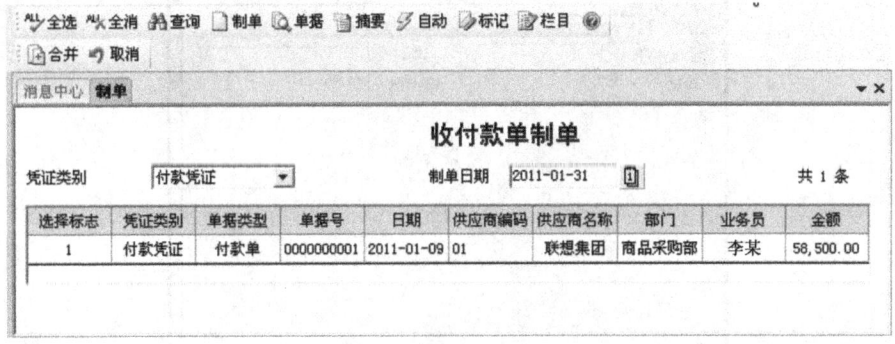

图 7-23

(3) 生成付款凭证。单击工具栏上的"全选"按钮,再单击"制单"按钮,生成记账凭证,如图 7-24 所示。

(4) 保存凭证。单击工具栏上的"保存"按钮,保存数据。

(5) 关闭窗口。单击工具栏上的"退出"按钮,关闭当前界面。

【友情提示】

➢ 在"制单查询"窗口中,如果只选中"收付款单制单"选项,则会打开"收付款单制单"窗口。如果同时选中"发票制单"和"收付款单制单",则制单窗口显示的是"应付制单",但两种待制的单据都会显示出来。

➢ 在制单功能中还可以根据需要进行合并制单。

7. 核销往来账

(1) 打开"核销"功能。双击【应付款管理】—【核销处理】—【手工核销】菜单,进

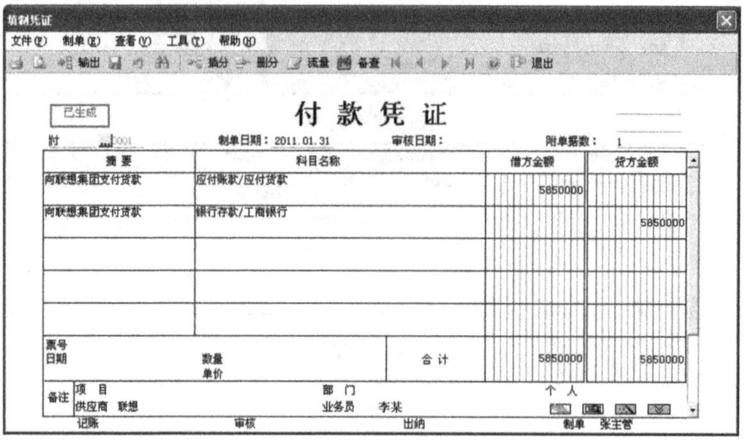

图 7-24

入核销条件界面，如图 7-25 所示。

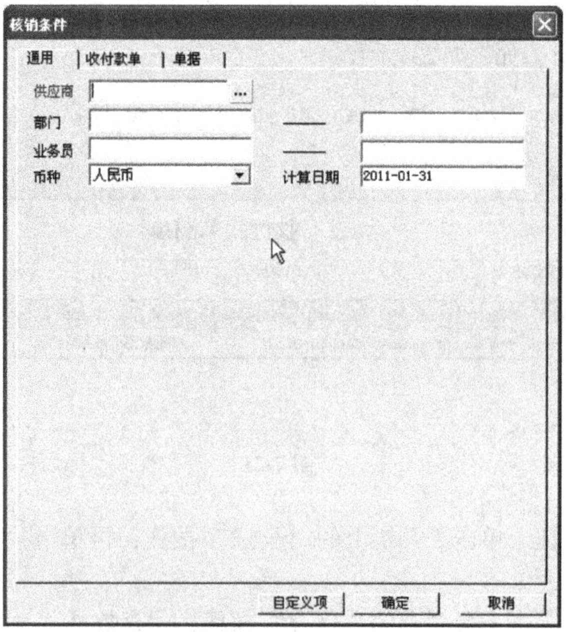

图 7-25

（2）录入核销条件。选择供应商"联想集团"，单击"确定"按钮，进入"单据核销"窗口。

（3）录入核销数据。在上半部分的"本次结算"栏的第一行录入"58500"。在下半部分的"本次结算"栏的第一行录入"58500"，如图 7-26 所示。

（4）保存定义。单击工具栏上的"保存"按钮，核销并保存数据。

（5）关闭窗口。单击窗口上的"关闭"按钮，退出当前界面。

图 7-26

【友情提示】
➤ 保存核销内容后，单据核销窗口中将不再显示已经核销的内容。
➤ 核销时，结算单列表中款项类型为应付款的记录默认本次结算金额为该记录的原币金额；款项类型为预付款的记录默认本次结算金额为空。核销时可以修改本次结算金额，但是不能大于该记录的原币金额。
➤ 在结算单列表中，单击"分摊"按钮，系统将当前结算单列表中的本次结算金额合计自动分摊到被核销单据的本次结算栏中。
➤ 一次只能对一种结算单类型进行核销，即手工核销的情况下需要将收款单和付款单分开核销。
➤ 手工核销保存时，若结算单列表的本次结算金额大于或小于被核销单据的本次结算金额合计，系统将提示结算金额不相等，不能保存。
➤ 若发票中同时存在红蓝记录，则核销时先进行单据的内部对冲。
➤ 如果核销后未进行其他处理，可以在期末处理的"取消操作"功能中取消核销操作。

(二) 运费业务
运费业务比较特殊，如运费开具了运费发票，就需要通过发票的形式录入单据；没有开具发票时，需要通过其他应付单的形式录入。本部分以发票的形式录入。操作步骤如下：

1. 填制采购普通发票
(1) 打开"应付单据录入"功能。双击【应付款管理】—【应付单据处理】—【应付单据录入】菜单，打开单据类别界面。
(2) 选择单据类别。单据名称选择"采购发票"，单据类型选择"采购普通发票"，方向选择"正向"，单击"确定"按钮，进入"普通发票"窗口。
(3) 进入增加状态。单击工具栏上的"增加"按钮，自动增加一张空表。
(4) 录入发票。将开票日期修改为"2011-01-10"，选择供应商"联想集团"，选择存货编码"004"，录入原币金额"200"，如图 7-27 所示。
(5) 保存定义。单击工具栏上的"保存"按钮，保存数据。
(6) 关闭窗口。单击窗口上的"关闭"按钮，退出当前界面。

【友情提示】
➤ 会计制度规定，运费可以按7%的税率进行增值税的进项税额抵扣，因此运费成本为扣除7%进项税额后的部分。

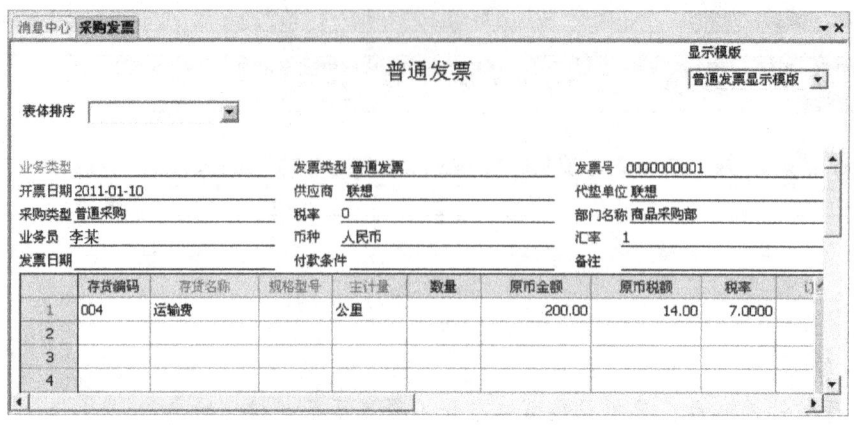

图 7-27

➤ 如果在启用应付款系统的同时启用了采购管理系统,则应在采购管理系统填制"运费发票",在应付款系统对采购管理系统传递来的"运费发票"进行付款、核销等操作。

2. 填制付款单

(1) 打开"付款单据录入"功能。双击【应付款管理】—【付款单据处理】—【付款单据录入】菜单,进入"付款单"界面。

(2) 进入增加状态。单击工具栏上的"增加"按钮,自动增加一张空表。

(3) 录入付款单。将日期修改为"2011-01-10",选择供应商"联想集团",选择结算方式"转账支票",录入金额"7000",录入票据号"ZZ6002",录入摘要"支付运费",如图 7-28 所示。

(4) 录入预付金额。在第一行单击款项类型栏的下拉按钮,选择"应付款",在金额栏录入"200";在第二行单击款项类型栏的下拉按钮,选择"预付款",在金额栏录入"6800",如图 7-28 所示。

图 7-28

（5）保存定义。单击工具栏上的"保存"按钮，保存数据。

（6）关闭窗口。单击窗口上的"关闭"按钮，退出当前界面。

3. 审核付款单

（1）打开付款单据审核功能。双击【应付款管理】—【付款单据处理】—【付款单据审核】菜单，进入"付款单过滤条件"界面。单击"确定"按钮，进入"收付款单列表"窗口。

（2）进行审核。单击工具栏上的"全选"按钮，再单击"审核"按钮，系统提示"本次成功审核1张单据"。

（3）关闭窗口。单击"确定"按钮，再单击窗口上的"关闭"按钮，关闭当前界面。

4. 生成凭证

（1）打开"制单处理"功能。双击【应付款管理】—【制单处理】菜单，打开制单查询界面。

（2）设置查询条件。选中"收付款单制单"前的复选框，单击"确定"按钮，进入"收付款单制单"窗口。

（3）生成付款凭证。单击工具栏上的"全选"按钮，再单击"制单"按钮，生成记账凭证。

（4）保存定义。单击工具栏上的"保存"按钮，保存数据。

（5）关闭窗口。单击工具栏上的"退出"按钮，关闭当前界面。

5. 核销往来账

（1）打开"核销"功能。双击【应付款管理】—【核销处理】—【手工核销】菜单，进入核销条件界面。

（2）录入核销条件。选择供应商"联想集团"，单击"确定"按钮，进入"单据核销"窗口。

（3）录入核销数据。在上半部分的"本次结算"栏的第一行录入"200"。在下半部分的"本次结算"栏的第一行录入"200"，如图7-29所示。

图 7-29

（4）核销。单击工具栏上的"保存"按钮，核销并保存数据。

（5）关闭窗口。单击窗口上的"关闭"按钮，关闭当前界面。

（三）现结业务

现结业务是指在收到发票的同时支付对方的货款。由于在应付模块中，在采购发票中无法录入付款信息，填写发票和付款还是需要分开操作，所以操作方法与标准业务完全相同。此处是为了与供应链中的现结业务进行对比。操作步骤如下：

1. 填制并审核采购专用发票，生成凭证。操作方法与标准业务相同。
2. 填制并审核付款单，生成凭证。操作方法与标准业务相同。
3. 核销往来账。操作方法与标准业务相同。

【友情提示】

➢ 当付款单上的金额与发票上的金额一致时，填写付款单、审核完成后，可以直接单击付款单工具栏上的"核销"，相当于调用了自动核销。

（四）退货与退款业务

退货与退款业务的操作流程与标准业务相同，只是方向相反，退款时注意"切换"。操作步骤如下：

1. 填制红字采购专用发票

（1）打开"应付单据录入"功能。双击【应付款管理】—【应付单据处理】—【应付单据录入】菜单，打开"单据类别"对话框。

（2）选择单据类别。单据名称选择"采购发票"，单据类型选择"采购专用发票"，方向选择"负向"，单击"确定"按钮，进入红字"专用发票"窗口。

（3）进入增加状态。单击工具栏上的"增加"按钮，自动增加一张空表。

（4）录入发票。将开票日期修改为"2011-01-14"，录入发票号"2201003"，选择供应商"联想集团"，选择采购类型"采购退货"，选择存货编码"001"，录入数量"-1"，录入原币单价"5 000"，如图7-30所示。

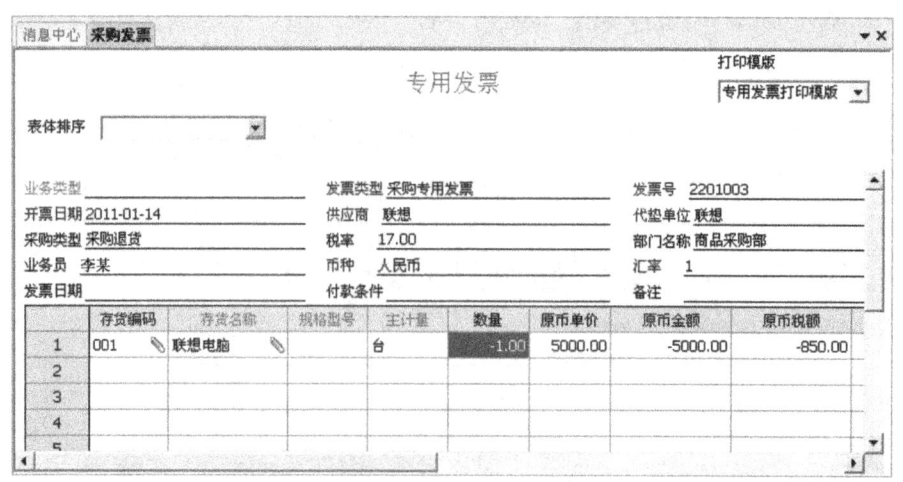

图7-30

(5) 保存定义。单击工具栏上的"保存"按钮，保存数据。
(6) 关闭窗口。单击窗口上的"关闭"按钮，退出当前界面。

【友情提示】
➢ 选择单据类别时，方向选择"负向"，可填制红字采购专用发票。

2. 填制红字付款单
(1) 打开"付款单据录入"功能。双击【应付款管理】—【付款单据处理】—【付款单据录入】菜单，进入"付款单"窗口。
(2) 切换单据状态。单击工具栏上的"切换"按钮，进入"收款单"界面。
(3) 进入增加状态。单击工具栏上的"增加"按钮，自动增加一张空表。
(4) 录入收款单。将日期修改为"2011-01-14"，选择供应商"联想集团"，选择结算方式"现金支票"，录入金额"5850"，录入票据号"XX0091"，录入摘要"退还货款"，如图7-31所示。

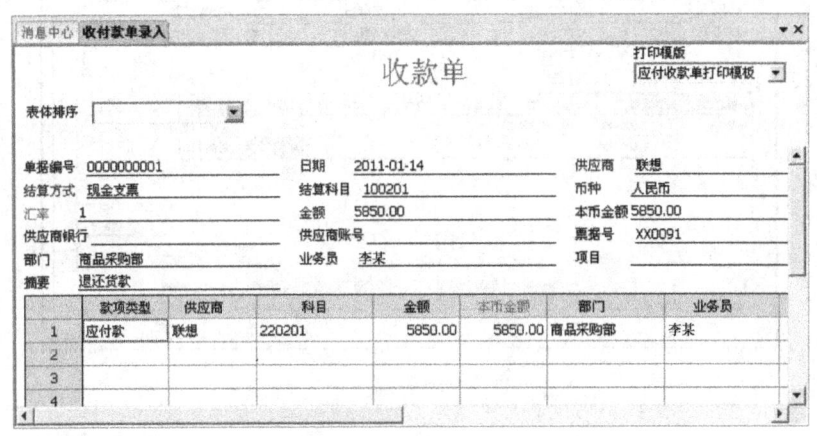

图 7-31

(5) 保存单据。单击工具栏上的"保存"按钮，保存数据。
(6) 关闭窗口。单击窗口上的"关闭"按钮，退出当前界面。

3. 审核红字采购专用发票和红字付款单
操作方法同标准业务的单据审核。

4. 生成凭证
操作方法同标准业务的凭证生成。

5. 核销往来账
操作方法同标准业务的往来账核销。

（五）转账业务
转账业务包括应付冲应付、预付冲应付、应付冲应收、红票对冲。其意义与应收款的转账业务相同。下面以预付冲应付为例，操作步骤如下：

1. 填制采购专用发票
操作方法同标准业务的发票填制。

2. 审核单据

操作方法同标准业务的单据审核。

3. 生成转账凭证

操作方法同标准业务的凭证生成。

4. 将预付账款冲抵应付账款

(1) 打开"预付冲应付"功能。双击【应付款管理】—【转账】—【预付冲应付】菜单,打开"预付冲应付"窗口。

(2) 录入供应商。选择供应商"联想集团"。

(3) 录入预付款金额。打开"预付款"选项卡,单击"过滤"按钮,在窗体下半部分的"转账金额"栏录入"5850",如图7-32所示。

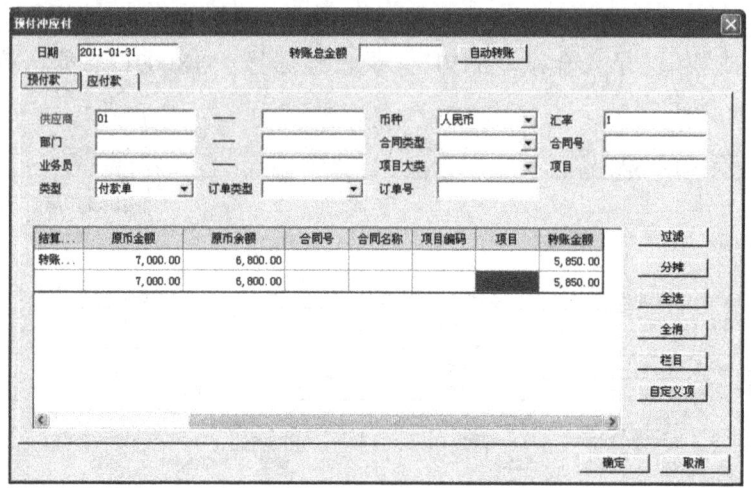

图 7-32

(4) 录入应付款金额。打开"应付款"选项卡,单击"过滤"按钮,在窗体下半部分的"转账金额"栏录入"5850",如图7-33所示。

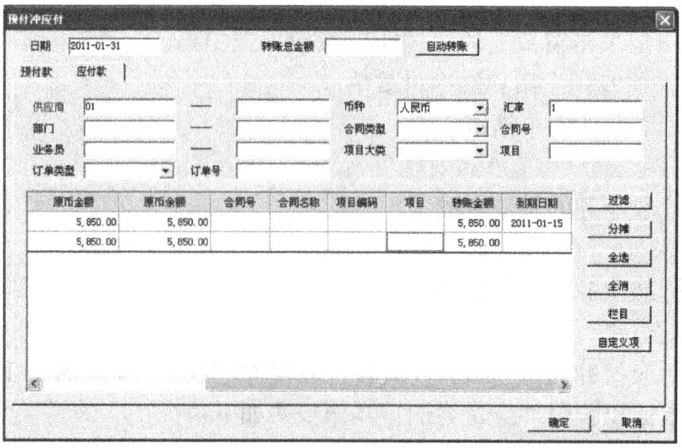

图 7-33

(5) 保存数据。单击"确定"按钮,弹出"是否立即制单"信息提示框,单击"否"按钮。

(6) 关闭界面。单击"取消"按钮,关闭当前界面。

【友情提示】

➢ 弹出"是否立即制单"信息提示框时,如果单击"是"按钮,则立刻生成记账凭证。

➢ 可以在输入转账总金额后单击"自动转账"按钮,系统自动根据过滤条件进行成批的预付款冲抵应付款工作。

➢ 每一笔应付款的转账金额不能大于其余额。

➢ 应付款的转账金额合计应该等于预付款的转账金额合计。

➢ 如果是红字预付款和红字应付单进行冲销,要把过滤条件中的"类型"选为"收款单"。

5. 生成转账凭证

(1) 打开"制单处理"功能。双击【应付款管理】—【制单处理】菜单,打开"制单查询"对话框。

(2) 设置查询条件。选中"转账制单"和"并账制单"复选框,单击"确定"按钮,打开"应付制单"窗口。

(3) 制单。单击工具栏上的"全选"按钮,选择凭证类别为"转账凭证",单击"制单"按钮,生成一张记账凭证。

(4) 保存凭证。单击工具栏上的"保存"按钮,保存数据。

(5) 关闭界面。单击工具栏上的"退出"按钮,关闭当前界面。

(六) 账套备份

将账套输出至"7-3 应付款单据处理"文件夹,压缩后保存到 U 盘。

七、疑难解答

1. 应付款业务生成的凭证怎样审核、记账?

答:在应付款系统中生成的凭证会自动传递到总账系统,在总账系统才能进行审核、记账等操作。

2. 应付款系统为什么有时不能结账?

答:如果应付款系统、采购管理系统、总账系统集成使用,应先对采购管理系统进行结账,其次是对应付款系统结账,最后是对总账系统结账,反结账的顺序正好相反。

3. 为什么有些应付单不能修改和删除?

已审核和生成凭证的应付单不能修改和删除,如果要修改和删除,必须先取消相应的操作,如果已经生成凭证,应先删除凭证,再取消审核,最后才能修改和删除应付单。

◎ 思考与练习

1. 应付款业务的大致流程是怎样的?

2. 标准业务大致分哪几个步骤?

3. 现结业务相对于其他采购业务来说,其特点是什么?

4. 退货与退款的大致流程及特点是怎样的?

学习情境 8 薪资管理系统

◎ **教学活动设计**

工资核算在企业财务核算中非常重要，它关系到每位劳动者的自身利益。财务部门需要为不同类别的人员不同项目的工资进行核算，需要制作各种工资报表。只要将工资核算进行电算化方式管理，就会使得每月复杂、烦琐的核算工作变得轻松、简单。当然，在使用薪资管理系统前，应当根据企业实际情况规划设置企业内部所有部门的名称和简称，规范人员类别的划分形式，准备好人员的档案数据、工资数据，整理好需要设置的工资项目及核算方法，这样运用起来才能得心应手。

学习任务 8-1　准备知识

一、功能结构

用友 ERP-U8 薪资管理系统可以根据不同企业的需要设计工资项目、计算公式，方便地输入、修改各种工资数据和资料，自动计算个人所得税，自动计算、汇总工资数据，对工资、福利费等各项费用进行月末、年末账务处理。薪资管理系统有以下主要功能：

（一）初始设置

可建立工资账套，进行基础设置，包括企业人员信息、部门信息、工资项目设置与工资运算公式的编辑等。

（二）业务处理

（1）可进行职员工资的计算。按项目设置逐项录入与编辑工资数据资料，提供个人所得税自动计算与申报功能，形成各种工资计算数据。

（2）可进行工资费用的分摊。汇总工资费用并按规定比例计提福利费和工会经费、教育经费等，形成工资费用分配表。

（3）可进行月末处理。将当月数据经过处理后结转至下月。

（4）可进行年末结转。将数据经过处理后结转至下年，新年度账将自动建立。

（三）工资报表管理

可进行工资报表的查询输出及分析，输出工资表、工资分析表等。

薪资管理系统的功能模块结构如图 8-1 所示。

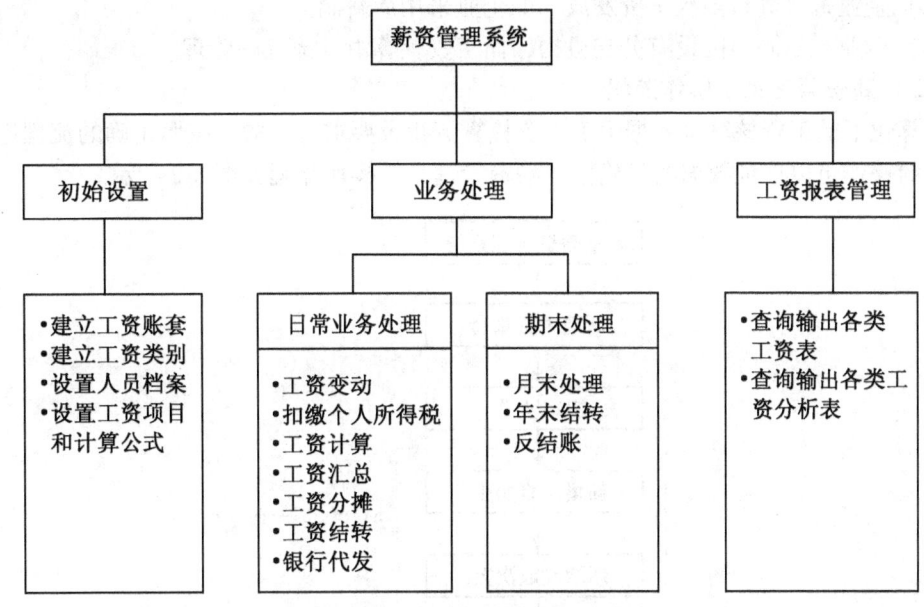

图 8-1　薪资管理系统功能模块结构

二、与其他系统的关系

（一）薪资管理系统与总账系统

工资核算是财务核算的一部分，其日常业务要通过总账记账凭证反映，薪资管理系统和总账系统主要是凭证传递的关系。薪资管理系统将工资计提、分摊结果自动生成转账凭证，传递到总账系统。

（二）薪资管理系统与成本核算系统

薪资管理系统向成本核算系统传递人员的人工费用。

（三）薪资管理系统与 UFO 报表系统

薪资管理系统向 UFO 报表系统传递数据。

三、应用方案及操作流程

（一）薪资管理系统应用方案

薪资管理系统适用于单个工资类别和多个工资类别的核算与管理。

1. 单类别工资核算应用方案

如果企业所有员工的工资发放项目相同，工资计算方法也相同，那么可以对全部员工进行统一的工资核算，应选用单类别工资核算，可提高系统的运行效率。

2. 多类别工资核算应用方案

如果企业存在下列情况之一，则需要选用系统提供的多类别工资核算。

（1）企业存在不同类别人员，不同类别的人员的工资发放项目不同，计算公式也不同。如企业对在职人员、临时工作人员、退休人员分别进行工资核算。

(2) 企业每月进行多次工资发放，如企业采用周薪制。

(3) 企业在不同地区设有分支机构，而工资核算由总部统一管理。

（二）薪资管理系统操作流程

电算化下的工资核算是依据手工工资核算流程及要求进行的，按照正确的流程进行工资核算的操作可以保证数据的正确性。薪资管理系统操作流程如图8-2所示。

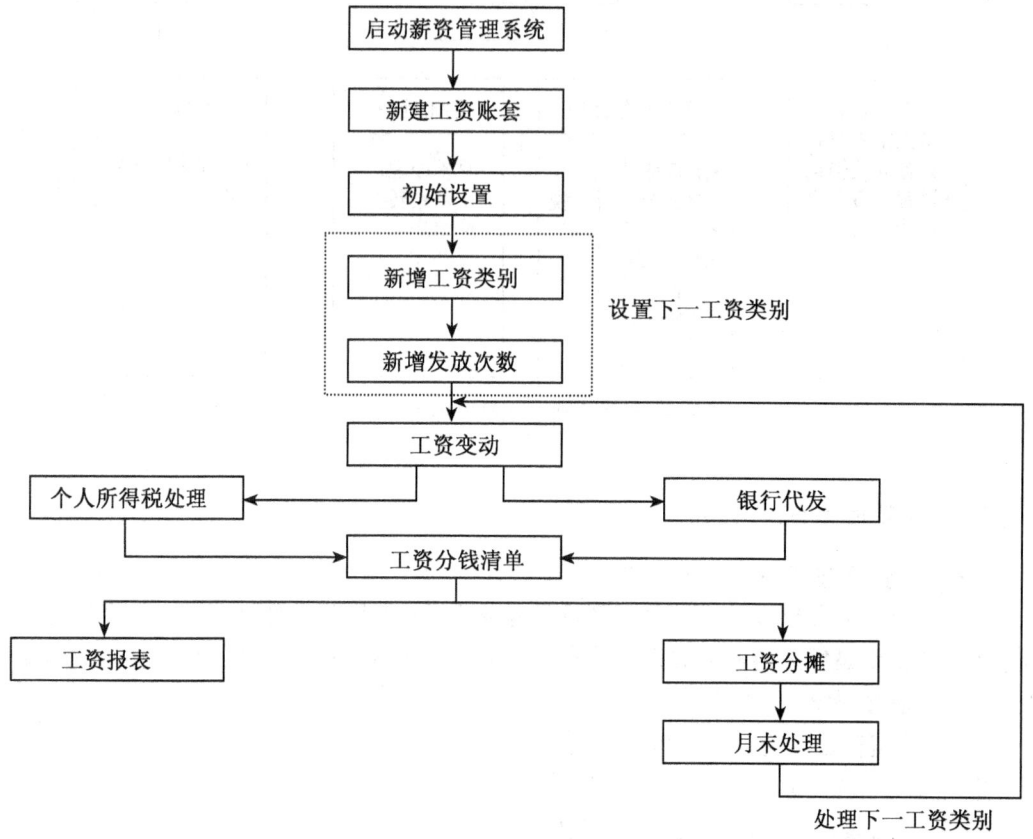

图 8-2 薪资管理系统操作流程

如果是单类别工资核算的企业，那么在初始设置之后，不进行"新增工资类别"、"新增发放次数"操作，其他的操作可按上述流程进行。若为多类别工资核算的企业，从"工资变动"到"月末处理"可按工资类别重复处理。

学习任务 8-2 薪资管理系统初始化

一、实训任务

1. 建立工资账套。
2. 完成薪资管理系统初始化设置。

3. 进行工资项目及公式的设置。

二、任务目标

1. 完成工资账套的建立，完成系统初始化设置。
2. 根据企业工资核算要求设置工资项目及编辑项目公式。
3. 理解和掌握电算化方式下工资核算业务流程。

三、准备工作

1. 首次运行薪资管理系统，必须确保总账系统已进行初始化设置。
2. 初步了解薪资管理系统的基本功能。
3. 整理好工资核算所需信息及数据。
4. 修改计算机时间为 2011 年 1 月 31 日。
5. 引入"4-2 总账系统初始设置"账套备份。

四、实训引例

（一）600 账套薪资管理系统的参数

工资核算本位币为人民币，不核算计件工资，自动代扣个人所得税，进行扣零设置且扣零到元。工资类别分为"在岗人员"和"退休人员"，在岗人员分布在各个部门，而退休人员只属于人事部门。

（二）人员附加信息

增加人员附加信息"性别"和"学历"。

（三）工资项目

工资项目名称	类型	长度	小数	增减项
基本工资	数字	8	2	增项
职务补贴	数字	8	2	增项
福利补贴	数字	8	2	增项
交通补贴	数字	8	2	增项
奖　金	数字	8	2	增项
缺勤扣款	数字	8	2	减项
住房公积金	数字	8	2	减项
缺勤天数	数字	8	2	其他

（四）银行账号信息

银行名称为"中国工商银行"。账号长度为 11 位，录入时自动带出的账号长度为 8 位。

（五）工资类别及其工资项目

在岗人员：所有工资项目。

退休人员：只有基本工资和住房公积金两个项目。

（六）在岗人员档案

职员编号	人员姓名	性别	学历	人员类别	所属部门	银行代发账号
0001	郎某	男	大学	管理人员	总经理办公室	10011100101
0002	张某	男	大学	管理人员	人力资源部	10011100102
0003	钱某	男	大学	管理人员	会计核算中心	10011100103
0004	邹某	男	大学	管理人员	资产管理中心	10011100104
0005	蒋某	男	大学	采购人员	商品采购部	10011100105
0006	李某	男	大专	采购人员	商品采购部	10011100106
0007	马某	男	大专	采购人员	商品采购部	10011100107
0008	刘某	男	大专	采购人员	办公品采购部	10011100108
0009	王某	男	高中	销售人员	总部销售中心	10011100109
0010	田某	男	高中	销售人员	华南办事处	10011100110
0011	陈某	男	高中	销售人员	华北办事处	10011100111
0012	徐某	男	高中	销售人员	海外办事处	10011100112
0013	袁某	男	大专	管理人员	仓管部	10011100113
0014	林某	女	大专	管理人员	仓管部	10011100114

（七）计算公式

$$缺勤扣款 = 基本工资/22 \times 缺勤天数$$

$$住房公积金 = （基本工资+职务补贴+福利补贴+交通补贴+奖金）\times 0.08$$

企业管理人员和销售人员的交通补贴均为200元，其他人员的交通补贴为60元。

五、学情关注

在薪资管理系统中，有两个概念比较容易混淆——"工资类别"、"人员类别"，学生往往会认为企业有多少类人员就应该设置多少个工资类别。教师在讲解该系统应用方案时应举例说明。较容易出现错误的是工资项目的公式设置，教师应尽可能举不同项目的例子，让学生理解公式为何要这样设，让学生多做练习。另外，要特别注意工资类别的状态，有的功能需要在关闭工资类别状态下操作，有的功能需要在打开工资类别状态下操作。

六、过程指导

（一）建立工资账套

建立工资账套是整个薪资管理系统正确运行的基础。若为初次使用薪资管理系统，系统将自动进入建账向导。建账向导分为四个步骤：参数设置、扣税设置、扣零设置、人员编码。具体操作步骤如下：

1. 以操作员 01 身份登录企业应用平台。

2. 启动"建立工资套"向导。双击【业务工作】—【人力资源】—【薪资管理】菜单，弹出"建立工资套"界面。

3. 参数设置。选择本账套所需处理的工资类别个数为"多个"，"币别"为"人民币"，不核算"计件工资"，如图 8-3 所示。单击"下一步"按钮，打开下一界面。

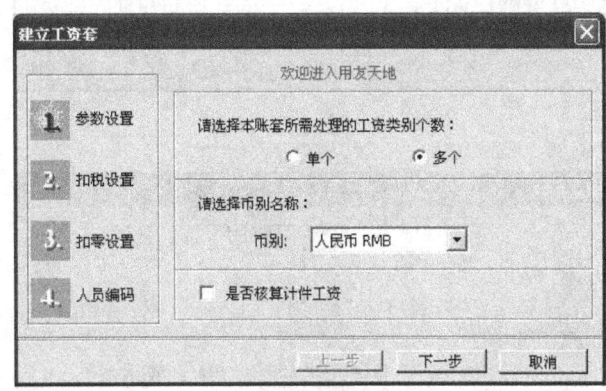

图 8-3

4. 扣税设置。选中"是否从工资中代扣个人所得税"复选框，如图 8-4 所示。单击"下一步"按钮，打开下一界面。

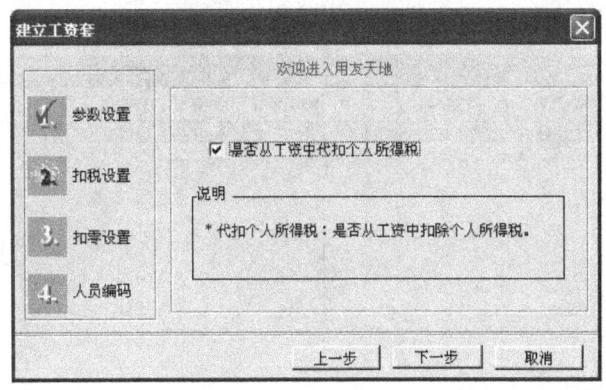

图 8-4

5. 扣零设置。选中"扣零"复选框，再选中"扣零至元"单选按钮，如图 8-5 所示。单击"下一步"按钮，打开下一界面。

6. 确定人员编码信息。如图 8-6 所示，单击"完成"按钮。

7. 保存工资套设置。弹出"未建立工资类别"信息提示框，单击"确定"按钮，打开"打开工资类别"界面，如图 8-7 所示。单击"取消"按钮，可退出。

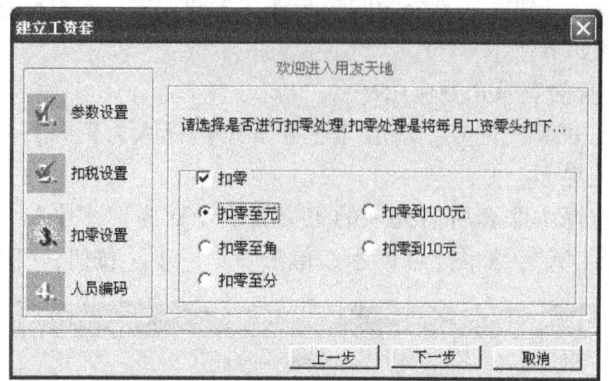

图 8-5

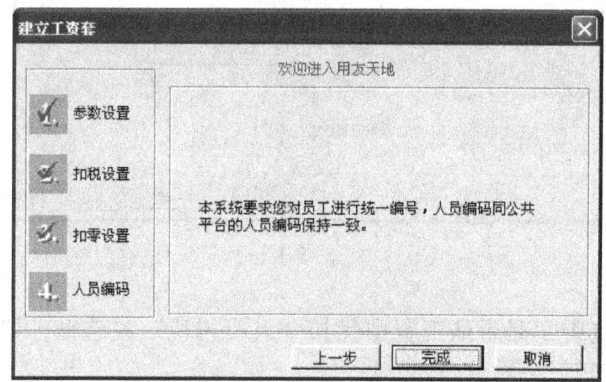

图 8-6

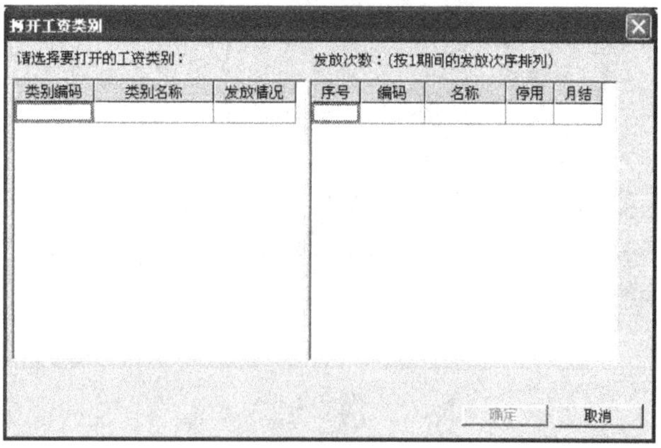

图 8-7

【友情提示】

➢ 选择代扣个人所得税后，系统将会自动生成工资项目"代扣税"，并自动进行代扣税金的计算。

➢ 选择扣零处理，系统在计算工资时将依据所选择的扣零类型将零头扣下，并在积累成整数时补上。扣零的计算公式由系统自动定义,无需设置。

➢ 建账完成后,部门建账参数可以在【设置】—【选项】中修改。

（二）设置人员附加信息

人员附加信息设置可增加人员信息,丰富人员档案的内容,便于对人员进行更加有效的管理,如增加设置人员的性别、学历、婚否等。

1. 启动"人员附加信息设置"功能。双击【业务工作】—【人力资源】—【薪资管理】—【设置】—【人员附加信息设置】菜单,打开"人员附加信息设置"窗口。

2. 人员附加信息设置。单击"增加"按钮,在"栏目参照"栏的下拉列表中,选择"性别"。

3. 重复步骤二,增加"学历",如图8-8所示,单击"确定"。

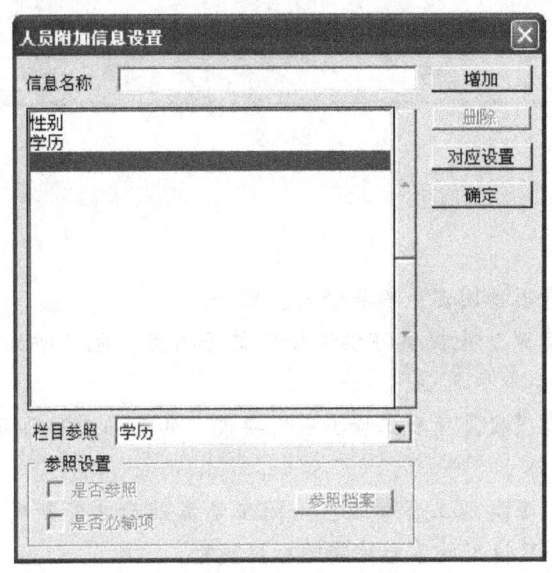

图 8-8

【友情提示】

➢ 已使用过的人员附加信息可以修改,但不能删除。

➢ 不能对人员的附加信息进行加工,如公式设置。

（三）工资项目设置

设置工资项目即定义工资项目的名称、类型、宽度,可根据需要自由设置工资项目,如基本工资、岗位工资、交通补贴等。

1. 启动"工资项目设置"功能。双击【业务工作】—【人力资源】—【薪资管理】—【设置】—【工资项目设置】菜单,打开"工资项目设置"界面,如图8-9所示。

2. 工资项目设置。单击"增加"按钮,在名称参照栏下拉列表中选择基本工资,类型为"数字",小数位为"2",增减项为"增项"。

3. 重复步骤二,依次增加其他的工资项目。

4. 保存工资项目设置。单击"确定"按钮,弹出"薪资管理"提示信息界面,单击

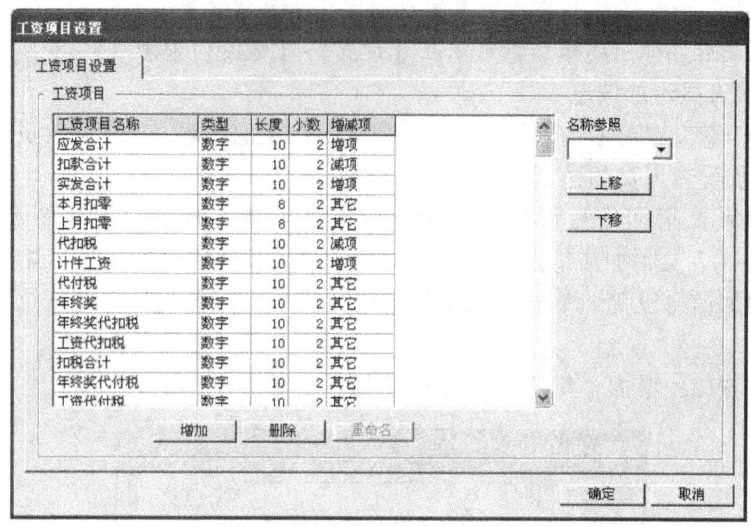

图 8-9

"确定"按钮退出。

【友情提示】

➢ 系统提供的工资项目固定,不能修改、删除。

➢ 系统在"名称参照"中提供可供选择的工资项目,也可增加一空行,直接输入工资项目。

➢ 现在设置的工资项目是所有工资类别需要使用的全部工资项目。

【注意事项】

➢ 若在系统中设置多类别工资管理,关闭工资类别后才能新增工资项目。项目名称必须唯一,工资项目一旦使用就不允许修改数据类型。

(四)设置银行档案

企业发放工资采用银行代发形式时,需要确定银行的名称及账号的长度。发放工资的银行可按需要设置多个。

1. 启动"银行档案"定义功能。双击【基础设置】—【基础档案】—【收付结算】—【银行档案】菜单,打开"银行档案"界面,如图 8-10 所示。

2. 设置银行档案。选择"中国工商银行",设置银行信息,如图 8-11 所示。

3. 保存银行档案设置。单击"保存"按钮,退出。

【友情提示】

➢ 如果银行档案的银行名称不满足要求(系统没有设置),可以增加或修改银行名称。

➢ 修改账号长度,必须按回车键确认。

(五)新建工资类别

工资类别是指一套工资账中根据不同情况而设置的工资数据管理类别。如本书设置为"在岗人员"和"退休人员"两种类别。

1. 启动"新建工资类别"功能。双击【业务工作】—【人力资源】—【薪资管理】—

图 8-10

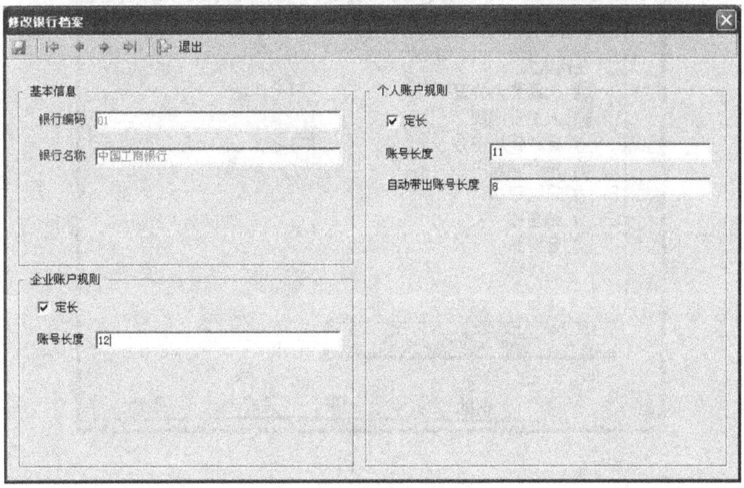

图 8-11

【工资类别】—【新建工资类别】菜单，打开"新建工资类别"界面。

2. 录入在岗人员工资类别名称。在"请输入工资类别名称"框中输入"在岗人员"，如图 8-12 所示，单击"下一步"按钮，进入下一界面。

3. 选择部门。在"新建工资类别"的"请选择部门"界面，单击"选定全部部门"按钮，如图 8-13 所示。

4. 保存设置。单击"完成"按钮，弹出"是否以 2011-01-01 为当前工资类别的启用日期？"对话框，单击"是"按钮，"在岗人员"工资类别定义完成。

5. 关闭工资类别。双击【工资类别】—【关闭工资类别】菜单，关闭在岗人员工资类别。

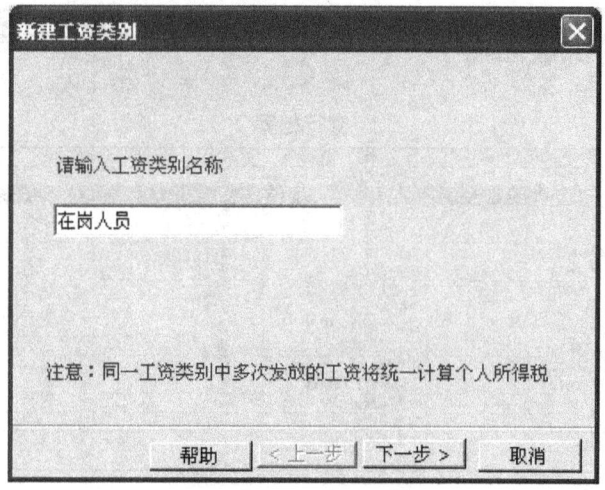

图 8-12

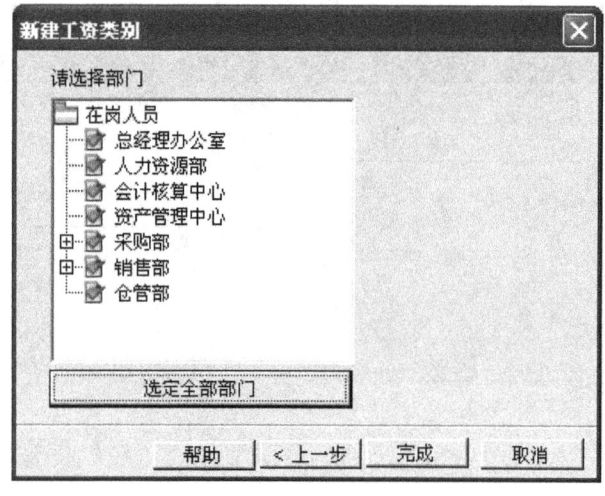

图 8-13

6. 重复第二步到第五步，定义"退休人员"工资类别，退出。

【友情提示】
- 必须在关闭工资类别的环境下新建工资类别。
- 新建工资类别后，会自动打开工资类别。

（六）打开工资类别

在基础设置中工资项目设置是指设置本单位各种工资类别所需要的全部工资项目。由于不同的工资类别，其工资发放项目不尽相同，计算公式亦不相同，在此应对某个指定工资类别所需的工资项目进行设置，并为此工资类别的工资项目设置计算公式。所以应先打开某个工资类别，然后再进行工资项目设置。

1. 启动"打开工资类别"功能。双击【业务工作】—【人力资源】—【薪资管理】—【工资类别】—【打开工资类别】菜单，进入"打开工资类别"界面。

2. 选择“在岗人员”工资类别。选中“在岗人员”工资类别，如图 8-14 所示。

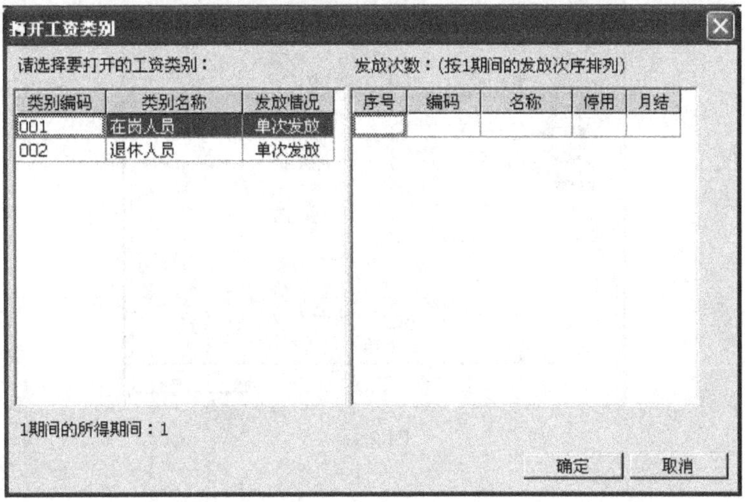

图 8-14

3. 单击“确定”按钮，退出界面。

（七）设置在岗人员档案

人员档案的设置用于登记工资发放人员的姓名、编号、所在部门、人员类别等信息，此外，员工的增减变动都必须先在本功能中处理。

1. 启动“人员档案”定义功能。双击【业务工作】—【人力资源】—【薪资管理】—【设置】—【人员档案】菜单，进入“人员档案”界面，如图 8-15 所示。

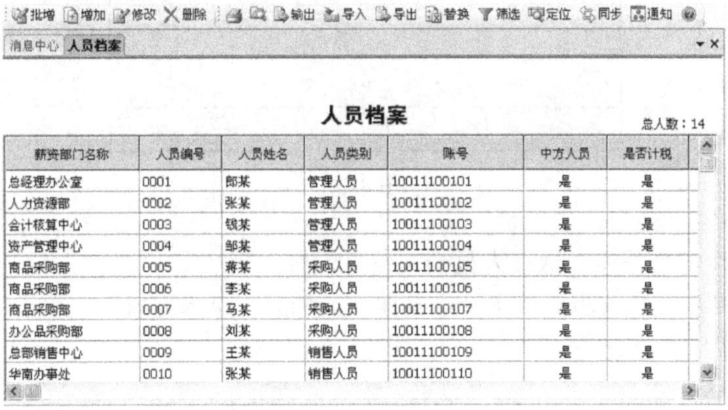

薪资部门名称	人员编号	人员姓名	人员类别	账号	中方人员	是否计税
总经理办公室	0001	郎某	管理人员	10011100101	是	是
人力资源部	0002	张某	管理人员	10011100102	是	是
会计核算中心	0003	钱某	管理人员	10011100103	是	是
资产管理中心	0004	邹某	管理人员	10011100104	是	是
商品采购部	0005	蒋某	采购人员	10011100105	是	是
商品采购部	0006	李某	采购人员	10011100106	是	是
商品采购部	0007	马某	采购人员	10011100107	是	是
办公品采购部	0008	刘某	采购人员	10011100108	是	是
总部销售中心	0009	王某	销售人员	10011100109	是	是
华南办事处	0010	张某	销售人员	10011100110	是	是

图 8-15

2. 单击“增加”按钮，进入“人员档案明细”界面。

3. 人员基本信息设置。单击“基本信息”选项卡，再单击“人员姓名”栏参照按钮，选择“郎某”，在“银行名称”栏中选择“中国工商银行”，在银行账号栏录入“10011100101”，系统会自动带出其他相关信息，如图 8-16 所示。

4. 人员附加信息设置。单击“附加信息”选项卡，在性别栏录入“男”，学历栏录

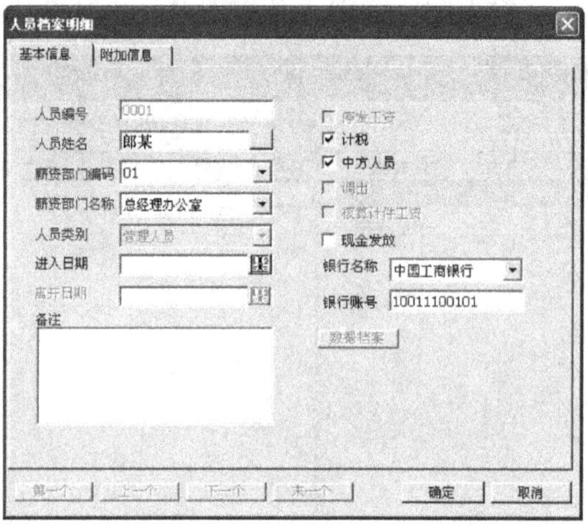

图 8-16

入"大学",如图 8-17 所示。

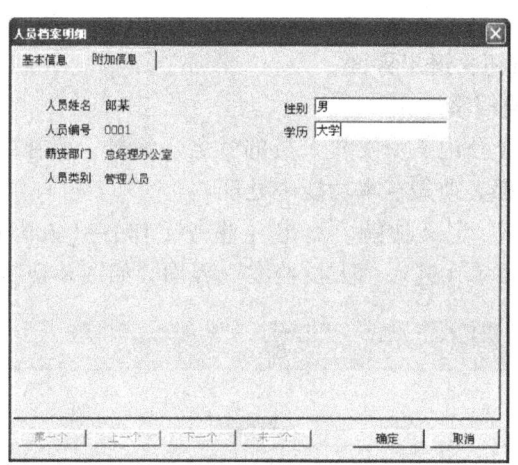

图 8-17

5. 单击"确定"按钮,保存人员档案信息设置。
6. 重复第二步至第五步,依次录入其他人员档案。录入完成后,单击"退出"按钮,退出"人员档案"界面。

【友情提示】

➢ 在人员档案界面,单击"批增"按钮,可以按人员类别批量增加人员档案,再进行修改。

➢ 如果账号长度不符合要求则不能保存。

➢ 在增加人员档案时,"停发工资"、"调出"和"核算计件工资"不可选,在修改状态下才能编辑。

➢ 在人员档案对话框中,可以单击"数据档案"按钮,录入薪资数据。如果个别人员档案需要修改，可在人员档案对话框中直接修改。如果一批人员的某个薪资项目同时需要修改，可以利用数据替换功能，将符合条件的薪资项目统一替换某个数据。

➢ 删除的人员档案信息不可恢复。

（八）设置在岗人员工资项目

这里只能选择工资账套设置中已设定好的工资项目。

1. 启动"工资项目设置"功能。双击【业务工作】—【人力资源】—【设置】—【工资项目设置】菜单，打开"工资项目设置"的界面，如图 8-18 所示。

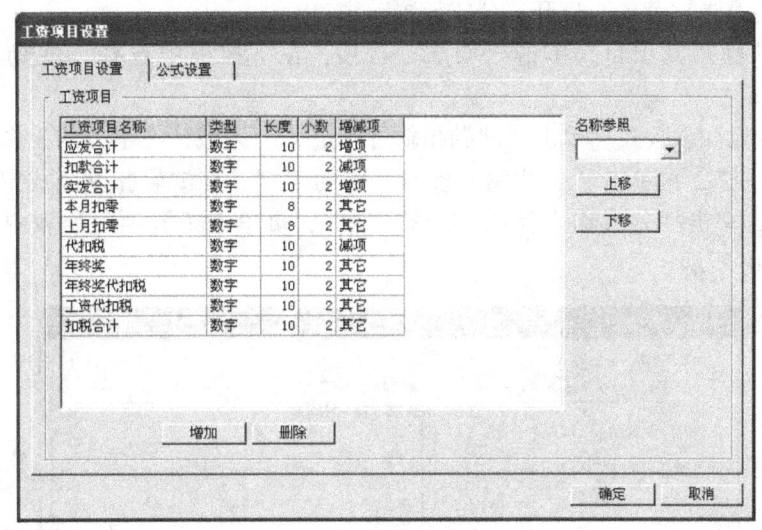

图 8-18

2. 增加工资项目。单击"增加"按钮，再单击"名称参照"栏的下三角按钮，选择"基本工资"。

3. 重复步骤二，依次增加其他的工资项目。

4. 单击"确定"按钮，保存"工资项目设置"，退出界面。

【友情提示】

➢ 需要在打开相应工资类别状态下设置项目。工资项目不能重复选择。

➢ 只有选择后的工资项目才能在公式中使用，没有选择的工资项目不允许在计算公式中出现。

➢ 不能删除已输入数据的工资项目和已设置计算公式的工资项目。

➢ 如果所需要的工资项目不存在，则要关闭本工资类别，然后新增工资项目，再打开此工资类别进行选择。

➢ 可以通过"上移"和"下移"改变工资项目显示顺序。

（九）设置"缺勤扣款"和"住房公积金"的计算公式

系统可定义某些工资项目的计算公式及工资项目之间的运算关系。运用公式可直观表达工资项目的实际运算过程，灵活地进行工资计算处理。定义公式可通过选择工资项目、运算符、关系符、函数等组合完成。

例如，职位工资计算公式的设置：iff（人员类别＝"经理"，2000，iff（人员类别＝"部门主管"，1500，iff（人员类别＝"组长"，1000，500）））。该公式表示人员类别是经理的人员，则他的职位工资是 2000 元；人员类别是部门主管的人员，则他的职位工资是 1500 元；人员类别是组长的人员，则他的职位工资是 1000 元；其他各类人员的职位工资均为 500 元。

具体操作步骤如下：

1. 启动"公式设置"功能。双击【业务工作】—【人力资源】—【设置】—【工资项目设置】—【公式设置】菜单，打开"公式设置"窗口。

2. 增加缺勤扣款项目。单击"增加"按钮，在下拉框中选择"缺勤扣款"工资项目。

3. 定义缺勤扣款公式。单击"缺勤扣款公式定义"区域，在下方的工资项目列表中单击"基本工资"，再单击"公式输入参照"中的"/"，在缺勤扣款公式定义区域中继续录入"22"，单击"公式输入参照"中的"＊"，再单击工资项目列表中的"缺勤天数"，如图 8-19 所示。

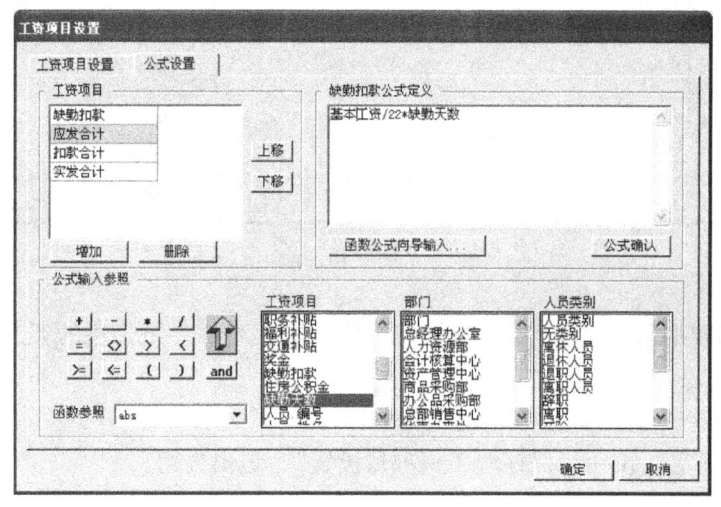

图 8-19

4. 单击"公式确认"按钮，完成公式设置。

5. 重复第二步至第四步，设置"住房公积金"的计算公式，如图 8-20 所示。

6. 单击"确定"按钮，保存"公式设置"，退出界面。

【友情提示】

➤ 在定义公式时，可以使用函数公式向导导入、函数参照输入、工资项目参照、部门参照和人员参照编辑输入该工资项目的计算公式。其中函数公式向导只支持系统提供的函数。

➤ 工资中没有的项目不允许在公式中出现。

【注意事项】

➤ 设置公式之前，一定要完成人员档案的定义工作，否则无法进入公式设置。

学习情境 8　薪资管理系统

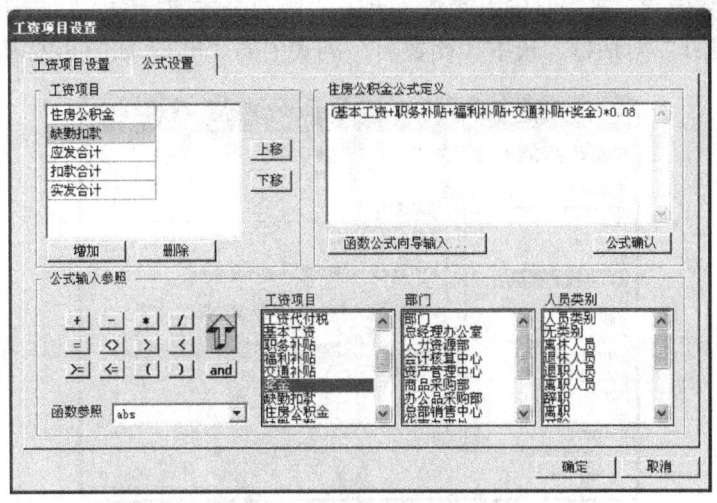

图 8-20

➢ 设置公式时，一定要先选中所要编辑的工资项目，再将光标放至公式定义区，否则定义的公式容易出现错误。

➢ 在公式定义区编辑好公式之后，一定要点击"公式确认"，否则定义的公式将不被保存。

（十）设置"交通补贴"的计算公式

1. 启动"公式设置"功能。双击【业务工作】—【人力资源】—【设置】—【工资项目设置】—【公式设置】菜单，打开"公式设置"窗口。

2. 增加交通补贴项目。单击"增加"按钮，在下拉框中选择"交通补贴"工资项目，如图 8-21 所示。

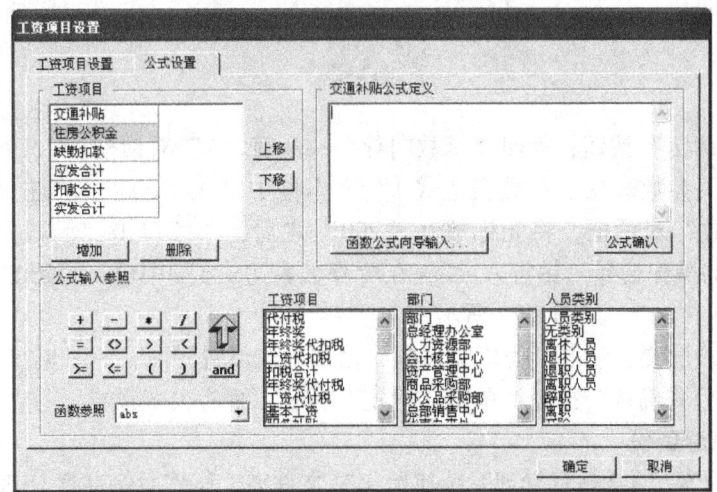

图 8-21

3. 选择函数向导，进一步输入参数。单击"函数公式向导输入"按钮，打开"函数向导——步骤之1"对话框，选中"函数名"列表中的"iff"，如图8-22所示。

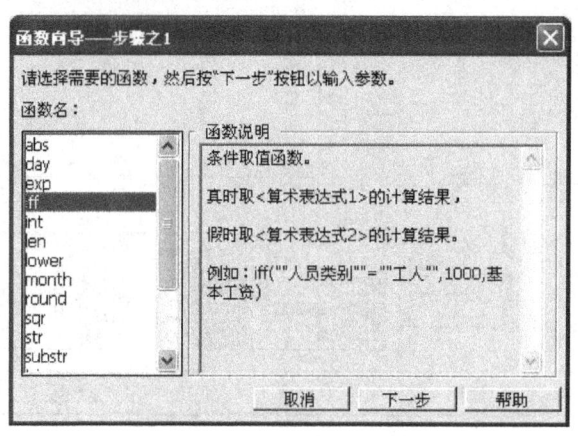

图 8-22

4. 设置参照界面。单击"下一步"按钮，打开"函数向导——步骤之2"对话框，点击"逻辑表达式"栏的参照按钮，打开"参照"对话框，在下拉列表中选择"人员类别"，再单击"管理人员"，如图8-23所示。

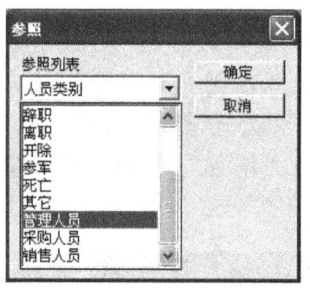

图 8-23

5. 单击"确定"按钮，返回"函数向导——步骤之2"对话框。
6. 录入相关参数。在"算数表达式1"文本框中录入"200"，单击"完成"按钮，返回"公式设置"对话框。将光标放在"200"之后，继续单击"函数公式向导输入"按钮，按前面的操作选择"销售人员"，在"算数表达式1"中输入"200"，在"算术表达式2"中输入"60"，如图8-24所示。
7. 完成公式设置。单击"完成"按钮，返回公式设置界面，如图8-25所示。
8. 单击"公式确认"按钮，单击"确定"按钮，保存公式设置。

（十一）账套备份

将账套输出至"8-2 薪资管理系统初始化"文件夹，压缩后保存到 U 盘。

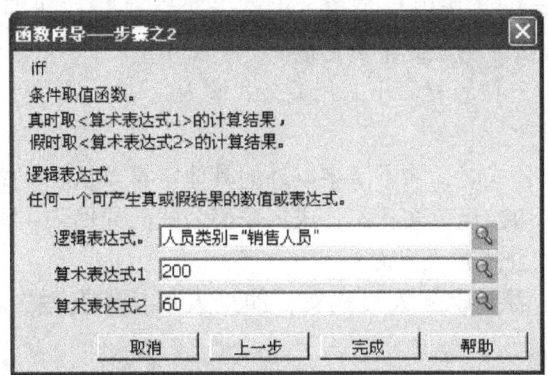

图 8-24

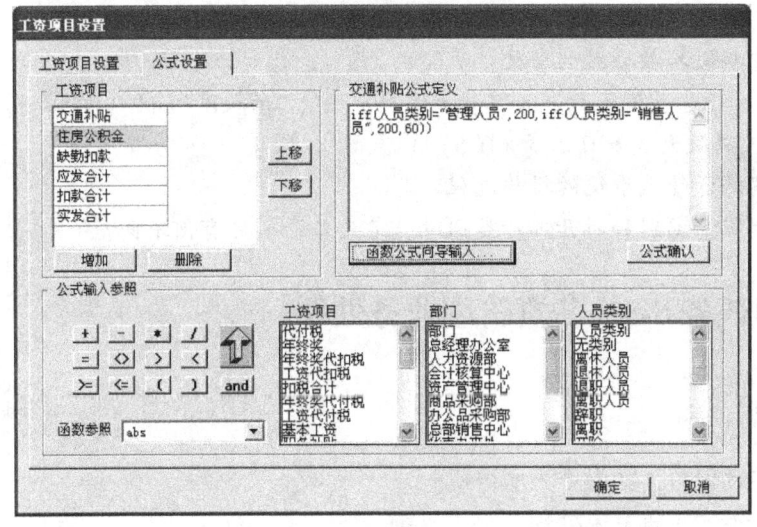

图 8-25

七、疑难解答

1. 公司现在有三种人员：管理人员、开发人员、采购销售人员，财务是否应该设置三个工资类别？

答：不一定。首先应该区分"人员类别"和"工资类别"两个概念。设置"人员类别"是便于按不同人员进行工资的汇总计算，而"工资类别"则是针对企业按不同工资项目来核算而设定的。也就是说，如果这三种人员的工资项目是一样的，那么就只用选择"单个"工资类别；如果这三种人员的工资项目不一样，就应该选择"多个"工资类别。

2. 现在打开了工资类别，想新建一个工资类别，为什么操作不了？

答：若想新建工资类别，必须关闭当前打开的工资类别，才能进行新建工作。

3. 已新建好工资账套，但现在发现有些参数在新建时被误选，应该如何修改呢？

答：可点击【设置】—【选项】菜单，再点击"编辑"按钮即可对各种参数进行修改。注意，只有主管人员才可修改工资参数。

4. 在公式设置中，已按教材给出的相关公式输入完毕，点击"公式确认"，为什么总是出现"公式输入错误"？

答：用友系统输入公式时，除了汉字以外的其他字符默认在英文状态下输入，所以请注意其他字符的录入应切换至英文状态，或者采用公式向导输入，则不会出现上述问题。

5. 为什么不能进入公式录入界面？

答：录入公式前，需要定义人员档案，如果人员档案为空，将无法进入公式录入界面。

◎ 思考与练习

1. 简述首次使用薪资管理系统需要准备的资料及数据。
2. 请说出病假扣款公式的含义：
iff（工龄>=8，病假天数*日工资*0.25，iff（工龄<8 and 工龄>=5，病假天数*日工资*0.4，病假天数*日工资*0.5））
3. 请描述薪资管理系统的操作流程。
4. 在关闭工资类别和打开工资类别时，定义工资项目有何不同？

学习任务 8-3　薪资管理业务处理

一、实训任务

1. 工资变动设置，扣缴个人所得税。
2. 工资分摊，工资月末处理。
3. 工资报表查询管理，工资报表分析。

二、任务目标

1. 熟练完成工资日常业务处理，掌握工资月末处理方法。
2. 对系统生成的工资报表进行管理分析。
3. 理解薪资管理系统与其他系统的数据传递内容和方式。

三、准备工作

1. 修改计算机时间为 2011 年 1 月 31 日。
2. 引入"8-2 薪资管理系统初始化"账套备份。

四、实训引例

（一）个人收入所得税

"实发工资"扣除 2 000 元后计算个人所得税。

(二) 2011年1月的工资数据

职员编号	人员姓名	基本工资	职务补贴	福利补贴	奖金	缺勤天数
0001	郎某	3 500	5 000	2 300	1 200	
0002	张某	3 400	4 800	2 300	1 200	
0003	钱某	3 300	4 800	2 300	1 200	
0004	邹某	3 300	4 800	2 200	1 000	
0005	蒋某	3 300	4 200	2 200	1 000	
0006	李某	3 200	4 300	2 200	1 000	3
0007	马某	3 200	4 500	2 200	1 000	
0008	刘某	3 200	4 500	2 100	1 000	5
0009	王某	3 100	4 300	2 100	1 000	
0010	田某	3 100	4 300	2 000	800	
0011	陈某	3 100	3 900	2 000	800	
0012	徐某	3 100	3 700	2 000	800	
0013	袁某	3 100	3 600	2 000	800	
0014	林某	3 000	3 800	2 000	800	

(三) 工资分摊的类型及计提标准

工资分摊的类型为"应付工资"和"应付福利费"。按工资总额的14%计提福利费。

(四) 应付工资和应付福利费的分摊设置

部门名称	人员类别	项目	借方科目	贷方科目
总经理办公室、人力资源部、会计核算中心、资产管理中心、采购部、仓管部	管理人员 采购人员	应发合计	管理费用——工资 (660205)	应付工资 (221101)
销售部	销售人员	应发合计	销售费用——工资 (660107)	应付工资 (221101)
总经理办公室、人力资源部、会计核算中心、资产管理中心、采购部、仓管部	管理人员 采购人员	应发合计	管理费用——福利费 (660205)	应付福利费 (221102)
销售部	销售人员	应发合计	销售费用——福利费 (660107)	应付福利费 (221102)

五、学情关注

在这部分实训,学生经常会发现做到最后得出的数据和教材上的不一致,重新检查数遍都找不到原因。当发生错误时,大家检查的重点可能都会放在数据上,认为数据没错就应该没有问题。其实不然,在薪资管理系统中人员的档案信息也至关重要。例如:张三本是销售人员,在录入时误录为管理人员,那么在进行工资分摊时,就会造成管理费用及销售费用的计算错误。因此,教师在讲解的过程中应特别提醒同学们注意。而同学们在实训的过程中,也应该理解信息之间的逻辑关系所在。

六、过程指导

(一)打开在岗人员工资类别

要对某类人员进行具体操作,必须先打开该工资类别。

1. 以操作员 01 身份登录企业应用平台。

2. 启动"打开工资类别"功能。双击【业务工作】—【人力资源】—【薪资管理】—【工资类别】—【打开工资类别】菜单,进入"打开工资类别"界面。

3. 打开"在岗人员"工资类别。选中"在岗人员",如图 8-26 所示,单击"确定"按钮。

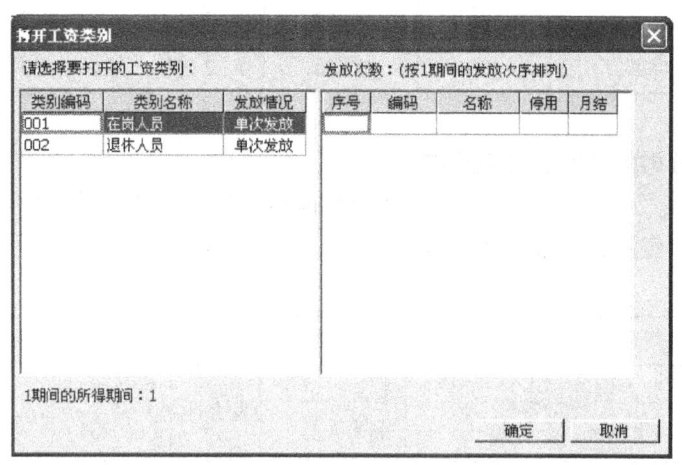

图 8-26

(二)修改个人所得税的计提基数

许多企事业单位计算职工个人所得税的工作量较大,本系统提供个人所得税自动计算功能,用户只需定义扣税基数及所得税税率,系统将自动计算个人所得税。

1. 启动"选项"定义功能。双击【业务工作】—【人力资源】—【薪资管理】—【设置】—【选项】菜单,进入"选项"编辑界面,如图 8-27 所示。

2. 进入扣税设置界面。单击"编辑"按钮,再单击"扣税设置"选项卡,进入"扣税设置"界面,如图 8-28 所示。

3. 打开"个人所得税申税表——税率表"界面。单击"税率设置"按钮,进入"个

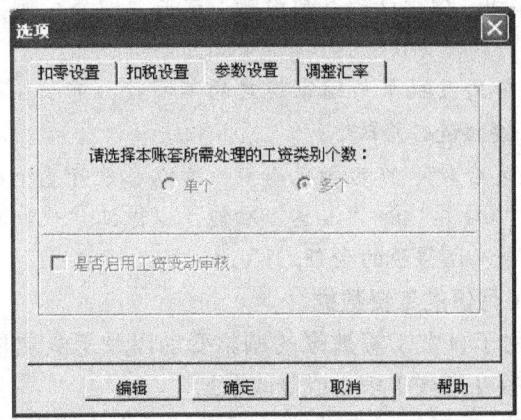

图 8-27

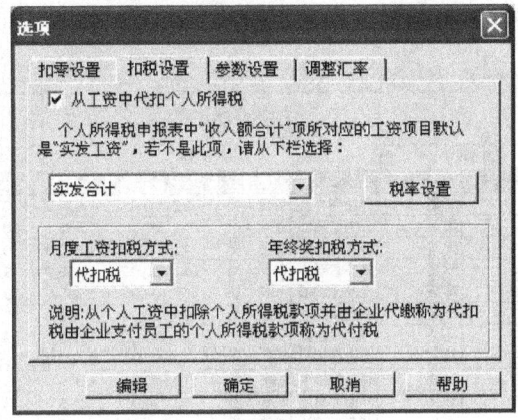

图 8-28

人所得税申报表——税率表”界面，如图 8-29 所示。

级次	应纳税所得额下限	应纳税所得额上限	税率(%)	速算扣除数
1	0.00	500.00	5.00	0.00
2	500.00	2000.00	10.00	25.00
3	2000.00	5000.00	15.00	125.00
4	5000.00	20000.00	20.00	375.00
5	20000.00	40000.00	25.00	1375.00
6	40000.00	60000.00	30.00	3375.00
7	60000.00	80000.00	35.00	6375.00

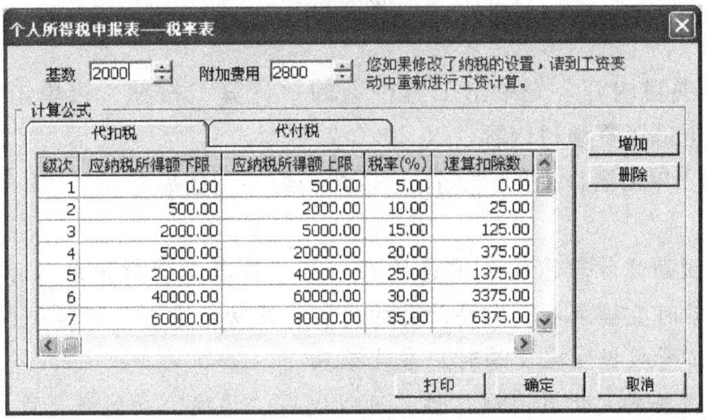

图 8-29

4. 修改所得税的计提基数。在“基数”栏录入“2000”。

5. 单击"确定"按钮，保存计提基数设置，单击"取消"按钮退出。

【友情提示】

➤ 如果单位的扣除费用及税率与国家规定的不一致，可以在个人所得税申报表——税率表中单击"增加"按钮进行修改。

➤ 系统默认以"实发合计"作为扣税基数，所以在执行完个人所得税计算后，需要到"工资变动"中执行"计算"和"汇总"功能，以保证"代扣税"这个工资项目正确地反映出单位实际代扣个人所得税的金额。

（三）录入并计算1月份的工资数据

"工资变动"功能用于日常工资数据的调整变动以及工资项目增减等，如病事假扣款、奖金录入等，可直接在列表中录入或修改数据。

1. 启动"工资变动"功能。双击【业务工作】—【人力资源】—【薪资管理】—【业务处理】—【工资变动】菜单，打开"工资变动"界面。

2. 录入工资项目内容。根据资料录入工资项目内容，如图8-30所示。

选择	人员编号	姓名	部门	人员类别	应发合计	扣款合计	实发合计
	0001	郎某	总经理办公室	管理人员	12,000.00	1,625.00	10,370.00
	0002	张某	人力资源部	管理人员	11,700.00	1,565.00	10,130.00
	0003	钱某	会计核算中心	管理人员	11,600.00	1,545.00	10,050.00
	0004	邹某	资产管理中心	管理人员	11,300.00	1,485.00	9,810.00
	0005	蒋某	商品采购部	采购人员	10,700.00	1,365.00	9,330.00
	0006	李某	商品采购部	采购人员	10,700.00	1,365.00	9,330.00
	0007	马某	商品采购部	采购人员	10,900.00	1,405.00	9,490.00
	0008	刘某	办公品采购部	采购人员	10,800.00	1,385.00	9,410.00
	0009	王某	总部销售中心	销售人员	10,500.00	1,325.00	9,170.00
	0010	田某	华南办事处	销售人员	10,200.00	1,265.00	8,930.00
	0011	陈某	华北办事处	销售人员	9,800.00	1,185.00	8,610.00
	0012	徐某	海外办事处	销售人员	9,600.00	1,145.00	8,450.00
	0013	袁某	仓管部	管理人员	9,500.00	1,125.00	8,370.00
	0014	林某	仓管部	管理人员	9,600.00	1,145.00	8,450.00
合计					148,900.00	18,930.00	129,900.00

图 8-30

3. 计算工资项目内容。先单击工具栏上的"计算"按钮，再单击工具栏上的"汇总"按钮，计算全部工资项目内容。

4. 退出程序。单击窗口上的"关闭"按钮，退出当前界面。

【友情提示】

➤ 第一次使用薪资管理系统必须将所有人员的基本工资数据录入系统。工资数据可以在录入人员档案时直接录入，需要计算的内容在此功能中进行计算；也可以在工资变动功能中录入，当工资数据发生变动时应在此录入。

➤ 如果工资数据的变化具有规律性，可以使用"替换"功能进行成批数据替换。

➤ 在修改了某些数据、重新设置了计算公式、进行了数据替换或在个人所得税中执行了自动扣税、筹划等操作时，必须调用"计算"和"汇总"功能对个人工资数据重新计算，以保证数据正确。

➢ 在录入工资项目内容时，可以点击过滤器的下拉框，过滤要录入的项目内容，再进行录入。

（四）扣缴所得税

系统预置了多个地区的申报表模板可供选择。

1. 启动“个人所得税申报模板”查询功能。双击【业务工作】—【人力资源】—【薪资管理】—【业务处理】—【扣缴所得税】菜单，打开“个人所得税申报模板”界面，如图 8-31 所示。

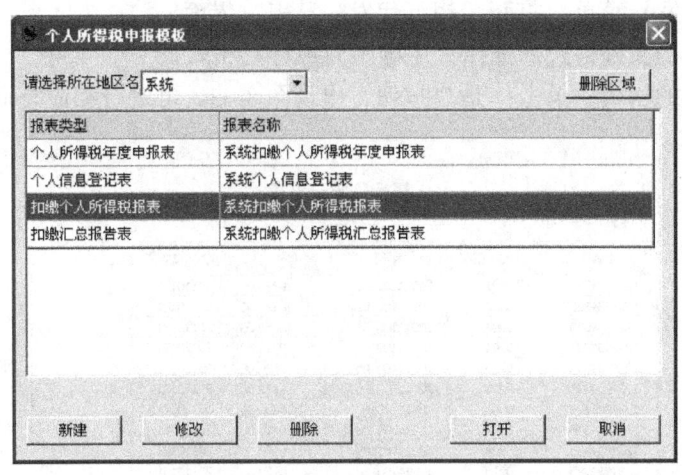

图 8-31

2. 查看个人扣缴所得税。选中“扣缴个人所得税报表”项目，单击“打开”按钮，在弹出的“所得税申报”窗口可查看个人扣缴所得税情况，如图 8-32 所示，单击“退出”按钮退出。

序号	纳税义务...	身份证照...	身份证号码	国家与地区	职业编码	所得项目	所得期间	收入额	免税收入额	允许扣除...	费用扣除...
1	郎某	身份证					1	12000.00			2000.0
2	张某	身份证					1	11700.00			2000.0
3	钱某	身份证					1	11600.00			2000.0
4	邹某	身份证					1	11300.00			2000.0
5	蒋某	身份证					1	10700.00			2000.0
6	李某	身份证					1	10700.00			2000.0
7	马某	身份证					1	10900.00			2000.0
8	刘某	身份证					1	10800.00			2000.0
9	王某	身份证					1	10500.00			2000.0
10	田某	身份证					1	10200.00			2000.0
11	陈某	身份证					1	9800.00			2000.0
12	徐某	身份证					1	9600.00			2000.0
13	袁某	身份证					1	9500.00			2000.0

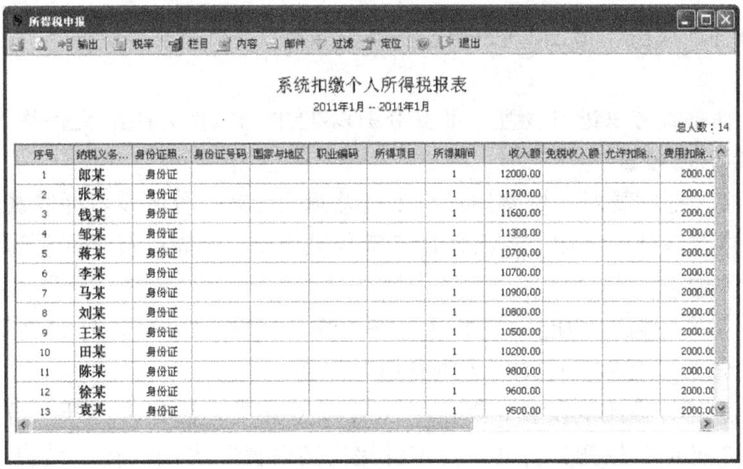

图 8-32

【友情提示】

➢ 可以对“个人所得税申报表”中的“基数”和“税率”进行调整，调整后必须重新计算个人所得税，否则个人所得税数据将发生错误。

（五）查询银行代发一览表

银行代发即由银行发放企业职工个人工资。目前许多单位发放工资时都采用银行代发方式。这种做法既减轻了财务部门的工作负担，又提高了员工个人工资的保密程度。

1. 启动“银行代发”功能。双击【业务工作】—【人力资源】—【薪资管理】—【业务处理】—【银行代发】菜单，打开“银行代发一览表”界面。

2. 设置银行的文件格式。选择“中国工商银行”格式。

3. 确认设置的格式。单击“是”按钮，出现图 8-33，可进行相应查询。

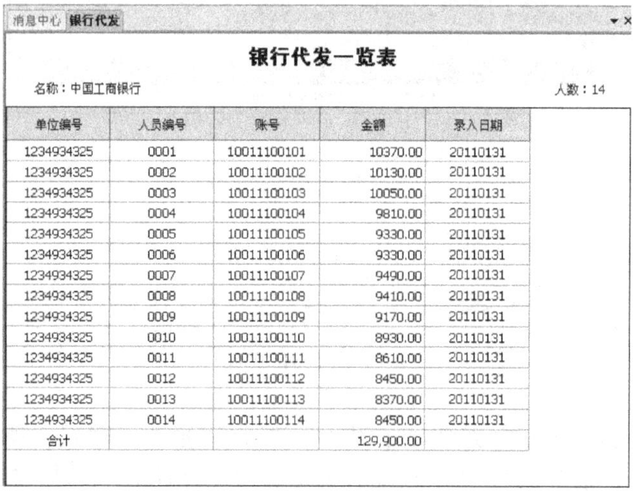

单位编号	人员编号	账号	金额	录入日期
1234934325	0001	10011100101	10370.00	20110131
1234934325	0002	10011100102	10130.00	20110131
1234934325	0003	10011100103	10050.00	20110131
1234934325	0004	10011100104	9810.00	20110131
1234934325	0005	10011100105	9330.00	20110131
1234934325	0006	10011100106	9330.00	20110131
1234934325	0007	10011100107	9490.00	20110131
1234934325	0008	10011100108	9410.00	20110131
1234934325	0009	10011100109	9170.00	20110131
1234934325	0010	10011100110	8930.00	20110131
1234934325	0011	10011100111	8610.00	20110131
1234934325	0012	10011100112	8450.00	20110131
1234934325	0013	10011100113	8370.00	20110131
1234934325	0014	10011100114	8450.00	20110131
合计			129,900.00	

图 8-33

4. 结束查询。单击“退出”按钮退出。

【友情提示】

➢ 银行文件格式可以进行设置，并且分别以 TXT、DAT 及 DBF 文件格式输出。

（六）工资分摊设置

发放完工资，还需要对工资费用进行工资总额的计算、分配及各种经费的计提，并编制转账凭证，供登账处理之用。首次使用工资分摊功能，应先进行工资总额和计提基数的设置。具体操作如下：

1. 启动“工资分摊”功能。双击【业务工作】—【人力资源】—【薪资管理】—【业务处理】—【工资分摊】菜单，打开“工资分摊”界面。

2. 对工资进行计提比例设置。单击“工资分摊设置”按钮，打开“分摊类型设置”界面，再单击“增加”按钮，打开“分摊计提比例设置”界面，在“计提类型名称”栏录入“应付工资”，如图 8-34 所示。

3. 工资的分摊构成设置。单击“下一步”按钮，打开“分摊构成设置”界面，分别选择分摊构成的各个项目内容，如图 8-35 所示。

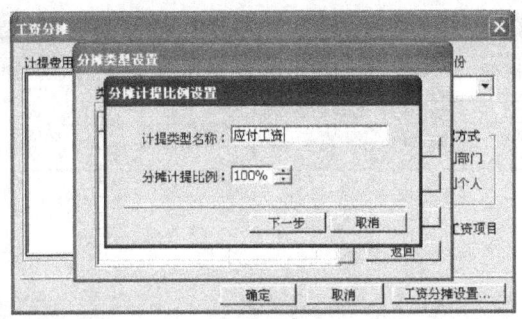

图 8-34

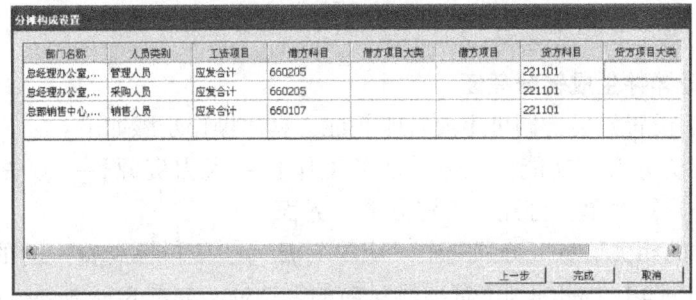

图 8-35

4. 完成并保存设置。单击"完成"按钮，保存设置，返回"分摊类型设置"对话框。

5. 应付福利费的计提设置。单击"增加"按钮，在"计提类型名称"栏录入"应付福利费"，在"分摊计提比例"栏录入"14%"，如图 8-36 所示。

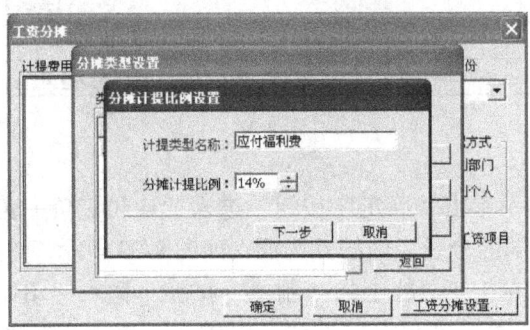

图 8-36

6. 应付福利费的分摊设置。单击"下一步"按钮，进入"分摊构成设置"界面，分别选择相关项目内容，如图 8-37 所示。

7. 保存分摊构成设置并退出。单击"完成"按钮，保存设置，返回"分摊类型设置"界面，单击"返回"按钮，退出设置。

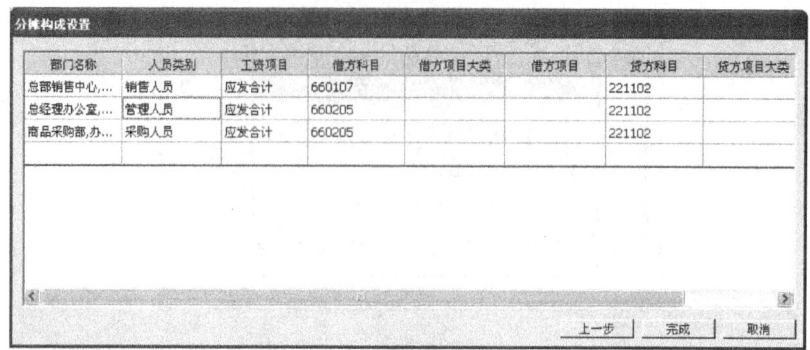

图 8-37

(七) 工资分摊并生成转账凭证

"工资分摊"设置好后,即可生成转账凭证,具体操作步骤如下:

1. 启动"工资分摊"功能。双击【业务工作】—【人力资源】—【薪资管理】—【业务处理】—【工资分摊】菜单,打开"工资分摊"界面。

2. 选中分摊的相关信息。分别选中"应付工资"、"应付福利费"前的复选框。选中各个部门,并单击选中"明细到工资项目"前的复选框,如图 8-38 所示。

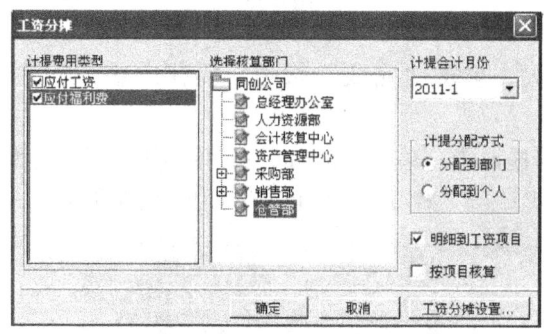

图 8-38

3. 打开工资一览表。单击"确定"按钮,进入"应付工资一览表"界面,选中"合并科目相同、辅助项相同的分录"前的复选框,如图 8-39 所示。

4. 生成转账凭证。单击工具栏上的"制单"按钮,进入"填制凭证"界面,选择凭证类别"转账凭证",并单击"保存"按钮,生成"应付工资"的转账凭证,如图 8-40 所示。

5. 重复步骤四,生成"应付福利费"的转账凭证,如图 8-41 所示。

【友情提示】

➢ 工资分摊应按分摊类型依次进行。

➢ 在进行工资分摊时,如果不选择"合并科目相同、辅助项相同的分录",则在生成凭证时每一条分录都对应一个贷方科目;如果单击"批制"按钮,可以一次将所有本次参与分摊的分摊类型所对应的凭证全部生成。

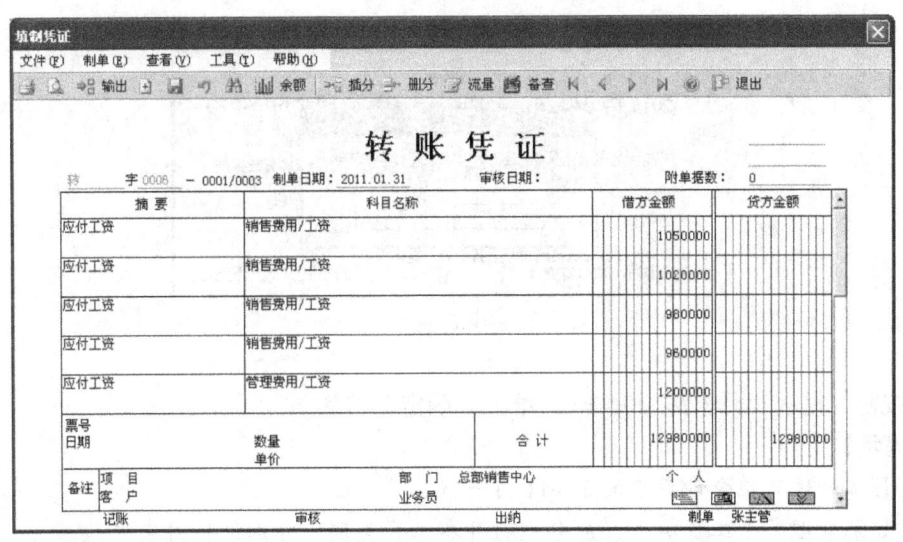

表 8-39

图 8-40

【注意事项】

➢ 生成凭证的操作员必须是总账系统中有制单权限的人，并且凭证日期必须大于或等于当前总账系统会计期间最大凭证日期。

(八) 月末处理

月末处理是将当月数据经过处理后结转至下月。每月工资数据处理完毕后均可进行月末结转。

1. 启动"月末处理"功能。双击【业务工作】—【人力资源】—【薪资管理】—【业务处理】—【月末处理】菜单，打开"月末处理"界面，单击"确定"按钮，系统弹出信息提示框，如图 8-42 所示。

2. 进行月末处理。单击"是"按钮，弹出"是否选中清零项"信息提示框；单击

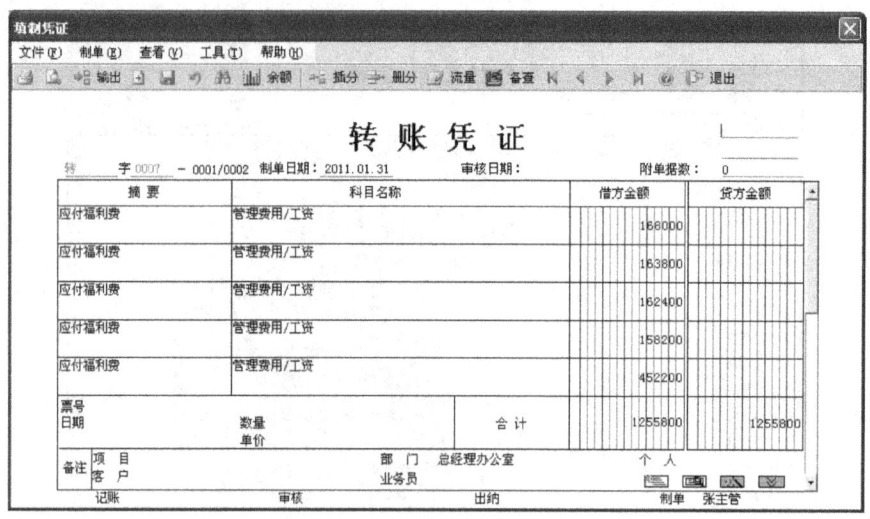

图 8-41

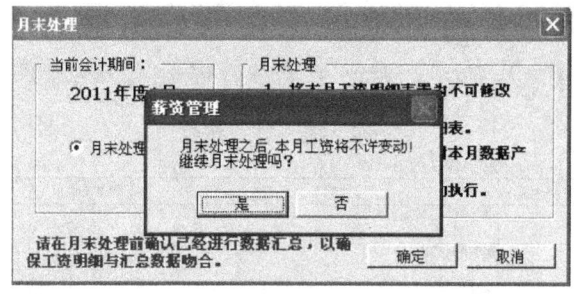

图 8-42

"否"按钮,提示"月末清理完毕",单击"确定"按钮。

【友情提示】
➢ 月末处理只在会计年度的 1—11 月进行。
➢ 如果处理多个工资类别,应分别打开各工资类别,分别进行月末处理。
➢ 如果本月数据未汇总,系统将不允许进行月末处理。
➢ 月末处理只有账套主管才能执行。
➢ 进行月末处理后,发现还有一些业务没有处理或要在已经进行月末处理的月份修改,可以由账套主管以下月日期登录,使用反结账功能,取消已记账标记。
➢ 不能反结账的情况:(1)总账已结账;(2)汇总工资类别的会计月份与反结账的会计月份相同,并且包括反结账的工资类别。

【注意事项】
➢ 由于在工资项目中,有的项目是变动的,即每月的数据均不相同,在每月工资处理时,均需将其数据清为 0,然后输入当月的数据,此类项目即为清零项目。若不进行清零操作,则当月项目将完全延续上月数据。

(九) 查询工资发放条

工资报表管理是按不同工资类别分别管理，其中包括工资表和工资分析表两个账夹，对每个工资类别的工资数据的查询统计通过它们来实现。

工资表包括工资发放条、工资卡、工资发放签名表等由系统提供的原始表，主要用于本月工资发放和统计。工资表可以进行修改和重建。以下为查询工资发放条的具体操作步骤：

1. 启动"工资表"查询功能。双击【业务工作】—【人力资源】—【薪资管理】—【统计分析】—【账表】—【工资表】菜单，打开"工资表"界面，选中"工资发放条"，如图 8-43 所示。

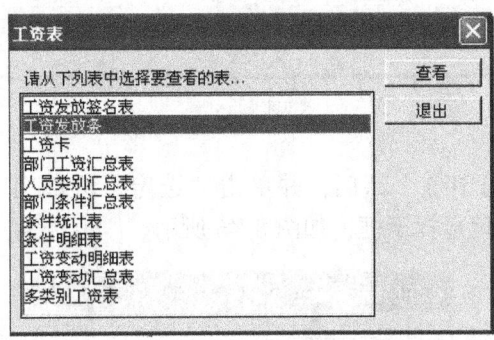

图 8-43

2. 单击"查看"按钮，打开"工资发放条"界面，单击选中各个部门，并单击"选定下级部门"前的复选框，如图 8-44 所示。

图 8-44

3. 单击"确定"按钮，进入"工资发放条"界面，如图 8-45 所示。
4. 结束查询。单击"退出"按钮退出。

(十) 查询部门工资汇总表

可根据条件选择需要查询的工资表。

1. 启动"工资表"查询功能。双击【业务工作】—【人力资源】—【薪资管理】—【统计分析】—【账表】—【工资表】菜单，打开"工资表"界面。

2. 选择部门范围。选中"部门工资汇总表"，单击"查看"按钮，打开"部门工资

人员编号	姓名	应发合计	扣款合计	实发合计	本月扣零	上月扣零	代扣税	代付税	年终奖	年
0001	郎某	12,000.00	1,625.00	10,370.00	5.00		1,625.00			
0002	张某	11,700.00	1,565.00	10,130.00	5.00		1,565.00			
0003	钱某	11,600.00	1,545.00	10,050.00	5.00		1,545.00			
0004	邹某	11,300.00	1,485.00	9,810.00	5.00		1,485.00			
0005	蒋某	10,700.00	1,365.00	9,330.00	5.00		1,365.00			
0006	李某	10,700.00	1,365.00	9,330.00	5.00		1,365.00			
0007	马某	10,900.00	1,405.00	9,490.00	5.00		1,405.00			
0008	刘某	10,800.00	1,385.00	9,410.00	5.00		1,385.00			
0009	王某	10,500.00	1,325.00	9,170.00	5.00		1,325.00			

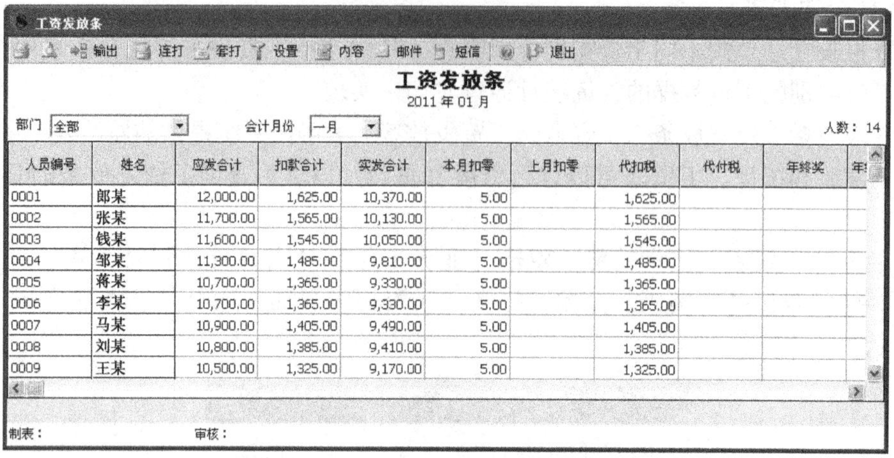

图 8-45

汇总表”对话框，单击选中各个部门，并单击“选定下级部门”前的复选框，再点击“确定”按钮，系统弹出信息提示框，如图 8-46 所示。

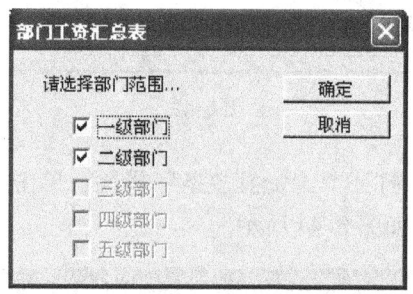

图 8-46

3. 打开部门工资汇总表并退出。单击“确定”按钮，进入“部门工资汇总表”窗口，如图 8-47 所示，单击“退出”按钮退出界面。

（十一）对工资项目构成进行分析

工资分析表功能是以工资数据为基础，对部门、人员类别的工资数据进行分析和比较，产生各种分析表，供决策人员使用。

1. 启动“工资分析表”查询功能。双击【业务工作】—【人力资源】—【薪资管理】—【统计分析】—【账表】—【工资分析表】菜单，打开“工资分析表”界面，如图 8-48 所示。

2. 单击“确定”按钮，打开“分析表选项”界面，选中各个项目，单击“≫”按钮，如图 8-49 所示。

3. 查询工资项目分析表。单击“确定”按钮，进入“工资项目分析（按部门）”界面，单击“部门”栏的下拉框，选中部门，可以查看相应部门的工资项目构成。例如选择“总经理办公室”可以看到此工资项目分析表，如图 8-50 所示。

图 8-47

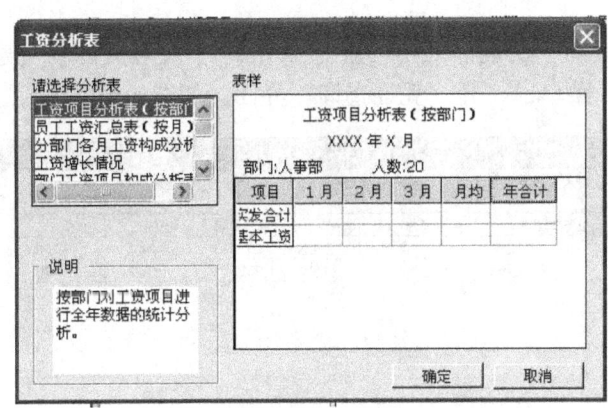

图 8-48

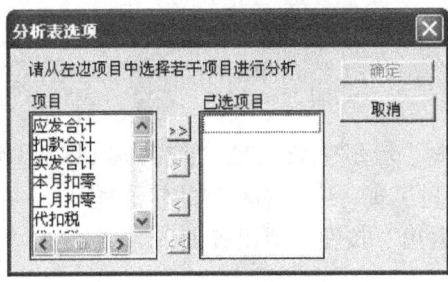

图 8-49

4. 结束查询。单击"退出"按钮退出。

(十二)查询1月份计提"应付福利费"的记账凭证

在"凭证查询"功能中，可以查询薪资管理系统传输到总账系统的凭证，并可通过凭证查询功能来修改、删除和冲销凭证。

图 8-50

1. 启动"凭证查询"功能。双击【业务工作】—【人力资源】—【薪资管理】—【统计分析】—【凭证查询】菜单，打开"凭证查询"界面，如图 8-51 所示。

图 8-51

2. 查看凭证。单击选中"应付工资"或"应付福利费"所在行，单击工具栏上的"凭证"按钮，打开计提应付工资、应付福利费的转账凭证。

3. 退出查询。单击"退出"按钮，退出查询。

（十三）账套备份

将账套输出至"7-3 薪资管理业务处理"文件夹，压缩后保存到 U 盘。

七、疑难解答

1."工资变动"中的各工资项目数据这个月录入之后，以后每个月是否都需要录入？

答：不需要。在工资变动单中，本月的工资内容是下月的参考，所以下月的工资数据只要在本月的基础上进行变动即可，即只是少部分的工资变动，而无需全部清空数据再次录入。

2. "工资分摊"生成的记账凭证，应该在哪里审核？

答：可由有相应凭证审核权限的操作员在总账系统中进行审核。

3. 刚才修改了计算公式，为什么打开工资变动单后，里面的数据还是原来的没有变呢？

答：在进行公式修改或某些数据的修改后，必须调用工资变动中的"计算"和"汇总"功能，以保证工资数据的正确。

4. 已进行了月末处理，现在发现本月数据仍有错误，想修改本月数据，系统不允许，怎么办？

答：进行月末处理后，本月数据不能再变动修改。可以先进行"反结账"处理，"反结账"后就可以进入本月账套进行数据变动。

◎ 思考与练习

1. 如何完成给"商品采购部"的每位员工增加300元"奖金"的操作？
2. 如何完成按应发工资的2%计提工会经费的工资分摊操作？
3. 对在薪资管理系统中已生成并审核的记账凭证如何修改？

学习情境 9 固定资产管理系统

◎ **教学活动设计**

每个企业都有资产，在会计核算中，企业的固定资产都要进行折旧处理，直接关系到企业的运作成本，影响企业的利润和税金。你是否在为固定资产账实不符、企业家底不清而烦恼呢？你是否在为固定资产核算不规范、企业利润不真实而发愁呢？只要对固定资产进行电算化方式管理，就会使每月繁重的核算工作变得轻松。当然，在使用固定资产管理系统前，应当对现有资产进行全面的登记盘点，设置资产类别，准确设定资产折旧方式，明确资产使用部门，规范资产使用程序，这样操作起来才会准确无误。

学习任务 9-1 准备知识

一、功能结构

固定资产是企业生产经营不可缺少的物质条件，是企业的重要物质技术基础。固定资产管理系统的任务就是在保证固定资产完整的前提下，充分发挥它的效能，提高产品数量和质量，降低生产成本。用友 ERP-U8 固定资产管理系统可以帮助企业进行固定资产日常业务的核算和管理，生成固定资产卡片，按月反映固定资产的增加、减少、原值变化，并输出相应的增减变动明细账，按月自动计提折旧，生成折旧分配凭证，同时输出一些同设备管理相关的报表和账簿。固定资产管理系统的功能结构如下。

（一）系统初始化

1. 基础设置

包括卡片项目定义、卡片样式定义、折旧方法定义、类别设置、部门设置、使用状况定义、增减方式定义等部分。除资产类别设置没有预置内容外，其他部分都预置了常用的内容，如果符合企业的要求，可不再设置。

2. 原始卡片录入

原始卡片录入是在使用系统前把原始资料录入系统，以保持固定资产管理与核算的连续性和完整性。鉴于原始资料可能较多，在一个月内不一定能录入完毕，所以本系统原始卡片录入不限于第一个月。也就是说如果到第一个月月底原始资料没有录入完毕，可以有两种选择，一是一直以该月日期登录，直到录入完毕，再进行以下各部分操作；二是月底前在没有完成全部原始卡片录入的情况下，继续以下各部分操作，以后各月陆续进行录入。由于固定资产管理系统和其他系统的制约关系，本系统不结账，总账不能结账，所以在特定情况下，必须采用第二种做法。

（二）日常操作

1. 卡片操作

包括卡片录入（包括原始资料和新增资产）、卡片修改、卡片删除、卡片查询、卡片打印等操作。

2. 资产变动操作

因为资产发生原值变动、部门转移、使用状况调整、折旧方法调整、累计折旧调整、净残值（率）调整、工作总量调整、使用年限调整、类别调整、计提减值准备、转回减值准备、进行资产评估，需制作变动单或评估单，该部分主要是制作变动单和评估单的操作。

3. 月末处理

包括与相关系统的数据传递、对账、计提折旧、结账、查看及打印报表等操作。

二、与其他系统的关系

固定资产管理系统与其他系统的接口主要涉及总账系统。资产增加、资产减少、原值变动、累计折旧调整、计提减值准备调整、转回减值准备调整、折旧分配都要将有关数据通过记账凭证的形式传输到总账系统，同时通过对账保持固定资产账目的平衡。

固定资产管理系统为成本管理系统和 UFO 报表系统提供数据支持，向项目管理系统传递项目的折旧数据，向设备管理系统提供卡片信息，同时还可以从设备管理系统导入卡片信息。

固定资产管理系统与其他系统的关系如图 9-1 所示。

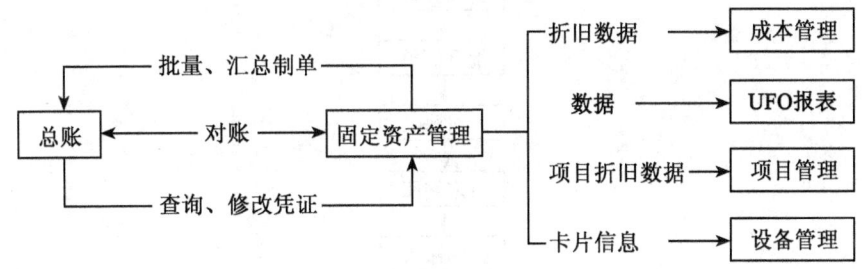

图 9-1　固定资产管理系统与其他系统的关系

三、操作流程

固定资产管理系统操作流程如图 9-2 所示。

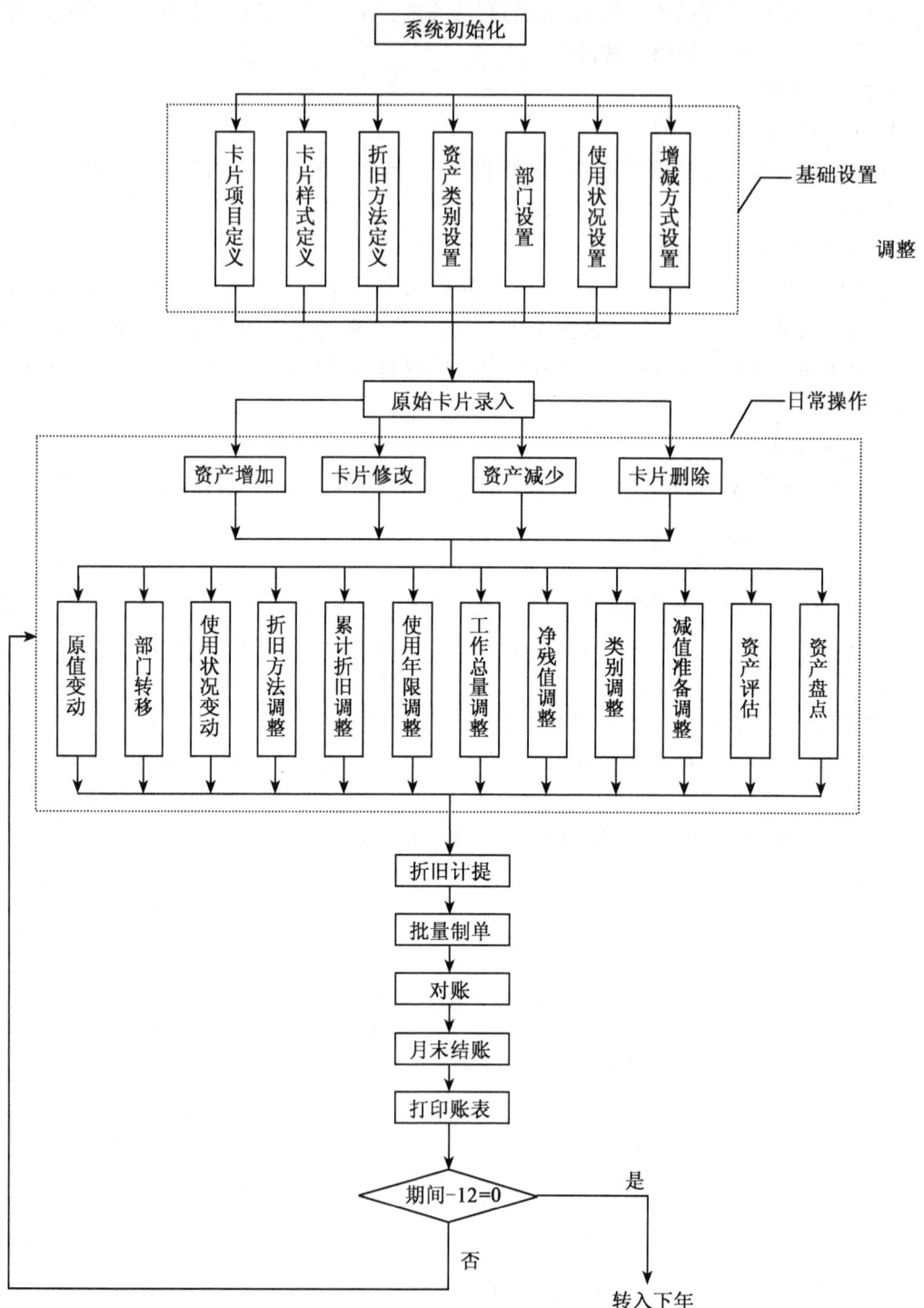

图 9-2 固定资产管理系统操作流程图

学习任务9-2　固定资产管理系统初始化

一、实训任务

1. 建立固定资产初始账套。
2. 设置固定资产选项，设置部门对应折旧科目，设置固定资产类别。
3. 设置固定资产增减方式，设置固定资产原始卡片。

二、任务目标

1. 建立固定资产账套。
2. 设置基础数据。
3. 输入期初固定资产卡片。

三、准备工作

1. 首次运行固定资产管理系统，必须确保总账系统已进行初始化设置。
2. 初步了解固定资产管理系统的基本功能。
3. 整理好固定资产管理所需信息及数据。
4. 修改计算机时间为2011年1月31日。
5. 引入"4-2总账系统初始设置"账套备份。

四、实训引例

（一）600账套固定资产管理系统的参数

固定资产账套的启用月份为"2011年1月"，固定资产采用"平均年限法（二）"计提折旧，折旧汇总分配周期为1个月，月初已计提月份=可使用月份-1时将剩余折旧全部提足。固定资产类别编码为4级6位（2-1-1-2），采用自动编码方式，编码方式为"类别编号+序号"，序号长度为"5"。要求固定资产管理系统与总账系统进行对账，固定资产对账科目为"1601固定资产"，累计折旧对账科目为"1602累计折旧"，对账不平衡不允许月末结账。

（二）固定资产选项设置

固定资产默认入账科目：1601。累计折旧默认入账科目：1602。

（三）部门对应折旧科目

部门编码	部门名称	对应折旧科目
01	总经理办公室	管理费用——折旧费（660204）
02	人力资源部	管理费用——折旧费（660204）
03	会计核算中心	管理费用——折旧费（660204）

续表

部门编码	部门名称	对应折旧科目
04	资产管理中心	管理费用——折旧费（660204）
05	采购部	管理费用——折旧费（660204）
06	销售部	销售费用——折旧费（660106）
07	仓管部	管理费用——折旧费（660204）

（四）固定资产类别

类别编码	类别名称	使用年限	净残值率	计提属性	折旧方法	卡片样式
01	房屋及建筑物	30	2%	正常计提	平均年限法（二）	通用样式
011	办公楼	30	2%	正常计提	平均年限法（二）	通用样式
012	库房	30	2%	正常计提	平均年限法（二）	通用样式
02	机器设备					通用样式
021	小轿车	10	3%	正常计提	平均年限法（二）	通用样式
022	办公设备	5	3%	正常计提	平均年限法（二）	通用样式

（五）固定资产增减方式

类型	名称	对应入账科目
增加	直接购入	银行存款——工商银行（100201）
	盘盈	待处理财产损溢（1901）
	投资者投入	实收资本（4001）
	捐赠	营业外收入（6301）
	在建工程转入	在建工程（1604）
减少	出售	固定资产清理（1606）
	盘亏	待处理财产损溢（1901）
	投资转出	长期股权投资（1511）
	捐赠转出	固定资产清理（1606）
	报废	固定资产清理（1606）

（六）固定资产原始卡片

卡片编号	00001	00002	00003	00004	00005
固定资产编号	01100001	01200001	02100001	02200001	02200002
固定资产名称	A写字楼	总部仓库	奥迪A6	传真机	电脑
类别编号	011	012	021	022	022
类别名称	办公楼	库房	小轿车	办公设备	办公设备
部门名称	资产管理中心	仓管部	总经理办公室	华南办事处	华南办事处
增加方式	在建工程转入	在建工程转入	直接购入	直接购入	直接购入
使用状况	在用	在用	在用	在用	在用
使用年限	30年	30年	10年	5年	5年
折旧方法	平均年限法（二）	平均年限法（二）	平均年限法（二）	平均年限法（二）	平均年限法（二）
开始使用日期	2005-12-08	2005-12-20	2008-06-02	2007-5-08	2009-12-01
币种	人民币	人民币	人民币	人民币	人民币
原值	1 420 000	523 000	650 000	5 600	10 000
净残值率	2%	2%	3%	3%	3%
净残值	28 400	10 460	19 500	168	300
累计折旧	225 420	82 980	156 990	3 878	1 932
月折旧率	0.0027	0.0027	0.0081	0.0162	0.0162
月折旧额	3 887.27	1 431.87	5 261.22	91.41	161.83
净值	1 194 580	440 020	493 010	1 722	8 068
对应折旧科目	管理费用——折旧费	管理费用——折旧费	管理费用——折旧费	销售费用——折旧费	销售费用——折旧费

五、学情关注

初始化设置完成后，有些参数不能修改，所以在操作时一定要慎重。如果发现有的参数错误而且必须修改，只能通过固定资产管理系统"维护"中的重新初始化账套命令实现。该操作将清空用户对该子账套所做的一切工作。

六、过程指导

（一）建立固定资产账套

这一步主要是为了启动固定资产管理模块，操作步骤如下：

1. 以操作员01的身份登录企业应用平台。
2. 打开"建立固定资产账套"功能。双击【业务工作】—【财务会计】—【固定资产】

菜单，系统弹出"这是第一次打开此账套，还未进行初始化，是否进行初始化？"信息提示框，单击"是"按钮，打开固定资产初始化账套向导。

3. 约定及说明。阅读界面中的相关条款后，选中"我同意"单选按钮，单击"下一步"按钮，打开"启用月份"对话框。

4. 启用月份。固定资产账套的启用月份为"2011.01"，如图9-3所示，单击"下一步"按钮，打开"折旧信息"对话框。

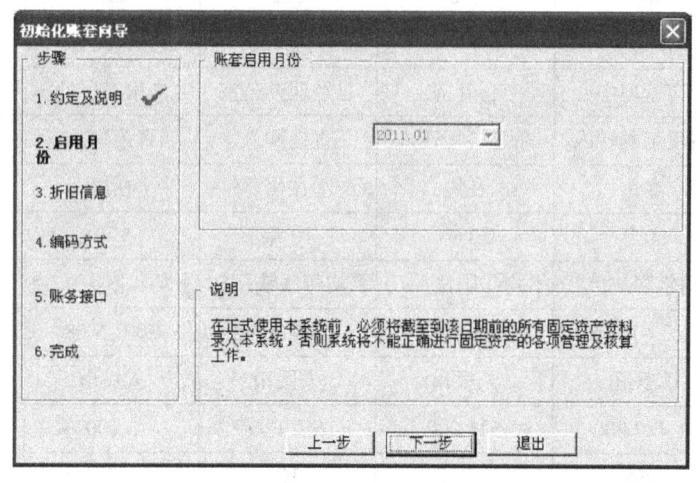

图 9-3

5. 折旧设置。固定资产采用"平均年限法（二）"计提折旧，折旧汇总分配周期为1个月，选择"当（月初已计提月份＝可使用月份－1）时将剩余折旧全部提足（工作量法除外）"，如图9-4所示，单击"下一步"按钮。

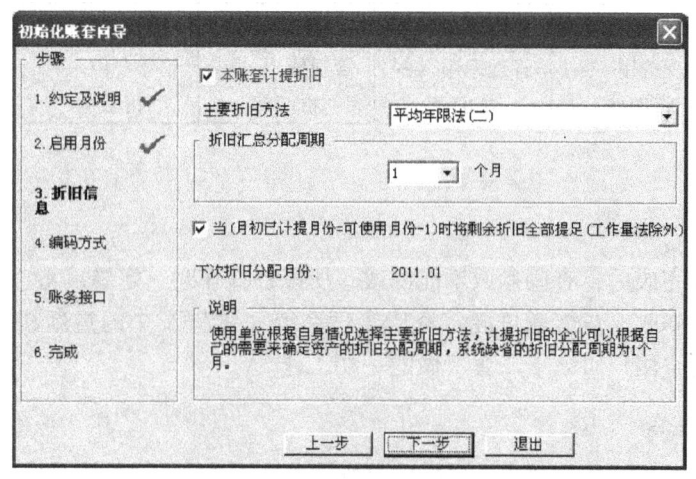

图 9-4

【友情提示】

➢ 如果选用的是"行政事业单位"应用方案，则按照会计制度规定所有固定资产

"不计提折旧"，那么折旧设置中的"本账套计提折旧"前的判断框内不打钩，表示本账套不提折旧。一旦确定本账套不提折旧，账套内与折旧有关的功能不能操作，该设置在保存初始化设置后不能修改。

➢ 如果选用"企业单位"应用方案，则根据制度规定固定资产需要计提折旧，在"本账套计提折旧"前的判断框内打钩。

➢ 系统提供常用的六种折旧方法：平均年限法（一）、平均年限法（二）、工作量法、年数总和法、双倍余额递减法（一）、双倍余额递减法（二），默认为"平均年限法（二）"。

6. 编码方式。打开"编码方式"对话框，固定资产编码方式采用自动编码方式，编码方式为"类别编号+序号"，序号长度为"5"，如图 9-5 所示，单击"下一步"按钮，打开"财务接口"对话框。

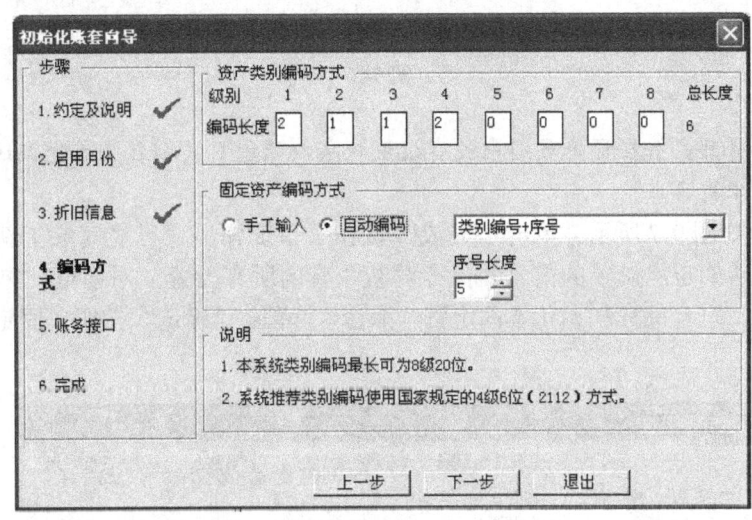

图 9-5

【友情提示】

➢ 资产类别编码方式设定以后，如果某一级资产设置了类别，则该级的长度不能修改，没有使用过的各级的长度可修改。

➢ 每个账套资产的自动编码方式只能是一种，一经设定，该自动编码方式不得修改。

➢ 本系统类别编码最多可设置 8 级 20 位，操作员可以设定每一级的编码长度。系统推荐采用国家规定的 4 级 6 位 (2-1-1-2) 方式。

7. 账务接口。选择"与账务系统进行对账"，固定资产对账科目为"1601，固定资产"，累计折旧对账科目为"1602，累计折旧"，选择"在对账不平情况下不允许固定资产月末结账"，如图 9-6 所示，单击"下一步"按钮，打开"完成"对话框。

【友情提示】

➢ 本系统在月末结账前自动执行"对账"功能一次。

➢ 若在资产类别中设置了缺省入账科目，则在生成凭证时根据卡片所属末级资产类

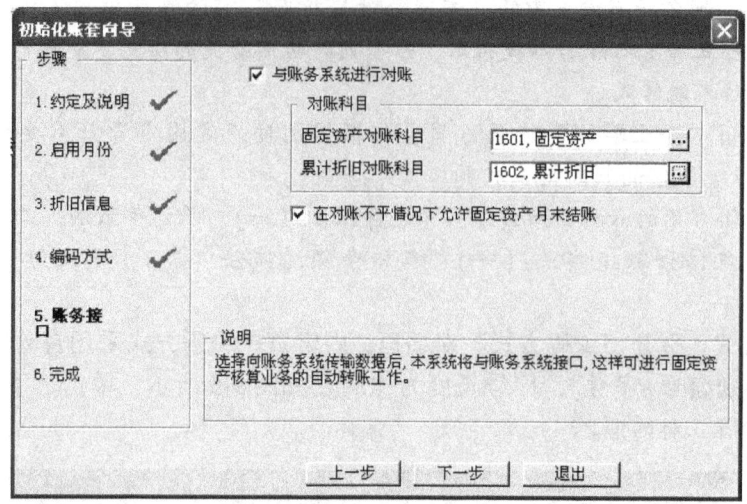

图 9-6

别带出相应的科目；若在资产类别中没有设置缺省入账科目，则在生成凭证时带出选项中设置的缺省入账科目。

8. 完成。如图 9-7 所示，单击"完成"按钮，系统弹出"已经完成了新账套的所有设置工作，是否确定所设置的信息并保存对新账套的所有设置"对话框，单击"是"按钮，系统提示"已经完成初始化本固定资产账套"，单击"确定"按钮，固定资产账套设置完成。

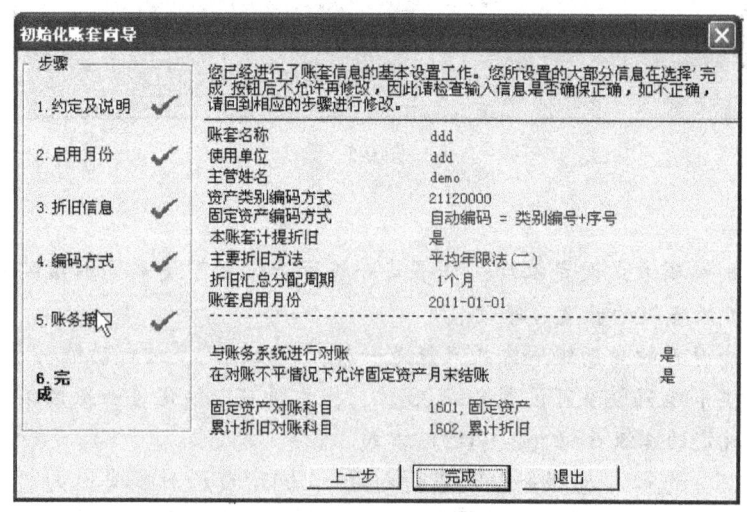

图 9-7

（二）设置选项

设置选项用于设置固定资产管理系统运行的基本参数，参数在初始化完成后将不可修改，因此需特别谨慎，操作步骤如下：

1. 打开"选项"设置功能。双击【业务工作】—【财务会计】—【固定资产】—【设置】—【选项】菜单，打开"选项"对话框。

2. 设置参数。单击"编辑"按钮，选择"与账务系统接口"选项卡，设置固定资产默认入账科目"1601"，累计折旧默认入账科目"1602"，如图9-8所示。

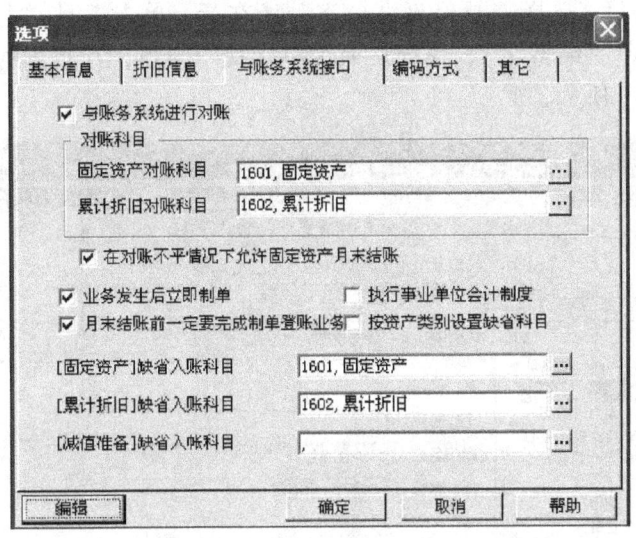

图 9-8

3. 保存设置。单击"确定"按钮保存并返回。

【友情提示】

➢ 本选项卡中所有内容在系统初始化设置后不能修改。

➢ 如果该账套已做过月末结账，则改变后的周期必须既能被12整除，又能被该会计年度还未结账的会计期间数整除，还不能小于尚未分配已计提折旧的期间数。

➢ 对账科目用于与总账进行对账，缺省入账科目用于生成凭证时的缺省科目。

➢ 业务发生后立即制单：缺省值为"是"，业务发生后可以立即生成凭证，如果不选择，只能批量制单。

➢ 执行事业单位会计制度：默认为不选中，选中后系统在"增减方式"中提供"列支科目"的选择。

➢ 月末结账前一定要完成制单登账业务：系统中的有些业务在存在对应的总账账套的情况下应制作凭证，把凭证传递到总账系统，但有可能一些经济业务在其他系统已制作凭证，为避免重复制单，可不在此判断框内打钩。如果想保证系统的严谨性，则在此判断框内打钩，表示一定要完成应制作的凭证，如有没有制作的凭证，本期间不允许结账。

➢ 按资产类别设置缺省科目：若选中，则"固定资产对账科目"和"累计折旧对账科目"可以多选，但最多能选10个；同时，可以在"资产类别"中录入"缺省入账科目"。

➢ 如果该账套还没有进行过一次月末结账，该分配周期可从1、2、3、4、6、12中选择。

(三) 设置部门对应折旧科目

用于定义按使用部门计提折旧所对应的科目。操作步骤如下：

1. 打开"部门对应折旧科目"设置功能。双击【业务工作】—【财务会计】—【固定资产】—【设置】—【部门对应折旧科目】菜单，打开"部门对应折旧科目"窗口。

2. 设置折旧科目。选择"总经理办公室"所在行，单击工具栏上的"修改"按钮（或单击右键，选择"编辑"），系统切换至单张视图窗口，在折旧科目栏录入或选择"660204"，如图9-9所示。

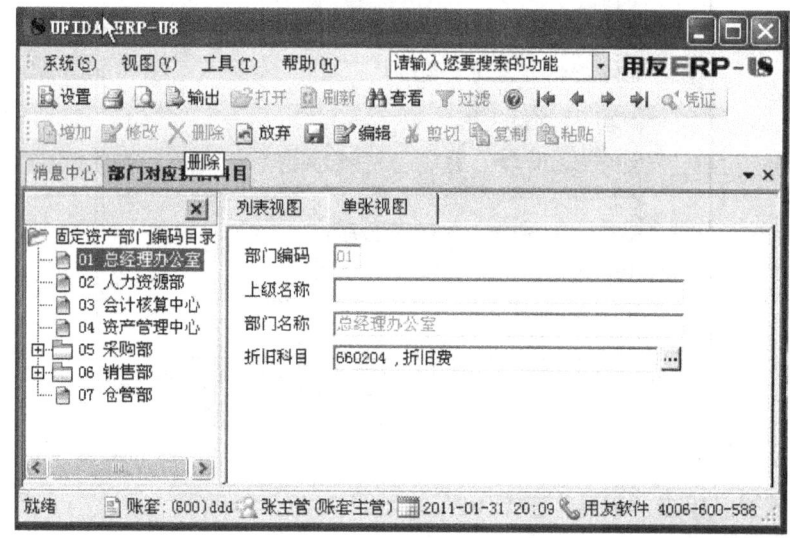

图 9-9

3. 保存设置。单击工具栏上的"保存"按钮，保存折旧科目。
4. 依次设置其他折旧科目。重复第二、三步，录入其他数据。
5. 退出设置。单击右上角的"关闭"按钮，退出系统。

【友情提示】

➢ 在系统中设置对应折旧科目，如果某上级部门设置了折旧科目，则其下级部门沿用上级部门的设置。

(四) 设置固定资产类别

此功能定义固定资产的分类，在分类中定义的属性会带到固定资产卡片中作为默认值。操作步骤如下：

1. 打开"固定资产类别"设置功能。双击【业务工作】—【财务会计】—【固定资产】—【设置】—【资产类别】菜单，打开"资产类别"窗口。

2. 增加一级固定资产类别。选中"固定资产分类编码表"，单击工具栏上的"增加"按钮（或按F5），打开"类别编码——单张视图"窗口，录入类别编码"01"，类别名称"房屋及建筑物"，使用年限"30"，净残值率"2"，如图9-10所示。

3. 保存设置。单击工具栏上的"保存"按钮，保存设置。

4. 增加二级固定资产类别。选中"01 房屋及建筑物"分类，单击工具栏上的"增

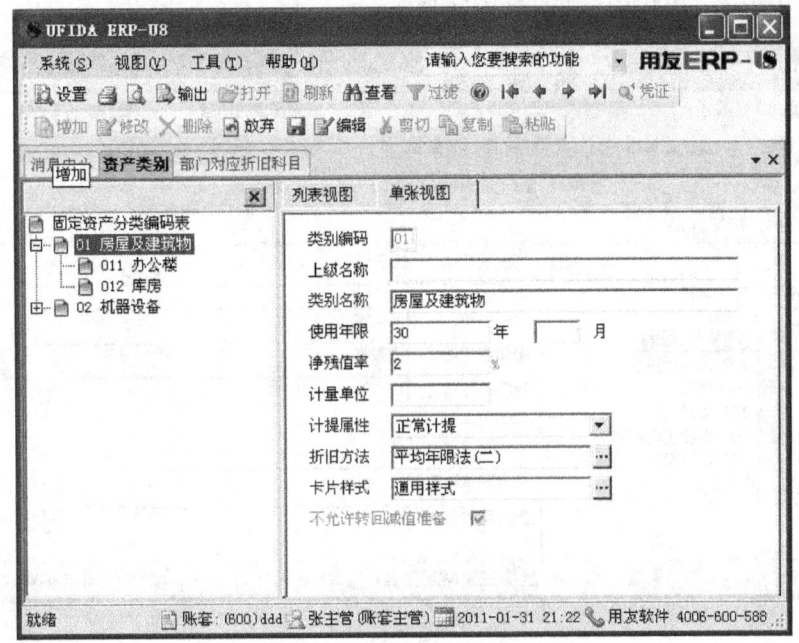

图 9-10

加"按钮,录入类别名称"办公楼",单击"保存"按钮。

5. 依次设置其他固定资产类别。重复第二步至第四步,录入其他数据。

6. 退出设置。单击右上角的"关闭"按钮,退出系统。

【友情提示】

➢ 资产类别编码不能重复,同级的类别名称不能相同。

➢ 类别编码、类别名称、计提属性、卡片样式不能为空。

➢ 非明细级类别编码不能修改,使用过的类别的计提属性不能修改,未使用过的明细级类别编码修改时只能修改本级的编码。

➢ 使用过的类别的卡片样式修改后会影响已录入系统该类别的卡片的样式,因此建议非特殊情况不要修改。

➢ 当认为一个资产类别没有用时可以从系统中删除。从分类编码表中选中要删除的类别,单击"删除"按钮即可。

➢ 非明细级类别不能删除,系统已使用(录入卡片时选用过)的类别不允许删除。

(五) 设置固定资产增减方式

固定资产增减方式设置除了定义固定资产增加或减少的方式外,关键的内容是确定增减方式所对应的入账科目。入账科目是指生成凭证时固定资产所对应的反方向的科目。操作步骤如下:

1. 打开"固定资产增减方式"设置功能。双击【业务工作】—【财务会计】—【固定资产】—【设置】—【增减方式】菜单,打开"固定资产增减方式"窗口。

2. 修改增减方式。单击选中"直接购入"所在行,再单击"修改"按钮,在"对应入账科目"中录入"100201",如图 9-11 所示。

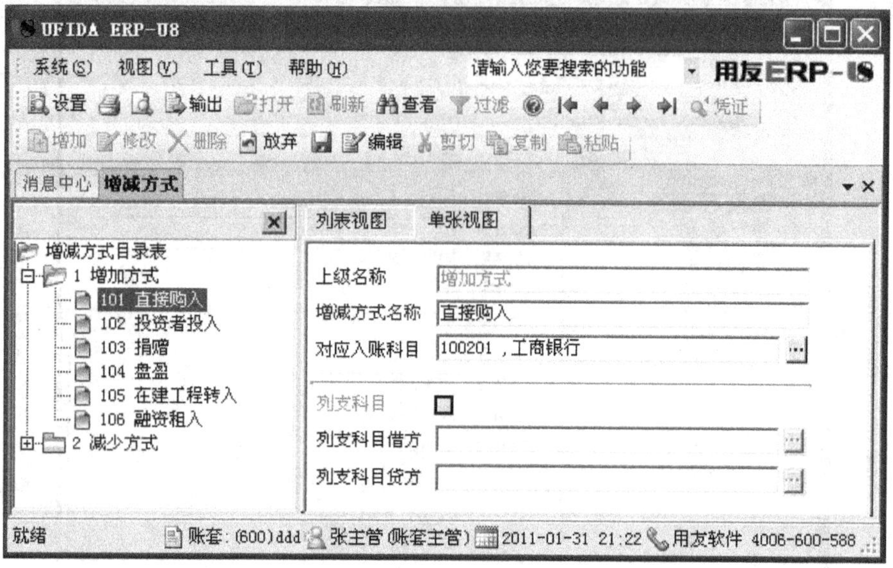

图 9-11

3. 保存设置。单击工具栏上的"保存"按钮,保存增减方式设置。
4. 依次设置其他增减方式。重复第二、三步,录入其他数据。
5. 退出设置。单击右上角的"关闭"按钮,退出系统。

【友情提示】
➢ 已使用(卡片已选用)的增减方式不能删除,非明细级增减方式不能删除。
➢ 由于本系统提供的报表中有固定资产盘盈盘亏报表,所以系统缺省的增减方式中"盘盈、盘亏、毁损"不能删除。
➢ 生成凭证时,如果入账科目发生变化,可以及时修改。
➢ 此处设置的对应入账科目是为了在生成凭证时使用,例如,以购入方式增加资产时该科目可设置为"银行存款",投资者投入时该科目可设置为"实收资本",该科目将缺省设在贷方;资产减少时,该科目可设置为"固定资产清理",将缺省设在借方。
➢ "列支科目"只有在选中"执行事业单位会计制度"且为"增加方式"时可选。
➢ "列支科目"也是在生成凭证时使用,例如以购入方式增加资产,对应入账科目设为"固定基金",列支科目借方设为"专项资金支出",列支科目贷方可设为"银行存款"。

(六)录入固定资产原始卡片

录入固定资产原始卡片可以理解为录入期初值。操作步骤如下:

1. 打开"固定资产原始卡片"录入功能。双击【业务工作】—【财务会计】—【固定资产】—【卡片】—【录入原始卡片】菜单,打开"固定资产类别档案"对话框,如图 9-12 所示。

2. 选择固定资产类别。选中"011 办公楼",单击工具栏上的"确定"按钮,进入

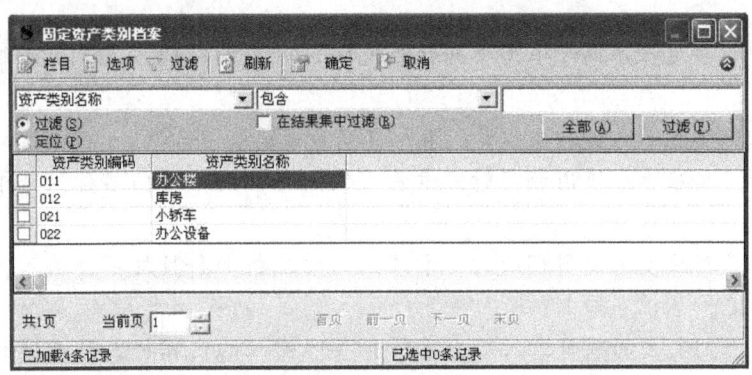

图 9-12

"固定资产卡片（00001 号）"窗口。

3. 录入固定资产卡片。录入固定资产名称"A 写字楼"，单击使用部门栏，再单击"使用部门"按钮，打开"固定资产——部门基本参照"对话框，选中"资产管理中心"，单击"确定"按钮。

4. 录入增加方式"在建工程转入"，使用状况"在用"，开始使用日期"2005-12-08"，原值"1420000"，累计折旧"229307.27"，如图 9-13 所示。

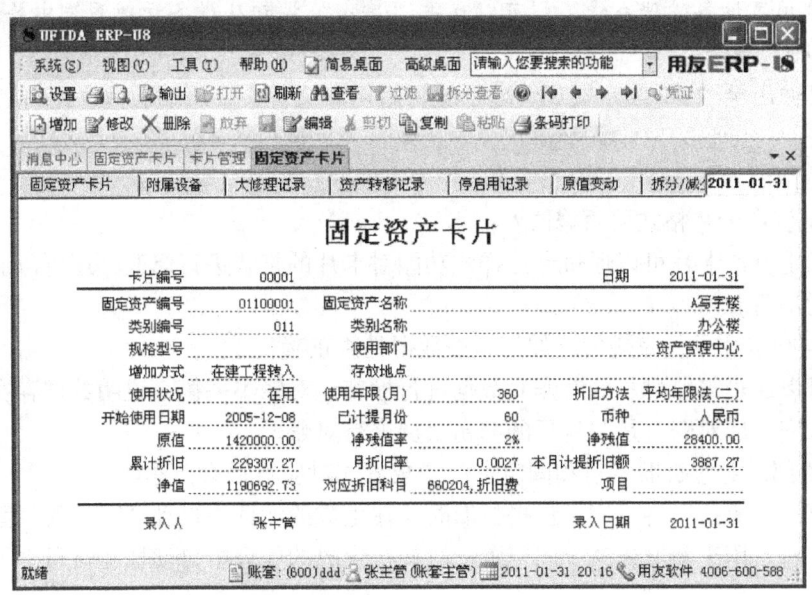

图 9-13

5. 保存设置。单击工具栏上的"保存"按钮，系统提示"数据成功保存"，单击"确定"按钮。

6. 依次设置其他卡片。重复第二步至第五步，录入其他资产数据。

7. 退出设置。单击右上角的"关闭"按钮，退出系统。

【友情提示】

➢ 卡片中的固定资产编号根据初始化或选项设置中的编码方式，自动编码或需要用户手工录入。

➢ 录入人自动显示为当前操作员，录入日期为当前登录日期。

➢ 单个资产对应单个使用部门时，卡片上使用部门列示部门名称，可根据科目参照修改。

➢ 单个资产对应多个使用部门时，卡片上的对应折旧科目处不许输入，只能按使用部门的设置确定。

➢ 与计算折旧有关的项目录入后，系统会按照输入的内容将本月应提的折旧额显示在"本月计提折旧额"项目内，可将该值与手工计算的值比较，看是否有录入错误。

➢ 其他选项卡录入的内容只是为管理卡片设置的，不参与计算。除附属设备外，其他内容在录入月结账后除"备注"外不能修改和输入，由系统自动生成。

➢ 录入的原值、累计折旧、累计工作量必须是卡片录入月月初的价值，否则将会出现计算错误。

➢ 已计提月份必须严格按照该资产已经计提的月份数录入，不包括使用期间停用等不计提折旧的月份，否则不能正确计算折旧。

➢ 允许在卡片的规格型号中输入或粘贴如"直径符号"等工程符号。

➢ 若启用了设备管理系统，则可以点击"导入"按钮从设备管理系统中导入卡片。

（七）账套备份

将账套输出至"9-2 固定资产管理系统初始化"文件夹，压缩后保存到 U 盘。

七、疑难解答

1. 固定资产卡片格式可否修改？

答：固定资产卡片可以通过卡片样式功能对卡片的格式进行修改，还可以通过卡片项目定义新的项目。

2. 在期初卡片录入完成后，如何检查数据是否正确？

答：可以通过与科目总账对账对数据进行检查，对账不平衡，说明数据存在错误，期初卡片录入完成后对账，是与科目的期初余额进行对账。

3. 设置部门对应折旧科目和固定资产增减方式对应科目有何作用？

答：部门对应折旧科目用于计提折旧时，在生成的凭证中自动填写科目；固定资产增减方式对应科目用于新增或减少固定资产时，在生成的凭证中自动填写科目。

◎思考与练习

1. 固定资产管理系统的主要功能包括哪些？
2. 固定资产管理系统的业务流程是怎样的？
3. 固定资产管理系统的控制参数主要包括哪些？

学习任务9-3　固定资产业务处理

一、实训任务

1. 修改固定资产卡片。
2. 增加固定资产，减少固定资产，相关折旧处理。
3. 生成增加固定资产的记账凭证。
4. 计提固定资产折旧。
5. 对账与结账，账表管理。

二、任务目标

1. 掌握固定资产的增减处理，熟悉固定资产的评估。
2. 掌握折旧的计提。
3. 掌握固定资产使用状况的调整，掌握固定资产卡片管理。

三、准备工作

1. 基本了解固定资产日常业务基本流程。
2. 整理好固定资产日常业务所需信息及数据。
3. 修改计算机时间为2011年1月31日。
4. 引入"9-2固定资产管理系统初始化"账套备份。

四、实训引例

（一）修改固定资产卡片

2011年1月8日，将卡片编号"00002"的固定资产（总部仓库）的使用状况由"在用"修改为"大修理停用"。

（二）新增固定资产

2011年1月10日，直接购入并交付华南办事处使用一台电脑，预计使用年限为5年，原值为8 000元，净残值率为3%，采用"年数总和法"计提折旧。

（三）减少固定资产

2011年1月11日，将华南办事处使用的卡片编号"00005"的固定资产（电脑）捐给希望工程。

（四）固定资产变动

2011年1月31日，根据企业工作需要，将卡片编号为"00003"的固定资产（奥迪A6）的折旧方法由"平均年限法（二）"改为"工作量法"，工作总量为1 000 000公里，累计工作量为250 000公里。

五、学情关注

固定资产在日常使用过程中，经常会发生资产增减、各项因素变动等情况。学生在学习本部分内容时，常常忘记在固定资产原值处输入卡片录入月初的价值，会出现计算错误的提示。因此，本部分教学过程一定要重点突出，固定资产发生变动时应及时处理，每月正确计算固定资产折旧，为企业的成本费用核算提供依据。

六、过程指导

（一）修改固定资产卡片

对当月录入的卡片进行修改，操作步骤如下：

1. 以操作员 02 的身份登录企业应用平台。

2. 打开"卡片管理"功能。双击【业务工作】—【财务会计】—【固定资产】—【卡片】—【卡片管理】菜单，打开"卡片管理"窗口，如图 9-14 所示。

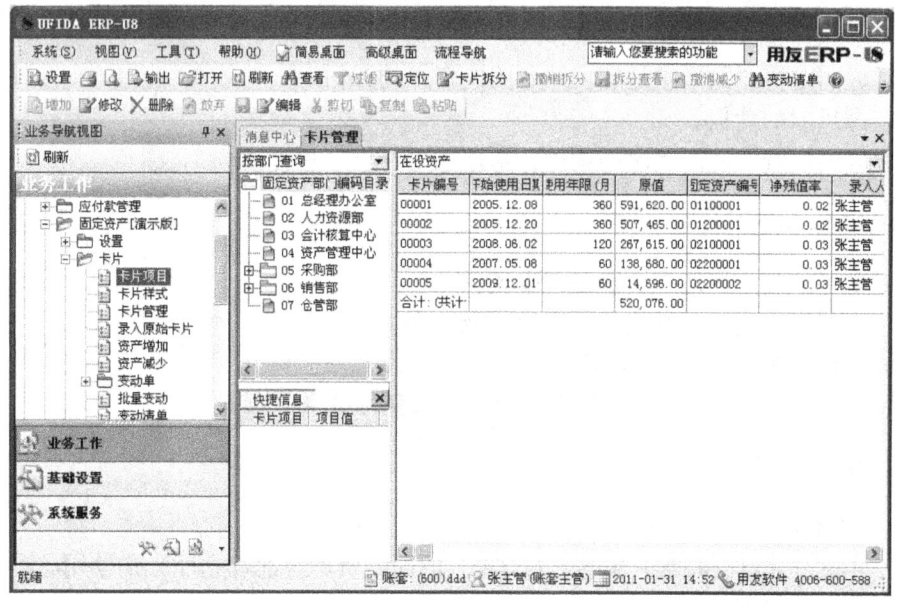

图 9-14

3. 进入修改状态。单击"00002"所在行，再单击"修改"按钮，进入"固定资产卡片"编辑窗口。

4. 修改卡片。单击"使用状况"按钮，打开"使用状况参照"窗口，选中"1004 大修理停用"，单击"确定"按钮。

5. 保存设置。单击工具栏上的"保存"按钮，系统提示"数据成功保存"，单击"确定"按钮，返回卡片管理窗口。

6. 退出设置。单击右上角的"关闭"按钮，退出系统。

【友情提示】

➢ 原始卡片的原值、使用部门、工作总量、使用状况、累计折旧、净残值（率）、折旧方法、使用年限、资产类别在没有做变动单或评估单，录入当月可修改。如果做过变动单，只有删除变动单才能修改。

➢ 通过"资产增加"录入系统的卡片如果没有制作凭证和变动单、评估单情况下，录入当月可修改。如果做过变动单，只有删除变动单才能修改。如果已制作凭证，要修改原值或累计折旧必须删除凭证后，才能修改。

➢ 原值、使用部门、使用状况、累计折旧、净残值（率）、折旧方法、使用年限、资产类别各项目在做过一次月末结账后，只能通过变动单或评估单调整，不能通过卡片修改功能改变。

➢ 不是本月录入的卡片，不能删除。

➢ 已制作过凭证的卡片删除时，必须先删除相应凭证，然后才能删除卡片。

➢ 卡片做过一次月末结账后不能删除。做过变动单或评估单的卡片删除时，提示先删除相关的变动单或评估单。

（二）增加固定资产

当有固定资产流入企业时，需要通过增加固定资产的方法进行登记。操作步骤如下：

1. 打开"资产增加"功能。双击【业务工作】—【财务会计】—【固定资产】—【卡片】—【资产增加】菜单，打开"固定资产类别档案"对话框，如图9-15所示。

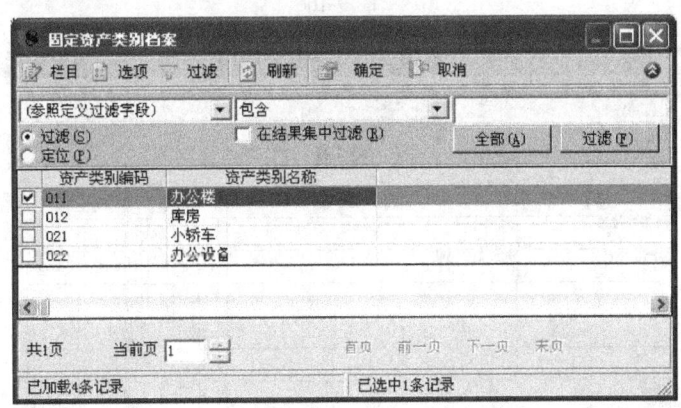

图9-15

2. 选择固定资产类别。选中"022 办公设备"，单击工具栏上的确定按钮，进入固定资产卡片录入窗口。

3. 录入新增资产。录入固定资产名称"电脑"，使用部门"华南办事处"，增加方式"直接购入"，使用状况"在用"，折旧方法"年数总和法"，原值"8000"，单击"保存"按钮，如图9-16所示。

4. 凭证生成。系统自动弹出"填制凭证"窗口，选择凭证类型为"付款凭证"，如图9-17所示。

5. 录入现金流量。单击凭证工具栏上的"流量"按钮，系统弹出"现金流量录入修改"窗口，如图9-18所示。双击"项目编码"栏，单击参照，选中"01 经营活动"，然后再选中"经营活动"中的"04 购买商品、接受劳务支付的现金"，如图9-19所示。

6. 单击"确定"按钮，完成现金流量的录入。

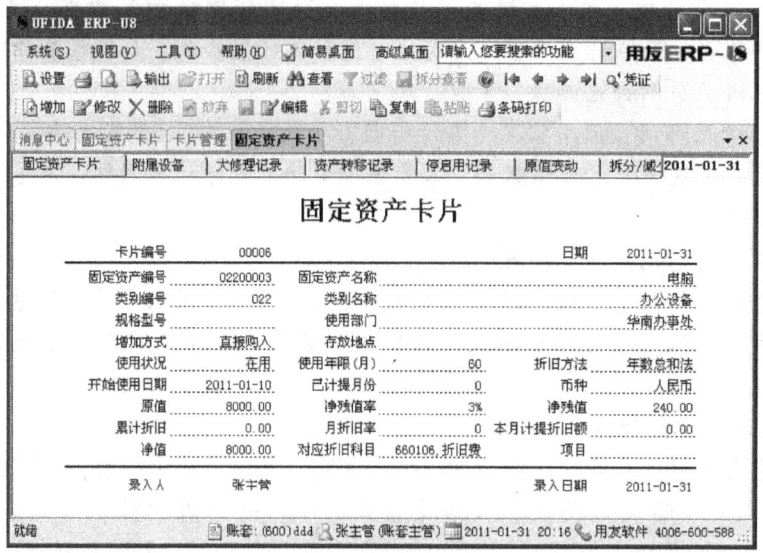

图 9-16

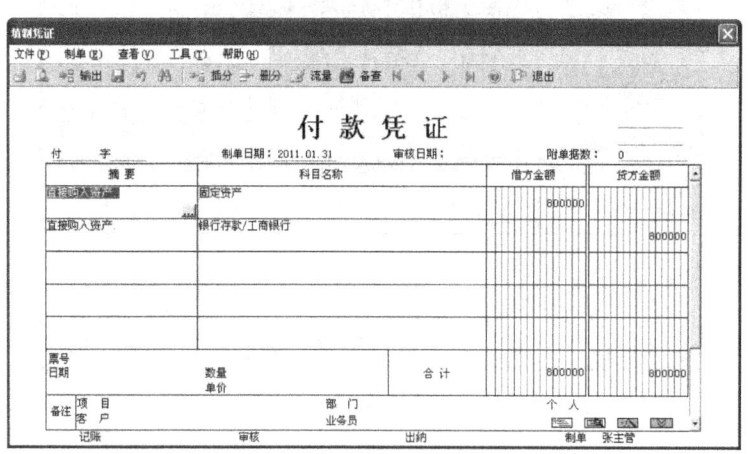

图 9-17

7. 单击凭证中的"保存"按钮,保存凭证,在左上角显示红字"已生成",关闭凭证,系统提示"数据成功保存",完成固定资产卡片的填制,单击"确定"按钮,退出。

【友情提示】
➢ 原值录入的必须是卡片录入月月初的价值,否则将会出现计算错误。
➢ 如果录入的累计折旧、累计工作量不是零,说明是旧资产。已计提月份必须严格按照该资产在其他单位已经计提或估计已计提的月份数录入,不包括使用期间停用等不计提折旧的月份,否则不能正确计算折旧。
➢ 若启用了设备管理系统,则可以点击"导入"按钮从设备管理系统中导入卡片。
➢ 固定资产卡片还可以由 EAI 系统导入 XML 文件取得。
➢ 新卡片录入的第一个月不提折旧,折旧额为空或为零。

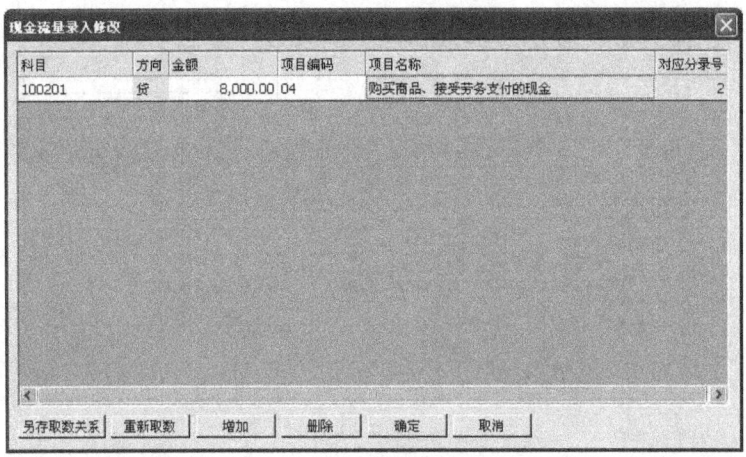

图 9-18

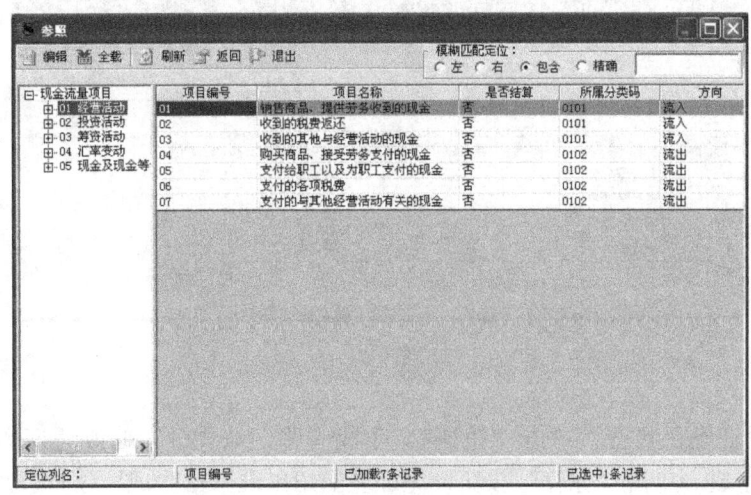

图 9-19

> 只有当固定资产开始计提折旧后才可以使用减少功能，否则，减少固定资产只有通过删除卡片来完成。

（三）计提固定资产折旧

对于企业来说，固定资产一般每个月都需要进行折旧，新增的固定资产当月不提折旧，减少的固定资产当月要计提折旧。操作步骤如下：

1. 打开"计提本月折旧"功能。双击【业务工作】—【财务会计】—【固定资产】—【处理】—【计提本月折旧】菜单，系统提示"是否要查看折旧清单"。

2. 单击"是"按钮，系统提示"本操作将计提本月折旧，并花费一定时间，是否要继续"。

3. 折旧清单设置。单击"是"按钮，打开"折旧清单"窗口，如图 9-20 所示。

4. 折旧分配表设置。单击"退出"按钮，进入"折旧分配表"窗口，如图 9-21 所示。

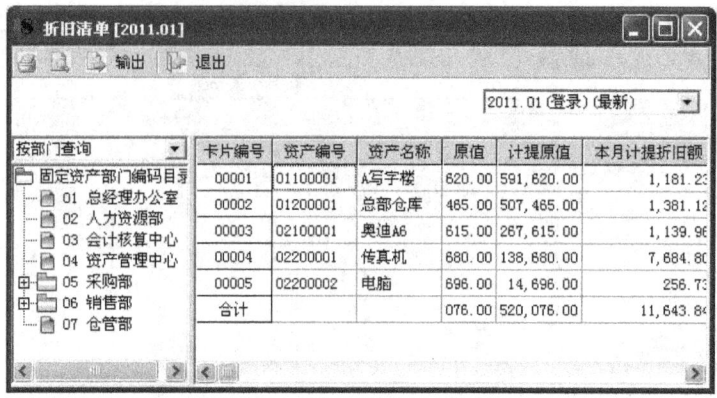

图 9-20

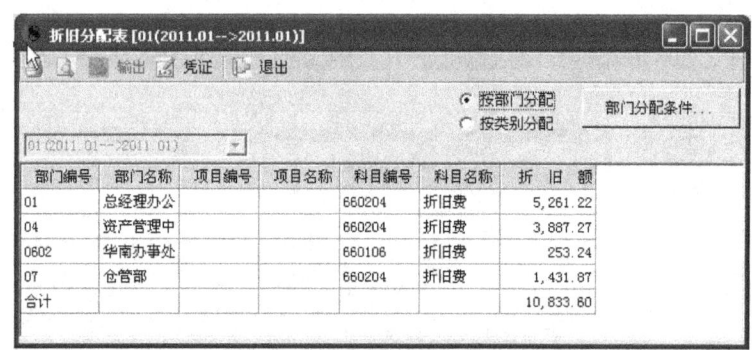

图 9-21

5. 进入凭证设置状态。单击"凭证",生成一张记账凭证,修改凭证类别为"转账凭证",凭证生成。单击"保存"按钮,凭证左上角出现"已生成"字样,表示凭证已传递至总账,如图 9-22 所示,单击"退出"按钮退出。

【友情提示】

➢ 本系统在录入完固定资产卡片后可直接生成固定资产凭证,如果不想系统生成凭证,取消即可。若在此处生成凭证,则以后就不用再生成此凭证。

➢ 本系统在一个期间内可以多次计提折旧,每次计提折旧后,只是将计提的折旧累加到月初的累计折旧,不会重复累计。

➢ 如果上次计提折旧已制单,把数据传递到总账系统,则必须删除该凭证才能重新计提折旧。

➢ 计提折旧后又对账套进行了影响折旧计算或分配的操作,必须重新计提折旧,否则系统不允许结账。

➢ 如果自定义的折旧方法月折旧率或月折旧额出现负数,系统自动中止计提。

➢ 部门转移或类别调整的固定资产当月计提的折旧分配到变动后的部门和类别。

➢ 固定资产的使用部门和折旧要汇总的部门可能不同,为了加强资产管理,使用部

学习情境 9　固定资产管理系统　281

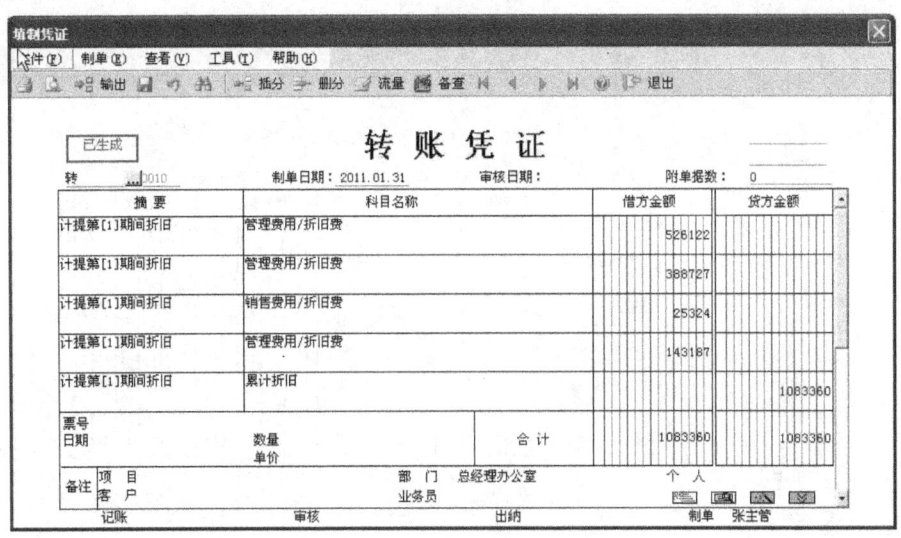

图 9-22

门必须是明细部门，而折旧不一定分配到明细部门，不同的单位处理可能不同，因此要在计提折旧后，分配折旧费用时做出选择。

➢ 在折旧分配表界面，可以单击"制单"按钮制单，也可以以后利用"批量制单"功能进行制单。

（四）减少固定资产

固定资产的减少一定要在计提完折旧后进行操作。操作步骤如下：

1. 打开"资产减少"功能。双击【业务工作】—【财务会计】—【固定资产】—【卡片】—【资产减少】菜单，进入"资产减少"对话框。

2. 进入资产减少状态。录入卡片编号"00005"或选择参照选中"00005"，减少方式"204 捐赠转出"，单击"确定"按钮，如图 9-23 所示。

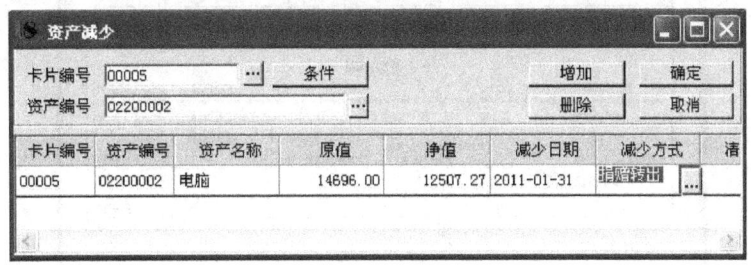

图 9-23

3. 进入凭证设置状态。系统自动弹出一张转账凭证，在凭证类别栏，利用参照并选中"转账凭证"，单击"保存"，在左上角显示"已生成"，则保存该凭证成功，如图 9-24 所示，退出凭证填制，系统显示"所选卡片已减少成功"对话框，单击"确定"按钮。

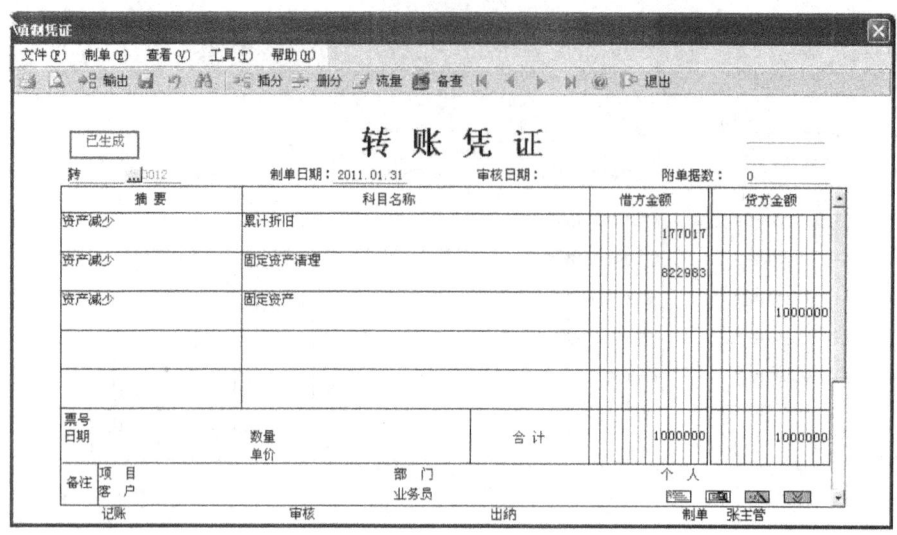

图 9-24

4. 退出设置。单击右上角的"关闭"按钮,退出系统。

(五) 固定资产变动

固定资产变动是指通过变动单的形式对固定资产进行修改。操作步骤如下:

1. 打开"固定资产变动"功能。双击【业务工作】—【财务会计】—【固定资产】—【卡片】—【变动单】—【折旧方法调整】菜单,进入"固定资产变动单"对话框。

2. 选择卡片。录入卡片编号"00003"或单击"卡片编号"栏参照,如图9-25所示。

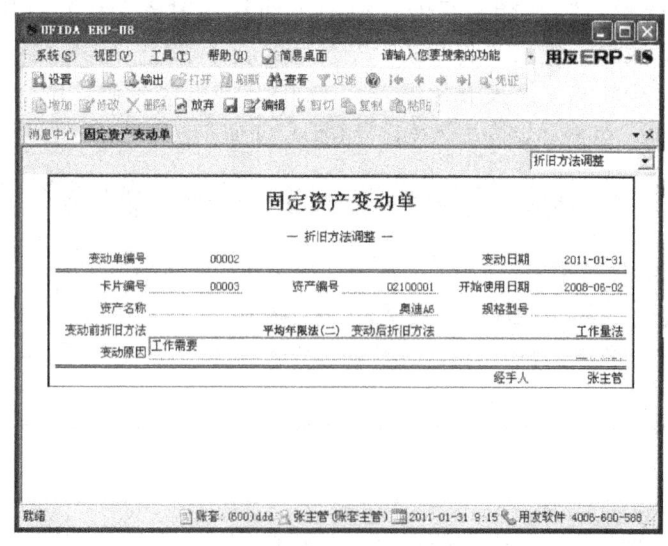

图 9-25

3. 单击"变动后折旧方法"栏,再单击"变动后折旧方法"按钮,选中"工作量法",单击"确定"按钮。

4. 录入工作量数据。录入工作总量"1000000",累计工作量"250000",工作量单位"公里",如图9-26所示。

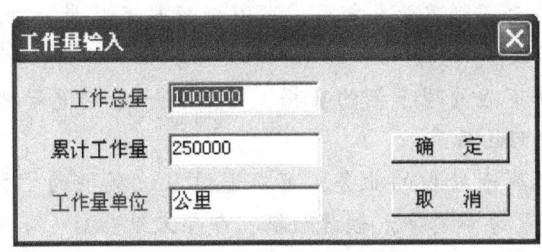

图 9-26

5. 保存设置。单击工具栏上的"保存"按钮,系统提示"数据保存成功",单击"确定"按钮。
6. 退出设置。单击右上角的"关闭"按钮,退出系统。

【友情提示】
➢ 变动单不能修改,只能在当月删除重做,所以请仔细检查后再保存。
➢ 所属类别是计提折旧的资产,调整后的折旧方法不能是"不提折旧"。
➢ 所属类别是不提折旧的资产,折旧方法不能调整。
➢ 进行折旧方法调整的资产在调整当月就按调整后的折旧方法计提折旧。

(六)对账
将固定资产卡片的值与总账系统中的总分类账进行对账。操作步骤如下:
1. 打开"固定资产对账"功能。双击【业务工作】—【财务会计】—【固定资产】—【处理】—【对账】菜单,打开"与账务系统对账结果"对话框。
2. 单击"确定"按钮,完成对账。

【友情提示】
➢ 只有在设置账套参数时选择了"与账务系统进行对账",本功能才能操作。
➢ 将固定资产管理系统所生成的记账凭证全部审核并记账,再重新对账。
● 以操作员04身份进入总账系统,对新增固定资产生成的凭证进行出纳签字。
● 以操作员03身份进入总账系统,审核全部凭证。
● 以操作员02身份进入总账系统,对全部凭证进行记账处理。
● 以操作员02身份进入固定资产管理系统,再进行对账工作。
➢ 如果对账不平,需要根据初始化是否选中"在对账不平衡情况下允许固定资产月末结账"来判断是否可以进行结账处理。

(七)结账
用于对固定资产当月的数据进行封存。操作步骤如下:
1. 打开"固定资产结账"功能。双击【业务工作】—【财务会计】—【固定资产】—【处理】—【月末结账】菜单,打开"月末结账"对话框。
2. 进入月末结账状态。单击"开始对账"按钮,出现"与总账对账结果"对话框。
3. 开始结账。在"与总账对账结果"对话框中单击"确定"按钮,系统开始结账,结账完成后，系统给出相关提示，在提示窗口中单击"确定"按钮，完成结账。

【友情提示】

➢ 在系统完成本月全部制单业务之后，可以进行月末结账，月末结账每月进行一次，结账后当期数据不能修改。

➢ 本期不结账，将不能处理下期的数据，结账前一定要进行数据备份，否则数据一旦丢失，将造成无法挽回的后果。

➢ 如果结账后发现有未处理的业务，可以通过系统提供的"恢复月末结账前状态"功能进行反结账。但是，不能跨年度恢复数据，即年末结账后，不能利用本功能恢复年末结账前状态。

➢ 恢复到某个月月末结账前状态后，本账套内对该结账后所做的所有工作都无痕迹删除。

（八）账套备份

将账套输出至"9-3固定资产业务处理"文件夹，压缩后保存到U盘。

七、疑难解答

1. 为何已经计提折旧的凭证传递到总账系统后不能重新计提折旧？

答：如果上次计提折旧已经制作凭证并传递到总账系统，则必须删除这张凭证才能重新计提折旧。

2. 如何查看已经减少的资产？

答：如果要查看已经减少的资产，则可以在卡片管理界面上，在右窗格卡片列表上方的下拉框里选择"已经减少资产"，屏幕上列示的就是已经减少的资产清单。

3. 为什么进行资产类别调整后无法保存？

答：调整后类别的折旧计提属性必须和调整前类别的折旧计提属性相同。如果两者的折旧计提属性不同，单击"保存"按钮后，系统会提示"变动前类别与变动后类别的折旧计提属性不一致"，同时拒绝保存。

◎ 思考与练习

1. 固定资产日常业务处理主要包括哪些内容？
2. 资产变动有哪些情况？
3. 固定资产期末处理有哪些工作？

学习情境 10 供应链管理系统

◎教学活动设计

随着信息技术的发展和企业信息化进程快速推进，在未来的某一天，可能不再需要会计人员填写凭证，所有的凭证都由计算机自动生成。企业只需要让各个业务部门录入业务的原始单据，计算机会根据原始单据的性质，自动生成凭证到总账中，这就是完全的财务业务一体化。在供应链管理系统中，大家可以体验财务业务一体化的真正含义。当采购货物或者销售商品时，系统会自动生成一系列会计凭证，包括成本的结转。要当好一名财务人员，必须研究企业的业务，供应链管理系统从采购、销售、库存、存货、往来账管理等多个方面向大家展示了物流、信息流、资金流三者统一的企业业务模型。

学习任务 10-1　准备知识

一、功能结构

供应链管理系统是用友管理软件的重要组成部分，它突破了会计核算软件单一财务管理的局限，实现了从财务管理到企业财务业务一体化管理，实现了物流、资金流、信息流三流合一的管理。供应链管理系统包括采购管理、销售管理、库存管理、存货管理四大模块，同时与应收、应付模块配合，最终将凭证传递至总账系统，同时，UFO 报表系统可以从供应链管理系统中取数，编制个性化报表。各模块既可单独使用，也可集成使用，在本学习情境中，各模块集成使用。

（一）采购管理

采购管理是供应链管理的一个子系统，它的主要功能包括初始化设置、业务处理、账簿及分析三大部分。初始化设置包括设置采购业务处理所需要的采购参数、基础信息及采购期初数据；业务处理包括请购单、采购订单、到货单、采购发票、采购结算等采购业务，能处理普通采购业务、暂估业务、受托代销业务、直运业务（采购部分）；账簿及分析包括各种采购明细表、增值税抵扣明细表、采购成本分析、供应商价格对比分析、采购类型结构分析、采购资金比重分析、采购费用分析、采购货龄综合分析等。

（二）销售管理

销售管理是供应链管理的一个子系统，它的主要功能包括初始化设置、业务处理、账簿及分析三大部分。初始化设置包括设置销售业务处理所需要的销售参数、基础信息及销售期初数据；业务处理包括报价单、销售订单、发货单、销售发票等销售业务，能处理普通销售业务、委托代销业务、直运业务（销售部分）、分期收款业务、销售调拨业务、零售业务；账簿及分析提供销售收入明细账、销售成本明细账、发货明细表、销售明细表、销售明细账、发货结算核对表、销售综合统计表、销售月报表、进销存统计表、销售增长分析、销售结构分析、销售毛利分析、商品周转率分析、经营状况分析等。

（三）库存管理

库存管理是供应链管理的一个子系统，它的主要功能包括初始化设置、日常收发存业务处理、库存控制、账簿及分析四大部分。初始化设置包括设置库存业务处理所需要的库存参数、基础信息及库存期初数据；日常收发存业务处理包括采购入库单管理、销售出库单管理、其他入库单管理、其他出库单管理、库存盘点、调拨，能处理正常的销售出库业务、采购入库业务、调拨业务、盘点业务、组装拆卸业务、形态转换业务等；库存控制可进行批次跟踪、保质期管理、委托代销商品管理、不合格品管理、现存量管理、安全库存管理，可对超储、短缺、呆滞积压、超额领料等情况报警；账簿及分析提供出入库流水账、库存台账、商品备查簿、呆滞积压存货查询以及其他统计汇总表等。

（四）存货核算

存货核算是供应链管理的一个子系统，它的主要功能包括初始化设置、日常业务处理、账簿及分析三大部分。初始化设置包括设置存货核算业务处理所需要的参数、基础信息及存货期初数据；日常业务处理包括对采购和销售出入库成本的核算（记账）、暂估业务处理、出入库成本的调整、存货跌价准备，根据采购、销售以及库存业务生成凭证并将凭证传递到总账中；账簿及分析提供与总账对账、发出商品明细账、个别计价明细账、入库汇总表、出库汇总表、收发存汇总表、存货周转率分析、ABC成本分析、库存资金占用规划、库存资金占用分析、入库成本分析等。

二、与其他系统的关系

供应链各模块与系统的其他模块有着复杂的关系，在一笔标准的采购业务或销售业务中，需要多个模块配合使用，各模块的数据关系如下：

（1）采购管理与其他系统的关系，如图10-1所示。

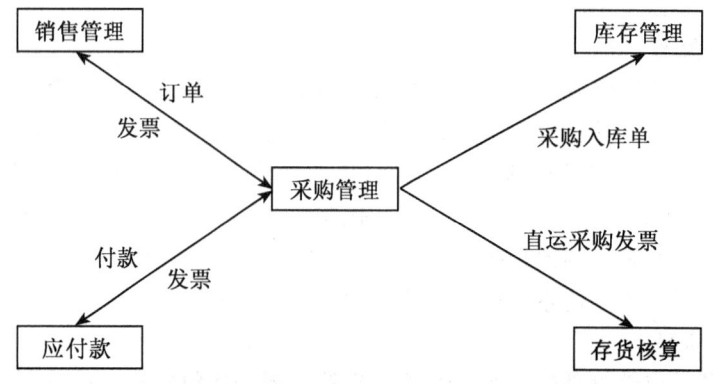

图10-1 采购管理与其他系统的关系

（2）销售管理与其他系统的关系，如图 10-2 所示。

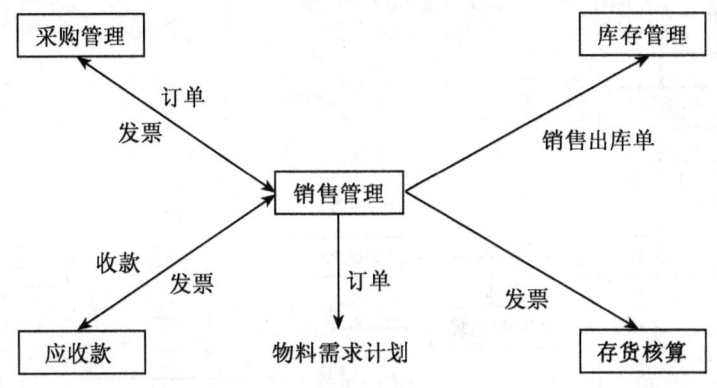

图 10-2　销售管理与其他系统的关系

（3）库存管理与其他系统的关系，如图 10-3 所示。

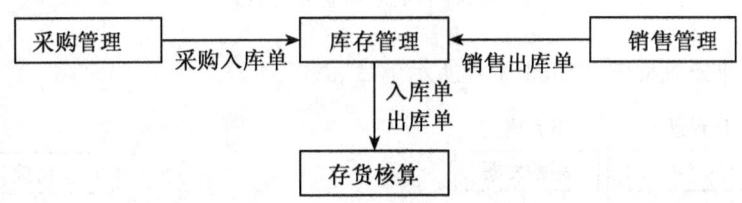

图 10-3　库存管理与其他系统的关系

（4）存货核算与其他系统的关系，如图 10-4 所示。

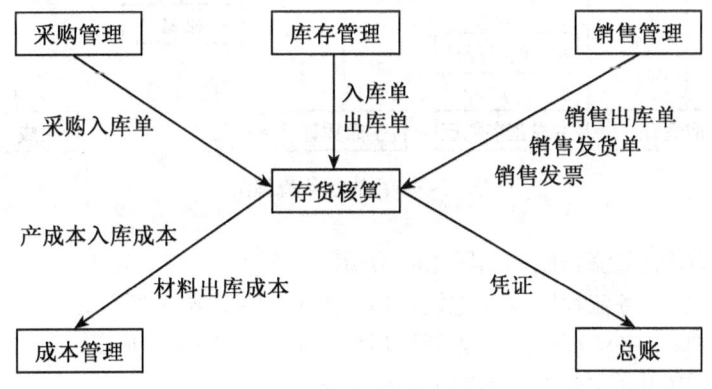

图 10-4　存货核算与其他系统的关系

三、操作流程

供应链业务流程的种类特别多，不同的行业或不同的企业，由于产品不同，内控的要求也不同，企业设计的操作流程也不会相同，为了方便学习，现给出标准业务流程图，各业务模型的使用在后面讲解。

(1) 普通采购业务流程图,如图 10-5 所示。

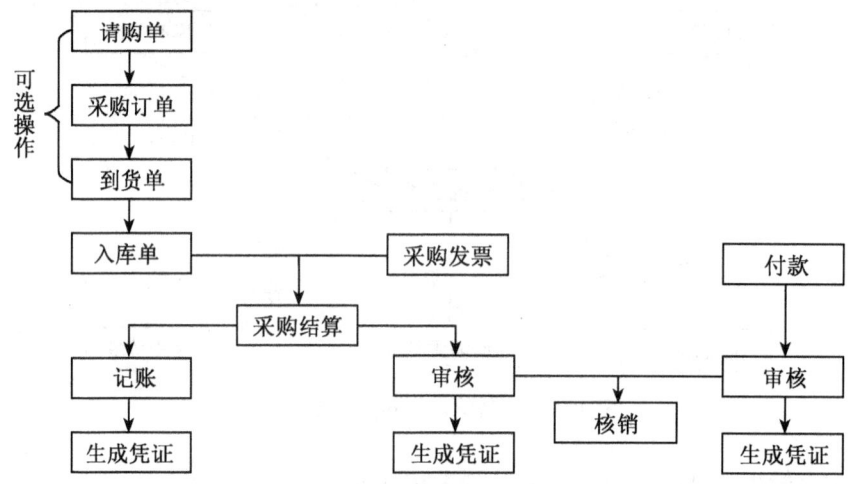

图 10-5　普通采购业务流程图

(2) 暂估业务流程图,如图 10-6 所示。

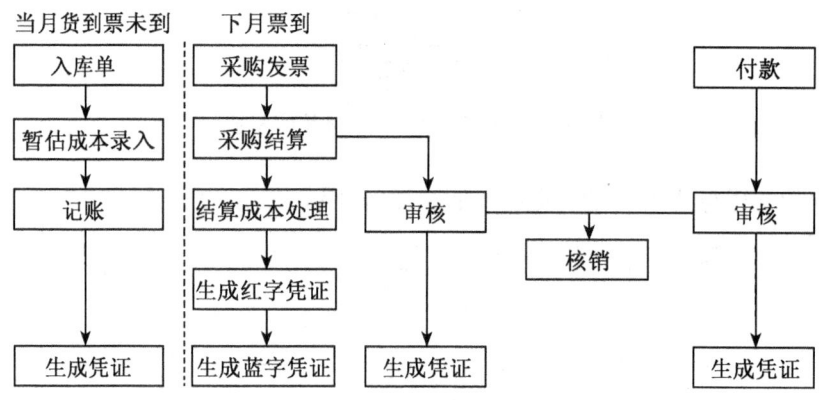

图 10-6　暂估业务流程图

(3) 受托代销业务流程图,如图 10-7 所示。
(4) 普通销售业务流程图一(先发货后开票),如图 10-8 所示。
(5) 普通销售业务流程图二(先开票后发货),如图 10-9 所示。
(6) 代垫费用业务流程图,如图 10-10 所示。
(7) 委托代销业务流程图,如图 10-11 所示。
(8) 直运业务流程图,如图 10-12 所示。
(9) 分期收款业务流程图,如图 10-13 所示。
(10) 销售调拨业务流程图,如图 10-14 所示。
(11) 零售日报业务流程图,如图 10-15 所示。

学习情境 10 供应链管理系统

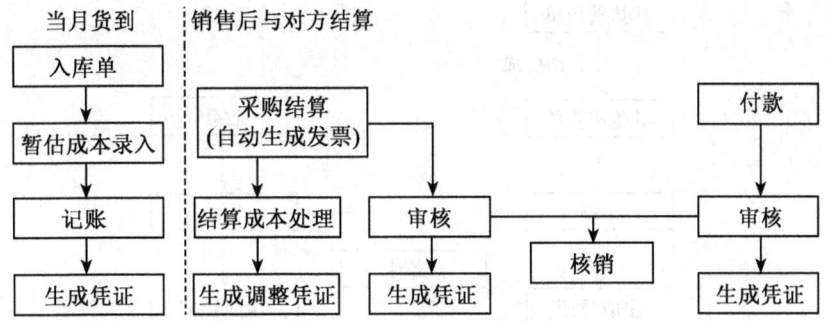

图 10-7 受托代销业务流程图

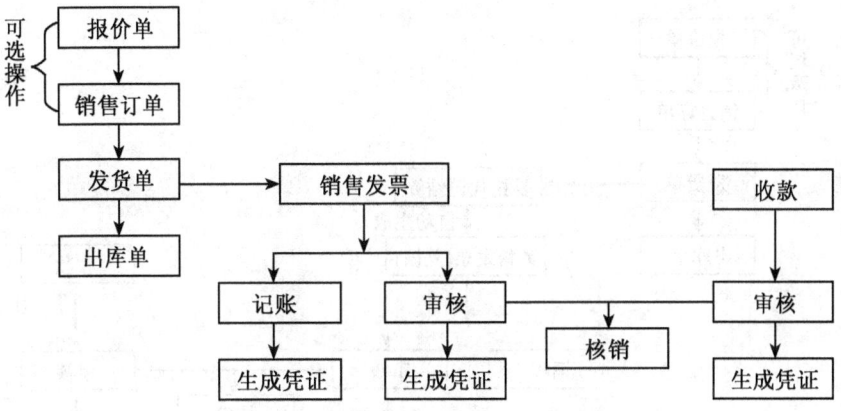

图 10-8 先发货后开票业务流程图

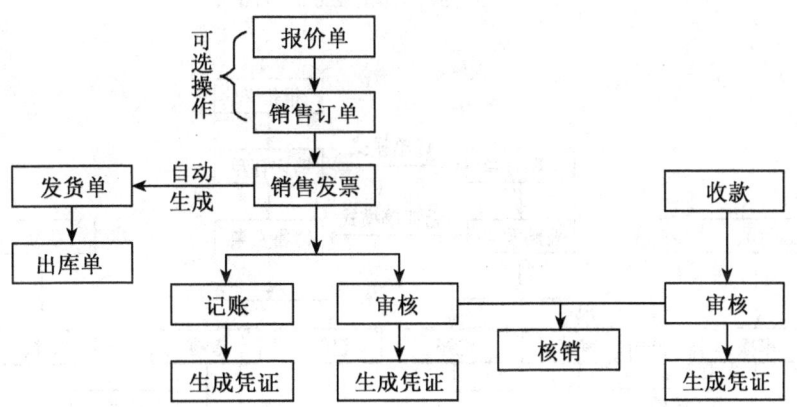

图 10-9 先开票后发货业务流程图

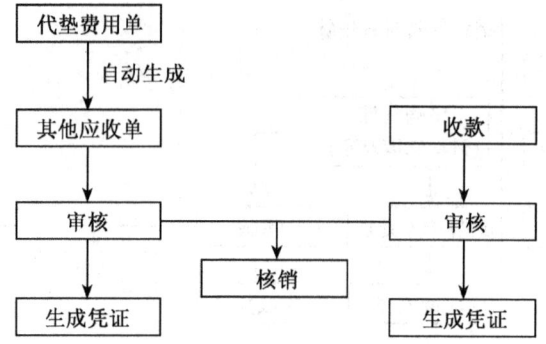

图 10-10 代垫费用业务流程图

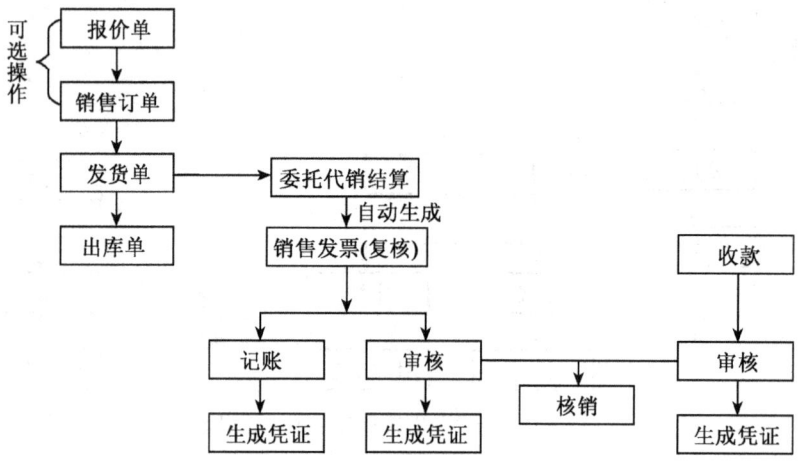

图 10-11 委托代销业务流程图

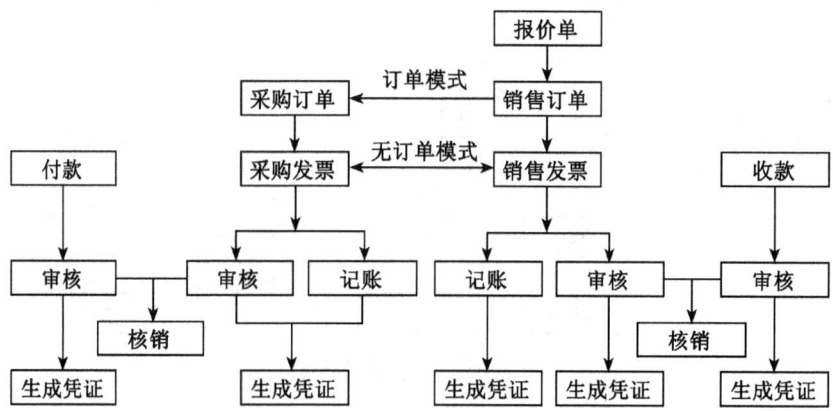

图 10-12 直运业务流程图

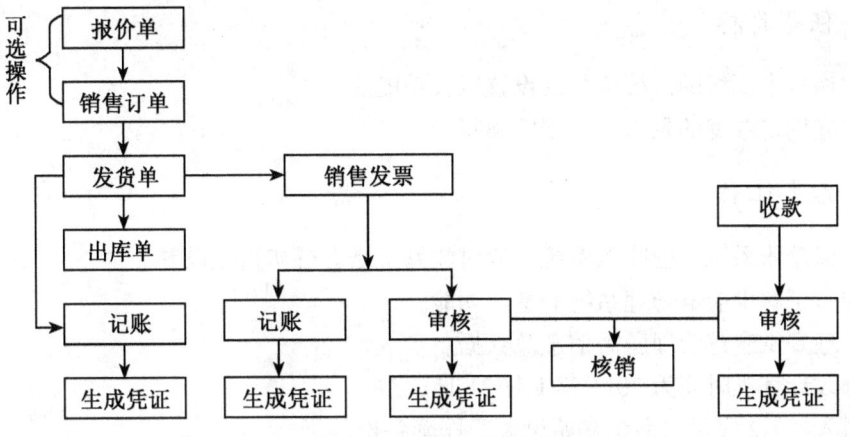

图 10-13 分期收款业务流程图

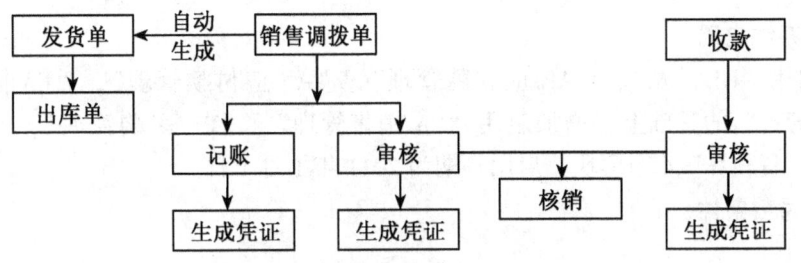

图 10-14 销售调拨业务流程图

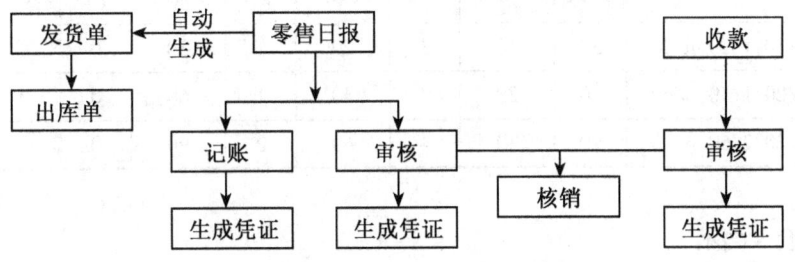

图 10-15 零售日报业务流程图

学习任务 10-2　供应链管理系统初始设置

一、实训任务

1. 进行系统启用，设置基础档案。
2. 设置系统参数，录入期初值。

二、任务目标

1. 掌握各个模块的系统信息的设置以及功能。
2. 掌握期初数据的录入、单据的填写。

三、准备工作

1. 确保总账系统、应收款系统、应付款系统已进行初始化设置。
2. 初步了解供应链管理系统的基本功能。
3. 整理好供应链管理所需信息及数据。
4. 修改计算机时间为 2011 年 1 月 31 日。
5. 引入 "7-2 应付款系统初始设置" 账套备份。

四、实训引例

（一）系统启用

在已启用 "GL 总账"、"AR 应收款管理"、"AP 应付款管理"、"FA 固定资产"、"WA 薪资管理" 的基础上，增加启用 "SA 销售管理"、"PU 采购管理"、"ST 库存管理"、"IA 存货核算" 4 个模块，启用日期为 2011 年 1 月 1 日。

（二）付款条件

付款条件编码	付款条件名称	信用天数	优惠天数1	优惠率1	优惠天数2	优惠率2	优惠天数3	优惠率3	优惠天数4	优惠率4
01	3/10,1/20,n/30	30	10	3	20	1	30	0		
02	3/20,1/40,n/60	60	20	3	40	1	60	0		
03	4/30,2/60,n/90	90	30	4	60	2	90	0		

（三）仓库档案

仓库编码	仓库名称	计价方式	是否参与MRP运算
01	联想电脑仓	先进先出法	是
02	戴尔电脑仓	全月平均法	是
03	惠普设备仓	售价法	是
04	不良品仓	全月平均法	否

仓库的其他属性取默认值，请不要修改。

（四）收发类别

收发类别编码	收发类别名称	收发标志	收发类别编码	收发类别名称	收发标志
1	入库	收	2	出库	发
101	采购入库	收	201	销售出库	发
102	受托代销入库	收	202	盘亏出库	发
103	盘盈入库	收	203	调拨出库	发
104	调拨入库	收	299	其他出库	发
199	其他入库	收			

（五）采购类型

采购类型编码	采购类型名称	入库类别	是否默认值
01	普通采购	采购入库	是
02	采购退货	采购入库	否
03	代理商进货	受托代销入库	否

（六）销售类型

销售类型编码	销售类型名称	出库类别	是否默认值
01	普通销售	销售出库	是
02	销售退货	销售出库	否

其他按默认值。

（七）费用项目分类及项目

分类编码	分类名称	费用项目编码	费用项目名称
1	业务费用	01	运费
		02	招待费

其他项不填写。

(八) 发运方式

发运方式编码	发运方式名称	发运方式编码	发运方式名称
01	公路运输	03	空运
02	铁路运输	04	水运

编码最长为两位,无级次定义。

(九) 非合理损耗类型

编码	名称	是否默认值
01	运输责任	是
02	装卸责任	否

(十) 客户档案补充信息

编码	客户名称	所属银行	开户银行	银行账号	默认值
01	SAP集团	中国银行	中国银行	23112322X	是
02	用友集团	建设银行	建设银行	54337767X	是
03	金蝶集团	建设银行	建设银行	98235588X	是
04	金算盘有限公司	工商银行	工商银行	80553367X	是
05	任我行有限公司	工商银行	工商银行	60452159X	是
06	速达有限公司	工商银行	工商银行	54134321X	是
07	零散销售客户				

(十一) 采购管理系统参数

取消"普通业务必有订单"　　　　设置"启用受托代销"

(十二) 销售管理系统参数

设置"有零售日报业务"　　　　设置"有销售调拨业务"

设置"有委托代销业务"　　　　设置"有分期收款业务"

设置"有直运销售业务"　　　　取消"普通销售必有订单"

设置"直运销售必有订单"　　　　设置"新增发货单默认不参照单据"

设置"新增退货单默认不参照单据"　　设置"新增发票默认不参照单据"

设置"销售生成出库单"(默认,考虑是自动生成好还是手工生成好)

（十三）库存管理系统参数

设置"有组装拆卸业务"　　　　　　　设置"有委托代销业务"
设置"有受托代销业务"　　　　　　　采购入库审核时修改现存量
销售出库审核时修改现存量　　　　　其他出入库审核时修改现存量
自动带出单价的单据：销售出库单、其他出库单、调拨单（专用设置）
出入库检查可用量（可用量检查）

（十四）存货核算系统参数

暂估方式：单到回冲　　　　　　　　零出库成本选择：参考成本
入库单成本选择：参考成本　　　　　红字出库单成本选择：参考成本
结算单价与暂估单价不一致需要调整出库成本（控制方式）。
以上设置中的其他内容按默认值，请不要修改。

（十五）存货档案

修改 003 惠普打印机存货属性，增加受托代销属性。

（十六）单据设置

修改采购入库单单据格式：入库类别必输
修改销售出库单单据格式：出库类别必输
修改采购专用发票单据编号：发票号采用完全手工编号
修改销售专用发票单据编号：发票号采用完全手工编号

（十七）设置存货科目

存货编码	存货名称	存货科目	差异科目	分期收款发出商品科目	委托代销商品科目	直运科目
001	联想电脑	140501（联想电脑）	1407（商品进销差价）	140601（分期收款发出商品）		140501（联想电脑）
002	戴尔电脑	140502（戴尔电脑）	1407（商品进销差价）	140601（分期收款发出商品）		140502（戴尔电脑）
003	惠普打印机	132101（受托代销商品）	1407（商品进销差价）			

（十八）设置对方科目

收发类别编码	收发类别名称	存货编码	存货名称	对方科目编码	对方科目名称	暂估科目
101	采购入库			1401	材料采购	220202 暂估应付款
102	受托代销入库			231401	受托代销商品款	231401 受托代销商品款

续表

收发类别编码	收发类别名称	存货编码	存货名称	对方科目编码	对方科目名称	暂估科目
103	盘盈入库			1901	待处理财产损溢	
104	调拨入库	001	联想电脑	140501	联想电脑	
104	调拨入库	002	戴尔电脑	140502	戴尔电脑	
201	销售出库	001	联想电脑	640101	联想电脑	
201	销售出库	002	戴尔电脑	640102	戴尔电脑	
201	销售出库	003	惠普打印机	6402	其他业务成本	
202	盘亏出库			1901	待处理财产损溢	
203	调拨出库	001	联想电脑	140501	联想电脑	
203	调拨出库	002	戴尔电脑	140502	戴尔电脑	
299	其他出库			1901	待处理财产损溢	

（十九）期初数据

1. 期初暂估单（期初入库单）

2010 年 12 月 28 日，向联想集团购入联想电脑 100 台，票未到，每台估价无税价 5 000 元，计 500 000 元，入联想电脑仓。

注意：如果选择了必有订单，在录入期初入库单前，先取消普通业务必有订单，录入完成后再补上此选项。

2. 受托代销期初

2010 年 12 月 25 日，收到惠普集团委托代销商品打印机 50 台，单价 500 元，入惠普设备仓。

3. 期初发货单

2010 年 12 月 26 日，金算盘有限公司订购联想电脑 100 台，无税单价 8 000 元，由联想电脑仓发出，业务类型为普通销售。

4. 库存系统和存货系统期初数

仓库	存货编码	存货名称	数量	单价	金额	差价	差价科目
联想电脑仓	001	联想电脑	100	5 000	500 000		
戴尔电脑仓	002	戴尔电脑	250	5 000	1 250 000		
惠普设备仓	003	惠普打印机	50	500	25 000	20 000	1 407

建议先录库存然后生成存货，再录入差价和差价科目（可以自动生成）。

如果先录存货再生成库存，需要在库存中将打印机的单价从 900 改成 500，否则就没有差价。

五、学情关注

根据功能权限设置，初始化只能由账套主管完成，其他操作员没有权限，因此，本次实训操作都以操作员 01 的身份完成。

六、过程指导

（一）系统启用

为了实现财务业务一体化，除之前启用的总账、应收和应付外，还需要至少启用采购、销售、库存和存货四个模块。操作步骤如下：

1. 以操作员 01 身份登录企业应用平台。
2. 打开"系统启用"功能。双击【基础设置】—【基本信息】—【系统启用】菜单，打开系统启用界面。
3. 启用采购管理。选择"PU 采购管理"，在方框内打钩，弹出日历，选择 2011 年 1 月 1 日，单击"确定"按钮完成启用。
4. 依次启用其他模块。包括"SA 销售管理"、"ST 库存管理"、"IA 存货核算"，启用日期都为 2011 年 1 月 1 日。

【友情提示】
➢ 如果在应收模块、应付模块中填写了发票，将无法启用采购和销售模块。
➢ 采购系统的启用月份必须大于等于应付系统的未结账月。
➢ 销售系统的启用月份必须大于等于应收系统的未结账月，并且应收系统未录入当月发票。若已经录入，则必须删除。
➢ 当采购系统先启用，库存系统后启用时，若库存系统启用月份已有根据采购订单生成的采购入库单，则库存系统不能启用。
➢ 库存系统启用前，必须审核库存系统启用日期之前未审核的发货单和先开据但未审核的发票，否则不能启用。
➢ 当销售系统先启用，库存系统后启用时，若库存系统启用日期之前的发货单有对应的库存系统启用日期之后的出库单，则必须先删除此类出库单，并在库存系统启用日期之前生成这些出库单，然后才能启用库存系统。

（二）付款条件

付款条件即为现金折扣，用来设置企业在经营过程中与往来单位协商规定的收、付款折扣优惠方法。操作步骤如下：

1. 打开"付款条件"定义功能。双击【基础设置】—【基础档案】—【收付结算】—【付款条件】菜单，打开付款条件界面。
2. 进入增加状态。单击工具栏上的"增加"按钮，自动增加一条空记录。
3. 录入数据。录入付款条件编码"01"，信用天数"30"，优惠天数 1"10"，优惠率 1"3"，优惠天数 2"20"，优惠率 2"1"，优惠天数 3"30"，优惠率 3"0"。
4. 保存定义。单击工具栏上的"保存"按钮，保存数据。

5. 依次录入其他数据。重复第二步到第四步操作，依次录入其他数据，如图 10-16 所示。

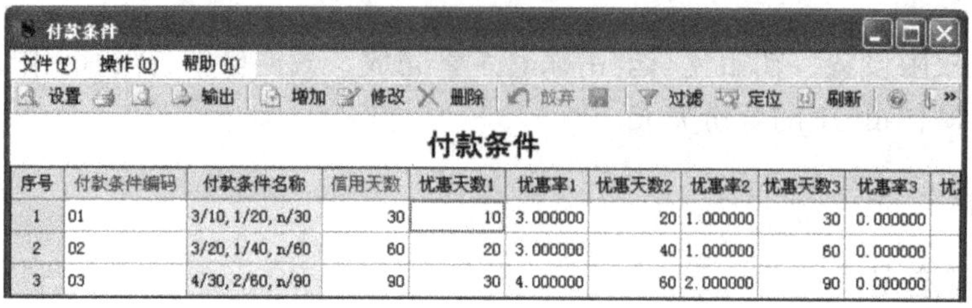

序号	付款条件编码	付款条件名称	信用天数	优惠天数1	优惠率1	优惠天数2	优惠率2	优惠天数3	优惠率3
1	01	3/10, 1/20, n/30	30	10	3.000000	20	1.000000	30	0.000000
2	02	3/20, 1/40, n/60	60	20	3.000000	40	1.000000	60	0.000000
3	03	4/30, 2/60, n/90	90	30	4.000000	60	2.000000	90	0.000000

图 10-16

6. 关闭窗口。单击工具栏上的“退出”按钮，关闭当前界面。

【友情提示】

➢ 付款条件编码必须唯一，最大长度为 3 个字符。

➢ 每一付款条件可以同时设置 4 个时间段的优惠天数与相应的折扣率。

➢ 付款条件一旦被引用，便不能进行修改和删除。

（三）仓库档案

仓库是用于存放存货的场所，对存货进行核算和管理，首先应对仓库进行管理。设置仓库档案是供应链管理系统的重要基础工作之一。此处设置的仓库可以是企业实际拥有的仓库，也可以是虚拟的仓库。操作步骤如下：

1. 打开“仓库档案”定义功能。双击【基础设置】—【基础档案】—【业务】—【仓库档案】菜单，打开仓库档案界面。

2. 单击工具栏上的“增加”按钮，打开增加仓库档案界面，如图 10-17 所示。

3. 录入数据。录入仓库编码“01”，仓库名称“联想电脑仓”，选择计价方式“先进先出法”，核对参与 MRP 运算选项。

4. 保存定义。单击工具栏上的“保存”按钮，保存数据，自动进入增加状态。

5. 依次录入其他数据。重复第三、四步操作，依次录入其他数据。

6. 关闭窗口。单击工具栏上的“退出”按钮，关闭增加仓库档案窗口，返回仓库档案界面，见图 10-18，单击工具栏上的“退出”按钮关闭界面。

【友情提示】

➢ 仓库编码、仓库名称必须输入。

➢ 仓库编码必须唯一，最大长度为 10 个字符。

➢ 每个仓库必须选择一个计价方式。系统共提供六种计价方式供选择，工业企业为计划价法、全月平均法、移动平均法、先进先出法、后进先出法和个别计价法；商业企业为售价法、全月平均法、移动平均法、先进先出法、后进先出法和个别计价法。

【注意事项】

➢ 注意修改计价方式，不同的计价方式决定了不同的操作流程。

➢ 仓库的其他属性取默认值，请不要修改。

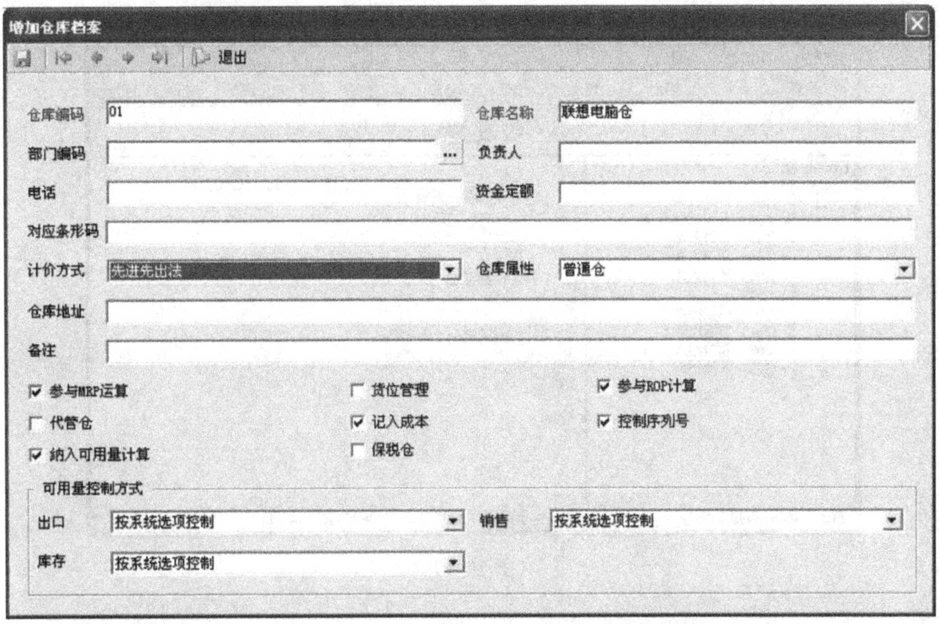

图 10-17

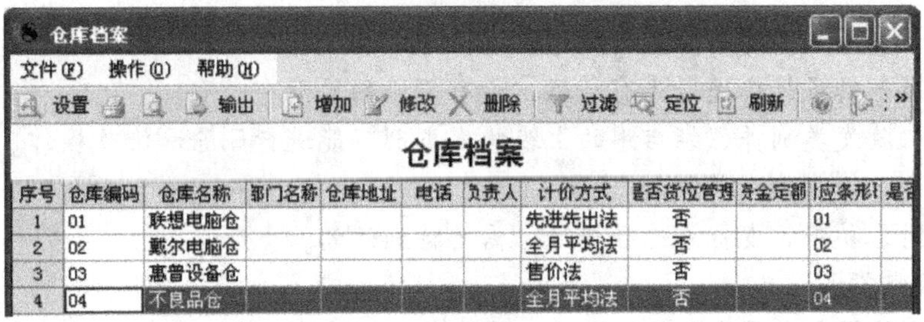

图 10-18

(四) 收发类别

收发类别是为了用户对企业的出入库情况进行分类汇总、统计而设置的，用以表示材料的出入库类型，收发类别是站在仓库管理人员角度定义的单据分类，在存货科目与对方科目定义中，常常依据收发类别定义科目。用户可以根据实际情况灵活设置。操作步骤如下：

1. 打开"收发类别"定义功能。双击【基础设置】—【基础档案】—【业务】—【收发类别】菜单，打开收发类别窗口。

2. 进入增加状态。单击工具栏上的"增加"按钮，窗口右边进入增加状态。

3. 录入数据。录入收发类别编码"1"，收发类别名称"入库"，选择收发标志"收"。

4. 保存定义。单击工具栏上的"保存"按钮，保存数据。

5. 依次录入其他数据。重复第二步到第四步操作，录入其他数据，如图 10-19 所示。

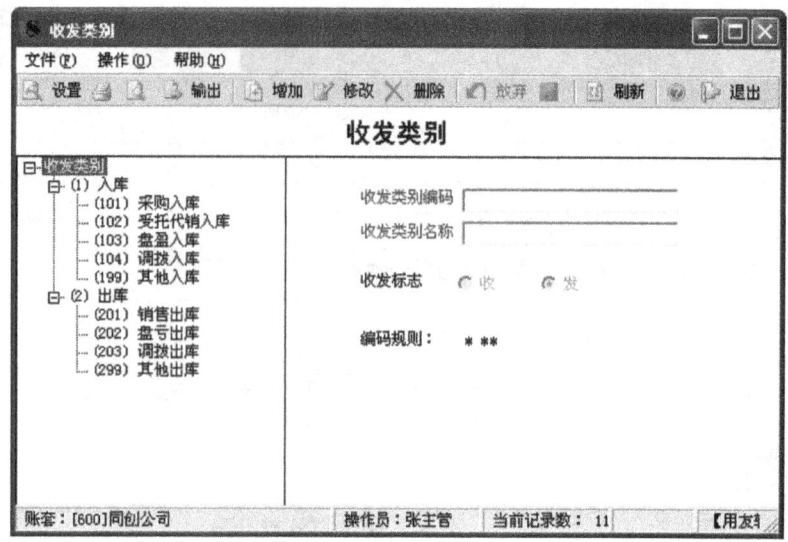

图 10-19

6. 关闭窗口。单击工具栏上的"退出"按钮，关闭当前界面。

【友情提示】
➢ 收发类别编码必须符合编码规则。
➢ 收发类别的设计要遵循先有上级，再有下级的规则。
➢ 有下级收发类别并已经启用的上级收发类别不能进行删除和修改操作。

【注意事项】
➢ 录入时容易将收发标志选择错误，需要特别注意。

(五) 采购类型

采购类型是用户对采购业务所作的一种分类，是采购单据上的必填项，它是从采购人员的角度对采购单据进行的分类。如果企业需要按照采购类型进行采购统计，则必须设置采购类型。操作步骤如下：

1. 打开"采购类型"定义功能。双击【基础设置】—【基础档案】—【业务】—【采购类型】菜单，打开采购类型窗口。

2. 进入增加状态。单击工具栏上的"增加"按钮，自动增加一条空记录。

3. 录入数据。录入采购类型编码"01"，采购类型名称"普通采购"，选择入库类别"采购入库"，是否默认值"是"。

4. 保存定义。单击工具栏上的"保存"按钮，保存数据。

5. 依次录入其他数据。重复第二步至第四步操作，录入其他数据，如图 10-20 所示。

6. 关闭窗口。单击工具栏上的"退出"按钮，关闭当前界面。

【友情提示】
➢ 采购类型编码与采购类型名称必须输入，编码位数视采购类型的多少设定。
➢ 入库类别是指在采购系统中填制采购入库单时，输入采购类型后，系统默认的入

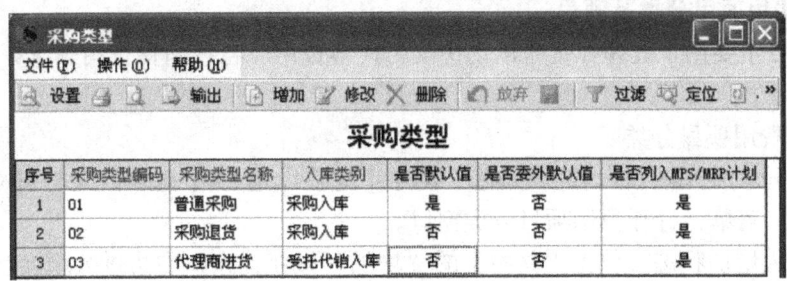

图 10-20

库类别。

➤ 是否默认值是指设定某个采购类型作为填制单据时默认的采购类型，只能设定一种类型为默认值。

（六）销售类型

销售类型是用户对销售业务所作的一种分类，它是从销售人员的角度对销售单据进行的分类，其目的在于可以根据销售类型对销售业务数据进行统计和分析。操作步骤如下：

1. 打开"销售类型"定义功能。双击【基础设置】—【基础档案】—【业务】—【销售类型】菜单，打开销售类型窗口。

2. 进入增加状态。单击工具栏上的"增加"按钮，自动增加一条空记录。

3. 录入数据。录入销售类型编码"01"，销售类型名称"普通销售"，选择出库类别"销售出库"，是否默认值"是"。

4. 保存定义。单击工具栏上的"保存"按钮，保存数据。

5. 依次录入其他数据。重复第二步至第四步操作，录入其他数据，如图 10-21 所示。

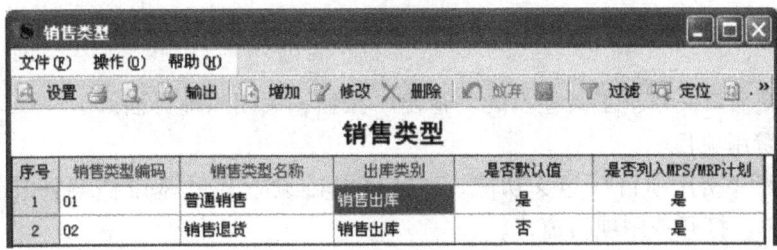

图 10-21

6. 关闭窗口。单击工具栏上的"退出"按钮，关闭当前界面。

【友情提示】

➤ 销售类型编码和销售类型名称必须输入。

➤ 出库类别是在销售系统中填制销售出库单时，输入销售类型后，系统默认的出库类别，以便销售业务数据传递到库存管理系统和存货核算系统时进行出库统计和财务制单处理。

➤ 是否默认值是指设定某个销售类型作为制单时默认的销售类型，只能设定一种类型为默认值。

(七) 费用项目分类及项目

费用项目主要用于处理在销售活动中支付代垫费用、各种销售费用等业务。操作步骤如下：

1. 定义费用项目分类

(1) 打开"费用项目分类"功能。双击【基础设置】—【基础档案】—【业务】—【费用项目分类】菜单，打开费用项目分类窗口。

(2) 进入增加状态。单击工具栏上的"增加"按钮，窗口右边进入增加状态。

(3) 录入数据。录入分类编码"1"，分类名称"业务费用"。

(4) 保存定义。单击工具栏上的"保存"按钮，保存数据，见图10-22。

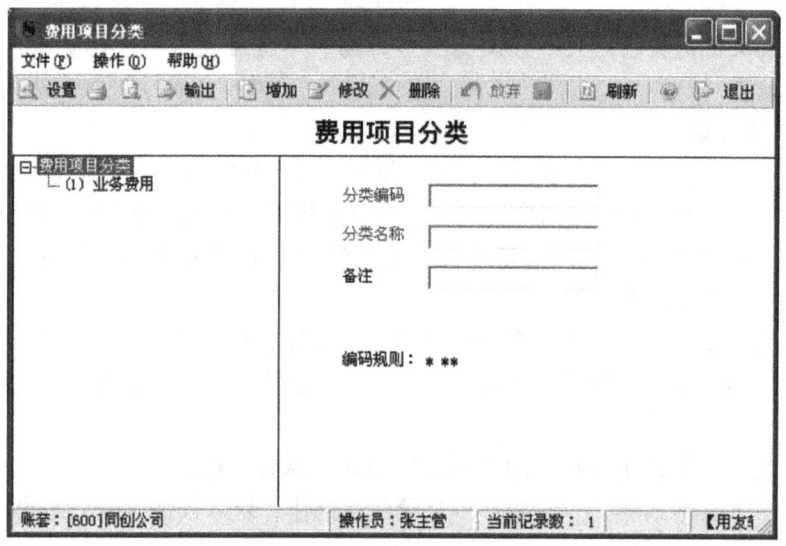

图 10-22

(5) 关闭窗口。单击工具栏上的"退出"按钮，关闭当前界面。

2. 定义费用项目

(1) 打开"费用项目"定义功能。双击【基础设置】—【基础档案】—【业务】—【费用项目】菜单，打开费用项目窗口。

(2) 进入增加状态。单击工具栏上的"增加"按钮，自动增加一条空记录。

(3) 录入数据。录入费用项目编码"01"，费用项目名称"运费"，选择费用项目分类名称"业务费用"。

(4) 保存定义。单击工具栏上的"保存"按钮，保存数据。

(5) 依次录入其他数据。重复第二步到第四步操作，录入其他数据，如图10-23所示。

(6) 关闭窗口。单击工具栏上的"退出"按钮，关闭当前界面。

(八) 发运方式

发运方式是指采购业务、销售业务中存货的运输方式。操作步骤如下：

1. 打开"发运方式"定义功能。双击【基础设置】—【基础档案】—【业务】—【发运

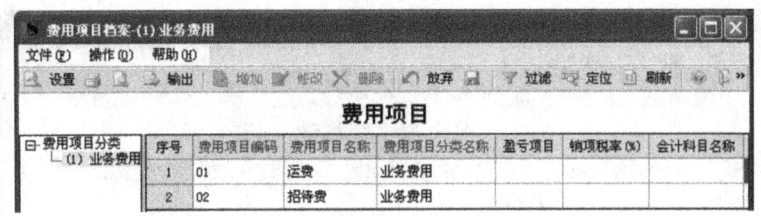

图 10-23

方式】菜单，打开发运方式窗口。

2. 进入增加状态。单击工具栏上的"增加"按钮，自动增加一条空记录。

3. 录入数据。录入发运方式编码"01"，发运方式名称"公路运输"。

4. 保存定义。单击工具栏上的"保存"按钮，保存数据。

5. 依次录入其他数据。重复第二步至第四步操作，录入其他数据，如图 10-24 所示。

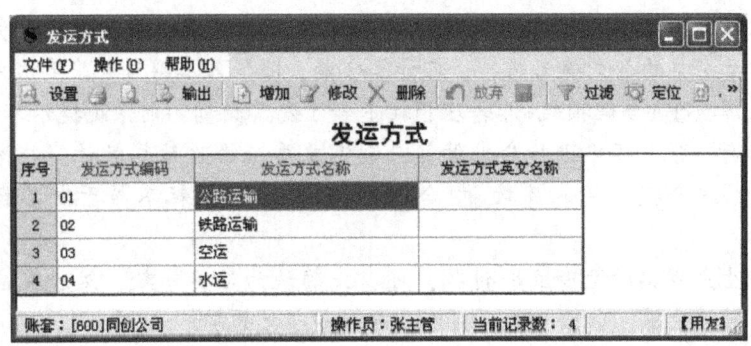

图 10-24

6. 关闭窗口。单击工具栏上的"退出"按钮，关闭当前界面。

【友情提示】

➢ 编码最长为两位，无级次定义。

（九）非合理损耗类型

非合理损耗是指入库单的数量小于采购发票的数量，并且缺少数量不属于合理损耗。操作步骤如下：

1. 打开"非合理损耗类型"定义功能。双击【基础设置】—【基础档案】—【业务】—【非合理损耗类型】菜单，打开非合理损耗类型窗口。

2. 进入增加状态。单击工具栏上的"增加"按钮，自动增加一条空记录。

3. 录入数据。录入非合理损耗类型编码"01"，非合理损耗类型名称"运输责任"，是否默认值"是"。

4. 保存定义。单击工具栏上的"保存"按钮，保存数据。

5. 依次录入其他数据。重复第二步至第四步操作，录入其他数据，如图 10-25 所示。

6. 关闭窗口。单击工具栏上的"退出"按钮，关闭当前界面。

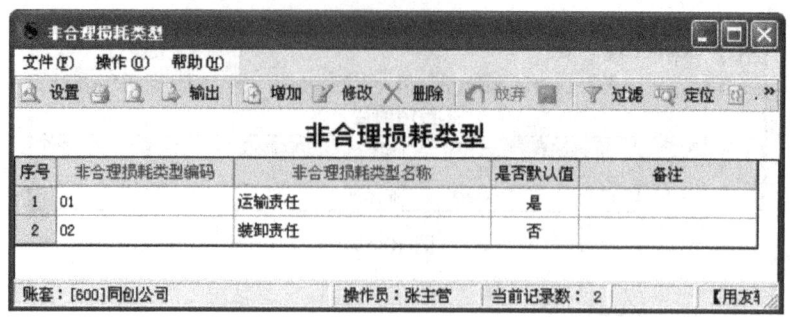

图 10-25

【友情提示】

➢ 如果采购入库数量小于发票数量，属于损耗，可以根据损耗原因在采购手工结算时在相应栏内输入损耗数量，即可进行采购结算。

➢ 如果采购入库数量大于发票数量，则应该在相应损耗数量栏内输入负数量，系统将入库数量大于发票的数量视为赠品，不计算金额，降低入库存货的采购成本。

➢ 如果入库数量+合理损耗+非合理损耗不等于发票数量，则系统提示不能结算。

➢ 如果只对一张入库单进行分批结算，则需要手工修改结算数量，并按发票数量进行结算，否则系统会提示"入库数量+合理损耗+非合理损耗不等于发票数量，不能结算"。

➢ 如果在生成发票时没有立即付款，可以先确认为应付账款，然后在应付款管理系统手工录入一张付款单，审核确认后制单，或者期末合并制单。

（十）客户档案补充信息

客户档案是指按照客户的某种属性或特征，将客户进行分类管理。如果建账时选择了客户档案分类，则必须进行分类，才能增加客户档案。若没有选择客户档案分类，则可以直接建立客户档案。操作步骤如下：

1. 打开"客户档案"界面。双击【基础设置】—【基础档案】—【客商信息】—【客户档案】菜单，打开客户档案界面。

2. 选择修改对象。找到并选中"SAP 集团"这一行。

3. 进入修改状态。单击工具栏上的"修改"按钮，系统打开修改界面。

4. 打开银行信息录入窗口。在修改界面单击工具栏上的"银行"按钮，系统打开客户银行档案界面，如图 10-26 所示。

图 10-26

5. 增加银行档案信息。单击工具栏上的"增加"按钮，录入所属银行、开户银行、银行账号、默认值。

6. 保存修改。单击工具栏上的"保存"按钮,然后单击工具栏上的"退出"按钮,返回到修改窗口,再次单击工具栏上的"保存"按钮,然后单击工具栏上的"退出"按钮,返回至浏览状态。

7. 依次修改其他客户。重复步骤二至六,录入其他客户的银行档案信息。

8. 关闭窗口。单击工具栏上的"退出"按钮,关闭当前界面。

【友情提示】
➢ 银行账号和默认值是必填项。
➢ 客户的银行账号在开具销售专用发票时使用。

(十一) 采购管理系统参数

采购管理系统参数的设置,是指在处理日常采购业务之前,确定采购业务的范围、类型以及各种采购业务的核算要求,这是采购管理系统初始化的重要步骤之一。一旦采购管理系统进行业务处理,有些参数不能更改。操作步骤如下:

1. 启动"采购选项设置"功能。双击【业务工作】—【供应链】—【采购管理】—【设置】—【采购选项】菜单,打开参数设置界面,如图 10-27 所示。

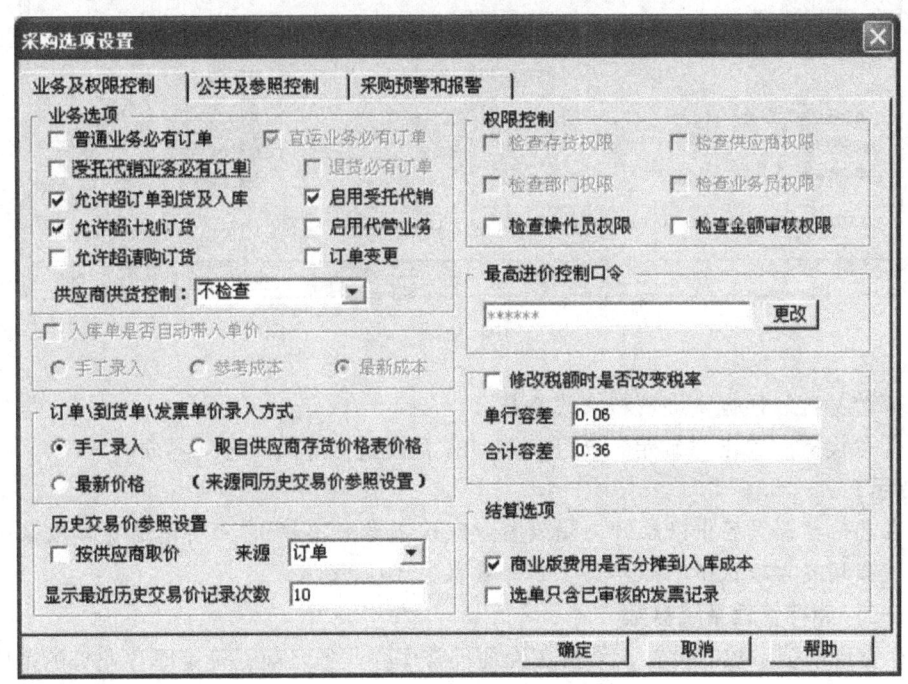

图 10-27

2. 修改参数。根据实训资料修改参数。

3. 保存设置。单击"确定"按钮,自动保存设置,并关闭选项界面。

【友情提示】
➢ 只有账套类型为商业时,才能启用受托代销。

➤ 可以通过【基础设置】—【业务参数】—【供应链】—【采购管理】启动采购选项设置功能。

（十二）销售管理系统参数

销售管理系统参数的设置，是指在处理日常销售业务之前，确定销售业务的范围、类型以及各种销售业务的核算要求，这是销售管理系统初始化的重要步骤之一。一旦销售管理系统进行业务处理，有些参数不能更改。操作步骤如下：

1. 启动"销售选项"设置功能。双击【业务工作】—【供应链】—【采购管理】—【设置】—【销售选项】菜单，打开参数设置界面，如图10-28所示。

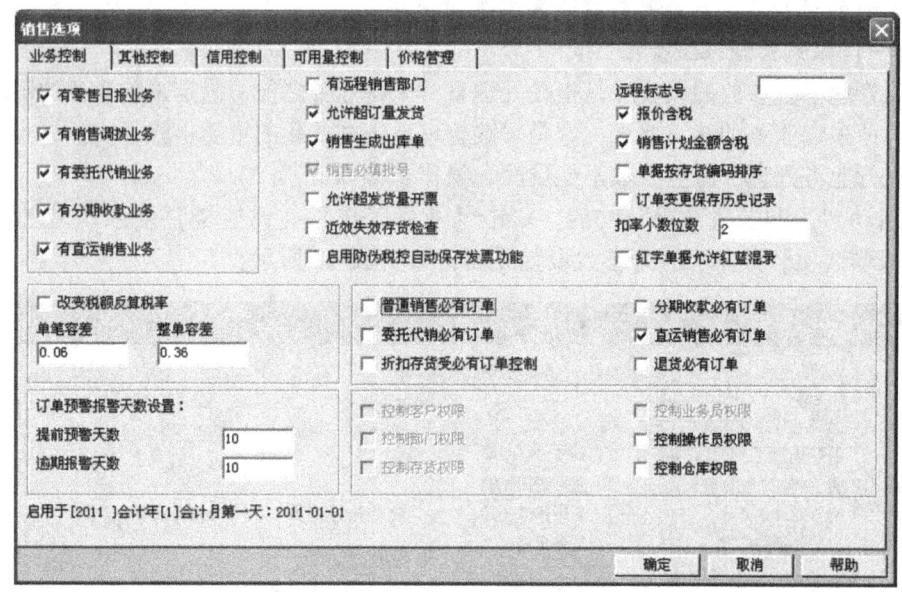

图 10-28

2. 修改参数。根据实训资料修改参数。

3. 保存设置。单击"确定"按钮，自动保存设置，并关闭选项界面。

【友情提示】

➤ 在其他控制页签中修改"新增发货单默认不参照单据"、"新增退货单默认不参照单据"、"新增发票默认不参照单据"三个参数。

（十三）库存管理系统参数

库存管理系统参数的设置，是指在处理日常库存业务之前，确定库存业务的范围、类型以及各种库存业务的核算要求，这是库存管理系统初始化的重要步骤之一。一旦库存管理系统进行业务处理，有些参数不能更改。操作步骤如下：

1. 启动"库存选项设置"功能。双击【业务工作】—【供应链】—【库存管理】—【设置】—【库存选项】菜单，打开参数设置界面，如图10-29所示。

2. 修改参数。根据实训资料修改参数。

3. 保存设置。单击"确定"按钮，自动保存设置，并关闭选项界面。

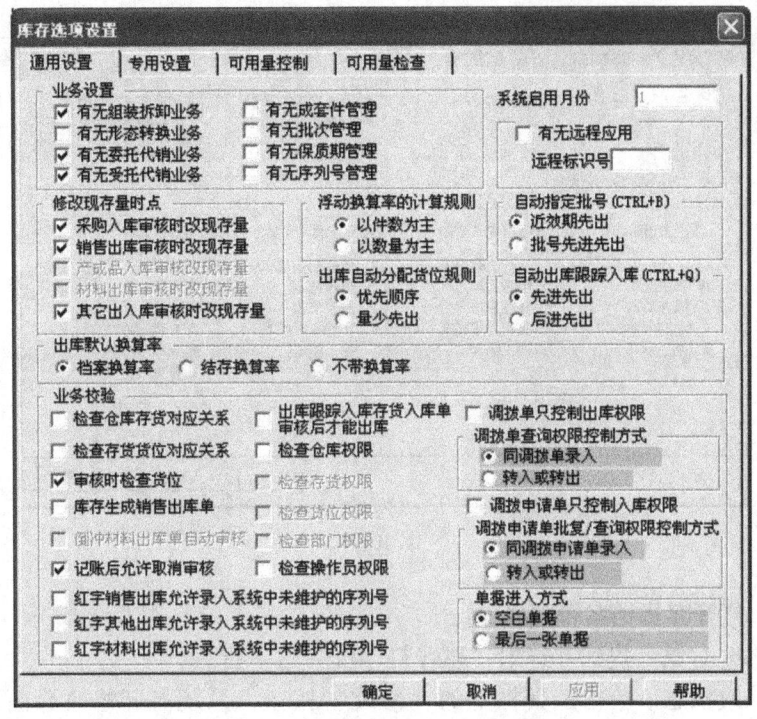

图 10-29

（十四）存货核算系统参数

存货核算系统参数的设置，是指在处理日常存货核算业务之前，确定存货核算业务的范围、类型以及各种存货核算业务的核算要求，这是存货核算系统初始化的重要步骤之一。一旦存货核算系统进行业务处理，有些参数不能更改。操作步骤如下：

1. 启动"存货选项"设置功能。双击【业务工作】—【供应链】—【存货核算】—【设置】—【存货选项】—【选项录入】菜单，打开参数设置界面，如图 10-30 所示。

2. 修改参数。根据实训资料修改参数。

3. 保存设置。单击"确定"按钮，自动保存设置，并关闭选项界面。

【友情提示】

➢ 以上设置中的其他内容按默认值，请不要修改。

➢ 核算方式是指成本的核算方式，默认按仓库核算，也可按部门核算或按存货核算。

➢ 暂估方式是指暂估时凭证的处理方式，有月初回冲、单到回冲、单到补差。

➢ 销售成本核算方式是指成本结转的依据，有销售出库单和销售发票（默认）两种。

➢ 委托代销成本核算方式是指委托代销时成本结转的方式，有按发出商品核算和按普通销售核算两种。

（十五）修改存货档案

为了方便练习受托代销和委托代销，需要将某个商品设置成受托代销商品，操作步骤如下：

1. 打开"存货档案"定义界面。双击【基础设置】—【基础档案】—【存货】—【存货

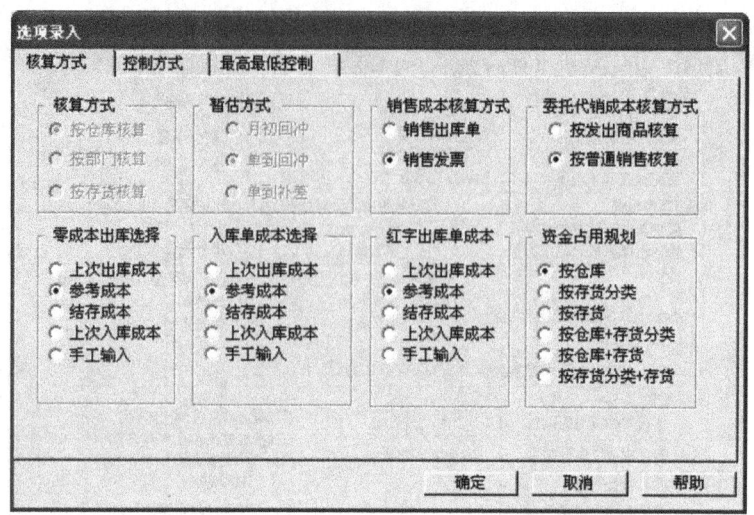

图 10-30

档案】菜单,打开存货档案管理界面。

2. 选择修改对象。找到并选中"惠普打印机"这一行。

3. 进入修改状态。单击工具栏上的"修改"按钮,系统打开修改界面,如图 10-31 所示。

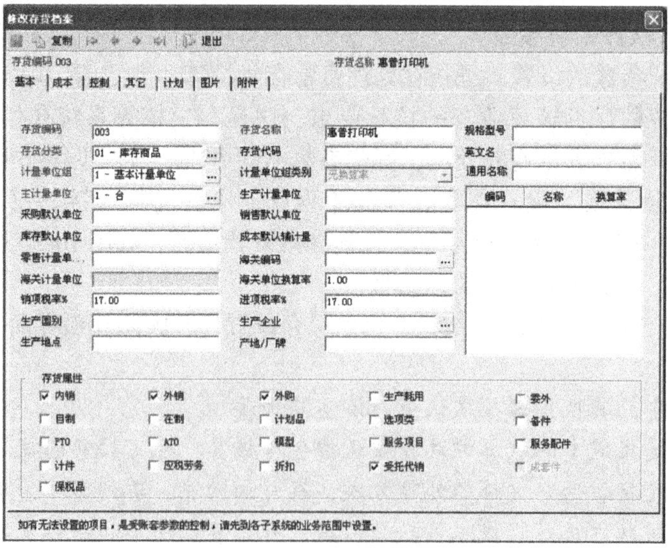

图 10-31

4. 修改属性。选择"受托代销"复选框。

5. 保存修改。单击工具栏上的"保存"按钮,保存记录,然后单击工具栏上的"退出"按钮,关闭界面,返回到存货档案浏览窗口。

6. 关闭窗口。单击工具栏上的"退出"按钮,关闭当前界面。

学习情境 10　供应链管理系统

（十六）单据设置

单据设置是指在企业实际业务中根据本企业的实际业务需要，在不违反单据设置规则的基础上对本单位业务单据进行设置，使之符合企业实际要求，包括单据格式设置和单据编号设置。操作步骤如下：

1. 单据格式设置

（1）打开"单据格式设置"界面。双击【基础设置】—【单据设置】—【单据格式设置】菜单，打开设置窗口，如图 10-32 所示。

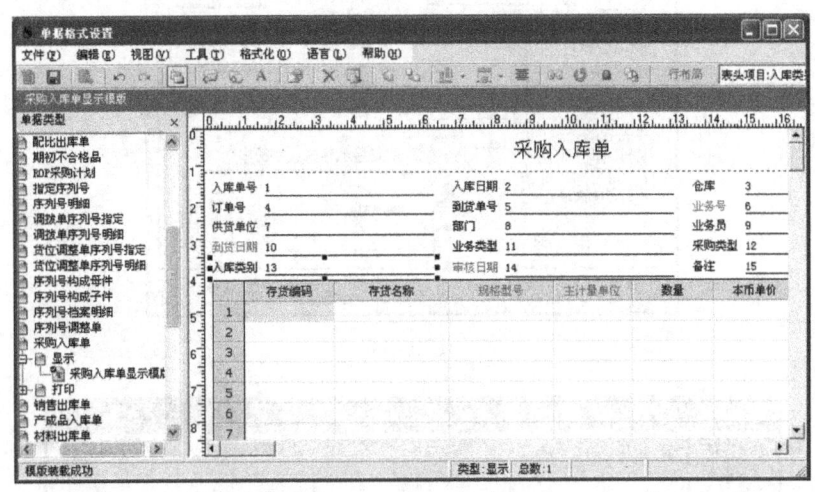

图 10-32

（2）打开"采购入库单"格式设置界面。在左边的单据类型中选择"库存管理"—"采购入库单"—"显示"—"采购入库单显示模版"，系统打开采购入库单格式设置界面。

（3）选择修改对象。在表头单击选择"入库类别"。

（4）打开表头项目。单击工具栏上的"表头项目"，打开表头设置属性窗口，如图 10-33 所示。

（5）修改属性。"入库类别"已自动被选中，选择"必输"复选框，单击"确定"按钮，返回上一界面，入库类别变为蓝色。

（6）保存修改。单击工具栏上的"保存"按钮，保存修改的设置。

（7）依次修改"销售出库单"格式。重复第二步至第六步，设置销售出库单的格式。

（8）关闭窗口。单击窗口上的"关闭"按钮，关闭当前界面。

2. 单据编号设置

（1）打开"单据编号设置"界面。双击【基础设置】—【单据设置】—【单据编号设置】菜单，打开设置窗口，如图 10-34 所示。

（2）选择设置对象。在左边的单据类型中选择"采购管理"—"采购专用发票"。

（3）进入修改状态。单击工具栏上的"修改"按钮，详细信息的内容变成有效状态。

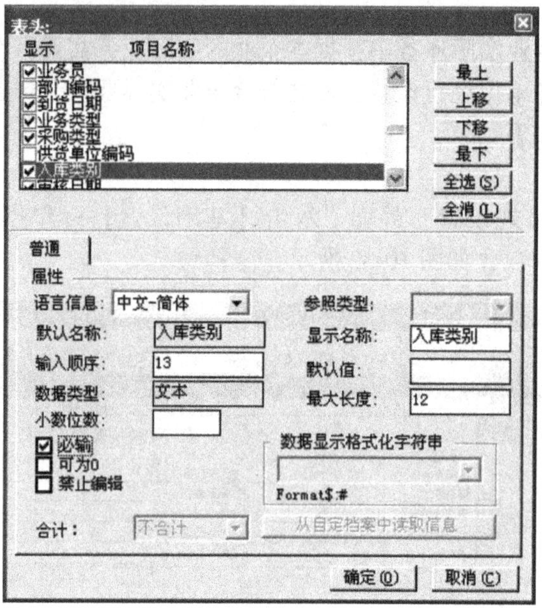

图 10-33

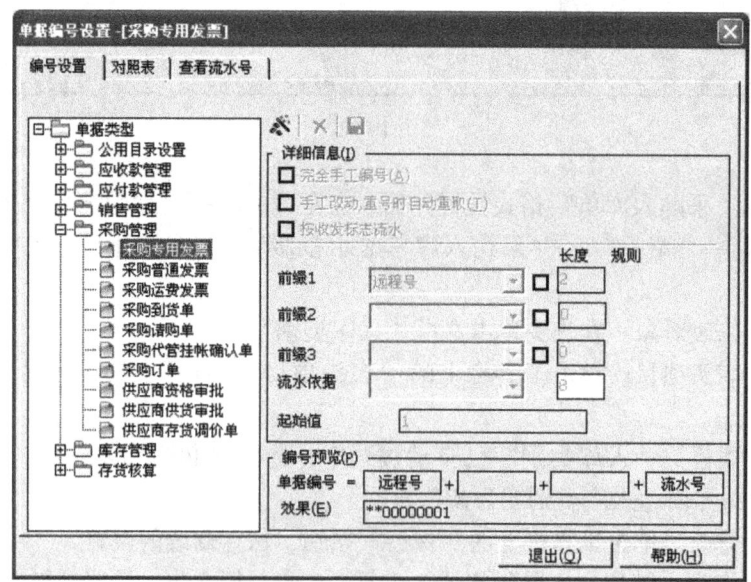

图 10-34

（4）修改详细信息。选择"完全手工编号"复选框。

（5）保存修改。单击"保存"按钮，保存修改。

（6）依次修改"销售专用发票"编号。重复第二步至第五步，将销售专用发票的编号改成完全手工编号。

（7）关闭窗口。单击"退出"按钮，关闭当前界面。

（十七）设置存货科目

设置存货科目是指业务开始前对相关的存货按照科目编码规则进行科目设置，以便在日常业务中生成凭证时自动填写存货科目。操作步骤如下：

1. 打开“存货科目”定义功能。双击【业务工作】—【供应链】—【存货核算】—【初始设置】—【科目设置】—【存货科目】菜单，打开存货科目定义窗口。

2. 进入增加状态。单击工具栏上的“增加”按钮，自动增加一条空记录。

3. 录入数据。录入存货编码“001”，存货科目“140501”，差异科目编码“1407”，分期收款发出商品科目“140601”，直运科目“140501”。

4. 保存定义。单击工具栏上的“保存”按钮，保存数据。

5. 依次录入其他数据。重复步骤二至四操作，录入其他数据，见图 10-35。

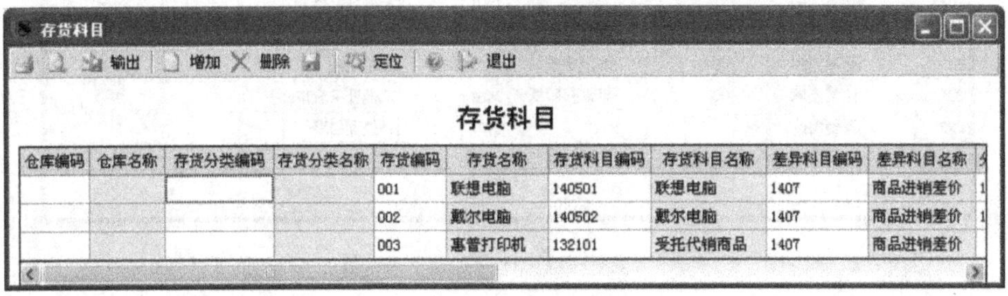

仓库编码	仓库名称	存货分类编码	存货分类名称	存货编码	存货名称	存货科目编码	存货科目名称	差异科目编码	差异科目名称
				001	联想电脑	140501	联想电脑	1407	商品进销差价
				002	戴尔电脑	140502	戴尔电脑	1407	商品进销差价
				003	惠普打印机	132101	受托代销商品	1407	商品进销差价

图 10-35

6. 关闭窗口。单击工具栏上的“退出”按钮，关闭当前界面。

【友情提示】

➢ 在设置存货科目时，既可以按仓库设置，也可以按存货分类设置，还可以按具体存货设置，或者进行组合设置。

➢ 在设置存货科目时，不要出现重复或包含的情况。

（十八）设置对方科目

用于设置入库或出库生成凭证时的对方科目，该科目与存货科目配套使用。操作步骤如下：

1. 打开“对方科目”定义功能。双击【业务工作】—【供应链】—【存货核算】—【初始设置】—【科目设置】—【对方科目】菜单，打开对方科目定义窗口。

2. 进入增加状态。单击工具栏上的“增加”按钮，自动增加一条空记录。

3. 录入数据。录入收发类别编码“101”，对方科目编码“1401”，暂估科目编码“220202”。

4. 保存定义。单击工具栏上的“保存”按钮，保存数据。

5. 依次录入其他数据。重复第二步至第四步操作，录入其他数据，见图 10-36。

6. 关闭窗口。单击工具栏上的“退出”按钮，关闭当前界面。

【友情提示】

➢ 定义科目时，建议按收发类别或收发类别+其他条件定义对方科目，因为收发类别可以列举所有的业务类型。

收发类别编码	收发类别名称	存货编码	存货名称	对方科目编码	对方科目名称	暂估科目编码	暂估科目名称
101	采购入库			1401	材料采购	220202	暂估应付款
102	受托代销入库			231401	受托代销商…	231401	受托代销商…
103	盘盈入库			1901	待处理财产…		
104	调拨入库	001	联想电脑	140501	联想电脑		
104	调拨入库	002	戴尔电脑	140502	戴尔电脑		
201	销售出库	001	联想电脑	640101	联想电脑		
201	销售出库	002	戴尔电脑	640102	戴尔电脑		
202	盘亏出库			1901	待处理财产…		
203	调拨出库	001	联想电脑	140501	联想电脑		
203	调拨出库	002	戴尔电脑	140502	戴尔电脑		
201	销售出库	003	惠普打印机	6402	其他业务成本		
299	其他出库			1901	待处理财产…		

图 10-36

（十九）录入期初数据

启用系统之前，有些采购业务或销售业务未完成，形成采购期初值和销售期初值，同时仓库和账面一定存在库存，为了保证业务的连续性，需要录入采购、销售、库存、存货的期初值。操作步骤如下：

1. 期初暂估单（期初入库单）

（1）打开"期初采购入库单"定义功能。双击【业务工作】—【供应链】—【采购管理】—【采购入库】—【采购入库单】菜单，打开期初采购入库单窗口。

（2）进入增加状态。单击工具栏上的"增加"按钮，自动增加一张空表。

（3）录入数据。在表头中修改入库日期"2010-12-28"，选择仓库"联想电脑仓"，选择供货单位"联想"，选择入库类别"采购入库"；在表体中选择存货编码"001"，录入数量"100"，本币单价"5000"。

（4）保存定义。单击工具栏上的"保存"按钮，保存数据，见图 10-37。

（5）关闭窗口。单击"关闭"按钮，关闭当前界面。

【友情提示】

➢ 期初记账后不能再录入期初余额。

➢ 表体中有效的行的行号以红色显示，通过颜色可以判定多余的行。

➢ 只有删除多余的行才能保存表单。

➢ 如果选择了必有订单，在录入期初入库单前，先取消普通业务必有订单，录入完成后再补上此选项。

2. 受托代销期初

（1）打开受托代销"期初采购入库单"定义功能。双击【业务工作】—【供应链】—

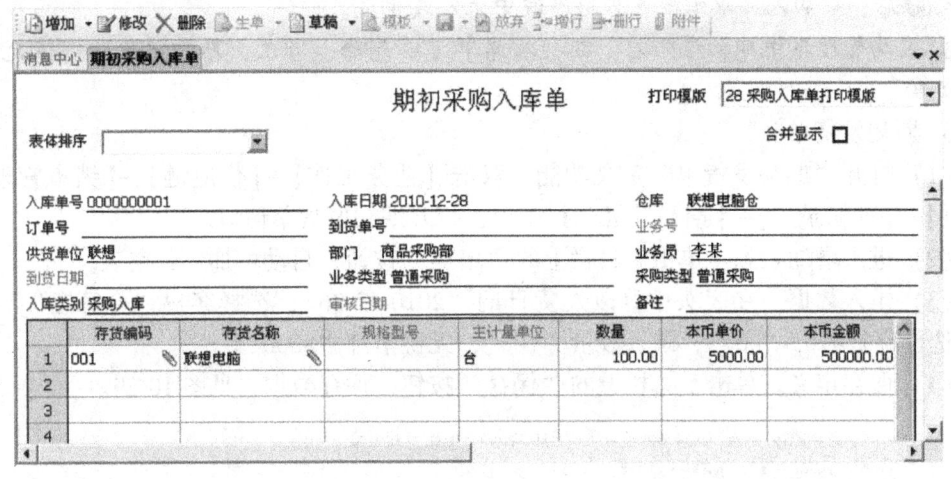

图 10-37

【采购管理】—【采购入库】—【受托代销入库单】菜单,打开期初采购入库单窗口。

(2) 进入增加状态。单击工具栏上的"增加"按钮,自动增加一张空表。

(3) 录入数据。在表头中修改入库日期"2010-12-25",选择仓库"惠普设备仓",选择供货单位"惠普",选择采购类型"代理商进货",自动填写入库类别"受托代销入库";在表体中选择存货编码"003",录入数量"50",本币单价"500"。

(4) 保存定义。单击工具栏上的"保存"按钮,保存数据,见图 10-38。

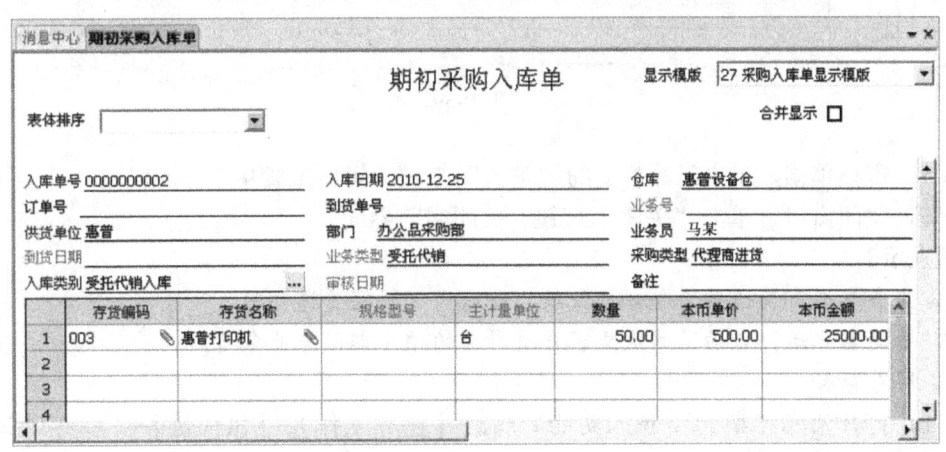

图 10-38

(5) 关闭窗口。单击"关闭"按钮,关闭当前界面。

【友情提示】
➤ 修改系统参数后,需要重注册一次才能录入受托代销。
➤ 业务类型默认为受托代销,不可修改。
➤ 采购类型默认为普通采购,需先删除普通采购,然后参照录入代理商进货。
➤ 采购管理系统期初记账前,采购管理系统的"采购入库"只能录入期初入库单。

期初记账后，采购入库单需要在库存系统中录入或生成。
➢ 采购管理系统期初记账前，期初入库单可以删除、修改，期初记账后，不允许修改和删除。

3. 期初发货单

（1）打开"期初发货单"定义功能。双击【业务工作】—【供应链】—【销售管理】—【设置】—【期初录入】—【期初发货单】菜单，打开期初发货单窗口。

（2）进入增加状态。单击工具栏上的"增加"按钮，自动增加一张空表。

（3）录入数据。在表头中修改发货日期"2010-12-26"，选择客户"金算盘"；在表体中选择存货编码"001"，录入数量"100"，无税单价"8000"。

（4）保存定义。单击工具栏上的"保存"按钮，保存数据，见图10-39。

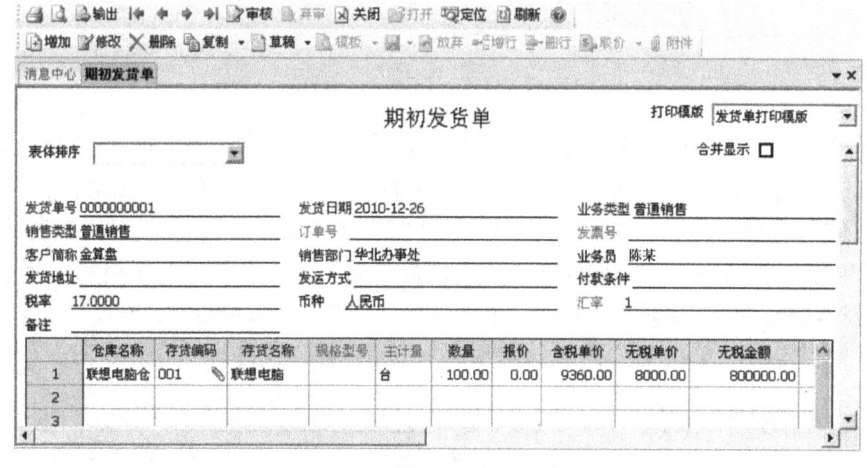

图10-39

（5）审核单据。单击工具栏上的"审核"按钮，审核发货单。
（6）关闭窗口。单击"关闭"按钮，关闭当前界面。

【友情提示】
➢ 业务类型有普通销售和分期收款，默认自动填写普通销售。
➢ 填写客户后，自动填写定义客户所对应的销售部门与业务员。

4. 库存期初

（1）打开"库存期初"录入功能。双击【业务工作】—【供应链】—【库存管理】—【初始设置】—【期初结存】菜单，打开库存期初数据录入窗口。

（2）选择仓库。选择仓库"联想电脑仓"。
（3）进入修改状态。单击工具栏上的"修改"按钮，进入修改状态。
（4）录入库存（无需增行，可直接录入）。根据实训资料录入库存。
（5）保存记录。单击工具栏上的"保存"按钮，保存数据，见图10-40。
（6）审核记录。单击工具栏上的"批审"按钮，审核本仓库的所有记录。
（7）依次录入其他仓库期初数据。重复第二步至第六步，录入其他仓库记录。
（8）关闭窗口。单击"关闭"按钮，关闭当前界面。

学习情境 10 供应链管理系统

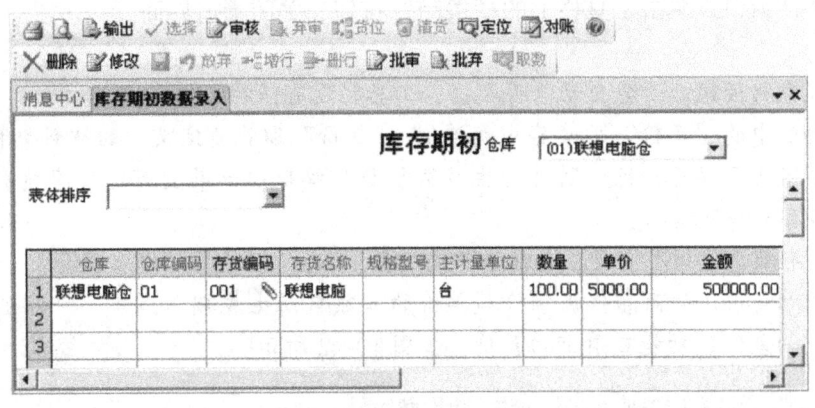

图 10-40

【友情提示】
➢ 建议先录库存然后生成存货，再录入差价和差价科目（可以自动生成）。
➢ 如果先录存货再生成库存，需要在库存中将打印机的单价从 900 改成 500，否则就没有差价。
➢ 审核是审核当前仓库一条记录，批审是审核当前仓库全部记录。
➢ 审核后的期初数据不能修改、删除，但可弃审后进行此类操作。
➢ 库存期初必须按照仓库分别录入。
➢ 库存系统的计量单位如果不是默认的主计量单位，则需要录入该存货的单价和金额，由系统自动计算存货数量。
➢ 退出时，系统会对所有期初数进行合法性检查，并对不完整的数据项进行提示。
➢ 可以通过对账功能与存货期初进行对账。

5. 存货期初

（1）打开存货"期初余额"录入功能。双击【业务工作】—【供应链】—【存货核算】—【初始设置】—【期初数据】—【期初余额】菜单，打开存货期初余额录入窗口。

（2）选择仓库。选择仓库"惠普设备仓"。

（3）取数。单击工具栏上的"取数"按钮，自动将库存的数据取到此处，见图 10-41。

图 10-41

（4）依次录入其他仓库。重复第二、三步，通过取数的方法录入其他仓库记录。

(5) 关闭窗口。单击工具栏上的"关闭"按钮,关闭当前界面。

【友情提示】

- 生成期初余额后,会自动保存数据,工具栏没有保存按钮。
- 售价法中的"单价"取库存中的单价,"售价"取存货定义中的"计划价/售价"。
- 如果定义了存货科目,则自动生成存货科目编码;如果没有定义存货科目,则需要手工填写存货科目编码。
- 存货科目为空时,将无法与总账进行对账。
- 系统对售价法的商品根据售价与单价的差额自动生成期初差价,可以通过【期初数据】—【期初差价】功能查看期初差价,如图10-42所示。

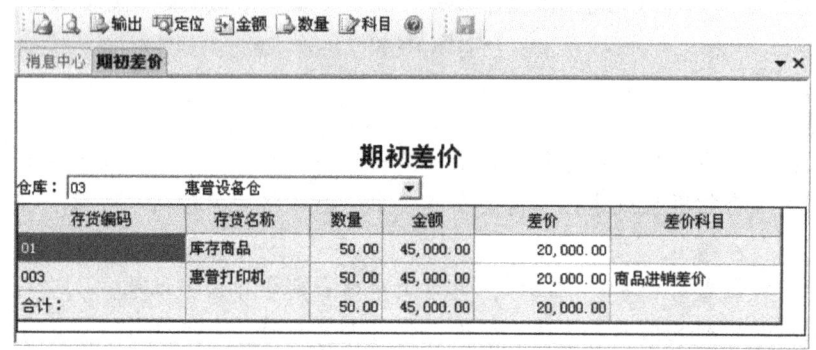

图 10-42

- 期初差价界面中的"差价"可以根据上一年账目进行调整,以保持数据的连续性。
- 差价科目根据存货科目的定义自动生成,可以调整,为空时,无法与总账对账。

(二十) 期初记账

期初记账是指将有关期初数据记入相应的账表中,它标志着供应链管理系统各个子系统的期初工作全部结束,相关的参数和期初数据不能修改、删除。如果供应链管理系统各个子系统集成使用,则期初记账应该遵循一定的顺序。操作步骤如下:

1. 采购期初记账

(1) 打开"采购期初记账"功能。双击【供应链】—【采购管理】—【设置】—【采购期初记账】菜单,打开采购期初记账界面,如图10-43所示。

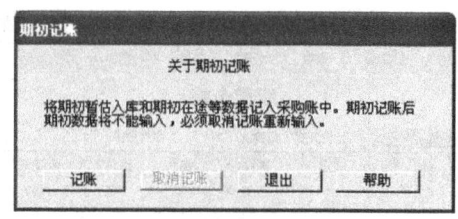

图 10-43

(2) 开始记账。单击"记账"按钮,系统自动开始记账,记完提示"期初记账完毕!",单击"确定"按钮,关闭当前功能。

【友情提示】
➢ 在供应链管理系统各个子系统集成使用时，采购管理系统应先记；库存管理系统所有仓库的所有库存必须"审核"确认；最后存货核算系统记账。
➢ 记账后，可以通过"恢复"按钮恢复记账前状态。

2. 存货记账

（1）打开存货"期初余额"录入功能。双击【业务工作】—【供应链】—【存货核算】—【初始设置】—【期初数据】—【期初余额】菜单，打开存货期初余额录入窗口，如图10-44 所示。

图 10-44

（2）开始记账。单击工具栏上的"记账"按钮，系统自动开始记账，记完提示"期初记账完毕！"，单击"确定"按钮。

（3）关闭窗口。单击工具栏上的"关闭"按钮，关闭当前界面。

【友情提示】
➢ 存货记账前要求采购先记账。
➢ 记账后，工具栏上的"记账"按钮名称自动变为"恢复"。
➢ 在开始日常业务前，记账可以通过工具栏上的"恢复"按钮取消。
➢ 如果没有期初数据，可以不输入期初数据，但必须执行记账操作。
➢ 如果期初数据是运行"结转上年"功能得到的，为未记账状态，则需要执行记账功能后，才能进行日常业务的处理。
➢ 如果已经进行了业务核算，则不能取消记账。
➢ 存货核算系统在期初记账前，可以修改存货计价方式，期初记账后，不能修改计价方式。

（二十一）与总账对账

与总账对账是指存货的数据与总账进行对账。操作步骤如下：

1. 打开存货"与总账对账"功能。双击【业务工作】—【供应链】—【存货核算】—【财务核算】—【与总账对账】菜单，显示对账结果窗口，如图10-45所示。

2. 修改对账条件。去除"金额检查"复选框，并单击工具栏上的"刷新"按钮，重新显示结果。

3. 关闭窗口。单击窗口上的"关闭"按钮，关闭当前界面。

【友情提示】
➢ 对账工作只能在期初记账完成后进行。

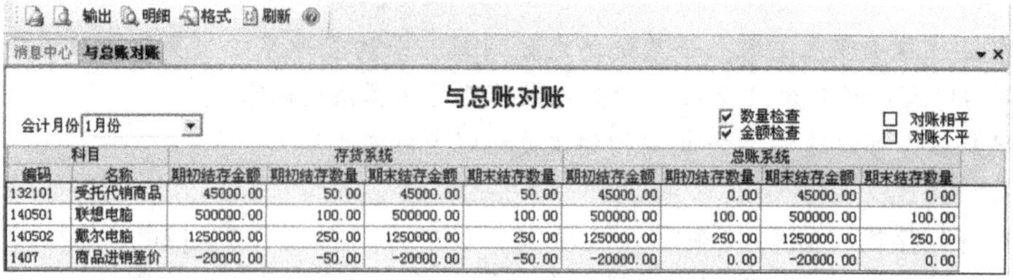

科目		存货系统				总账系统			
编码	名称	期初结存金额	期初结存数量	期末结存金额	期末结存数量	期初结存金额	期初结存数量	期末结存金额	期末结存数量
132101	受托代销商品	45000.00	50.00	45000.00	50.00	45000.00	0.00	45000.00	0.00
140501	联想电脑	500000.00	100.00	500000.00	100.00	500000.00	100.00	500000.00	100.00
140502	戴尔电脑	1250000.00	250.00	1250000.00	250.00	1250000.00	250.00	1250000.00	250.00
1407	商品进销差价	-20000.00	-50.00	-20000.00	-50.00	-20000.00	0.00	-20000.00	0.00

图 10-45

➢ 与总账对账是指存货的数据与总账进行对账，而不是库存与总账对账。

➢ 如果在存货期初余额中没有录入存货科目和差价科目，对账结果为空。

➢ 由于第一次对账时，同时检查数量与金额，对账结果显示对账不平（淡蓝色）。分析后发现，由于受托代销商品科目与商品进销差价科目在总账中没有设置数量核算辅助账，在总账中没有记录数量，以致对账不平。取消金额检查后，显示对账相平（白色）。

（二十二）账套备份

将账套输出至“10-2 供应链管理系统初始设置”文件夹，压缩后保存到 U 盘。

七、疑难解答

1. 在录入存货期初值时，为什么没有自动填写存货科目？

答：因为在定义存货科目功能中，没有定义各存货所对应的存货科目或定义不完整。

2. 为什么与总账对账时，联想电脑和戴尔电脑可以通过数量检查，而受托代销商品与商品进销差价无法通过数量检查？

答：因为联想电脑（140501）和戴尔电脑（140502）在科目中定义了数量核算，而受托代销商品与商品进销差价科目在科目定义时没有定义数量核算。

3. 为什么要定义存货科目和对方科目？

答：存货科目与对方科目在存货模块生成凭证时使用，主要用于生成验收入库凭证和销售成本结转凭证，如果定义了存货科目和对方科目，那么生成凭证时会自动填写科目，否则，需要在生成凭证时由操作员录入科目。

◎思考与练习

1. 期初与总账对账不平，应该从哪些方面检查错误？

2. 为什么要将采购发票与销售发票的单据编号改为手工编号？

3. 如何理解采购类型、销售类型与收发类别？

4. 如何理解合理损耗与非合理损耗？

学习任务 10-3 采购管理普通业务

一、实训任务

1. 录入请购单，录入或生成采购订单，录入或生成到货单。
2. 录入或生成入库单，录入或生成采购发票，采购结算。
3. 正常单据记账，支付货款，生成财务凭证。

二、任务目标

1. 掌握普通采购业务操作流程。
2. 理解现付业务基本原理。
3. 掌握发生采购费用时如何计算采购成本。
4. 掌握发生损耗时如何计算采购成本。
5. 体会采购业务与财务一体化的好处。

三、准备工作

1. 了解普通采购业务流程图。
2. 修改计算机时间为 2011 年 1 月 31 日。
3. 引入"10-2 供应链管理系统初始设置"账套备份。

四、实训引例

（一）标准采购业务

1. 2011 年 1 月 3 日，根据销售部门预测情况，本月预计销售情况良好，申请向联想集团采购 30 台联想电脑，报价 5 000 元，需求日期为本月 5 日。

2. 2011 年 1 月 3 日，联想集团同意请购要求，并接受我方提出的价格为 5 000 元，签订正式合同，我方要求到货日期为本月 5 日。

3. 2011 年 1 月 4 日，收到联想集团采购专用发票一张，发票号 LX11010401，无税单价 5 000 元，价税合计 175 500 元。

4. 2011 年 1 月 5 日，收到联想集团发来的货物，采购部门进行签收。

5. 2011 年 1 月 5 日，商品经检验质量合格，办理入库手续，入联想电脑仓。

6. 2011 年 1 月 5 日，采购部门将发票交给财务部门，财务部门对该笔货物进行采购成本结算，并对发票进行审核确认。

7. 2011 年 1 月 6 日，财务部门开具转账支票一张，金额为 175 500 元，支票号 ZZ1101，用于支付向联想集团采购的本次货款。

8. 2011 年 1 月 6 日，财务部门生成本次采购业务相应凭证。

（二）现付业务

1. 2011 年 1 月 4 日，根据销售部门的需求，采购部门向戴尔集团提出采购请求，需要采购20台戴尔电脑，报价4 500元。

2. 2011年1月4日，戴尔集团同意请购要求，但认为价格较低，经双方协商，同意价格为4 800元，签订正式合同，我方要求到货日期为本月7日。

3. 2011年1月7日，收到戴尔集团发来的货物，同时收到采购专用发票一张，发票号DE11010701，无税单价4 800元，价税合计112 320元，采购部门进行签收，同时向戴尔集团支付转账支票一张，金额为112 320元，支票号ZZ1102。

4. 2011年1月7日，商品经检验质量合格，办理入库手续，入戴尔电脑仓。

5. 2011年1月8日，采购部门将发票交给财务部门，财务部门对该笔货物进行采购成本结算，并对发票进行审核确认，同时生成本次采购业务相应凭证。

（三）采购费用业务

1. 2011年1月5日，申请向联想集团追加采购10台联想电脑，报价5 000元。

2. 2011年1月5日，联想集团同意请购要求，并接受我方提出的价格5 000元，联想集团提出由于数量过少，运费由我方承担，我方要求到货日期为本月7日，双方签订正式合同。

3. 2011年1月7日，收到联想集团发来的货物，同时收到两张发票，其中采购专用发票一张，发票号LX11010701，无税单价5 000元，价税合计58 500元；运费发票一张，发票号LX11010702，运费金额100元，不能抵扣进项税，采购部门进行签收，同时办理入库手续，入联想电脑仓。

4. 2011年1月8日，采购部门将两张发票交给财务部门，财务部门对该笔货物进行采购成本结算，并对发票进行审核确认，未付款，生成本次采购业务相应凭证。

（四）盈余短缺业务

1. 2011年1月9日，向戴尔集团追加采购10台戴尔电脑，报价4 800元，戴尔集团同意，并于当日收到戴尔集团发来的货物，同时收到采购专用发票一张，发票号LX11010901，无税单价4 800元，价税合计56 160元，采购部门进行签收。

2. 2011年1月9日，商品入戴尔电脑仓，在办理入库手续时，发现有2台电脑损坏，经查，系我方采购部门装卸货物时造成。8台电脑正常入库，另外2台报领导同意后，1台电脑作为合理损耗处理，1台电脑由采购部门赔偿，赔偿金额按电脑采购含税价计算，计5 616元（4 800+816）。

3. 2011年1月9日，采购部门将发票交给财务部门，财务部门对该笔货物进行采购成本结算，并对发票进行审核确认，未付款，当日生成本次采购业务相应凭证。

（五）付款

1. 2011年1月10日，用转账支票支付联想集团上次追加电脑的货款和运费共计58 600元，支票号ZZ1103。

2. 2011年1月10日，用转账支票支付戴尔集团上月和本月未支付的货款，共计641 160元（56 160+585 000），支票号ZZ1104。

3. 核销往来账并生成付款凭证。

五、学情关注

由于许多操作都是以登录日期作为操作日期,比如现付、采购结算、记账等,如果需要日期完全正确,那么,根据业务资料,每变换一天,需要重新登录企业应用平台,修改登录日期,这样的操作会浪费我们大量的学习时间,为了简化操作,重点研究流程,日常业务都以2011年1月31日登录,凭证日期都以31日生成。

入库单的操作是最容易错的地方,入库单在库存模块中,而不是在采购模块中。当采购模块与库存模块同时启用时,采购模块中的入库单只有录入期初值和查看日常业务的作用。入库单的填写必须在库存模块中使用采购入库单进行操作。

在整个操作过程中,由于有多个单据需要管理,为了保证系统高效运行,一定要养成界面使用完成后关闭窗口的习惯。

六、过程指导

(一) 标准采购业务

需要录入采购请购单、采购订单。采购订单可以直接输入,也可以根据请购单自动生成。这里采用"拷贝采购请购单"的方式直接生成"采购订单"。采购到货单通过拷贝"采购订单"生成。采购入库单需要在库存管理系统中录入。操作步骤如下:

1. 填写请购单

(1) 以操作员02身份登录企业应用平台。在本学习情境中,所有的日常操作都以操作员02的身份完成,登录日期都为2011年1月31日。

(2) 打开"请购单"录入功能。双击【业务工作】—【供应链】—【采购管理】—【请购】—【请购单】菜单,打开请购单录入窗口。

(3) 进入增加状态。单击工具栏上的"增加"按钮,系统自动增加一张空表单。

(4) 录入单据。修改日期"2011-01-03",在表体中录入存货编码"001",数量"30",本币单价"5000",需求日期"2011-01-05",选择供应商"联想"。

(5) 保存单据。单击工具栏上的"保存"按钮,保存当前表单,见图10-46。

(6) 审核单据。单击工具栏上的"审核"按钮,审核当前表单。

(7) 关闭界面。单击窗口的"关闭"按钮,关闭窗口。

【友情提示】

➢ 采购类型有普通采购与受托代销,分别对应普通业务和受托代销业务。

➢ 供应商在请购单中是选填内容,如果在当前表单中填写,将自动带入下一流程,但无法带入部门和业务人员。

➢ 请购单保存后,需要审核,否则,在下一流程中,将无法找到此单据。

➢ 对于不需要的请购单,可以通过工具栏上的"关闭"功能进行关闭,已关闭的请购单在采购订单中无法参照。

➢ 可以通过以前的请购单生成现在的请购单(生单),生单功能只能在新增或修改状态(编辑状态)使用。

➢ 请购单流程是可选操作。

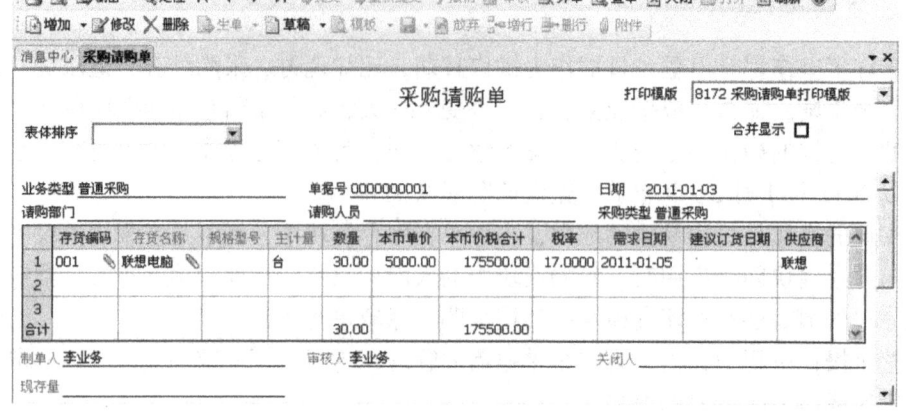

图 10-46

【注意事项】

➢ 可以通过单据的签名查看当前单据的状态（是否审核）。

➢ 单据可以弃审（取消审核），但是单据一旦进入下一流程，将无法弃审。

➢ 在以后的操作过程中，每做完一个单据，都应该关闭一个窗口，养成好习惯。

2. 生成采购订单

（1）打开"采购订单"录入功能。双击【业务工作】—【供应链】—【采购管理】—【采购订货】—【采购订单】菜单，打开采购订单录入窗口。

（2）进入增加状态。单击工具栏上的"增加"按钮，系统自动增加一张空表单。

（3）参照生成单据。修改日期"2011-1-3"，单击工具栏上的"生单"下拉按钮，选择"请购单"，在过滤条件中单击"过滤"，在过滤结果中双击选择"请购单"，单击工具栏上的"确定"按钮，系统自动将请购单的内容填写到当前订单中，重新选择供应商"联想"，自动填写部门与业务员。

（4）保存单据。单击工具栏上的"保存"按钮，保存当前表单，见图10-47。

（5）审核单据。单击工具栏上的"审核"按钮，审核当前表单。

（6）关闭界面。单击窗口的"关闭"按钮，关闭窗口。

【友情提示】

➢ 采购订单既可以直接录入，也可以通过生单方式参照生成，生成后的单据可以修改。

➢ 选择供应商后，将自动填写部门和业务员，有利于到货单的生单。

➢ "生单"功能在 ERP-U8.72 版本中与 ERP-U8.61 相比有变化，U861 通过鼠标右键选择，而 U872 通过工具栏选择。

➢ "生单"过程中的过滤条件不填写时，默认包含所有单据。

➢ 在请购单中如果没有填写供应商，那么在采购订单中需要补填供应商（必填项）。

➢ 无论请购单是否填写供应商，生单后会自动清除部门与业务员，因此，建议生单后，重新选择一次供应商，将部门与业务员填写完整。

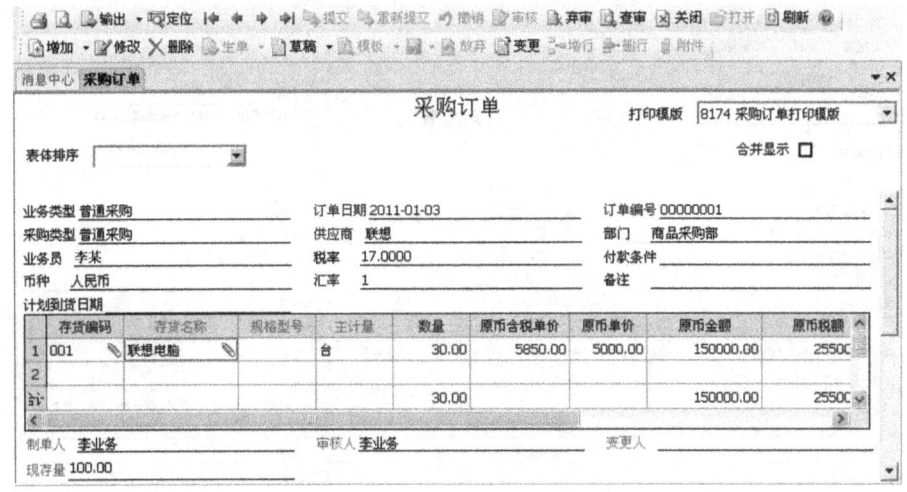

图 10-47

➢ 与采购订单相关的选项是"必有订单"选项，如果选中，流程必须经过订单环节。

【注意事项】

➢ 单据头的"订单日期"必须小于等于单据体的"计划到货日期"，否则会有错误提示。

➢ 如果生单时无法找到需要的请购单，说明上一步的操作出现问题，可能是没有审核，或者是请购单已关闭。

3．生成采购发票

（1）打开"采购专用发票"录入功能。双击【业务工作】—【供应链】—【采购管理】—【采购发票】—【采购专用发票】菜单，打开采购发票录入窗口。

（2）进入增加状态。单击工具栏上的"增加"按钮，系统自动增加一张空表单。

（3）参照生成单据。修改日期"2011-01-04"，录入发票号"LX11010401"，单击工具栏上的"生单"下拉按钮，选择"采购订单"，在过滤条件中单击"过滤"按钮，在过滤结果中双击"采购订单"，单击工具栏上的"确定"按钮，系统自动将采购订单的内容填写到当前发票中。

（4）保存单据。单击工具栏上的"保存"按钮，保存当前表单，见图 10-48。

（5）关闭界面。单击窗口的"关闭"按钮，关闭窗口。

【友情提示】

➢ 发票先到货后到时，参照订单生成发票；货先到发票后到时，参照入库单生成发票。

➢ 参照后，可以修改参照后的结果，说明其功能具有扩展性，意味着可以实现一对一、一对多、多对一、多对多的功能，在以后的单据中，如果没有特别说明，参照后都可以修改。

➢ 采购发票录入完成后，在界面上没有审核功能。

➢ 选择必有订单时，发票只能参照，不能录入。

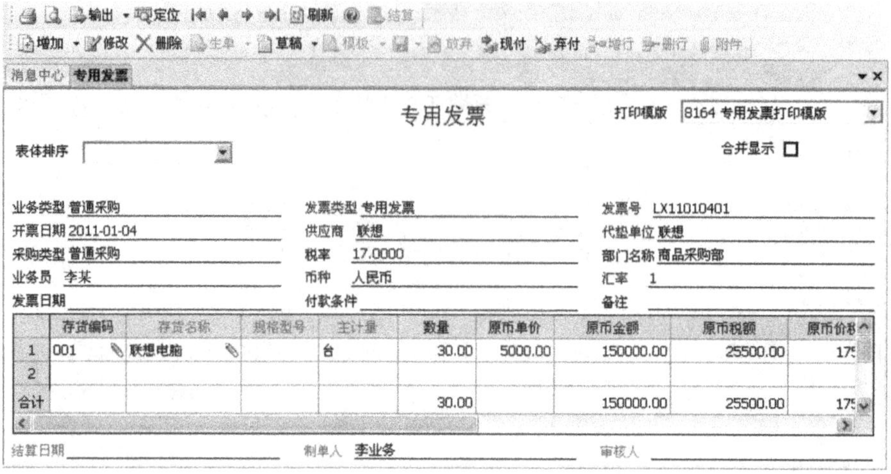

图 10-48

4. 生成到货单

（1）打开"到货单"录入功能。双击【业务工作】—【供应链】—【采购管理】—【采购到货】—【到货单】菜单，打开到货单录入窗口。

（2）进入增加状态。单击工具栏上的"增加"按钮，系统自动增加一张空表单。

（3）参照生成单据。修改日期"2011-01-05"，选择供应商"联想"，单击工具栏上的"生单"下拉按钮，选择"采购订单"，在过滤条件中单击"过滤"按钮，在过滤结果中双击"采购订单"，单击工具栏上的"确定"按钮，系统自动将采购订单的内容填写到当前到货单中。

（4）保存单据。单击工具栏上的"保存"按钮，保存当前表单，见图 10-49。

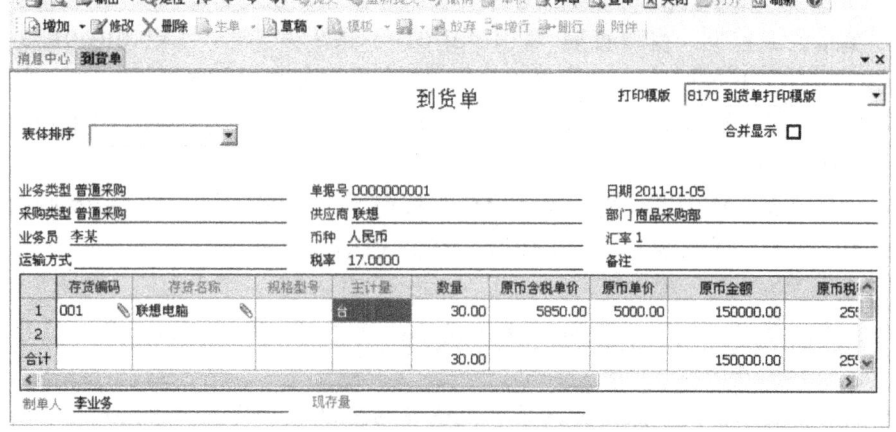

图 10-49

（5）审核单据。单击工具栏上的"审核"按钮，审核当前表单。

（6）关闭界面。单击窗口的"关闭"按钮，关闭窗口。

【友情提示】
➢ 部门在到货单中为必填项，而在采购订单与采购发票中为选填项。
➢ 如果在生单后没有部门，可以重新选择供应商，自动填写部门与业务员。
➢ 采购订单生单后，表示该订单已执行，将不再参与其他到货单的生单。
➢ 选择必有订单时，到货单只能参照，不能录入。

【注意事项】
➢ 在生单时，如果无法找到采购订单，可能订单已生成了到货单，或者订单没有审核。

5. 生成入库单

（1）打开"采购入库单"录入功能。双击【业务工作】—【供应链】—【库存管理】—【入库业务】—【采购入库单】菜单，打开入库单录入窗口。

（2）参照生成单据。单击工具栏上的"生单"下拉按钮，选择"采购到货单（蓝字）"，在过滤条件中单击"过滤"，在过滤结果中双击"到货单"，单击工具栏上的"确定"按钮，系统自动将到货单的内容填写到当前入库单中，修改日期"2011-01-05"，选择仓库"联想电脑仓"。

（3）保存单据。单击工具栏上的"保存"按钮，保存当前表单，见图10-50。

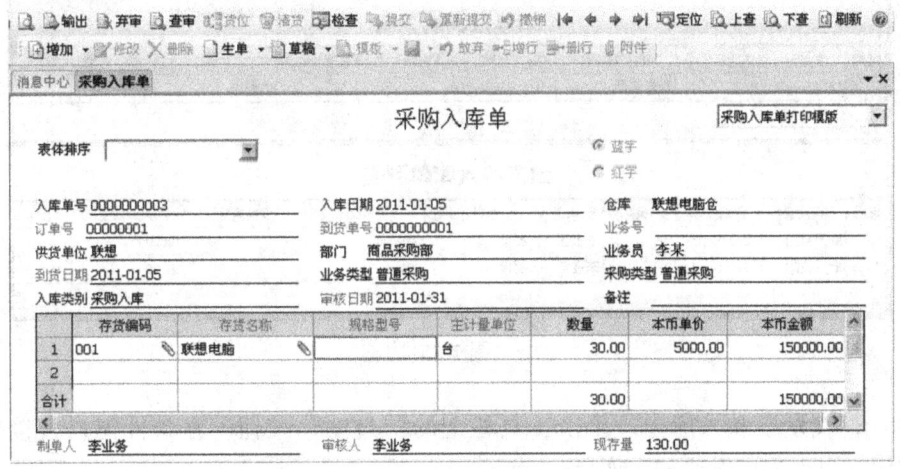

图 10-50

（4）审核单据。单击工具栏上的"审核"按钮，审核当前表单。
（5）关闭界面。单击窗口的"关闭"按钮，关闭窗口。

【友情提示】
➢ 生单的依据有订单、到货单，有蓝字模式和红字模式，还有批量模式。批量入库时可以在选择时直接指定仓库和日期。
➢ 生单时不能进入增加状态，这一点与到货单和发票不一样，生单后，表单自动进入增加状态。
➢ 审核后商品自动计入库存的现存量，注意查看现存量审核前为100，审核后变为 130。

【注意事项】

➤ 如果数据已进入到货状态，那么依据订单生单时将看不到该单据，只能依据到货单生单。

6. 采购结算

采购结算分为自动结算与手工结算，主要完成信息流与物流的核对工作以及采购成本的分摊工作，当物流与信息流的数据一致时，只需要采用自动结算即可；当有其他情况发生时，需要通过手工结算处理。此处可以通过自动结算完成。自动结算的方法自行练习，因自动结算时无法体会结算原理，为了方便以后的学习，此处采用手工结算处理。

（1）打开采购"手工结算"功能。双击【业务工作】—【供应链】—【采购管理】—【采购结算】—【手工结算】菜单，打开采购手工结算窗口。

（2）进入选单状态。单击工具栏上的"选单"按钮，打开"结算选单"窗口，见图10-51。

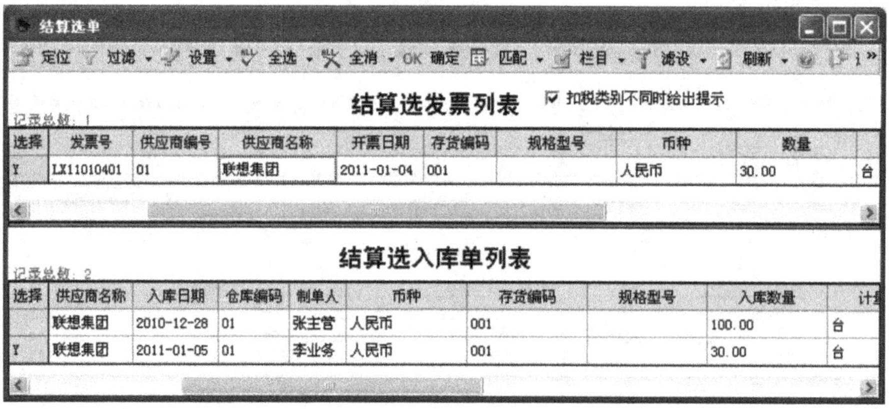

图 10-51

（3）查找发票和入库单。单击工具栏上的"过滤"按钮，在条件窗口直接按"确定"按钮，自动列出发票和入库单。

（4）选择发票和入库单。双击同一笔业务的发票和入库单，然后单击工具栏上的"确定"按钮，返回到手工结算窗口，如图10-52所示。

（5）结算。单击工具栏上的"结算"按钮，完成结算。

（6）关闭界面。单击窗口的"关闭"按钮，关闭窗口。

【友情提示】

➤ 选单时过滤有三种模式：入库单选单过滤、发票选单过滤、入库单与发票同时过滤。

➤ 在选择发票和入库单时，可以选择一个方向的单据，然后通过工具栏上的"匹配"功能自动选择另一方向的单据。

➤ 取消结算的方法是在"结算单列表"中过滤找到结算单后，双击打开结算单，再

学习情境 10　供应链管理系统

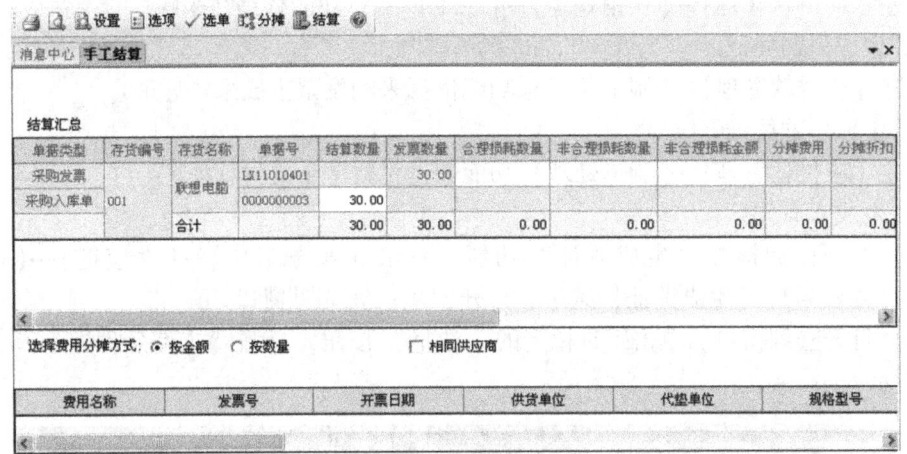

图 10-52

单击工具栏上的"删除"按钮删除结算单。

7．记账

（1）打开"正常单据记账"功能。双击【业务工作】—【供应链】—【存货核算】—【业务结算】—【正常单据记账】菜单，打开过滤条件选择窗口。

（2）查找记账单据。在过滤条件中直接单击"过滤"按钮，显示未记账单据一览表，如图 10-53 所示。

图 10-53

（3）记账。双击选择单据，单击工具栏上的"记账"按钮，开始自动记账，记账完成后，提示记账成功，单击"确定"按钮，被记账单据消失。

（4）关闭界面。单击窗口的"关闭"按钮，关闭窗口。

【友情提示】

➢ 试一试，可否先记账，后采购结算。

8．审核发票

通过【应付款管理】—【应付单据处理】—【应付单据审核】功能对发票进行审核。

9．填制付款单

通过【应付款管理】—【付款单据处理】—【付款单据录入】功能填制付款单，并审核付款单。

10．核销往来账

通过【应付款管理】—【核销处理】—【手工核销】功能核销往来账。

11. 生成采购凭证

通过【应付款管理】—【制单处理】功能依据采购发票生成采购凭证。

12. 生成付款凭证

通过【应付款管理】—【制单处理】功能依据付款单生成付款凭证。

13. 生成入库凭证

（1）打开存货核算"生成凭证"功能。双击【业务工作】—【供应链】—【存货核算】—【财务核算】—【生成凭证】菜单，打开"生成凭证"窗口。

（2）打开查询窗口。单击工具栏上的"选择"按钮，打开"查询条件"窗口，如图10-54所示。

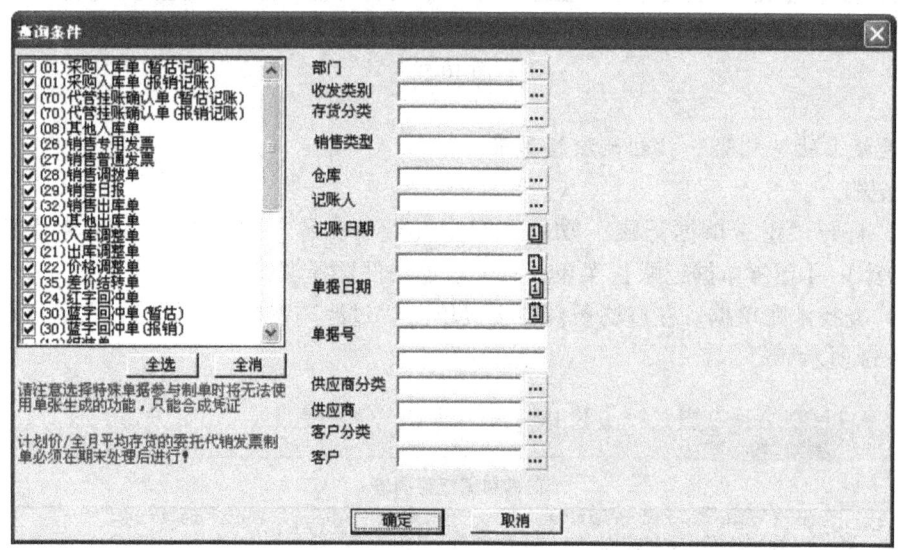

图 10-54

（3）设置查询条件。选择"（01）采购入库单（报销记账）"，单击"确定"按钮，打开"未生成凭证单据一览表"窗口，如图10-55所示。

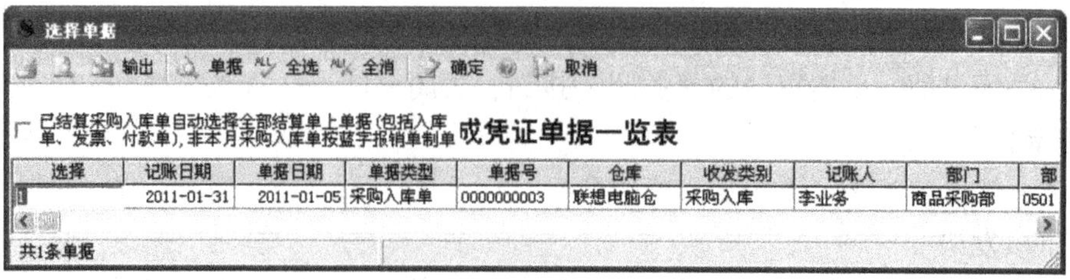

图 10-55

（4）选择单据。单击"选择"栏，选择需要生成凭证的原始单据，单击工具栏上的"确定"按钮，系统切换到"生成凭证"列表窗口，如图10-56所示。

（5）生成凭证。修改凭证类别为"转账凭证"，单击工具栏上的"生成"按钮，自

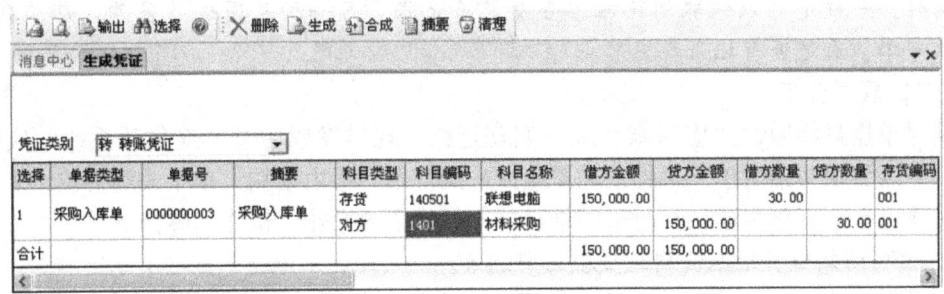

图 10-56

动生成一张转账凭证,修改凭证日期"2011-01-06",如图 10-57 所示。单击工具栏上的"保存"按钮,保存凭证。

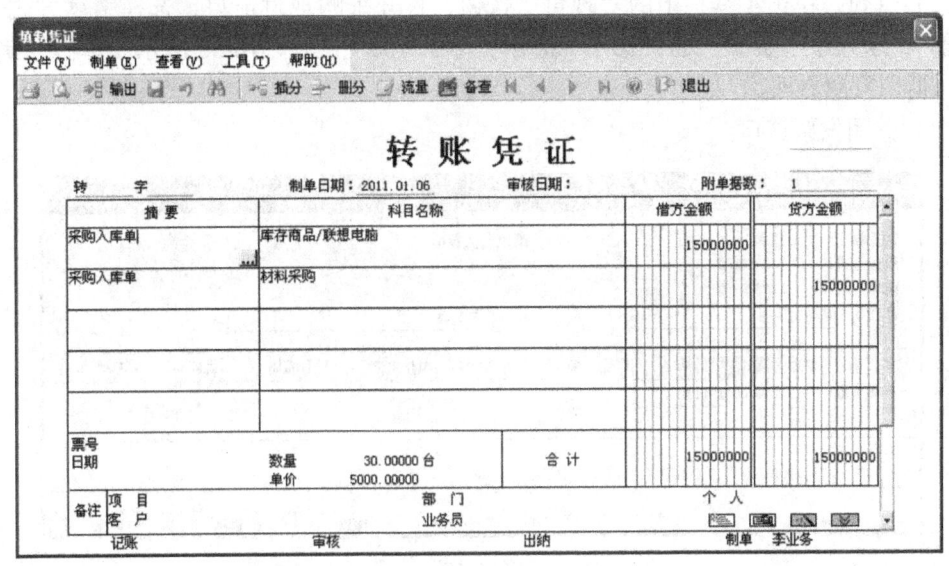

图 10-57

(6) 关闭界面。单击窗口的"关闭"按钮,依次关闭打开的窗口。

【友情提示】
➢ 存货模块中采购业务生成凭证的依据是入库单,销售业务的依据是"销售发票"而不是出库单。
➢ 存货模块中生成的凭证只能在存货模块中通过【凭证列表】功能进行删除,无法在总账中删除。
➢ 生成凭证前,一定要保证当月货到票也到的业务都已完成结算。
➢ 生成凭证界面中的科目根据存货科目与对方科目的定义自动生成,可以修改,如果科目为空,说明定义存在问题。

【注意事项】
➢ 如果在生成凭证时无法找到单据,很有可能是没有记账,查看单据是否记账的方法有两种，一种是可以到取消记账中查看是否记账，另一种是通过"采购入库单列表"查询入库单，看是否有记账人签名。

（二）现付业务

现付单据只能通过"应付款系统"实现审核。现付发票通过"应付款系统"实现凭证生成。需要填写请购单，根据请购单生成采购订单，再由采购订单生成到货单，采购发票通过拷贝采购订单生成，执行采购结算并支付款项的操作。操作步骤如下：

1. 填写请购单。根据资料直接填写请购单。
2. 生成采购订单。生成订单后，注意要修改单价为 4 800 元。
3. 生成到货单。依据采购订单生成到货单。
4. 生成采购发票并现付。依据订单生成发票，同时进行现付处理。

（1）生成采购发票并保存。

（2）现付。单击工具栏上的"现付"按钮，打开采购现付窗口，选择结算方式"转账支票"，录入原币金额"112320"，票据号"ZZ1102"，如图 10-58 所示，单击"确定"按钮，返回发票界面。

（3）关闭发票窗口。

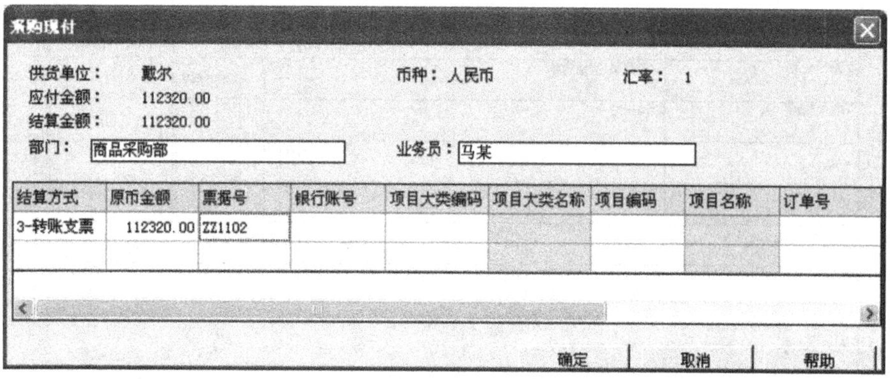

图 10-58

5. 生成入库单。依据到货单生成入库单。
6. 采购结算。可以对入库单和发票进行自动结算或手工结算。
7. 记账。对入库单进行正常单据记账。
8. 审核发票。在应付模块对发票进行审核，在条件中需要选择"包含已现结发票"。
9. 生成采购凭证（现付凭证）。在应付模块生成凭证。由于等额支付，科目不再是应付账款，而是银行存款，如图 10-59 所示。
10. 生成入库凭证。在存货模块生成入库凭证。

【友情提示】

➢ 现付可以取消。

➢ 此业务只能生成两张凭证，思考一下为什么。

➢ 如果不是等额支付，生成的凭证会不相同，操作步骤也可能有所变化。

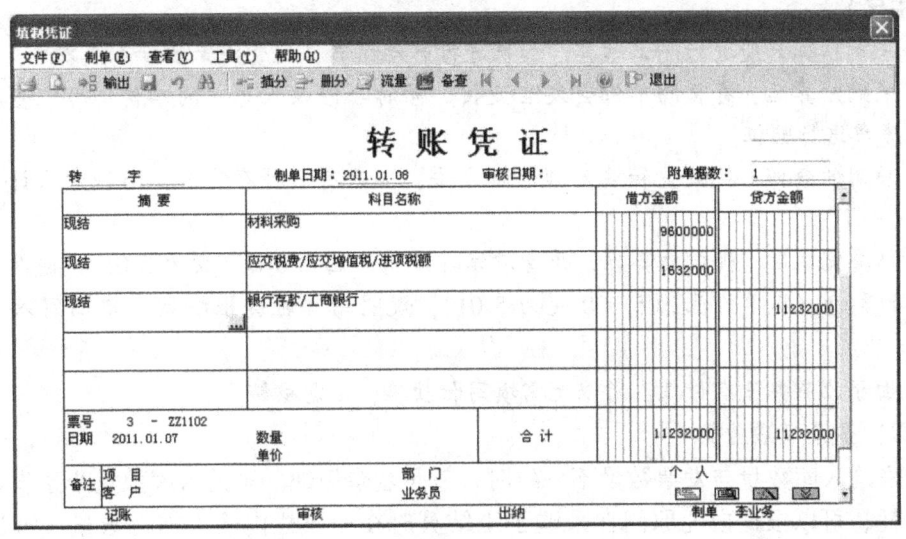

图 10-59

【注意事项】

➢ 在审核发票时，在过滤条件中需要选择"包含已现结发票"，否则，无法找到发票。

➢ 生成采购凭证时，需要选择"现结制单"。

（三）采购费用业务

采购发票是供应商开出的销售货物的凭证，系统根据采购发票确认采购成本，并据以登记应付账款。采购发票按业务性质分为蓝字和红字发票，按发票类型分为增值税专用发票、普通发票和运费发票。需录入采购入库单、采购发票、运费发票并进行手工结算。操作步骤如下：

1. 填写请购单。

2. 生成采购订单。

3. 生成到货单。

4. 生成入库单。

5. 生成采购发票。

6. 填写运费发票。通过【运费发票】功能录入数据。将运费当作一种存货，填写方法与正常发票填写方法相同。因为不能抵扣进项税，需要将税率改为0。

7. 采购结算并分摊运费。需要选择采购发票和运费发票，运费发票会显示在结算界面的下方，先单击分摊，然后再结算，其他操作方法与标准流程相同。

8. 记账。

9. 审核发票。

10. 生成采购凭证。生成采购和运费两张凭证。

11. 生成入库凭证。

【友情提示】
> 采购结算只能进行手工结算,如果进行自动结算,运费将无法计入成本。
> 采购结算后,存货的单价会发生变化,同时会修改入库单的单价,可以查看结算单和入库单进行验证。
> 费用的分摊有按数量和按金额两种方法,当只有一种存货时,两种方法计算结果相同。
> 结算完成后,查询结算单,并查看结算单价,已由 5 000 变为 5 010;同时,查询入库单的单价,其单价已由 5 000 变为 5 010,说明结算时会根据结算单回写入库单的单价。
> 由于此业务没有付款,所以无需填写付款单,无需核销。

(四) 盈余短缺业务

当采购入库数量与发票数量不一致时,就是盈余短缺。采购入库数量小于发票数量属于损耗,可以根据损耗原因在采购手工结算时在相应栏内输入损耗数量,可进行采购结算;采购入库数量大于发票数量应视为赠品,不计算金额,降低入库存货的采购成本。如果入库数量+合理损耗+非合理损耗不等于发票数量,则系统提示不能结算。操作思路是生成采购入库单,按照采购订单生成采购发票,并执行手工采购结算。操作步骤如下:

1. 填写请购单。
2. 生成采购订单。
3. 生成到货单。
4. 生成采购发票。
5. 生成并修改入库单。生成入库单后,将入库数量由 10 修改为 8。
6. 采购结算并分摊合理损耗。

(1) 选择发票和入库单。在手工结算界面,按标准流程操作方法选择发票和入库单。

(2) 录入损耗。录入合理损耗数量"1",非合理损耗数量"1",非合理损耗金额"4 800",选择非合理损耗类型"装卸责任",进项税转出金额"816"(已自动填写)。

(3) 结算。其他操作方法与标准流程相同。

7. 正常单据记账。
8. 审核发票。
9. 生成采购凭证。
10. 生成入库凭证。
11. 关闭到货单。在填写到货单界面,通过查找或翻页(最后一张),找到 9 日到货的单据,单击工具栏上的"关闭"按钮,关闭当前到货单。

【友情提示】
> 采购结算只能进行手工结算,因数量不一致,无法完成自动结算。
> 结算单和入库单的单价都由 4 800 变为 5 400。
> 由于只入库了 8 台,还有 2 台没有入库,为了防止下一次入库单生单时发现此到货

单，需要执行"关闭到货单"操作。

(五) 付款

依据实训资料填写付款单并进行核销，生成凭证，操作方法与标准流程相同。

(六) 查询结算单（如何删除结算单）

通过【结算单列表】功能可以查看所有的结算单，如果需要取消结算，只需要在"结算单列表"中过滤找到结算单后，双击打开结算单，再单击工具栏上的"删除"按钮删除结算单即可。

(七) 查询凭证（如何删除凭证）

通过【存货核算】—【财务核算】—【凭证列表】功能查看本模块生成的所有凭证。可以单击工具栏上的"删除"按钮或"冲销"按钮对选择的凭证进行删除或冲销。

(八) 账套备份

将账套输出至"10-3 采购管理普通业务"文件夹，压缩后保存到 U 盘。

七、疑难解答

1. 采购入库单在哪里录入生成？

答：采购入库单在库存管理系统中录入生成。

2. 为什么手工录入采购入库单时会弹出"普通业务必有订单"的信息提示？

答：因为在采购选项中设置了"普通业务必有订单"，则采购入库单不能手工录入，只能参照生成。如果需要手工录入采购入库单，则需要先取消"普通业务必有订单"选项。

3. 上游单据为什么不能直接修改、弃审？

答：因为上游单据已经生成了下游单据。如果要修改上游单据，必须先删除下游单据。

4. 怎样修改、删除已经结算的发票或采购入库单？

答：在"结算单列表"中打开该结算单并删除，就可以对采购发票或采购入库单执行相关的修改、删除。

5. 如果在生成发票时没有立即付款，该笔业务怎样处理？

答：可以先确认为应付账款，然后在应付款系统手工录入一张付款单，审核确认后制单，或者期末合并制单。

6. 如果在应付款系统中对已现结发票进行审核，打开"单据过滤窗口"，却没有看到想要的单据，这是为什么？

答：因为在"单据过滤条件"界面没有选中"包含已现结发票"。只需要在单据过滤条件对话框中选中包含已现结发票即可。

◎ 思考与练习

1. 如果在现付时只支付部分金额会出现什么结果？大于货款金额又会是什么结果？请验证。

2. 入库单生单完成后，生成发票的依据是什么？
3. 在标准流程中，是否可以先记账，后采购结算？
4. 请写出取消结算和删除凭证的具体步骤。
5. 在采购结算后，会回写入库单的单价，但是否会回写发票的单价？
6. 请对标准操作流程中无痕迹反向操作进行总结。

学习任务10-4　采购管理特殊业务

一、实训任务

1. 退货业务处理。
2. 暂估业务处理。
3. 受托代销结算。

二、任务目标

1. 了解采购退货业务的相关处理。
2. 了解执行采购结算的采购退货业务的处理。
3. 上月暂估业务，本月发票已到，执行采购结算并确认采购成本。
4. 对本月末采购商品已到但发票未到的业务进行暂估处理。
5. 掌握受托代销的结算方法。

三、准备工作

1. 了解普通采购业务流程图、暂估业务流程图、受托代销流程图。
2. 修改计算机时间为2011年1月31日。
3. 引入"10-3采购管理普通业务"账套备份。

四、实训引例

（一）退货业务

1. 2011年1月10日，联想电脑仓库管理员发现本月5日入库的30台联想电脑中有1台电脑型号错误，与联想集团沟通后，同意按原价退货，仓库当日进行退货。当日收到红字专用发票一张，发票号LX11011001，数量1台，无税单价5 000元。

2. 2011年1月12日，收到联想集团转账支票一张，系退还本次货款5 850元，支票号LX2211。

3. 2011年1月12日，财务部门生成本次退货相关凭证。

（二）暂估业务

1. 2011年1月11日，收到联想集团采购专用发票一张，发票号LX11011101，数量100台，单价5 000元，价税合计585 000元，商品已于去年12月底收到。财务部门审核发票，结算采购成本，目前企业资金不足，未付款，当日生成本业务相应凭证。

2. 2011年1月29日，向联想集团购联想电脑50台，无税单价5 000元，商品已到货并验收入库，未付款。因已到月底，接到联想集团通知，发票下月初交付。财务部门按每台5 000元进行暂估处理，生成凭证。

(三) 受托业务

1. 2011年1月30日，本月已销售惠普打印机40台，通知惠普集团后，收到其受托代销商品专用发票一张，发票号HP11013001，数量40台，结算单价为无税单价550元，当日按发票金额使用转账支票支付货款25 740元，支票号ZZ1105。

2. 2011年1月31日，收到惠普集团受托代销商品打印机30台，单价550元，入惠普设备仓。

五、学情关注

在进行账务处理时，首先应该分析一下它属于何种业务，然后针对业务类型来进行处理。在进行业务处理时，一定要先理解业务流程图，且一定要将流程图记住，如果只是照着书上的步骤做，估计做完了，下次做相同业务时，还是不会做。

六、过程指导

(一) 退货业务

退货业务是货物销售后由于一些问题，购货方要求退货的情况。操作步骤如下：

1. 填写采购退货单（红字到货单）。操作方法与到货单基本相同，只是数量为负。

(1) 打开"采购退货单"录入功能。双击【业务工作】—【供应链】—【采购管理】—【采购到货】—【采购退货单】菜单，打开采购退货单录入窗口。

(2) 进入增加状态。单击工具栏上的"增加"按钮，系统自动增加一张空表单。

(3) 参照生成单据。修改日期"2011-01-10"，单击工具栏上的"生单"下拉按钮，选择"到货单"，在过滤条件中单击"过滤"按钮，在过滤结果中双击5日的到货单，单击工具栏上的"确定"按钮，系统自动将上一次的到货单填写到当前单据中。

(4) 修改单据。将单据中的数量"-30"修改为"-1"。

(5) 保存单据。单击工具栏上的"保存"按钮，保存当前表单。

(6) 审核单据。单击工具栏上的"审核"按钮，审核当前表单。

(7) 关闭界面。单击窗口的"关闭"按钮，关闭窗口。

【友情提示】

➢ 采购退货单即为红字到货单。

➢ 到货退回单可参照已执行的采购订单生单，也可参照已执行的到货单生单，而到货单无法参照已执行的单据。

➢ 可以直接填写此单据，无需参照。

2. 生成红字入库单。根据红字到货单参照生成红字入库单，操作方法与正常的入库单生成方法相同。

3. 生成红字发票。通过【红字专用采购发票】功能打开录入功能，根据红字入库单生成红字发票，操作方法与正常的发票生成方法相同。

4. 采购结算。可以通过自动或手工结算，如果找不到单据，注意修改查询条件。

5. 正常单据记账。

6. 复核发票。

7. 红字付款单（收款单）。在付款单中单击工具栏上的"切换"按钮，录入退回的货款。

8. 往来核销。可以通过自动或手工结算，如果找不到单据，注意修改查询条件。

9. 生成红字采购凭证。与正常业务方法相同。

10. 生成红字付款凭证。与正常业务方法相同。

11. 生成红字出库凭证。与正常业务方法相同。

【友情提示】

➢ 在录入红字付款单时，由于已切换为收款单，金额录入的值为正；其他红字单据，数据录入为负。

➢ 可以在入库单中增加后，选择红字单选框，然后录入退货信息，作为退货业务的起点。

【注意事项】

➢ 如果启用了"必有订单"选项，那么操作流程的起点必须是订单，而到货单、退货单和入库单只能参照，不能填写。

➢ 尚未办理入库手续的退货业务，只需要开具退货单，即可完成退货业务的处理。

➢ 收到对方按实际验收数量开具的发票后，按正常业务办理采购结算。

（二）暂估业务

暂估业务是指本月货先到，下月票才到，业务出现了跨月的情况，需根据具体情况进行业务处理。跨月业务可能会出现两种情况，一是货到票未到，二是票到货未到。第一种情况就是暂估业务，第二种情况可以采用压单处理。操作步骤如下：

1. 货上月到，票本月到

（1）生成采购发票。根据入库单生成采购专用发票。

（2）采购结算。可以手工或自动结算。

（3）结算成本处理。具体步骤如下：

①打开"结算成本处理"功能。双击【业务工作】—【供应链】—【存货核算】—【业务核算】—【结算成本处理】菜单，打开"暂估处理查询"窗口，如图10-60所示。

②查询暂估单据。在暂估处理查询窗口直接单击"确定"按钮，打开"结算成本处理"窗口，并在窗口中列出符合条件的暂估单，如图10-61所示。

③结算成本。选择结算单，单击工具栏上的"暂估"按钮，更新上月暂估记账成本。

④关闭界面。单击窗口的"关闭"按钮，关闭窗口。

【友情提示】

➢ 结算成本处理是暂估业务中必需的操作，如果不进行结算成本处理，将无法生成凭证。

➢ 可以将结算成本处理理解为按采购结算后新的成本重新记账。

学习情境 10 供应链管理系统

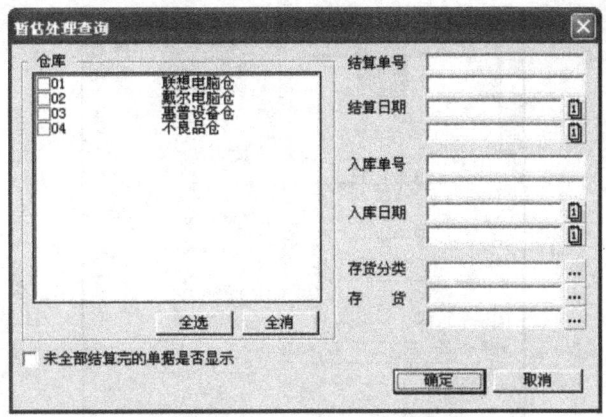

图 10-60

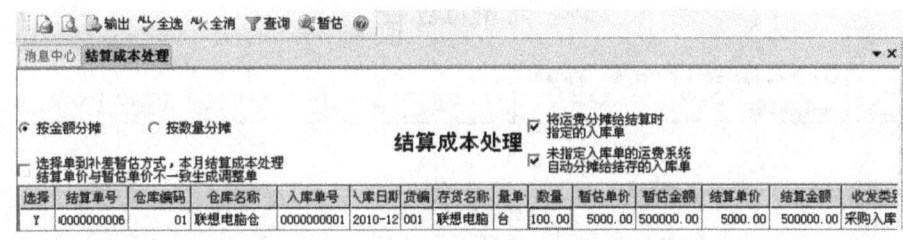

图 10-61

➤ 取消"结算成本处理"的方法与取消记账的方法相同,通过【恢复记账】功能实现。

(4) 生成入库凭证(红字凭证和蓝字凭证)。过滤时选择"红字回冲单"和"蓝字回冲单(报销)",其他步骤与正常业务方法相同。

(5) 审核发票。

(6) 生成采购凭证。

2. 本月货到,票未到

(1) 填写采购入库单。直接填写并审核采购入库单。

(2) 暂估成本录入。具体步骤如下:

①打开"暂估成本录入"功能。双击【业务工作】—【供应链】—【存货核算】—【业务核算】—【暂估成本录入】菜单,打开查询窗口,如图 10-62 所示。

②查询暂估单据。选择"包括已有暂估金额的单据",单击"确定"按钮,打开"暂估成本录入"窗口,并在窗口中列出符合条件的暂估单,如图 10-63 所示。

③录入单价。在单价栏录入"5000"。

④保存。单击工具栏上的"保存"按钮,保存单价。

⑤关闭界面。单击窗口的"关闭"按钮,关闭窗口。

【友情提示】

➤ 系统默认将入库单中的单价作为暂估单价。

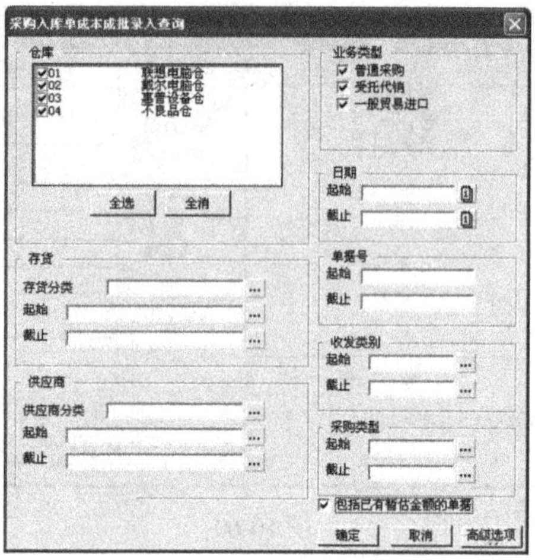

图 10-62

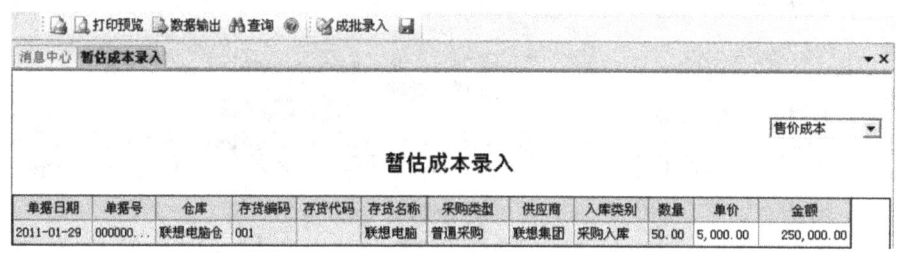

图 10-63

> 如果在入库单中已录入单价,可以跳过暂估成本录入操作,直接进行记账。
> 如果要修改已有的单价,注意在查询条件中选择"包括已有暂估金额的单据"选项,否则无法找到单据。
> 本月对上月暂估业务执行采购结算后,还需要在存货核算系统记账后,执行结算成本处理。

(3)正常单据记账。

(4)生成入库凭证(暂估入库凭证)。过滤时选择"采购入库单(暂估记账)",其他步骤与正常业务方法相同。

(三)受托业务

受托代销业务是一种先销售后结算的采购模式。在期初数据中,已录入了受托代销期初值,表示月初库存中有受托代销商品,本月首先销售,然后补货。操作步骤如下:

1. 受托代销结算

(1)采购结算。

①打开"受托代销结算"功能。双击【业务工作】—【供应链】—【采购管理】—【采购结算】—【受托代销结算】菜单,打开过滤窗口,如图10-64所示。

②查询受托代销单据。选择供应商编码"03",单击"过滤"按钮,打开"受托代销结算"窗口,并在窗口中列出未结算的受托代销入库单,如图10-65所示。

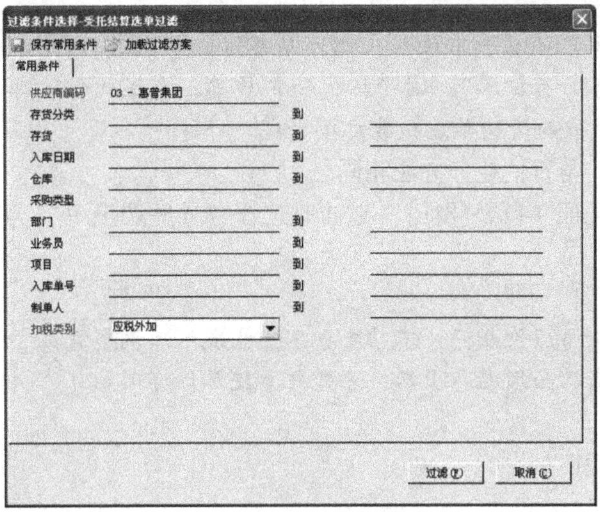

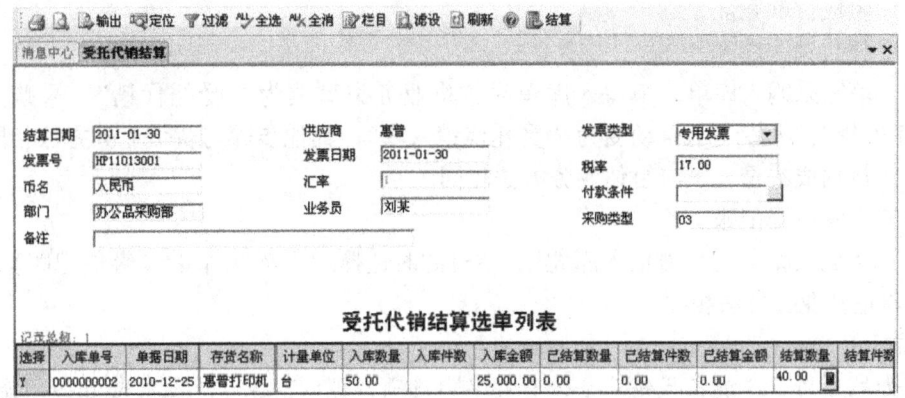

图 10-64

图 10-65

③录入结算信息。修改结算日期"2011-01-30",录入发票号"HP11013001",修改发票日期"2011-01-30",选择采购类型"03",在表体中修改结算数量"40",原币无税单价"550"。

④结算。双击选择入库单,单击工具栏上的"结算"按钮,提示"结算完成"后,单击"确定"按钮,完成结算。

⑤关闭界面。单击窗口的"关闭"按钮,关闭窗口。

【友情提示】

➢ 采购类型如果不录入,在生成入库凭证时可能会缺少科目。

➢ 结算完成后,系统自动生成一张采购发票。

➢ 受托代销入库单在库存管理系统录入。

➢ 受托代销入库单的业务类型为"受托代销"。

➢ 手工或参照录入时,只能针对"受托代销"属性的存货,其他属性的存货不能显示。
➢ 受托代销入库单可以手工录入，也可以参照订单生成。但是如果在采购选项中选择了"受托代销业务必有订单"，则受托代销到货单、受托代销入库单都不能手工录入，只能参照采购计划、采购请购单或销售订单生成。

（2）结算成本。与暂估业务方法相同。

（3）生成入库凭证（调整凭证）。过滤时选择"入库调整单"，其他步骤与正常业务方法相同。

【注意事项】
➢ 如果结算单价与原价相同，不需要也不能生成入库调整凭证。
➢ 受托代销的商品必须在售出后，才能与委托单位办理结算。

（4）审核发票。
（5）生成采购凭证。
（6）录入付款单。
（7）往来核销。
（8）生成付款凭证。

2. 受托代销入库

（1）填写采购入库单。填写入库单时，将业务类型改为"受托代销"，采购类型为"代理商进货"，入库类别自动变为"受托代销入库"，其他步骤与暂估业务方法相同。

（2）暂估成本录入。与暂估业务方法相同。

（3）正常单据记账。

（4）生成入库凭证（暂估入库凭证）。过滤时选择"采购入库单（暂估记账）"，其他步骤与正常业务方法相同。

【友情提示】
➢ 如果启用了"受托代销业务必有订单"选项，那么，操作流程的起点必须是订单，而到货单、退货单和入库单只能参照，不能填写。
➢ 受托代销结算是企业销售委托代销单位的商品后，与委托单位办理付款结算。
➢ 受托代销商品后根据受托代销入库单进行结算，也可以在取得委托人的发票后再结算。
➢ 结算表中的结算数量、含税单价、价税合计、税额等信息可以修改。
➢ 结算表中的存货、入库数量、入库金额、已结算数量、已结算金额等信息不能修改。

（四）账套备份

将账套输出至"10-4 采购管理特殊业务"文件夹，压缩后保存到 U 盘。

七、疑难解答

1. 如何理解货到票未到？

答：这是指货已到，未收到采购发票，不能计算采购成本，不能进行采购结算，不能生成验收入库凭证，也暂不确认应付账款。

2. 如何理解"普通业务必有订单"选项？

答：如果采购管理系统中的采购选项设置为"普通业务必有订单"，那么普通业务必须从采购订单开始，如果没有设置，则可以从入库单开始填写。红字业务（退货业务）与普通业务相同，如果选择了此选项，则红字采购入库单必须根据红字到货单生成。如果需要手工录入，则需要先取消采购选项的设置。

3. 正常业务只录入了到货单该如何进行退货处理？

答：结算前的退货业务如果只是录入到货单，则只需开具到货退回单，不用进行采购结算，按照实际入库数量录入采购入库单。

4. 退货时正常业务已录入采购入库单，尚未收到发票，如何进行退货处理？

答：如果退货时已经录入采购入库单，但还没有收到发票，则只需根据退货数量录入红字入库单，对红蓝入库单进行采购结算。

◎ 思考与练习

1. 验证可否录入红字请购单、红字采购订单？
2. 如果退货业务从红字入库单开始，应该如何操作？
3. 受托代销业务如果从请购单开始，如何操作？
4. 在受托代销结算时，如果结算金额与入库金额相同，能否生成入库调整凭证？
5. 如果在暂估业务、受托业务中发生运费，应该如何处理？
6. 货到票未到时，可否采用压单的方式处理？

学习任务10-5 销售管理普通业务

一、实训任务

1. 录入销售报价单，录入或生成销售订单，录入或生成发货单。
2. 审核出库单，录入或生成销售发票。
3. 正常单据记账，收取货款，生成财务凭证。

二、任务目标

1. 掌握先发货后开票业务和先开票后发货业务操作流程。
2. 理解现收业务基本原理。
3. 比较销售业务与采购业务流程的不同。
4. 体会销售业务与财务一体化的好处。

三、准备工作

1. 了解普通销售业务流程图。
2. 修改计算机时间为2011年1月31日。
3. 引入"10-4采购管理特殊业务"账套备份。

四、实训引例

（一）先发货后开票业务

1. 2011年1月2日，速达公司需要10台联想电脑，我公司报价每台8 500元。

2. 2011年1月3日，速达公司与我方协商后，最后价格确定为每台8 200元（无税单价），签订正式合同。

3. 2011年1月3日，销售部门开出发货单，从联想电脑仓发货10台联想电脑到速达公司，仓库按发货单进行出库。

4. 2011年1月4日，向速达公司开具本次销售专用发票一张，发票号XS11010401，数量10台，无税单价8 200元，价税合计95 940元。

5. 2011年1月4日，财务部门确认本次销售收入，结转本次销售成本，生成凭证。

6. 2011年1月5日，收到速达公司转账支票一张，支票号ZZ0439，金额为95 940元。财务部门核销本次速达公司的往来账，生成凭证。

（二）上月发货，本月开票业务

1. 2011年1月1日，向金算盘公司开具上月发货的销售专用发票一张，发票号XS11010101，联想电脑100台，无税单价8 000元，价税合计936 000元，款未收。

2. 2011年1月1日，财务部门确认本次销售收入，结转本次销售成本，生成凭证。

（三）先开票后发货业务

1. 2011年1月3日，收到用友集团招标书，需要10台电脑，我公司选择提供戴尔电脑，报价每台8 000元。

2. 2011年1月4日，用友集团开标后，我公司中标，对方同意我公司的报价每台8 000元（无税单价），双方签订正式合同。

3. 2011年1月5日，向用友集团开具本次销售专用发票一张，发票号XS11010501，数量10台，无税单价8 000元，价税合计93 600元。

4. 2011年1月5日，销售部门从戴尔电脑仓发货10台戴尔电脑到用友集团，仓库进行出库处理。

5. 2011年1月5日，财务部门确认本次销售收入，款未收，生成相关凭证。

（四）现收业务

1. 2011年1月6日，金蝶集团需要联想电脑20台，销售部门当日开出销售专用发票一张，发票号XS11010601，数量20台，无税单价8 500元，价税合计198 900元，同时收到转账支票一张，金额为112 320元，支付部分货款，支票号ZZ0106，当日仓库出库发货。

2. 2010年1月6日，销售部门将支票交给财务部门，财务部门确认收入，并对该笔货物进行销售成本结算，生成本次销售业务相应凭证。

（五）代垫费用业务

1. 2011年1月7日，用友集团需要惠普打印机10台，销售部门当日开出销售专用发票一张，发票号XS11010701，数量1台，无税单价950元，当日仓库出库发货。发货时替用友集团代垫运杂费50元，款未收，用友集团答应这个月支付货款和代垫运杂费。

2. 2010年1月7日，财务部门确认收入，并对该笔货物进行销售成本结算，生成本次销售业务相应凭证。

（六）退货业务

1. 2011年1月8日，因型号错误，收到速达公司退回的联想电脑1台，公司当日开出红字专用发票一张，发票号XS11010801，无税单价8 200元。

2. 2011年1月9日，财务部门开出转账支票一张，支票号ZZ1119，金额9 594元，用于支付速达公司退货款，并生成本次退货相应凭证。

（七）业务关闭

1. 2011年1月10日，任我行公司公开招标电脑50台，我公司报出联想电脑，报价每台8 500元。

2. 2011年1月15日，任我行公司公布结果，我公司没有中标，销售部门对本笔业务进行关闭。

（八）收款结算

1. 2011年1月10日，收到金蝶集团转账支票一张，支票号ZZ0812，金额959 400元，用于支付上月货款，财务部门核销往来账，生成相应凭证。

2. 2011年1月15日，收到用友集团转账支票一张，支票号ZZ0603，共计金额94 761.50元（93 600+1 161.5），用于支付全部货款与代垫费用，财务部门核销往来账，生成相应凭证。

五、学情关注

本部分业务的报价为了计算方便，均是指无税单价。在生成凭证时，当需要指定现金流量项目时，销售业务都指定为"01 销售商品提供劳务"。在整个练习过程中，重点要掌握标准流程，即先发货后开票业务和先开票后发货业务，比较先发货与先开票两种业务处理的不同，比较与采购业务的不同之处。

六、过程指导

（一）先发货后开票业务

先发货后开票业务是指根据销售合同、协议向客户发出货物，发货后根据发货单开票结算。操作步骤如下：

1. 录入报价单

（1）打开"报价单"录入功能。双击【业务工作】—【供应链】—【销售管理】—【销售报价】—【销售报价单】菜单，打开报价单录入窗口。

（2）进入增加状态。单击工具栏上的"增加"按钮，系统自动增加一张空表单。

（3）录入单据。修改日期"2011-01-02"，选择客户"速达"，在表体中录入存货编码"001"，数量"10"，无税单价"8 500"，如图10-66所示。

（4）保存单据。单击工具栏上的"保存"按钮，保存当前表单。

（5）审核单据。单击工具栏上的"审核"按钮，审核当前表单。

（6）关闭界面。单击窗口的"关闭"按钮，关闭窗口。

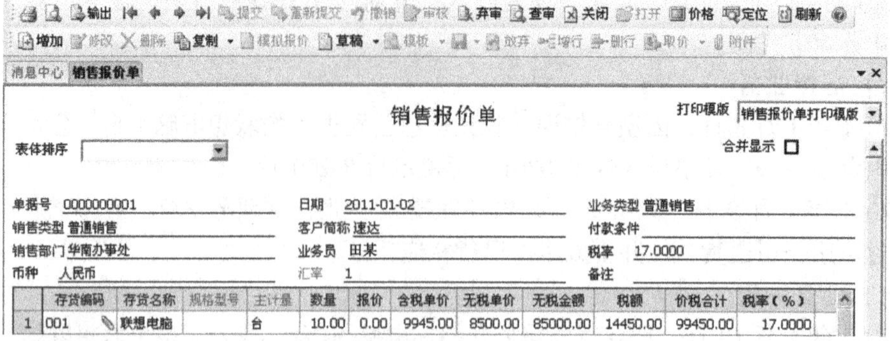

图 10-66

【友情提示】
- 销售报价单与采购请购单方向相反，且没有生单功能。
- 业务类型有：普通销售、委托代销、直运销售、分期收款。
- 表体中的报价为含税价，为学习方便，在以后的单据中，都采用无税单价录入。
- 报价单为可选操作流程，预订单功能与报价单基本相似。

2. 生成销售订单

（1）打开"销售订单"录入功能。双击【业务工作】—【供应链】—【销售管理】—【销售订货】—【销售订单】菜单，打开订单录入窗口。

（2）进入增加状态。单击工具栏上的"增加"按钮，系统自动增加一张空表单。

（3）参照生成单据。修改日期"2011-01-03"，单击工具栏上的"生单"下拉按钮，选择"报价"，在过滤条件中单击"过滤"，在过滤结果中双击报价单，单击工具栏上的"确定"按钮，系统自动将报价单的内容填写到当前订单中，将无税单价改为"8200"，如图 10-67 所示。

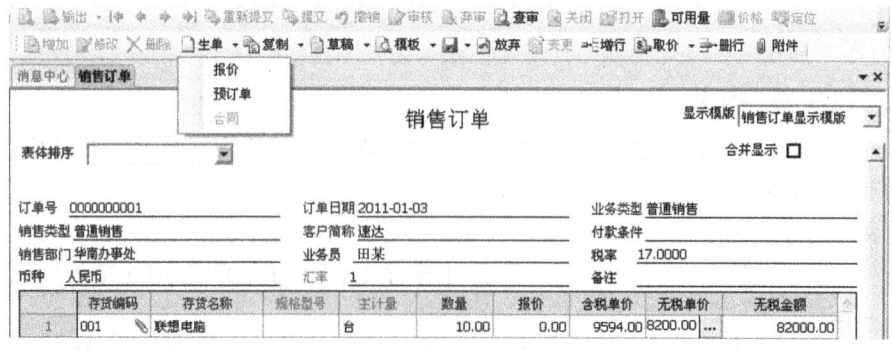

图 10-67

（4）保存单据。单击工具栏上的"保存"按钮，保存当前表单。
（5）审核单据。单击工具栏上的"审核"按钮，审核当前表单。
（6）关闭界面。单击窗口的"关闭"按钮，关闭窗口。

【友情提示】
➢ 可以根据报价单、预订单、合同生成销售订单，也可以直接填写。
➢ 如果选择了"普通必有订单"选项，则此环节是必需流程；否则，是可选操作。
➢ 业务类型有：普通销售、委托代销、直运销售、分期收款。

3. 生成发货单

（1）打开"发货单"录入功能。双击【业务工作】—【供应链】—【销售管理】—【销售发货】—【发货单】菜单，打开发货单录入窗口。

（2）进入增加状态。单击工具栏上的"增加"按钮，系统自动增加一张空表单。

（3）参照生成单据。修改日期"2011-01-03"，单击工具栏上的"订单"按钮，在过滤条件中单击"过滤"按钮，在过滤结果中双击订单，单击工具栏上的"确定"按钮，系统自动将订单的内容填写到当前发货单中，在表体中选择仓库"联想电脑仓"，如图10-68所示。

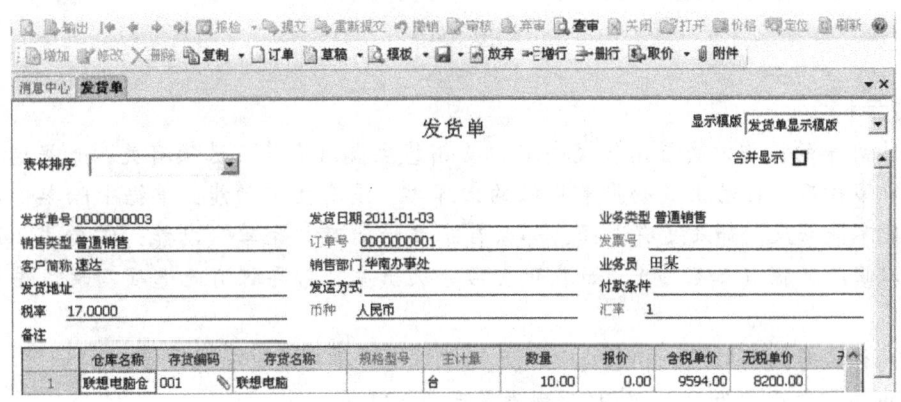

图 10-68

（4）保存单据。单击工具栏上的"保存"按钮，保存当前表单。
（5）审核单据。单击工具栏上的"审核"按钮，审核当前表单。
（6）关闭界面。单击窗口的"关闭"按钮，关闭窗口。

【友情提示】
➢ 如果是必有订单模式，发货单可以填写，也可以生单；如果不是必有订单模式，发货单也是必需流程，可以直接填写，而在采购模块中到货单是可选操作。
➢ 业务类型有：普通销售、分期收款，与上面的单据不同。
➢ 生单后，无法修改业务类型。
➢ 可以通过右键菜单查看现存量。
➢ 如果选择销售模块中的"销售生成出库单"选项，那么在审核后，自动生成一张未审核的出库单。
➢ 退货单的本质是红字发货单。

4. 审核出库单

（1）打开"销售出库单"管理功能。双击【业务工作】—【供应链】—【库存管理】—

【出库业务】—【销售出库单】菜单，打开销售出库单窗口，如图10-69所示。

（2）查找单据。单击工具栏上的"末张"按钮，自动找到最后一张出库单。

（3）审核单据。单击工具栏上的"审核"按钮，审核当前表单。

（4）关闭界面。单击窗口的"关闭"按钮，关闭窗口。

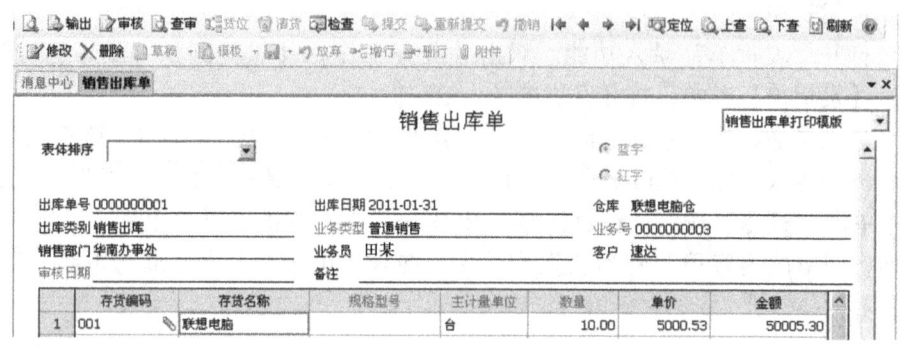

图10-69

【友情提示】

➤ 出库单的操作方法与销售模块中的"销售生成出库单"选项有关，如果选择，那么在发货审核后，自动生成一张未审核的出库单，没有生单功能，单据中除单价和金额外，其他不能修改；如果没有选择，那么在工具栏就有"生单"功能，需要手工进行生单，可以修改数据（如数量）。如果开票后分次出库，需要取消此选项，改成手工生单模式。

➤ 无论是否必有订单，销售出库单只能根据发货单生成（自动或手工）。

➤ 审核前现存量为189，审核后现存量变为179。

➤ 查找单据的方法除了上述的翻页功能（末张）外，还可以单击工具栏上的"定位"按钮，通过设置过滤条件，查询得到出库单列表。

➤ 出库单中的单价为商品的成本单价，不是销售单价。

5. 生成销售发票

（1）打开"销售专用发票"录入功能。双击【业务工作】—【供应链】—【销售管理】—【销售开票】—【销售专用发票】菜单，打开销售专用发票录入窗口。

（2）进入增加状态。单击工具栏上的"增加"按钮，系统自动增加一张空表单。

（3）参照生成单据。修改日期"2011-01-04"，录入发票号"XS11010401"，单击工具栏上的"生单"下拉按钮，选择"参照发货单"，在过滤条件中单击"过滤"按钮，在过滤结果中双击发货单，单击工具栏上的"确定"按钮，系统自动将发货单的内容填写到当前发票中，如图10-70所示。

（4）保存单据。单击工具栏上的"保存"按钮，保存当前表单。

（5）复核单据。单击工具栏上的"复核"按钮，复核当前发票。

（6）关闭界面。单击窗口的"关闭"按钮，关闭窗口。

【友情提示】

➤ 生单的依据有：参照销售订单，参照发货单，参照采购发票。

学习情境10 供应链管理系统

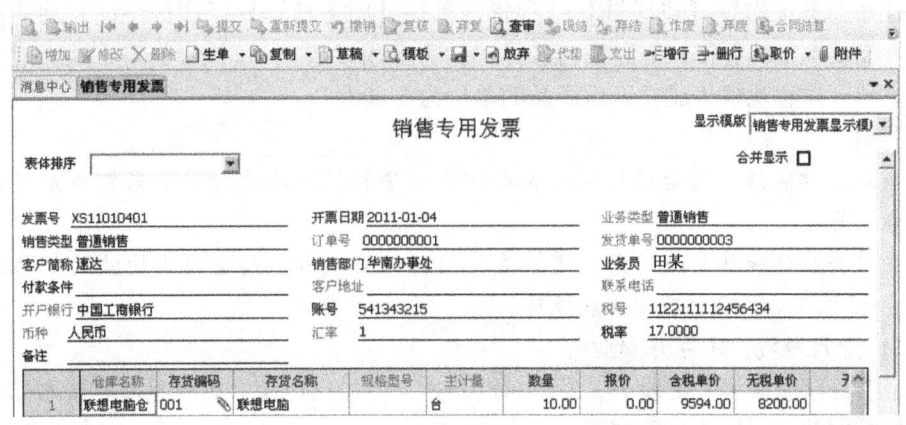

图 10-70

➢ 业务类型有：普通销售、直运销售。
➢ 在先发货后开票流程中，发票一定要采用参照发货单生单的模式填写，如果参照销售订单生单或者直接填写，会自动生成一张发货单，那就变成了先开票、后发货的流程。
➢ 根据发货单生单后，可以修改数量和金额，但数量不能大于发货单上的数量。
➢ 销售发票中的单价不会回写发货单的单价，更不会回写出库单的单价。
➢ 销售发票需要复核，而采购发票不需要复核。
➢ 与采购标准流程不同，生成销售发票后，没有结算步骤。

6. 审核发票

通过【应收款管理】—【应收单据处理】—【应收单据审核】功能对发票进行审核。

7. 正常单据记账

通过【存货核算】—【业务结算】—【正常单据记账】功能进行记账，注意观察销售记账的依据是销售发票，而不是出库单，记账单据中的单价是指成本，目前为空（可以通过右键菜单手工录入），不同的成本计算方法，获取成本单价的方法不同，当前商品采用先进先出法，可以在记账时自动算出成本，因此，记账后，可以在恢复记账列表中看到成本已自动填写为5 000。

8. 收款单

通过【应收款管理】—【收款单据处理】—【收款单据录入】功能录入收款单，并审核收款单。

9. 核销往来账

通过【应收款管理】—【核销处理】—【手工核销】功能核销往来账。

10. 生成收款凭证

通过【应收款管理】—【制单处理】功能依据收款单生成收款凭证。

11. 生成销售收入凭证

通过【应收款管理】—【制单处理】功能依据销售发票生成销售收入凭证。

12. 生成销售成本结转凭证

通过【业务工作】—【供应链】—【存货核算】—【财务核算】—【生成凭证】功能依据销售发票生成成本结转凭证，在过滤时选择"销售专用发票"，其他步骤与采购标准业务操作步骤相同。注意观察生成凭证后商品的单价为5 000。

【友情提示】
➤ 成本结转凭证中的金额与商品成本计算方法和现有库存商品的采购成本有关，与销售价格无关。
➤ 先进先出法和售价法的商品可以直接结转销售成本，而全月平均法的商品需要等到月底进行"期末处理"后，才能操作。

（二）上月发货，本月开票业务

由于上月已完成了发货业务，发货单已录入，商品已出库，本月只需要按照标准流程完成其他操作即可。操作步骤如下：

1. 生成销售发票。根据发货单生成销售专用发票。
2. 审核发票。在应收模块审核发票。
3. 正常单据记账。对销售发票进行正常单据记账。
4. 生成销售收入凭证。在应收模块根据销售发票生成凭证。
5. 生成销售成本结转凭证。在存货模块根据销售发票生成成本结转凭证。

（三）先开票后发货业务

先开票后发货业务是指根据销售合同或销售协议向客户开具发票，随后再发货。操作步骤如下：

1. 生成报价单。
2. 生成销售订单。
3. 生成销售发票。根据销售订单生成发票，并填写仓库"戴尔电脑仓"（必填），复核后，自动生成一张已审核的发货单，此发货单不可取消审核，不能修改，所以可以跳过发货单的操作。
4. 审核出库单。由于设置了"销售生成出库单"，出库单已自动生成，只需要审核出库单即可。
5. 审核发票。
6. 正常单据记账。
7. 生成销售收入凭证。

【友情提示】
➤ 先开票后发货模式下，发票需要根据订单生成（必有订单），或者直接录入发票内容（非必有订单），由于会自动生成发货单，所以，需要填写发货仓库。
➤ 由于戴尔电脑仓采用全月平均法计算成本，需要等到月底全部业务完成，进行"期末处理"后，才能计算商品的成本，然后再生成成本结转凭证，在本业务中，如果现在生成凭证，没有单价，金额为0，无法生成。

（四）现收业务

这是指在开具发票的同时收取对方的货款。操作步骤如下：

1. 填写销售发票并现收。直接填写发票内容并保存，通过工具栏上的"现结"按钮进行现收处理，然后复核。

2. 审核出库单。
3. 正常单据记账。
4. 审核发票。在应付模块对发票进行审核，在条件中需要选择"包含已现结发票"。
5. 生成销售收入凭证。
6. 生成销售成本结转凭证。

【注意事项】
➢ 在审核发票时，在过滤条件中需要选择"包含已现结发票"，否则，无法找到发票。
➢ 生成销售收入凭证时，需要选择"现结制单"，才能找到销售发票。
➢ 由于本业务只收取了部分货款，在销售收入凭证中，既出现了银行存款，又出现了应收账款。
➢ 现收时，收款金额应小于或等于货款金额，不能大于货款金额。

（五）代垫费用业务

在销售业务中，有的企业随货物销售有代垫费用的发生，如代垫运杂费、保险费等。操作步骤如下：

1. 填写销售发票。
2. 填写代垫费用单。

（1）打开"代垫费用单"录入功能。双击【业务工作】—【供应链】—【销售管理】—【代垫费用】—【代垫费用单】菜单，打开代垫费用单录入窗口。

（2）进入增加状态。单击工具栏上的"增加"按钮，系统自动增加一张空表单。

（3）录入单据。修改日期"2011-01-07"，选择客户"用友"，在表体中选择录入费用项目"运费"，录入代垫金额"50"，如图10-71所示。

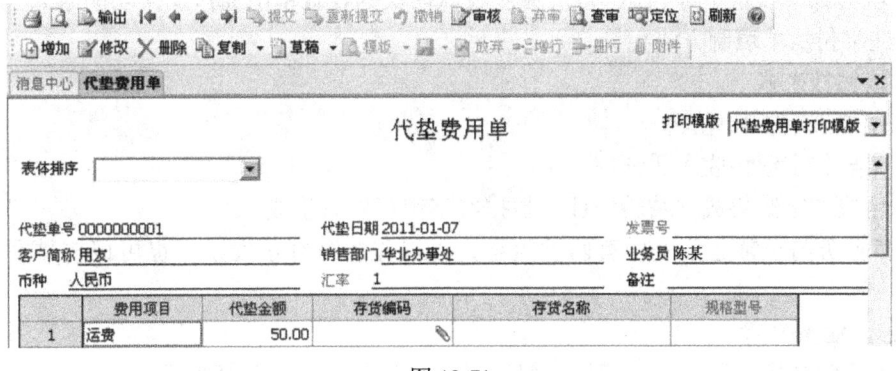

图10-71

（4）保存单据。单击工具栏上的"保存"按钮，保存当前费用单。
（5）审核单据。单击工具栏上的"审核"按钮，审核当前费用单。
（6）关闭界面。单击窗口的"关闭"按钮，关闭窗口。

【友情提示】

➤ 可以在填写发票时通过工具栏上的"代垫"按钮打开代垫费用单录入窗口,它会自动进入增加状态,自动填写客户和其他表头信息,包括相关联的发票号;当通过菜单独立填写代垫费用单时,无法录入关联的发票号。

➤ 代垫费用单审核后,自动生成一张"其他应收单"到应收模块。

3. 审核出库单。

4. 审核发票和其他应收单。

5. 正常单据记账。

6. 生成销售收入凭证和代垫费用凭证。

7. 生成销售成本结转凭证。

【友情提示】

➤ "惠普打印机"采用的是售价法,在记账和生成销售成本结转凭证时,以计划单价(900)计算成本。

➤ 代垫费用凭证的贷方科目根据应收模块中的"代垫费用科目"生成。

(六) 退货业务

这是客户在购买后因货物质量、品种、数量不符合规定要求而将已购货物退回给销售单位的业务。操作步骤如下:

1. 填写红字销售发票。通过【红字专用销售发票】功能,根据速达公司上一次的销售订单,生成红字发票,修改数量为"-1",保存后复核发票,与正常发票填制方法相同,只是数量为负。

2. 审核红字出库单。与正常销售出库单操作方法相同。

3. 审核发票。

4. 正常单据记账。

5. 填写红字收款单(付款单)。在应收款模块的收款单中通过切换功能录入,与采购模块的红字付款单填制方法相同。

6. 核销往来账。

7. 生成红字收款凭证。

8. 生成红字销售收入凭证。

9. 生成红字销售成本结转凭证。根据红字销售发票生成。

退货业务与正常业务一样有两种流程,可以先填写红字发票,也可以先填写红字发货单。

(七) 业务关闭

业务关闭是将单据关闭,即从流程上停止该业务。操作步骤如下:

1. 录入报价单。填写并审核报价单。

2. 关闭报价单。单击工具栏上的"关闭"按钮,关闭当前表单。

(八) 收款结算

依据实训资料在应收款系统中填写收款单并进行核销,生成凭证,操作方法与标准流程相同。

（九）账套备份

将账套输出至"10-5 销售管理普通业务"文件夹，压缩后保存到 U 盘。

七、疑难解答

1. 如果填写了发货单，然后又直接填写了销售发票而不是生成销售发票，会是什么结果？

答：填写发货单后，销售发票必须根据发货单生成，如果又手工录入了一张发票，那么会自动生成一张发货单，也就是说，会出现两张内容一样的发货单。

2. 为什么在操作过程中不知道应该从哪里开始，下一步应该做什么？

答：学完采购业务流程后，再学习销售业务流程时，很多人会感觉力不从心，由于对每个流程图掌握不牢固，很容易混淆操作步骤。因此，在操作前，一定要先判断业务的性质，然后选择操作流程图。分析业务时应该从物流、信息流（票据）和资金流进行分析，简单地说，就是看发货了没有，开票了没有，收钱了没有，然后根据已发生的业务进行相应操作即可。

3. 一次开票、多次出库业务如何操作？多次开票、一次出库业务如何操作？

答：在销售业务中，如果出库单与发票或发货单中货物的数量不是一一对应，而是多对多关系时，需要在销售管理选项中取消"销售生成出库单"选项，然后在出库单中采用生单的方式生成出库单，生单时可以选择多张发货单，生成的出库单还可以修改货物的数量。

4. 为什么没有审核的出库单也可以记账和生成成本结转凭证？

答：因为记账和生成成本结转凭证的依据是销售发票，出库单是否审核只对商品的现存量有影响。在存货核算选项中有"销售成本结算方式"参数，选项为"销售出库单"和"销售发票"，默认选择"销售发票"。

◎ 思考与练习

1. 为什么在存货模块中记账后生成的凭证的金额与发票上的金额完全不同？
2. 为什么有的业务能生成成本结转凭证，有的业务不能生成成本结转凭证？
3. 请对标准操作流程中无痕迹反向操作进行总结。
4. 为什么采购业务流程中有采购结算环节，而销售业务流程中没有销售结算环节？

学习任务 10-6 销售管理特殊业务

一、实训任务

1. 直运业务。
2. 分期收款业务。
3. 委托代销业务。

4. 零售日报业务。

二、任务目标

1. 熟练掌握销售特殊业务流程。
2. 熟练掌握业务流程，了解企业物流的运作流程。

三、准备工作

1. 了解销售特殊业务流程图。
2. 修改计算机时间为 2011 年 1 月 31 日。
3. 引入"10-5 销售管理普通业务"账套备份。

四、实训引例

（一）直运业务

1. 2011 年 1 月 20 日，收到金蝶集团招标书，需要 200 台电脑，我公司选择提供联想电脑，报价每台 7 500 元（不含税价）。

2. 2011 年 1 月 21 日，金蝶集团开标后，我公司中标，对方同意我公司的报价每台 7 500 元（无税单价），价税合计 1 755 000 元，双方签订正式合同，金蝶集团要求本月 25 日前到货，因我公司库存不够，决定采用直运方式运作。

3. 2011 年 1 月 21 日，我公司与联想集团签订采购合同，采购联想电脑 200 台，无税单价 5 000 元，价税合计 1 170 000 元，要求将货物直接发送到金蝶集团。

4. 2011 年 1 月 21 日，收到联想集团开具的专用发票一张，发票号 LX11012101，数量 200 台，无税单价 5 000 元，价税合计 1 170 000 元，公司计划收到金蝶集团货款后再付本次采购款。

5. 2011 年 1 月 22 日，向金蝶集团开具专用发票一张，发票号 XS11012201，数量 200 台，无税单价 7 500 元，价税合计 1 755 000 元。

6. 2011 年 1 月 23 日，货物已运到，收到金蝶集团转账支票一张，支票号 ZZ0123，金额为 1 755 000 元。

7. 2011 年 1 月 24 日，财务部门开出转账支票一张，支票号 ZZ1124，用于向联想集团支付货款，金额为 1 170 000 元。

8. 2011 年 1 月 24 日，财务部门进行本次业务核算，生成相应凭证。

（二）分期收款业务

1. 2011 年 1 月 24 日，用友集团向我公司订购联想电脑 50 台，双方协商后以无税单价 8 200 元成交。合同约定一次发货，分两期收款。

2. 2011 年 1 月 25 日，根据合同要求，向用友集团发送货物。

3. 2011 年 1 月 25 日，收到用友集团转账支票一张，支票号 ZZ3239，金额为 239 850 元，系支付第一期货款。

4. 2011 年 1 月 30 日，收到用友集团转账支票一张，支票号 ZZ3290，金额为 239 850 元，系支付第二期货款。

5. 2011年1月30日，开具销售专用发票一张，发票号XS11013001，数量50台，无税单价8 200元，价税合计479 700元。

（三）委托代销业务

1. 2011年1月20日，我公司与任我行公司协商后，委托代销戴尔电脑30台，单价6 500元，并于当日出库。

2. 2011年1月31日，收到任我行公司通知，本月已销售20台，我公司开出专用发票一张，发票号XS11013101，数量20台，结算单价为无税单价6 500元，并于当日收到转账支票一张，支票号ZZ1105，金额152 100元。

（四）零售日报业务

2011年1月21日，向零散客户销售联想电脑12台，无税单价9 000元；戴尔电脑17台，无税单价8 800元，全部为现金销售，共收款123 552元。

五、学情关注

本部分内容是难度最大的，共有四种业务流程，很多学生在学习这一部分时，迷失了操作的方向，所以，一定要在完全掌握普通业务的基础上才能操作特殊业务。在研究特殊业务时，要与普通业务进行比较，找出与普通业务不同的地方，这样才能掌握特殊业务。在练习中，要求按照流程来做，发现错误仔细查找原因。

六、过程指导

（一）直运业务

直运业务是指产品无需入库即可完成购销业务，由供应商直接将商品发给企业的客户；结算时，由购销双方分别与企业结算。操作步骤如下：

1. 填写销售报价单。直接填写并审核销售报价单，在填写时，将业务类型改为直运销售。

2. 生成销售订单。根据销售报价单生成销售订单，注意修改业务类型。

3. 生成采购订单。根据销售订单生成采购订单，并录入单价，在生单前注意修改业务类型。

4. 生成采购发票。根据采购订单生成采购发票，在生单前注意修改业务类型。

5. 审核采购发票。需要选择"未完全报销"选项，否则，找不到发票。

6. 生成销售发票。根据销售订单生成销售发票，在生单前注意修改业务类型。

7. 审核销售发票。

8. 生成销售收入凭证。

9. 生成收款单。

10. 核销。

11. 生成收款凭证。

12. 生成付款单。

13. 核销。

14. 生成付款凭证。

15. 直运记账。通过【直运销售记账】功能，对采购发票和销售发票进行记账。

16. 生成直运采购凭证。根据"直运采购发票"生成直运采购凭证。

17. 生成直运销售成本结转凭证。根据"直运销售发票"生成成本结转凭证。

【友情提示】
➢ 直运销售发票不需要也不能填写仓库。
➢ 在有订单的条件下，销售发票只能根据销售订单生成，不能根据采购发票生成，如果没有订单，那么销售发票根据采购发票生成。
➢ 直运采购凭证和成本结转凭证可以同步生成。
➢ 直运业务不能在应付款模块生成采购凭证，因为直运业务不需要验收入库。

(二) 分期收款业务

分期收款业务，指按协议对已发出未结算的商品分期收款，即商品已经发出，而销售并未实现。分期收款业务与标准的先发货后开票流程除单据业务类型和记账操作不同外，其他基本相同。操作步骤如下：

1. 填写并审核销售订单。直接填写并审核销售订单，在填写订单时，将业务类型改为分期收款。

2. 生成发货单。根据销售订单生成发货单，注意修改业务类型。

3. 生成出库单。

4. 发出商品记账。记账时不是正常单据记账，而是进行"发出商品记账"操作，根据"发货单"记账，而不是销售发票。

5. 生成发货凭证。在存货模块中根据"分期收款发出商品发货单"生成凭证，注意查看凭证的借贷科目。

6. 生成收款单。第一次收款。

7. 生成收款凭证。生成第一次收款凭证。

8. 生成收款单。第二次收款。

9. 生成收款凭证。生成第二次收款凭证。

10. 生成销售发票。根据发货单生成销售发票，注意修改业务类型。

11. 发出商品记账。根据"销售发票"进行"发出商品记账"操作。

12. 生成成本结转凭证。在存货模块中根据"分期收款发出商品专用发票"生成凭证，注意查看凭证科目。

13. 审核发票。

14. 生成销售收入凭证。

15. 核销。

【友情提示】
➢ 分期收款业务一定是先发货，后开票。
➢ 分期收款需要两次记账，生成4种类型的凭证。
➢ 分期收款流程中的发货次数、收款次数和开票次数可以随意组合。

(三) 委托代销业务

委托代销是指受托方（一般为商业企业）按委托方的要求销售委托方的货物，并收取手续费的经营活动。委托代销的特点是受托方只是一个代理商，委托方将商品发出后，所有权并未转移给受托方，因此商品所有权上的主要风险和报酬仍在委托方。只有在受托方将商品售出后，商品所有权上的主要风险和报酬才转移。所以，企业采用委托代销方式销售商品，应在受托方售出商品，并取得受托方提供的代销清单时确认销售收入。操作步骤如下：

1. 填写委托代销发货单。通过【销售管理】—【委托代销】—【委托代销发货单】功能填写发货单。
2. 审核出库单。
3. 生成委托代销结算单。根据委托代销发货单生成结算单，审核后选择生成销售专用发票。
4. 现结并复核销售发票。无法修改发票，因此，发票号不能录入。
5. 审核销售发票。注意现结选项。
6. 生成销售收入凭证。
7. 正常单据记账。根据销售发票记账。

【友情提示】
➢ 委托代销业务一定是先发货，后开票。
➢ 由于戴尔电脑仓采用全月平均法计算成本，需要等月底全部业务完成，进行"期末处理"后，才能计算商品的成本，然后再生成成本结转凭证。
➢ 生成成本结转凭证的依据是销售发票。
➢ 发货单与结算单是多对多关系，结算单与发票是一对一关系。

（四）零售日报业务

零售日报业务即零售业务，是商业企业将商品销售给零售客户的销售业务。操作步骤如下：

1. 录入零售日报并现结。通过【零售日报】功能增加日报，现结后审核日报单据。
2. 审核出库单。
3. 正常单据记账。根据零售日报单据进行记账。
4. 审核零售日报。通过【应收款管理】—【应收单据处理】—【应收单据审核】功能审核零售日报，操作方法与审核发票的方法相同。
5. 生成销售收入凭证。

【友情提示】
➢ 零售日报业务没有订单。
➢ 零售日报业务一定是先开票，后发货。
➢ 由于戴尔电脑仓采用全月平均法计算成本，需要等月底全部业务完成，进行"期末处理"后，才能计算商品的成本，然后再生成成本结转凭证。
➢ 生成成本结转凭证的依据是零售日报。

（五）账套备份

将账套输出至"10-6 销售管理特殊业务"文件夹，压缩后保存到 U 盘。

七、疑难解答

1. 在直运业务中，存货核算系统无法生成凭证，是什么原因？

答：很有可能是在应付模块根据销售发票生成了凭证。直运业务中的采购部分与普通采购业务不同，在存货核算系统中是根据采购发票生成凭证，在应付模块中不能根据采购发票生成凭证，也无需生成。如果在应付模块中根据采购发票生成了凭证，那么在存货核算系统中将无法生成凭证。

2. 分期收款业务也可以处理一次发货，一次开票，它与先发货后开票业务有何不同？

答：分期收款业务的本质是在发货后、开票前，将存货从"库存商品"转入"发出商品"，而普通销售业务是发货后、开票前，商品还是在"库存商品"科目。因此，如果想发货后记入"发出商品"，那就采用分期收款流程；如果不想记入"发出商品"，那就采用普通业务流程。

3. 为什么销售业务完成后，有的业务可以在存货模块中生成销售成本结转凭证，而有的业务在生成销售成本结转凭证时，金额为0？

答：因为只有采用先进先出法的商品才能立即结转成本，而全月平均法和售价法不能立即结转成本，必须在月底进行月末处理后才能结转成本。

◎ 思考与练习

1. 如果普通业务收款时分多次收款，与分期收款业务有何不同？
2. 直运业务生成的凭证与普通业务有何不同？
3. 委托代销与受托代销的关系如何理解？
4. 零售日报业务与普通业务流程有何不同？

学习任务 10-7　库存管理日常业务

一、实训任务

1. 调拨业务。
2. 盘点业务。
3. 其他出库业务。

二、任务目标

1. 了解调拨业务的操作流程。
2. 了解盘点业务的操作流程。
3. 了解其他出库业务的操作流程。

三、准备工作

1. 修改计算机时间为 2011 年 1 月 31 日。

2. 引入"10-6 销售管理特殊业务"账套备份。

四、实训引例

（一）调拨业务

1. 2011年1月20日，联想电脑仓发现有2台电脑有故障，暂时不能销售，需要进一步确认故障原因，特将这两台电脑从本仓库调到不良品仓。

2. 2011年1月22日，经专业人员检查并排除故障，不影响电脑质量，当日将这2台联想电脑从不良品仓调至联想电脑仓。

（二）盘点业务

2011年1月25日，对联想电脑仓进行盘点后，发现联想电脑实际库存数比账面库存数多1台。多出的这台电脑按5 000元入账。

（三）其他出库业务

2011年1月27日，联想电脑仓因管理不当，造成1台联想电脑损坏，无法修复，损失由仓库管理员赔偿。

五、学情关注

库存管理日常业务中最主要的工作就是采购入库和销售出库，这两个业务在前面学习采购业务和销售业务时，已经分别练习过。在本学习任务中，主要练习工作中经常使用的调拨业务、盘点业务和其他原因引起的入/出库业务。对于盘点业务，在工作中最好采用定期与不定期的方法进行，平时都要注意核对账实数据，及时发现错误，及时更正。另外需要注意的是在工作中可以建立虚拟仓库，通过调拨的方法，将错误的存货调至虚拟仓库中，在真实仓库中始终保证账账相符、账实相符。

六、过程指导

（一）调拨业务

调拨业务是指将物料从一个仓库转移到另一个仓库的业务。操作步骤如下：

1. 填写并审核调拨单。通过【库存管理】—【调拨业务】—【调拨单】功能打开录入窗口，录入日期、转出仓库、转入仓库、出库类别、入库类别、存货编码、数量，保存后审核单据，如图10-72所示。

2. 审核其他入库单。通过【库存管理】—【入库业务】—【其他入库单】功能打开其他入库单窗口，通过翻页找到单据后审核即可，如图10-73所示。

3. 审核其他出库单。通过【库存管理】—【出库业务】—【其他出库单】功能打开其他出库单窗口，通过翻页找到单据后审核即可。

4. 特殊单据记账。通过【存货核算】—【业务核算】—【特殊单据记账】功能，根据"调拨单"记账，操作方法与正常单据记账方法相同。

【友情提示】
➢ 可以先填写调拨申请单，填写调拨单时可以根据调拨申请单生单。
➢ 出库类别与入库类别非必填项。

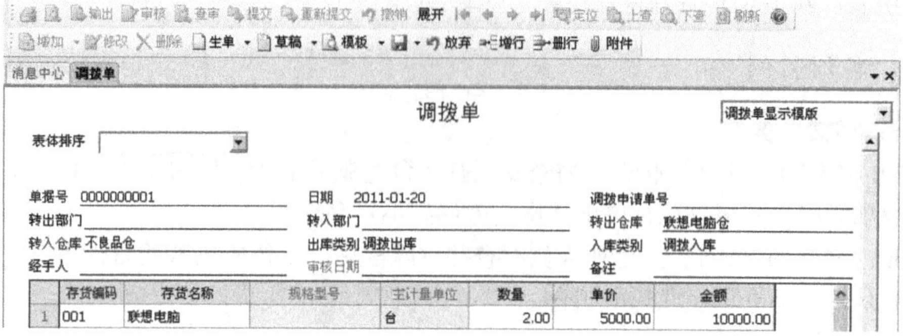

图 10-72

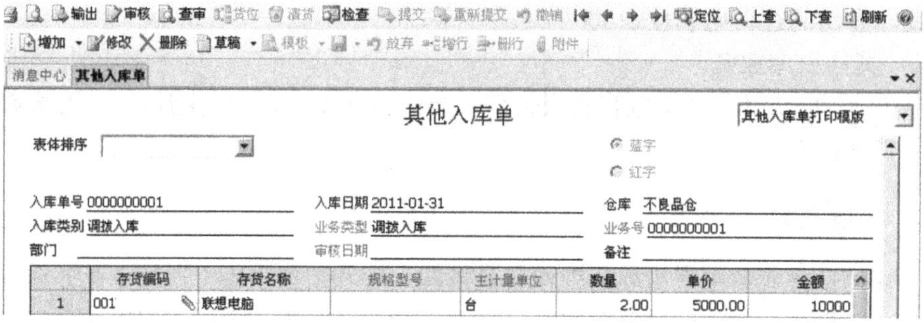

图 10-73

➢ 审核调拨单会自动生成其他入库单和其他出库单。

➢ 在其他出库单和其他入库单中，有新增单据功能，但所增加的单据业务类型只能为"其他入库"（入库单）或"其他出库"（出库单），由于业务类型为灰色，调拨业务类型只能由调拨单生成，在其他出入库单中只需要查找单据，审核即可。

➢ 特殊单据记账的对象是调拨单和组装单，调拨单记账的本质是对其他入库单和其他出库单记账（可以在恢复记账中看到），一定不要通过正常单据记账。

➢ 在存货核算系统生成凭证功能中，可以选择同价调拨，不生成凭证。异价调拨，需要生成凭证。

➢ 审核调拨单不会改变现有库存数，只有审核入库单和出库单后，才会改变现有库存数。

（二）盘点业务

盘点业务是指将仓库中存货的实物数量和账面数量进行核对。操作步骤如下：

1. 填制并审核盘点单。通过【库存管理】—【盘点业务】功能打开盘点单录入窗口，新增后，选择普通仓库盘点，修改账面日期、盘点日期，选择盘点仓库、出库类别、入库类别，单击工具栏上的"盘库"，自动填写表体，修改盘点数量（账面数量+1），保存并审核，如图 10-74 所示。

2. 审核其他出入库单。通过【库存管理】—【入库业务】—【其他入库单】功能打开其他入库单窗口，通过翻页找到单据后，审核即可。

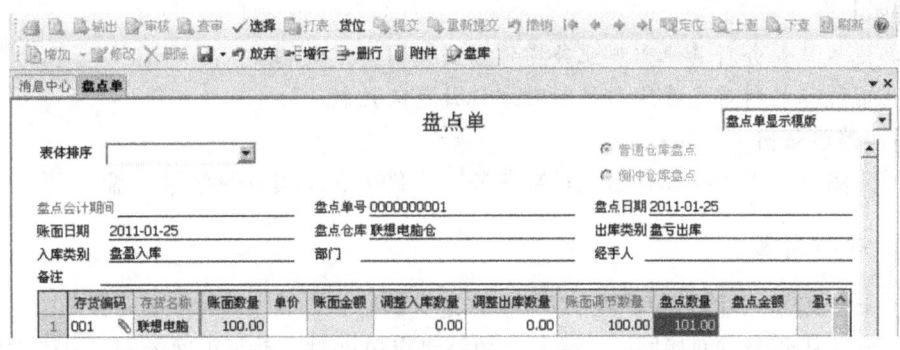

图 10-74

3. 正常单据记账。

4. 生成凭证。通过【存货核算】—【财务核算】—【生成凭证】功能,根据"其他入库单"生成凭证。

【友情提示】

➢ 盘点日期不能小于账面日期,不同的账面日期,存货账面数量不同。

➢ 可以通过工具栏上的"盘库"功能自动填写当日账面库存,也可手工填写存货。

➢ 对于账实相符的存货,无需修改盘点数量。

➢ 审核后,盘盈时自动生成其他入库单,盘亏时自动生成其他出库单。

(三) 其他出库业务

其他出库业务是指出入库、盘点、调拨业务之外的业务,主要包括一些特殊情况的处理。操作步骤如下:

1. 填写并审核其他出库单。通过【库存管理】—【出库业务】—【其他出库单】功能打开单据录入窗口,新增后,修改出库日期,选择仓库、出库类别,在表体中选择存货,录入数量,保存并审核,如图 10-75 所示。

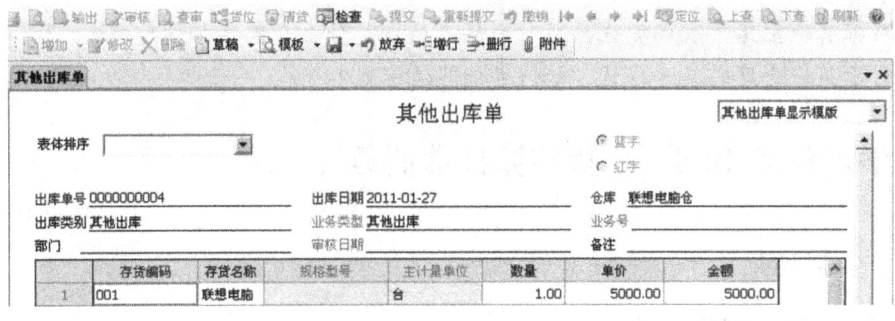

图 10-75

2. 正常单据记账。

3. 生成凭证。通过【存货核算】—【财务核算】—【生成凭证】功能,根据"其他出库单"生成凭证。

【友情提示】

➢ 其他入库业务与其他出库业务操作方法相同，方向相反。
➢ 生成凭证的科目受存货科目和对方科目定义控制。

（四）账套备份

将账套输出至"10-7 库存管理日常业务"文件夹，压缩后保存到 U 盘。

七、疑难解答

1. 为什么盘点后生成的凭证，对方科目是空的？

答：可以从两个方面找原因，一是在填写盘点单据时，是否正确录入了出库类别和入库类别；二是在对方科目定义中，是否定义了选择的出（入）库类别所对应的科目。

2. 为什么实际操作的盘点账面数据和书上的账面数据不同？

答：从两个方面找错误：一是账面日期是否正确，不同的盘点时间，系统显示的账面数据会不同；二是以前的采购与销售业务日期和数量是否正确。第二个错误可以通过查询"库存台账"查看明细。库存入账以审核日期为准，为了操作简单，所有的业务都是以 31 日审核，因此，书中 25 日的账面数其实就是期初数。如果想得到真实的数据，那么需要每次审核单据时，按业务日期重新录入系统。

3. 在盘点过程中，发现同款式皮鞋 41 码多一双，40 码少一双，应该如何处理？

答：这样的问题在企业仓库盘点时经常出现，主要原因是发货时只关注了大类商品，对于尺码或颜色未加核对。因此，核对大类数量时没有错误，核算明细级数量时，就出现一多一少的情况。处理方法有两种：一是采用标准的盘盈盘亏方法处理，使用其他入库单和其他出库单将数据调整为正确数据；二是建立虚拟仓库，将多的商品调到虚拟仓库，将少的商品从虚拟仓库调过来。这样，错误的商品都会出现在虚拟仓库中。虚拟仓库不参与运算，允许负库存。

◎ 思考与练习

1. 根据其他出库单生成凭证时，对方科目为空是什么原因？如何处理？
2. 对于某一仓库的某一存货，如何查询其流水账？

学习任务 10-8　存货核算日常业务

一、实训任务

1. 期末处理，对账。
2. 月末结账。
3. 账表查询。

二、任务目标

1. 掌握期末业务处理的操作流程。

2. 掌握与总账对账的方法。
3. 掌握采购管理、销售管理、库存管理、存货核算月末结账的方法。
4. 掌握查询收发存汇总表、采购订单执行表、库存台账、存货呆滞积压分析表等表的方法。

三、准备工作

1. 修改计算机时间为 2011 年 1 月 31 日。
2. 引入 "10-7 库存管理日常业务" 账套备份。
3. 在存货核算系统中，如有未记账单据，先对所有单据进行记账。

四、实训引例

1. 采购管理系统月末结账，销售管理系统月末结账。
2. 对各仓库进行期末处理，生成全部成本结转凭证，与总账对账。
3. 库存管理系统月末结账，存货核算系统月末结账。
4. 供应链各账表查询，查询收发存汇总表、采购订单执行表、库存台账、存货呆滞积压分析表、销售毛利表、业务员业绩提成表、账龄分析表、盘点表。

五、学情关注

存货核算的主要工作是对采购和销售中的相关单据进行记账，并生成相关凭证，此业务已在前面的采购业务和销售业务中练习过，本学习任务主要练习期末业务处理，重点掌握结账的顺序，体会期末业务处理的必要性，了解各账表查询的方法。

六、过程指导

（一）采购管理系统月末结账

采购模块月末结账是逐月将每月的单据数据封存，并将当月的采购数据记入有关账表中。操作步骤如下：

1. 打开结账功能。双击【采购管理】—【月末结账】菜单，打开月末结账窗口，如图 10-76 所示。
2. 选择结账期间。单击第一会计月份，在选择标记处出现 "选中" 字样。
3. 结账。单击 "结账" 按钮，提示 "月末结账完毕"，单击 "确定" 按钮关闭提示。
4. 退出。单击 "退出" 按钮，关闭月末结账窗口。

【友情提示】
➢ 结账后，会在是否结账栏显示 "已结账" 字样。
➢ 不允许跳月结账，只能从未结账的第一个月逐月结账。
➢ 上月未结账，本月单据可以正常操作，但本月不能结账。
➢ 结账前，用户应检查本会计月工作是否已全部完成，否则会遗漏某些业务。
➢ "采购管理" 月末结账后，才能进行 "库存管理"、"存货核算"、"应付款管理" 的月末结账。

图 10-76

➢ 结账可以取消。

(二) 销售管理系统月末结账

销售模块月末结账是逐月将每月的单据数据封存,并将当月的销售数据记入有关报表中。操作步骤如下:

1. 打开结账功能。双击【销售管理】—【月末结账】菜单,打开月末结账窗口,如图 10-77 所示。

图 10-77

2. 结账。单击"月末结账"按钮,提示"月末结账完毕",单击"确定"按钮关闭提示。

3. 退出。单击"退出"按钮,关闭月末结账窗口。

【友情提示】
 ➢ 系统自动选择第一个未结账月,无需单击选择。
 ➢ "销售管理"月末结账后,才能进行"库存管理"、"存货核算"、"应收款管理"的月末结账。
 ➢ 上月未结账,本月单据可以正常操作,但本月不能结账。
 ➢ 本月还有未审/复核单据时,结账时系统提示"存在未审核的单据,是否继续进行月末结账",用户可以选择继续结账或取消结账,即有未审核的单据仍可月末结账。
 ➢ 如果"应收款管理"按照单据日期记账(审核),"销售管理"本月有未复核的发票,月末结账后,这些未复核的发票在"应收款管理"就不能按照单据日期记账了,除非在"应收款管理"改成按业务日期记账。
 ➢ 结账前,用户应检查本会计月工作是否已全部完成,否则会遗漏某些业务。

(三) 对各仓库进行期末处理

当日常业务全部完成后,需要进行期末处理,计算按"全月平均"方式核算的存货的全月平均单价及其本会计月出库成本,计算按"计划价/售价"方式核算的存货的差异率/差价率及其本会计月的分摊差异/差价,并对已完成日常业务的仓库、部门、存货做处理标志。操作步骤如下:

1. 打开"期末处理"功能。双击【存货核算】—【业务核算】—【期末处理】菜单,打开期末处理窗口,如图 10-78 所示。

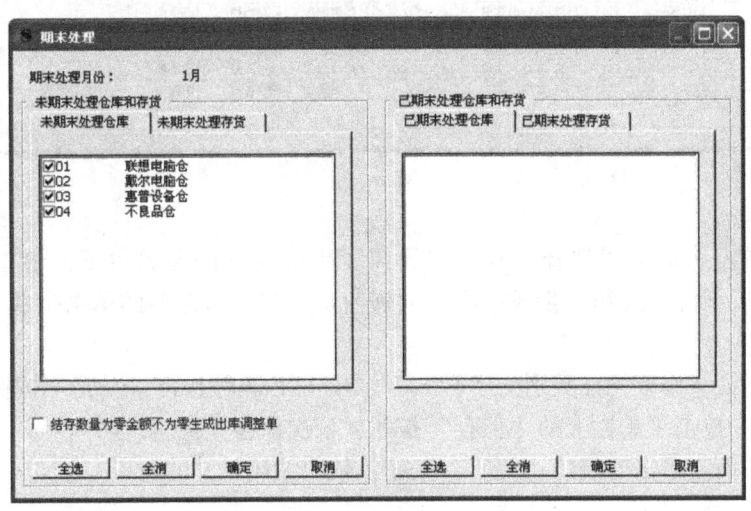

图 10-78

2. 选择处理对象。选择全部仓库(默认已选择)。

3. 开始计算。单击左边的"确定"按钮,系统开始对各仓库逐个进行计算。

4. 显示计算结果。戴尔电脑仓会显示"仓库平均单价计算表",惠普设备仓会显示

"仓库差异率计算表"和"差异结转单列表"，分别单击工具栏上的"确定"按钮，最后显示"期末处理完毕"，单击"确定"按钮，计算完成。

5. 关闭窗口。单击"取消"按钮，退出期末处理窗口。

【友情提示】

- 期末处理在采购和销售系统作结账处理后才能进行。
- 系统提供恢复期末处理功能。
- 本月的单据如果用户不想记账，可以放在下个会计月记账，算下个会计月的单据。

（四）生成全部成本结转凭证

由于戴尔电脑采用全月平均法计算成本，惠普打印机采用售价法计算成本，在期末处理前，无法得到存货的成本，无法生成凭证，此类型的凭证只能在期末处理后进行。操作方法与标准业务相同，操作步骤如下：

1. 打开存货核算"生成凭证"功能。双击【存货核算】—【财务核算】—【生成凭证】菜单，打开"生成凭证"窗口。

2. 打开查询窗口。单击工具栏上的"选择"按钮，打开"查询条件"窗口。

3. 设置查询条件。单击"全选"按钮，再单击"确定"按钮，打开"未生成凭证单据一览表"窗口，如图 10-79 所示。

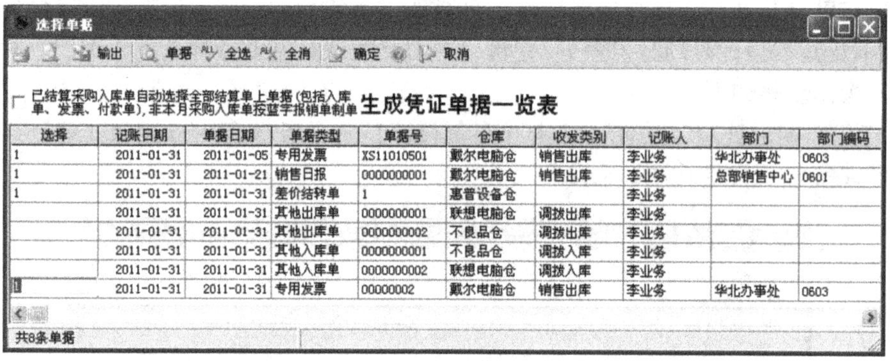

选择	记账日期	单据日期	单据类型	单据号	仓库	收发类别	记账人	部门	部门编码
1	2011-01-31	2011-01-05	专用发票	XS11010501	戴尔电脑仓	销售出库	李业务	华北办事处	0603
1	2011-01-31	2011-01-21	销售日报	0000000001	戴尔电脑仓	销售出库	李业务	总部销售中心	0601
1	2011-01-31	2011-01-31	差价结转单	1	惠普设备仓		李业务		
	2011-01-31	2011-01-31	其他出库单	0000000001	联想电脑仓	调拨出库	李业务		
	2011-01-31	2011-01-31	其他出库单	0000000002	不良品仓	调拨出库	李业务		
	2011-01-31	2011-01-31	其他入库单	0000000001	不良品仓	调拨入库	李业务		
	2011-01-31	2011-01-31	其他入库单	0000000002	联想电脑仓	调拨入库	李业务		
1	2011-01-31	2011-01-31	专用发票	00000002	戴尔电脑仓	销售出库	李业务	华北办事处	0603

图 10-79

4. 选择单据。单击"选择"栏，选择需要生成凭证的原始单据，单击工具栏上的"确定"按钮，系统切换到"生成凭证"列表窗口，并根据选择的单据生成如图 10-80 所示结果。

5. 生成凭证。修改凭证类别为"转"字，单击工具栏上的"生成"按钮，自动生成 4 张转账凭证，单击工具栏上的"保存"按钮，依次保存凭证。

6. 关闭界面。单击窗口的"关闭"按钮，依次关闭打开的窗口。

【友情提示】

- 由于不知道单据的类别，在选择时，选择全部单据，或者按仓库进行过滤。
- 调拨出库与调拨入库不需要生成凭证，因此，无需选择。
- 差价结转单在期末处理时生成。

选择	单据类型	单据号	摘要	科目类型	科目编码	科目名称	借方金额	贷方金额
1	销售日报	0000000001	销售日报	对方	640102	戴尔电脑	59,965.44	
				存货	140502	戴尔电脑		59,965.44
	专用发票	00000002	专用发票	对方	640102	戴尔电脑	99,942.40	
				存货	140502	戴尔电脑		99,942.40
	差价结转单	1	差价结转单	对方	6402	其他业务...	-3,562.50	
				差价	1407	商品进销...		3,562.50
	专用发票	XS11010501	专用发票	对方	640102	戴尔电脑	49,971.20	
				存货	140502	戴尔电脑		49,971.20
合计							209,879.04	209,879.04

图 10-80

(五) 与总账对账

本功能已在初始化完成时使用过，在日常业务中，需要经常调用此功能与总账对账，对账前，需要对总账的凭证进行审核记账，否则可能出现账不平。操作步骤如下：

1. 打开与总账对账功能。双击【业务工作】—【供应链】—【存货核算】—【财务核算】—【与总账对账】菜单，显示对账结果窗口。

2. 修改对账条件。去除"金额检查"复选框，并单击工具栏上的"刷新"按钮，重新显示结果，如图 10-81 所示。

科目		存货系统				总账系统			
编码	名称	期初结存金额	借方发生金额	贷方发生金额	期末结存金额	期初结存金额	借方发生金额	贷方发生金额	期末结存金额
132101	受托代销商品	45000.00	27000.00	9000.00	63000.00	45000.00	27000.00	9000.00	63000.00
140501	联想电脑	500000.00	1450100.00	1900100.00	50000.00	500000.00	1450100.00	1900100.00	50000.00
140502	戴尔电脑	1250000.00	139200.00	209879.04	1179320.96	1250000.00	139200.00	209879.04	1179320.96
1407	商品进销差价	-20000.00	3562.50	8500.00	-24937.50	-20000.00	3562.50	8500.00	-24937.50

图 10-81

3. 关闭窗口。单击窗口上的"关闭"按钮，关闭当前界面。

【友情提示】

➢ 在对账前，请以操作员 03 身份对凭证进行审核，然后以操作员 02 身份对凭证进行记账，否则，在总账中只有期初数据，没有发生额。

(六) 库存管理系统月末结账

库存模块月末结账是将每月的出入库单据逐月封存，并将当月的出入库数据记入有关账表中。操作步骤如下：

1. 打开结账功能。双击【库存管理】—【月末结账】菜单，打开月末结账窗口，如图 10-82 所示。

2. 结账。单击"结账"按钮，已经结账栏显示"是"。

3. 退出。单击"退出"按钮，关闭月末结账窗口。

【友情提示】

➢ 系统自动选择第一个未结账月，无需单击选择。结账可以取消。

➢ 结账前应检查本会计月工作是否已全部完成，否则会遗漏某些业务。

➢ 上月未结账，本月单据可以正常操作，但本月不能结账。

➢ 如果认为目前的现存量与单据不一致，可通过"整理现存量"功能重新运算现

图 10-82

存量。

➤ "采购管理"、"委外管理"、"销售管理"结账后,"库存管理"才能进行结账。

（七）存货核算系统月末结账

存货模块月末结账与其他模块相同,也是为了对当月业务进行封存。操作步骤如下:

1. 打开结账功能。双击【存货核算】—【业务核算】—【月末结账】菜单,打开月末结账窗口,如图10-83所示。

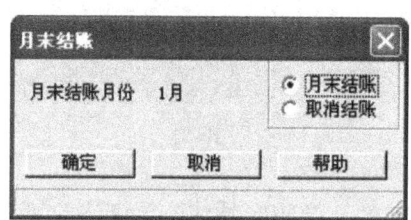

图 10-83

2. 结账。选择"月末结账"单选框,单击"确定"按钮,提示"月末结账完成!"单击"确定"按钮完成结账,自动关闭窗口。

【友情提示】

➤ 系统自动选择第一个未结账月。

➤ 结账可以取消,但需要下个月登录才能取消。

➤ 结账前应检查本会计月工作是否已全部完成,否则会遗漏某些业务。

➤ 上月未结账,本月单据可以正常操作,但本月不能结账。

➤ "采购管理"、"委外管理"、"销售管理"、"库存管理"结账后,"存货核算"才能进行结账。

（八）供应链各账表查询

在相应模块中查询收发存汇总表、采购订单执行表、库存台账、存货呆滞积压分析表、销售毛利表、业务员业绩提成表、账龄分析表、盘点表,操作步骤略。

（九）账套备份

将账套输出至"10-8存货核算日常业务"文件夹,压缩后保存到U盘。

七、疑难解答

1. 存货核算中，如果与总账对账时提示账不平，有哪些原因？

答：如果对账不平，首先要去掉数量选项，只核算金额；如果金额不平，需要检查总账中的凭证是否已记账；如果已记账，需要查期初是否平衡。一般的错误是存货核算生成凭证后，在总账中未记账。

2. 本月业务未完成，可否结账？

答：供应链与总账不同，供应链业务流程未走完，可以结账，并不是操作错误，而是在实际工作中会出现跨月的情况，比如采购中货到票未到，销售中已开票未出库等。

◎ 思考与练习

1. 什么样的业务需要在月末账务处理完成后才能结转销售成本？
2. 请练习"发出商品"与"总账对账"功能。
3. 请说明采购、销售、库存、存货四个模块结账的顺序以及界面与操作的不同点。
4. 请写出收发存汇总表、采购订单执行表、库存台账、存货呆滞积压分析表、销售毛利表、业务员业绩提成表、账龄分析表、盘点表等各报表的查询内容及其作用。

学习情境 11
会计信息化工作的管理

◎ **教学活动设计**

通过课堂学习、网络搜集资料、实地调查等多种途径，大家应认识会计信息化系统的建立和实施过程，明确系统运行管理的工作要点，熟悉会计信息化内部控制的措施，了解会计信息化系统审计的内容、程序和方法，以便今后能够顺利地开展会计信息化工作。

学习任务 11-1　会计信息化系统的建立

一、会计信息化工作的规划

会计信息化系统是指利用信息技术对会计信息进行采集、存储和处理，完成会计核算任务，并为管理、分析、决策提供一系列重要信息的系统。其组成要素包括：会计信息化系统的硬件、软件、数据文件、工作人员以及保障系统运行的制度规范，其核心部分是功能完备的会计软件，起决定作用的是从事会计信息化工作的人员。

（一）建立会计信息化组织管理机构

会计信息化工作涉及单位内部的各个方面，尤其是大型单位，需要较多的人力、物力、财力资源。建立会计信息化组织管理机构的基本目的是为制定和执行会计信息化系统总体规划提供组织保证。

根据我国会计信息化工作的实践经验，会计信息化组织管理机构的设立和作用的发挥，是一个单位会计信息化系统能否建设成功的首要因素。组织管理机构应由单位主要负责人挂帅，由相关职能部门的负责人和技术骨干参加。

会计信息化组织管理机构的主要任务和职责是：制定本单位会计信息化工作的发展规划；组织会计信息化系统的建立；建立会计信息化管理制度；组织有关人员参加会计信息化培训与学习；监督会计信息化系统的正常运行。

（二）进行会计信息化系统建设的咨询和分析

1. 咨询的渠道

向已经使用了会计软件的同类单位和其他单位咨询，向会计软件厂商咨询，向会计软件经销商咨询，向提供会计软件咨询服务的社会专业机构咨询。

2. 咨询的重要性

我国会计软件应用的成功经验和失败教训无不证明，无论单位是走自主或联合开发之路，还是选用现成的商品化软件，进行会计信息化系统建设的咨询很有必要。尤其是实施复杂的、规模较大的系统，向提供咨询服务的专业化机构进行咨询的意义更为重大。这是因为，专业咨询人员经过长期的职业化训练，积累了丰富的应用经验，具有行业业务处理特殊性的清醒认识，具备系统运作的分析能力，经过调研能够很快地把握应用的需求，制定出相应的切合实际的实施方案，并能提供系统实施过程中的一系列技术支持，大大降低了系统实施的风险。在进行咨询的基础上，结合本单位的现状和未来发展目标，应进一步进行系统建设分析，科学制定会计信息化系统建设的具体实施方案。

3. 咨询内容

（1）咨询能够满足本单位需要的会计软件运行模式。会计软件运行的模式主要有两种：单机应用模式、网络应用模式。

单机应用模式是指整个系统中只配置一台计算机和相应的外部设备，所使用的计算机为微型计算机。在单机结构中，所有的数据集中输入输出，同一时刻只能供一个用户使用。在单机平台下运行的会计软件，往往被称为单用户版，早期的会计软件多采用这种模式。现在的网络软件安装在单机上也称为单机应用模式。优点是：投资小，上马容易，见效快。缺点是：可靠性差，一台机器发生故障导致整个工作中断，同一时刻只能由一个用户使用，也不利于数据的共享，工作效率低，造成资源的浪费，只适合对账表处理要求不高的小型单位。

网络系统是指利用通信线路和通信设备，将地理上分散的、具有独立功能的多个计算机系统相互连接起来，按照网络协议进行数据通信，用功能完善的网络软件实现资源共享的计算机的集合。网络按其覆盖的地理范围大小分为局域网模式和广域网模式。局域网所覆盖的地理范围有限，但传输速率高，其拓扑结构（物理连接方式）简单，通常归属于单一的组织管理。广域网覆盖的地理区域大，但传输速率比局域网低，而且拓扑结构复杂，一般大型的跨地区、跨国家的集团企业需要采用这种模式，基于 Web 技术的会计软件可以在广域网上运行。网络按其体系结构分为文件/服务器（F/S）结构、客户/服务器（C/S）结构、浏览器/服务器（B/S）结构。优点是：能够在网络上实现硬件、软件和数据的共享，以较低的费用方便地实现一座办公楼、一个建筑群内或异地数据通信，容易维护，可靠性较高，使用简单方便，结构灵活，具有可扩展性。适用范围：局域网（LAN）对大多数用户适用，广域网（WAN）对具有异地财务信息交换需求的单位（如集团型企业）适用。计算机网络不仅是世界范围计算机应用的潮流，也是会计信息化应用发展的一个重要方向。

（2）咨询软件运行的环境。在会计信息化系统中，硬件系统、操作系统以及数据库支撑软件等被称为会计软件运行的环境。运行环境是数据的载体，直接涉及会计信息化系统运行的安全性与可靠性，关系到会计信息化系统运行的质量和效率。

会计信息化系统的硬件环境是指系统运行所配置的硬件及其组合模式。在会计信息化系统中，使用最广泛的是 PC 机（Personal Computer，个人计算机）。会计信息化网络系统中的服务器承担着数据的存储和交换功能，要求有较高的运行速度和可靠的稳定性。一般有三种选择：一是购买小型机做服务器，这种服务器的优点是性能可靠、安全稳定，缺点是投入较大。二是选择专用的 PC 机做服务器，这种服务器专门对数据存储和传送做了优化，性能和可靠性能满足一般需求。三是使用普通的 PC 机做服务器，价格低廉，但性能往往得不到很好的保障，可靠性相对较低，只适合对数据处理要求不高的小型单位使用。会计信息化网络系统中用做终端的微机在性能上与服务器相比没有太高的要求，只要运行速度能满足相应要求、稳定性高就行。

一般地，当前主流配置计算机及其相关的外部设备和网络设备，其性能都能满足当前所开发的会计软件运行的需要，关于计算机工作环境设备，如空调和UPS电源，应视其所处的实际环境进行配置。

会计信息化系统运行需要相应的软件平台，主要是操作系统和数据库系统，也需要一定的工具软件提供相应辅助。典型的操作系统有 Novell 公司的 NetWare 系列，微软公司的 Windows 系列，SCO 公司的 UNIX 系列。数据库系统作为会计软件的支撑软件，在会计信息化系统中发挥着对大量复杂数据进行有效管理的作用。小型会计信息化软件往往将数据库集成到软件内部，而大型会计软件一般需要另外购买和安装，常见的大型数据库有 SQL Server、DB2、Sybase、Oracle 等。工具软件是会计信息化用户用来完成特殊任务的维护工具，如杀毒软件、磁盘管理软件等。办公自动化软件是具有文字处理和表处理功能的应用软件，如 Word、Excel 等，这些软件可作为会计信息化系统的辅助部分，完成一些会计数据的处理工作。

（三）制定会计信息化实施方案

制定会计信息化实施方案的目的是为了使会计信息化系统建设有章可循，起到指导、规范、约束作用。有了会计信息化系统建设的咨询和分析，制定会计信息化实施方案便有了很好的基础。会计信息化实施方案的主要内容应包含以下几个方面：

1. 确立会计信息化工作目标

建立一个什么样的会计信息化系统的基本依据是单位发展的总目标。这是因为会计信息化不仅是将会计人员从繁重的手工劳动中解放出来，更重要的目的还是通过会计核算手段和财务管理手段的现代化，提高会计信息处理的全面性、准确性和及时性，真正做到对经济业务和事项的事前、事中、事后的有效控制，充分发挥会计的职能作用。

2. 确定会计信息化系统的总体结构

会计信息化系统的总体结构是指会计信息化系统的规模、业务处理范围，以及由哪些子系统构成。系统结构应从分析现有手工系统的任务、业务处理过程以及部门间的联系入手，根据计算机处理数据的特点和系统的目标来确定，并应在单位条件允许的条件下具有一定的前瞻性。

3. 配备和培训专业人员

会计信息化系统的运行和管理需要不同专业类型、不同水平层次的专业人员，为了适应这种需要，应根据系统目标和本单位现有人员的情况，制定专业人员的培训和配备计划，使人员的配备和系统的建设同步进行，系统一旦建成即可投入运行，会计信息化人才一直是制约会计信息化发展的关键因素。

财政部发布的《会计电算化工作规范》将会计信息化基本岗位分为电算主管、软件操作、审核记账、电算维护、电算审查、数据分析。这些岗位分别对应着上述不同层次、不同类别的人员。

4. 建立会计信息化系统运行管理制度

会计信息化工作顺利进行需要有会计信息化管理制度作保障，包括：会计信息化岗位责任制、会计信息化操作管理制度、计算机硬软件和数据管理制度、会计信息化档案管理制度。

5. 资金预算安排

开展会计信息化工作需要较多的资金投入，在编制好各种计划之后，便要进行费用预算，即测算各分项目的费用预算和投资总额，以便安排资金的来源。

6. 工作日程安排

确定工作日程主要是规定会计信息化系统的具体实施分几步进行，并确定每一步的目标和任务以及各实施阶段的资源分配等，以便组织实施。工作日程安排要体现各个子系统在整个系统中的地位以及单位实际需要的先后次序，同时要考虑经济上、技术上的可行性。

二、会计信息化软件的选择

会计软件是以会计理论和会计方法为基础，以会计准则和会计制度为依据，以计算机及其应用技术为手段，以会计数据为处理对象，以为会计核算、财务管理和单位其他管理提供信息为目标，将计算机技术应用于会计工作的软件系统。会计软件系统建设就是建立并完善能够满足本单位实际需要的会计信息化软件应用系统。

（一）配备会计软件的方式

1. 购买商品化会计软件

会计软件属于大型应用软件，数据结构复杂，计算方法要求严格，准确性、可靠性要求高，并且要有完备的内部控制功能，设计难度大。我国目前会计信息化人才匮乏，绝大多数单位根本不具备会计软件开发的经济实力和技术能力，而购买商品化会计软件，符合产业细分和专业化原则，可以节约自主开发方式下的大笔费用开支，而且系统上马快，软件更新换代和升级方面也有较强的技术力量作保障。因此，会计软件的设计走标准化、商品化和通用化的道路是比较切合实际的，购买成型的商品化会计软件，已成为单位开展会计信息化应用的普遍方式。

商品化会计软件选择的主要注意事项有：筛选需求对路的会计软件，运行安全可靠，使用方便，可扩充性强，价格合理，有较好的售后服务。

2. 自主开发会计软件

自主开发是单位自己组织编程人员和财会人员，以及既懂会计又懂编程的复合型人员进行系统开发。优点是所开发的软件针对性强，可以较好地满足单位的特殊需求。但也存在明显的缺点，比如：开发费用高，开发周期长，系统实施比较缓慢，以后的升级换代工作不易做好等。这种方式只适合大型单位采用。

3. 联合开发会计软件

一些较为特殊的单位，通用的商品化软件不完全适合本单位使用，本单位又有较强的经济实力和一定的软件开发技术力量，可以走联合开发之路。这种办法避免了本单位技术力量不足、自行开发周期长的缺点，又弥补了通用软件不能完全适应特殊需求的不足，是一部分大中型单位会计信息化采用的一种方式。

4. 网上自助模式

随着计算机网络技术的应用普及，一种全新的网络化的会计信息化信息系统应运而生，即租用网络在线会计信息化服务系统，诸如 SaaS（Software-as-a-Service，软件即服务）、on-demand software（按需软件）、ASP（Application Service Provider，应用服务提供商）、hosted software（托管软件）。用户以在线方式建立自己的会计信息系统，通过网络在线录入自己的各种业务数据，在线运行会计信息化系统，来完成会计核算和财务管理的各项任务，为企业各级管理者提供决策所需的信息。这种模式下，用户无需单独建立自己的会计信息化系统，而只需配备能上网的计算机，省去了购买会计软件的大笔费用，也无需支付系统的升级和维护费用，只需按月向网络财务公司支付一定的租用费，大大降低了建立会计信息化系统的投资费用、运行成本和风险，而且不受时间、地域的限制，可做到在线办公和移动办公。这种方式将是未来中小型单位实现会计信息化的一种比较理想的选择。国内用友"伟库网"（www.wecoo.com）和金蝶"友商网"（www.youshang.com）均有网上自助服务业务，供广大的中小企业使用。

（二）国内外主要会计软件公司介绍

1. 国内主要会计软件公司

用友软件股份有限公司总部位于北京，创始于 1988 年，股票于 2001 年 5 月在上海证券交易所挂牌上市，是目前中国最大的管理软件、ERP 软件和财务软件供应商。用友公司产业布局划分为三大板块，分别是企业管理软件、电子政务软件和软件外包业务。企业应用软件涉及 ERP（企业资源计划）、SCM（供应链管理）、CRM（客户关系管理）、HR（人力资源管理）、EAM（企业资产管理）、OA（办公自动化）和行业管理软件等诸多领域。

金蝶国际软件集团有限公司总部位于中国深圳，始创于 1993 年，股票于 2001 年 2 月在香港联合交易所创业板上市，2005 年 7 月转香港联合交易所主板上市。金蝶目前有三种 ERP 产品，分别为面向中小型企业的 K/3 和 KIS，以及面向大中型企业的 EAS，涵盖企业财务管理、供应链管理、客户关系管理、人力资源管理、知识管理、商业智能等，并能实现企业间的商务协作和电子商务的应用集成。

浪潮集团通用软件有限公司总部设在山东济南，于 1992 年创立，现已发展成为中国著名的企业管理软件、分行业 ERP 解决方案与咨询服务供应商，是我国中高端企业信息化应用的领导厂商。

杭州新中大软件股份有限公司总部位于浙江杭州，创立于 1993 年，开发的软件系统包括六大产品，国际财务软件（i6/Intfi）、生产制造管理软件（i6/PM）、人力资源管理软件（i6/HR）、工作流管理软件（i6/WM）四大产品构成了互动管理的基石，电子商务软件（i6/EC）、客户关系管理软件（i6/CRM）两大产品构成了互动管理的桥梁，六大产品共同为企业提供从财务到业务、从内部到外部的全方位管理解决方案。

金算盘软件有限公司总部设在重庆市，于 1992 年创立。产品主要由 eERP（扩展的、支持电子商务的 ERP 软件）、ePortal（客户进行网络营销和网上贸易的电子商务门户）、eTools（帮助客户实现内、外业务协同和网上贸易的工具与服务）三部分构成。

上海博科资讯股份有限公司总部位于上海市，成立于 1992 年，软件产品涉及集团财务、全面预算、企业资源计划（ERP）、商业智能（BI）、审计及物流供应链管理。

2. 国外主要会计软件公司

SAP公司成立于1972年，总部位于德国沃尔多夫市，是全球最大的企业管理软件及协同商务解决方案供应商、全球第三大独立软件供应商（第一是微软）。

Oracle公司成立于1977年，总部位于美国加州，是世界领先的信息管理软件开发商、全球第二大独立软件供应商，全球几乎每个行业都使用Oracle技术。

三、会计信息系统的实施

（一）配置计算机硬件

计算机硬件设备是会计信息化系统运行的物质基础，各单位应根据未来发展的目标、经济力量大小和管理需要等因素确定计算机硬件设备购置计划，对计算机硬件的档次、网络结构、外部设备以及它们的数量做出原则性规定。从计划阶段就对硬件系统提出规定，有助于从会计信息化工作的整体需要出发，做出合理的长远安排，克服从眼前需要和局部需要出发的局限性，避免系统资源的浪费。

（二）购置或开发会计软件

会计信息化系统所需要的软件包括操作系统软件、数据库软件、会计软件以及其他工具软件。操作系统和数据库软件一般采用购买的方式，需要综合考虑会计软件配套以及硬件配置的兼容性。目前，配备会计软件的方式主要有购买通用会计软件、自主开发、购买通用软件与自主开发相结合三种方式。如果采用购买通用会计软件的方式，那么应该制定出软件购置计划；如果选择定点开发会计软件，那么就要制定软件开发计划和实施计划等。

（三）进行系统初始化前的数据准备

系统初始化工作是系统运行的第一步，需要进行一些建账的初始设置和基础数据的录入，这就需要收集、整理和审核准备录入计算机的有关数据。

1. 核对账目

整理所有手工凭证、账簿、报表数据，进行财产清查，核对账目，保证凭证、账簿、报表以及实物之间相符。

2. 制定科目体系

按照国家统一制度的要求，结合本单位实际，制定相应的会计科目体系，包括各级会计科目的名称、编码和辅助核算要求等。

3. 确定辅助管理体系

根据会计科目体系及单位核算和管理的要求，确定辅助管理项目体系，如部门、个人、客户和供应商往来以及项目等。

4. 整理余额和发生额

准备有关会计科目以及有关辅助核算项目的余额和发生额。

（四）系统试运行

各项工作准备就绪，即可开始数据的录入和校验、加工和输出，加紧对系统进行审查，针对发现的问题进行相应的调整、调试，并进一步健全和完善会计信息化系统运行管理制度，为系统正式投入使用后的正常运行做好各种准备。

(五)系统正式投入运行

试运行成功,可投入正式运行。正式运行期间,应该做好系统运行的各项安全管理和维护,抓好岗位责任制和操作管理制度的落实,做好数据的综合利用和电子档案管理。

四、开展会计信息化工作应注意的问题

会计信息化系统的建立和运行是一项复杂的系统工程,要做好这项工作,需要领导的高度重视,人力、物力和财力支持要到位,必须树立系统的观念,加强基础工作,重视专业人才的培养。

(一)领导要重视,支持须到位

系统目标、实施方案、经费预算等需要领导支持和批准,数据采集和反馈涉及各个部门,许多全局性问题需要从不同角度、不同层面考虑和解决,会计信息化系统的应用实践证明,领导在会计信息化系统中起着至关重要的作用。

(二)必须树立系统的观念

会计信息化系统是单位管理信息系统的一个重要子系统,必须从全局要求出发,既要避免产生"信息孤岛",实现数据共享,又要克服各自为政、重复组织数据的弊端。即便是在计算机的应用只限于财会部门的情况下,也要考虑其他部门对会计信息共享的需要,保留必要的接口,以利于今后发展的需要。

(三)必须加强会计基础工作

传统手工会计,由于管理水平、人员素质以及手工本身的局限性,不同程度地存在规范性问题,计算机应用引入会计领域后,由于软件本身所带来的规范性和先进性,对会计基础工作提出了不可回避的规范要求。因此,在会计信息化条件下,必须加强会计基础工作,才能真正发挥会计信息化的作用。这些基础工作主要包括:有健全、规范的管理制度和内部控制规范,会计数据收集、录入规范,会计工作程序规范,会计数据输出规范。

(四)必须重视会计信息化专业人才的培养

会计信息化专业人才是会计信息化系统中起主导作用的关键因素,会计信息化系统的运行和管理需要不同岗位、不同类别、不同层次的专业人员,会计信息化的发展对会计信息化人才提出了越来越高的要求,必须重视会计信息化专业人才的培养。

(五)遵循循序渐进的原则

目前,我国会计信息化应用的整体水平还比较低,高层次管理和应用的人员更是匮乏,不同行业、不同单位的会计基础工作又参差不齐。在进行会计信息化系统建设时,应考虑单位的实际情况,采取循序渐进、不断提高的方式。条件好的单位可一次全部实现会计核算的计算机处理,然后再逐步推进到全面管理层面上;条件差的单位可以先完成账表基本核算的计算机处理,再逐步推进到其他核算模块的计算机应用处理,最后达到全面核算和管理的要求。

◎思考与练习

1. 会计信息化系统的组成要素有哪些?
2. 会计信息化工作规划管理的具体内容是什么?

3. 会计信息化实施方案应该包括哪些内容？
4. 进行会计信息化系统建设的咨询有什么意义？
5. 会计软件运行需要什么样的环境？
6. 如何选择商品化会计软件？
7. 开展会计信息化工作应该注意哪些问题？

学习任务 11-2　会计信息化系统的运行管理

现代信息技术的应用，解决了手工会计工作中存在的会计信息不全面、会计信息提供不及时和不准确的难题，为会计工作从单纯的核算型向管理型转变提供了强大的技术支持。会计信息化系统的建立不仅改变了会计工作的操作方式，而且引起了会计业务流程、会计管理程序和方法、会计人员的组织方式以及内部控制等方面的一系列变革，从而对会计管理提出了新的要求。

一、会计信息化系统运行管理的内容

会计信息化系统运行管理的主要目标是保证会计信息化系统正常安全地运行。要保证会计信息化系统正常安全地运行需要解决两个方面的问题，一是要建立适合本单位会计信息化系统运行的组织机构和管理体制，包括职能部门或者职能小组的设立，会计信息化系统工作人员的分工，以及岗位责任制的建立；二是要制定适合会计信息化系统运行特点的会计管理制度，包括操作管理制度、维护管理制度、会计档案管理制度等。

（一）组织管理

会计信息化组织管理的目的就是建立岗位责任制，以便做到事事有人管，人人有专责，办事有要求，工作有检查，有利于提高工作效率和工作质量。会计信息化系统的组织管理就是设立会计信息化职能部门或者职能小组，定人定岗、明确分工，建立责任制。电算化会计岗位是指直接管理、操作、维护计算机及会计软件系统的工作岗位，电算化会计岗位和工作职责一般可划分如下：

1. 电算主管

负责协调计算机及会计软件系统的运行工作，要求具备会计和计算机知识以及相关的会计信息化组织管理的经验。电算主管可由会计主管兼任，采用中小型计算机和网络会计软件的单位，应设立此岗位。

2. 软件操作

负责输入记账凭证和原始凭证等会计数据，输出记账凭证、会计账簿、报表，进行部分会计数据处理工作，要求具备会计软件操作知识，达到会计信息化初级知识的水平。

3. 审核记账

负责对输入的会计数据进行审核，以保证凭证的合法性、正确性和完整性，操作会计软件登记机内账簿，对打印输出的账簿、报表进行确认。此岗位要求具备会计和计算机知识，达到会计信息化初级知识培训的水平，可由主办会计兼任。

4. 电算维护

负责保证计算机硬件、软件的正常运行，管理机内会计数据。此岗位要求具备计算机和会计知识，经过会计信息化中级知识培训。采用大型、小型计算机和计算机网络会计软件的单位，应设立此岗位，在大中型单位中应由专职人员担任。维护人员不对实际会计数据进行操作。

5. 电算审查

负责监督计算机及会计软件系统的运行，防止利用计算机进行舞弊。审查人员要求具备会计和计算机知识，达到会计信息化中级知识培训的水平，采用大型、小型计算机和大型会计软件的单位，可设立此岗位。

6. 数据分析

负责对计算机内的会计数据进行分析，要求具备计算机和会计知识，达到会计信息化中级知识的水平。采用大型、小型计算机和计算机网络会计软件的单位，可设立此岗位，由主管会计兼任。

7. 会计档案资料保管

负责存档数据盘、程序盘、输出的账表、凭证和各种会计档案资料的保管工作，做好存储介质、数据及资料的安全保密工作。

8. 软件开发

由本单位人员进行会计软件开发的单位，设立软件开发岗位，主要负责本单位会计软件的开发和软件维护工作。

以上会计信息化工作岗位的划分，主要是针对会计信息化系统规模较大的单位，这些单位的业务量比较大，工作岗位划分很细，一些岗位常常是一岗多人。对于中小型单位，会计部门的人员少，会计业务比较简单，业务量少，应根据实际需要设置相应岗位，可以一人多岗，但应满足内部控制制度的需要，如出纳岗位与记账、审核岗位、会计档案保管岗位不能是同一人。

（二）操作管理

1. 明确规定操作人员的权限

通常由系统管理员为各类操作人员设置使用权限。未经授权，一律不得上机；操作权限的分工要符合内部控制制度，系统开发人员、维护人员不得从事业务处理的操作工作；出纳人员不得同时具有不相容的操作权限。

2. 操作人员必须严格按照会计业务流程进行操作

保证输入计算机的会计数据正确合法，已经输入的数据发生错误应根据不同情况进行留有痕迹的修改，操作人员离开机房前，应执行相应命令退出会计软件，否则密码就会失去作用，给无关人员操作系统留下机会。

3. 操作人员上机必须进行登记

专人保存必要的上机操作记录，记录操作人员、操作时间、操作内容、故障情况和处理结果等内容。

（三）防范计算机病毒的措施

不得随便使用外来软盘、移动硬盘或闪盘，确需使用要先进行病毒检查。

（四）维护管理

1. 硬件设备的维护管理

要经常对有关设备进行保养，保持机房和设备的整洁，防止意外事故的发生。硬件维护工作中，小故障一般由本单位的电算化维护人员负责，较大的故障应及时与硬件生产或销售厂家联系解决。

2. 系统软件的维护管理

检查系统文件的完整性，是否被非法删除和修改，保证系统软件的正常运行。

3. 会计软件的维护管理

会计软件的维护是会计软件系统维护的主要工作，包括操作维护与程序维护两方面。

操作维护是日常维护工作，日常使用软件过程中发现的问题，系统维护员应尽早排除障碍，如不能排除，应马上求助于软件开发公司的专职维护人员或本单位的软件开发人员。

软件的修改、版本升级等程序维护是由软件开发厂家负责的，单位的软件维护人员的主要任务是与软件开发销售单位进行联系，及时得到新版会计软件。对于自行开发软件的单位，程序维护则包括正确性维护、完善性维护和适应性维护等内容。对正在使用的会计核算软件进行修改，对通用会计软件进行升级，要有一定的审批手续，以保证实际会计数据的连续和安全。

4. 会计数据的安全维护管理

会计数据的安全维护是为了确保会计数据和会计软件的安全保密，防止对数据和软件的非法修改和删除，主要内容包括：经常进行备份工作，以避免意外和人为错误造成数据的丢失，每日对计算机内的会计资料在计算机硬盘中进行备份，对存放的数据要保存双备份。

（五）会计档案管理

会计信息化档案，是指存储在计算机中的会计数据和计算机打印出来的纸介质，包括记账凭证、会计账簿、会计报表等数据，以及会计软件系统开发运行中编制的各种文档以及其他会计资料。会计信息化档案具有不可见以及容易修改的特点，因此，单位必须加强对会计信息化档案管理工作的领导，建立和健全会计档案的立卷、归档、保管、调阅和销毁管理制度，并由专人负责管理。

做好防火、防潮、防尘等工作，重要会计档案应准备双份，安全存放在两个不同的地点。

会计软件的全套文档资料及会计软件程序视同会计档案保管，保管期截止该软件停止使用或有重大更改之后的5年。但一般情况下，单位如遇到会计软件升级、更换以及会计软件运行环境改变的情况时，旧版本会计软件及相关的文档资料应与该软件使用期的会计资料一并归档。

二、会计信息化系统的内部控制

（一）会计信息化系统内部控制的意义

会计信息化系统比手工会计系统更加复杂，技术要求更高，更有可能产生舞弊和犯罪行为,或出现无意的差错,同时,单位实现会计信息化后,管理和决策部门对会计信息化信息的依赖日益增强,更需要加强内部控制。建立内部控制的目的就是为了保证会计信息化系统所产生信息的正确性、可靠性、及时性,使会计业务处理符合会计准则和制度的要求,防止违法行为的发生,提高信息系统的效率,充分发挥会计信息化系统的作用。

(二) 会计信息化系统内部控制的目标

建立会计信息化系统内部控制的基本目标是健全机构、明确分工、落实责任、严格操作规程,充分发挥内部控制作用。

合法性,是指会计信息化系统内部控制要保证处理的经济业务及有关数据符合有关法律、规章和制度。

合理性,是指会计信息化系统内部控制要保证处理的经济业务及有关数据有利于提高工作效益和经济效益。

适应性,就是要求会计信息化系统内部控制能适应管理需要、环境变化和例外业务。

安全性,是指会计信息化系统内部控制有利于保证财产和数据的安全,具有严格的操作权限,以及保密功能、恢复功能和防止非法操作功能。

正确性,是指会计信息化系统内部控制能够保证数据的输入、加工和输出正确无误。

及时性,是指会计信息化系统内部控制有利于及时输入数据、及时处理数据、及时输出和传递数据,保证会计信息化处理数据的及时利用。

(三) 会计信息化系统内部控制的功能

1. 预防性控制功能

通过防止或阻止错误、事故、舞弊等来避免对信息的准确、完整、安全造成影响。例如,通过设置口令来防止非法接触和使用计算机,避免对数据文件和程序进行破坏、篡改和非法复制。

2. 检测性控制功能

通过找出、发现已经发生的错误、事故、舞弊来防止危害的扩大,使危害得以消除。例如,通过系统记录,发现非法修改应用程序或数据文件的行为。

3. 纠正性控制功能

通过更正已检测出的错误,处理发生的舞弊行为,减轻危害,使系统恢复正常。例如,通过数据和程序备份措施,补救对程序和数据的危害。

(四) 会计信息化系统内部控制的特点

与手工会计相比,会计信息化系统的内部控制主要有以下几个方面的特点:

1. 控制的方式发生变化

会计信息化系统将手工条件下的大部分会计核算工作,如记账、算账、对账、编制报表等集中在计算机中由会计软件来完成。手工条件下的会计工作基本上演变为只负责对原始数据的收集、审查、整理、录入和信息处理结果的分析和保管方面。会计业务执行主体的变化导致了内部控制实施主体的变化,电算化尽管不能取代全部人工条件下的所有会计工作,但是,关键的会计信息处理和业务核算工作已由会计软件集中代替。于是,会计工作的执行主体演变为人与会计软件两个因素。这种变化使得会计信息化系统中的内部控制实施主体也演变为人与软件两个因素,控制方式演变为由人工控制转为人工控制和程序控制相结合。

2. 控制的重点发生变化

会计信息化系统实现后，会计人员不再需要进行手工登记账目，不需要进行平行登记，所有数据都源于凭证库，数据只需一次性录入，系统将自动进行多项业务处理。一旦输入操作不当，将会引发日记账、明细账、总账乃至会计报表等一系列的错误。因而，数据输入操作不当问题是电算化条件下会计业务处理程序中关键的内部控制问题。

3. 控制的范围扩大

由于会计信息化系统的数据处理方式与手工处理方式相比有所不同，以及计算机系统建立与运行的复杂性，要求内部控制的范围相应扩大，其中包括一些手工系统中没有的控制内容，如对系统硬件、软件运行的控制，数据备份、数据恢复和数据存储的控制等。

4. 控制的风险增大

手工条件下，会计的多项业务资料，如凭证、日记账、明细账、总账等均由不同的责任人分别记录并保管，未经授权，任何人都难以浏览到全部的会计资料。而在会计信息化系统中，所有的会计信息均集中于计算机中，且由同一套会计软件执行多项业务处理。在计算机网络技术和数据库技术所导致的计算机数据资料高度共享的条件下，如果没有相应的内部控制措施，系统数据和信息处理资料面临被不留痕迹非法浏览、修改、拷贝乃至毁损的巨大系统风险。

会计资料存储介质的变化也导致了会计资料管理方面的一系列重要内部控制问题。原来手工条件下的纸介质由磁性存储等介质所代替。磁性存储等介质的主要特点是阅读分析直观性差、数据涂改不留痕迹、忌受潮、忌磁化、忌受热、忌弯曲等，使会计信息化的资料保存也面临一系列新的风险问题。

会计信息化还引发了其他一些风险，如系统不当开发问题、计算机病毒入侵问题、未经授权的软件调用和修改问题，以及软件系统实施所引发的审计问题等。

（五）会计信息化系统内部控制的措施

1. 组织控制

所谓组织控制，就是将系统中不相容的职责进行分离，即在系统中的各类人员之间进行分工，并以相应的管理规章与之配套。其目的在于通过设立一种相互稽核、相互监督和相互制约的机制来保障会计信息的真实、可靠，减少发生错误和舞弊的可能性。

在手工方式下，不相容的职能相分离通过分散处理方式实现显而易见，但会计信息化方式下，业务的处理集中在计算机中，岗位职能的分离显得极其重要。具体包括：程序设计职能同会计业务处理职能相分离，系统管理和维护同业务操作职能相分离，出纳业务职能同对出纳控制的职能相分离，设立独立的档案保管职能，有效地防止未经批准而使用程序、数据文件和系统资料的行为。

2. 操作控制

操作控制的目的是通过规范计算机操作，减少产生差错和未经批准而使用程序、数据文件的机会。操作控制是通过制定和执行规范的操作规程来实现的，主要包括以下几个方面：

——一般操作控制：主要是对操作所作的一般性规定，包括：设备进出机房的要求，设备使用的要求，软件应用的基本规范要求，以及机房中禁止的活动和行为。

数据输入控制：输入是会计信息化系统的信息入口，也是出错的主要环节。数据采集的控制方法主要有，使用格式标准的凭证，只接受内容齐全的凭证，进行凭证的交接的详细登记。数据输入控制主要内容包括：对凭证日期的控制、对凭证编号的控制、对附件的控制、对摘要的控制、对金额的控制、对科目使用的控制、对辅助信息的控制。对于联机输入，还必须有反馈机制，即数据通过终端传送到主机，终端屏幕应有主机收到数据的反馈信息提示。各种录入的数据均需具有完整、真实的原始凭证，并经过严格的审批；数据录入员对输入数据有疑问，应及时核对，不能擅自修改。数据处理控制的基本要求就是要按规范的业务处理流程进行操作。有些数据处理控制往往被编入计算机程序，如：数据有效性检验，余额检查，试算平衡等。数据输出控制包括屏幕查询、打印机打印输出、备份文件输出等形式。输出控制的目标一是要保证各种输出结果的真实、完整和正确，二是要控制机房工作人员非经授权不能向任何人提供任何资料和数据。

3. 系统安全控制

这是保证计算机系统的运行安全以及会计档案安全，消除由于外部环境因素导致系统运行错误以及数据毁损的安全隐患，包括接触控制、环境控制和后备控制。

接触控制是防止各种非法人员进入机房，杜绝未经授权的人擅自动用系统的各种资源，保护机房内的设备、机内的程序和数据的安全，以保证各项资源的正确性。随着网络技术快速发展，单位应加强网络安全的控制，设置网络安全性措施，包括数据保密、访问控制、身份识别等。

环境控制是为了尽量减少外界因素所致的危害和系统故障，以保障设备正常运行，主要包括：防盗、防水、防火、防高温、防潮湿、防强磁场干扰、防病毒破坏。机房还应采用单独供电系统，并且经常检查电源、接地线的安全，以保证机房用电安全。

后备控制是为在系统出现问题后能够迅速恢复被毁程序和数据所采取的一些预防性措施，主要包括：程序软件备份和数据备份，这些备份的文件都要保存在安全的地方，并与原件分开存放，一旦出现意外情况可以立即恢复。

三、会计信息化系统的审计

（一）会计信息化对审计的影响

会计信息化系统审计是会计信息化的产物，会计信息化对传统的会计产生了重大影响，也导致了对审计的影响。

1. 改变了传统审计线索

在会计信息化系统中，传统的账簿没有了，由存储会计信息的磁盘和光盘等取而代之。

2. 增加了审计内容

在会计信息化信息系统中，会计事项由计算机按程序自动进行处理，如果会计信息化系统的应用程序出错或被人非法篡改，结果将是不堪设想的。系统的处理是否合法合规，是否安全可靠，都与计算机系统的处理和控制功能有关，这是在传统的手工审计中所没有的。在会计信息化条件下，审计人员要了解和审查会计信息化系统的功能，以证实其处理的合法性、正确性、完整性和安全性。又如，传统的手工记账一般可以从字迹上辨认出登记人，从而明确责任，但是计算机只能提供统一模式的输出资料，没有记录人的笔迹，无法从记录上辨认登记人，这可以使在电算化的记录中建立、更新、消除一切资料而不留半点痕迹，就需要审计人员对会计信息化部门的内部管理制度、职责的划分情况进行审查和评价。

3. 对审计手段和方法的影响

传统的记账方法是每登记一笔账，便可以从账上看到相应的一笔记录，而电子计算机却不能每登记一笔记录就打印一笔记录，一般是经过一个阶段，一个月或一旬打印一次。平时，记录输入到计算机以后，在尚未打印以前，若想看这些记录，只能凭借屏幕阅读，倘若想同时在几笔记录中对照查看，则很难做到。这样一来，审查取证的方法，对证据进行检验和审核的方法必须相应的改变。

4. 对审计人员的影响

实现会计信息化后，审计人员只依靠原有的知识和技能是无法胜任对会计信息化系统的审计工作的。审计人员除了要具有丰富的财务会计、审计等方面的知识和技能，熟悉有关的政策、法令依据以及其他审计依据外，还应掌握一定的电子计算机知识和应用技术。审计人员的作业手段应由手工操作向电子计算机转变，即审计人员应掌握电子计算机知识及其应用技术，不仅要适应变化了的情况，还应把电子计算机当作一种提高审计质量和效率的有力工具来使用。

5. 对审计标准和准则的影响

各国的审计界在以往的审计工作中已经建立了一系列的审计标准和准则，实现会计信息化以后，由于审计对象和审计线索发生了重大变化，审计的技术和手段也相应地发生了变化，显然，应在原有的审计标准和准则的基础上，建立一系列与新情况相适应的新的审计标准和准则，否则，无法适应新形势的需要。

（二）会计信息化系统审计的特点

1. 审计范围的广泛性

在会计信息化系统中，原始数据一经输入，即由计算机按程序自动进行处理，中间一般不再经过人工的干预。这样，系统输出结果的真实性、正确性，不仅取决于输入的数据、系统工作人员，还取决于计算机的硬件和软件等。因此，要确定系统输出结果的真实性、正确性，不仅要对输出数据、系统工作人员及打印输出的资料进行审查，而且还要对计算机的硬件、系统软件、应用程序和机内的数据文件进行审查，而这些内容在传统的手工系统审计中是没有的。

2. 审计技术的复杂性

在审计过程中，配备的系统软件各异，被审单位的业务规模和性质不同，所采用的数据处理方式也不同，不同的数据处理方式，审计所采用的方法、技术也不同。此外，不同被审单位应用软件的开发方式、软件开发的程序设计语言也不相同，所有这些必然会增加审计技术的复杂性。

（三）会计信息化系统审计的内容

会计信息化系统与手工会计系统不同，它是由会计信息化制度体系、计算机硬件和软件、系统工作人员以及数据体系组成，导致会计信息化的审计内容与手工会计系统存在着较大的差别。

1. 对会计信息化系统内部控制的审计

单位的内部控制能在多大程度上确保会计信息化系统中会计记录的正确性和可靠性，如输入、输出的授权控制、业务处理的审核等，内部控制的有效执行能在多大程度上保护资产的完整性。通过以上两方面的评价，可以判断单位内部控制系统能在何种程度上防止或发现会计报表中的错误及业务处理过程的舞弊。

2. 对会计数据的审计

会计数据处理的真实性、正确性、可靠性，直接影响到会计信息的真实性、正确性和可靠性，所以这一部分的审计是至关重要的，审计人员可采用抽查原始凭证与机内凭证相对比，抽查打印日记账和机内日记账相核对等方法，同时也可采用利用计算机辅助审计软件的功能来完成审计，从而降低审计风险。

（四）会计信息化系统审计的程序

1. 准备阶段

调查了解被审计单位会计信息化系统的基本情况，包括会计信息化系统的硬件配置，系统软件的选用，应用软件的功能结构，网络结构，系统的管理结构和职能分工、文档资料等，与被审计单位签订审计业务约定书，明确彼此的责任、权利和义务，初步评价被审计单位的内部控制制度，确定符合性测试的范围和重点，确定审计范围，分析审计风险，制定审计计划，对时间、人员、工作步骤及任务分配等方面做出安排，确定符合性测试、实质性测试的时间和范围，以及测试时的审计方法和测试数据。

如果要安排利用计算机辅助审计，则还需列出所选用的通用软件或专用软件。对于复杂的会计信息化系统，也可聘请专家，但必须明确审计人员的责任。

2. 实施阶段

实施阶段是电算化审计的核心。主要工作是根据准备阶段确定的范围、要点、步骤、方法，进行取证、评价，综合审计证据，借以形成审计结论，发表审计意见。

（1）符合性测试。进行符合性测试应以系统安全可靠性的检查结果为前提。如果系统安全可靠性非常差，不值得审计人员信赖，则应当取消符合性测试，直接进行实质性测试并加大实质性测试的样本量。在会计信息化系统的符合性测试项目中，主要是确认输入资料是否正确完整，计算机处理过程是否符合要求。

（2）实质性测试。实质性测试应该是对被审计单位会计信息化系统的程序、数据、文件进行测试，并根据测试结果进行评价和鉴定。进行实质性测试须依赖于符合性测试的结果，如果符合性测试结果得出的审计风险偏高，而且委托人有利用会计信息化系统进行舞弊的动机与可能，并且委托人又不能提供完整的资料，此时审计人员应考虑对会计报表发表保留意见或拒绝表示意见的审计报告。进行实质性测试时，可考虑采用通过计算机和利用计算机进行审计的方法。

（3）利用辅助审计软件直接审查会计信息化系统的数据文件。审计人员可利用通用或专用审计软件直接在会计信息化系统下进行数据转换、数据查询、抽样审计、查账、账务分析等测试，得出结论，做出评价。

3. 审计结论和执行阶段

审计人员对会计信息化系统，进行符合性测试和实质性测试后，整理审计工作底稿，编制审计报告时，除对被审单位会计报表的合理性、公允性、一贯性发表意见，做出审计结论外，还要对被审单位的会计信息化系统的处理功能和内部控制进行评价，并提出改进意见。审计报告完成后，先要征求被审单位的意见，并报送审计机关和有关部门。审计报告一经审定，所作的审计结论和决定要通知并监督被审单位执行。

4. 异议和复审阶段

被审单位对审计结论和决定若有异议，可提出复审要求，审计部门可组织复审并做出复审结论和决定。特别是被审单位会计信息化系统有了新的改进时，还需组织后续审计。

（五）会计信息化系统审计的基本方法

依据是否对计算机系统内部的文件、程序和控制功能进行审查，将审计的基本方法分为"绕过计算机"审计和"通过计算机"审计两种；依据审计过程中是否利用计算机作为审计工具，分为手工审计和计算机辅助审计两种。

1. 绕过计算机审计

绕过计算机审计就是通过对会计信息化系统输入和输出资料的检查核对来确定系统内部控制状况或输出结果正确性的一种审计方法，又称为"黑盒法"。它将电算化系统中的计算机系统作为一个不可知的黑盒子看待，无需对计算机的处理过程和程序化控制加以直接、详细的了解，只是对手工处理结果与计算机处理结果相比较，根据比较的一致程度来评价系统处理及控制的功能。这种审计方法与电算化以前的审计方法没有多大区别，它不要求审计人员具备较高的计算机技术。

2. 穿过计算机审计

穿过计算机审计即通过计算机审计，又称"白盒法"，是指将计算机的处理过程本身作为审计测试的直接对象的一种审计方法。审计人员不仅要审查会计信息化系统的输入和输出，还要审查计算机内的程序和数据文件，审查系统的处理和控制功能。技术方法包括：

检测数据法：由审计人员设计一组检测数据，由人工和被审的电算化系统予以处理后，比较两种处理结果，以确定系统处理和控制功能是否可靠。检测数据法可用来测试整个电算化信息系统，也可用来测试某个子系统，还可用来测试系统中某个或某几个控制措施。这种方法对审计人员的计算机知识要求不同，适用性较强。

程序逻辑复查法：通过复查应用程序的逻辑流程，使审计人员了解系统是怎样处理的，其中有哪些功能，从而判断其处理和控制功能的可靠性。这种方法要求审计人员首先能看懂被审的应用程序，还要对其逻辑流程进行分析。该方法适用于审计人员要详细了解一个相对简单的程序或高度敏感的程序或某个特定程序中的某一特定功能是否可靠。这种审查方法直接审查应用程序本身，审查结论较为可靠。

整体检测法：在被审电算化系统中建立一个虚拟的实体，例如，一个假设的部门，一个虚拟的供应商等。假设的实体建立后，审计人员可利用被审的系统，在正常的业务处理时间里，与真实业务一起，对此虚拟实体建立的有关检测业务进行处理，然后比较这些检测业务的处理结果与预期结果，以证实被审程序的功能是否可靠。整体检测法也是一种有效的对电算化系统审计的方法,它简单易行,审计结果也较为可靠。

平行模拟法：审计人员模拟被审的电算化系统,另外设计一个系统用来处理实际数据,然后将处理的结果与被审系统的处理结果进行比较,以确定被审系统的处理和控制功能是否可靠。在审计中,一般不可能模拟整个被审系统,而是分开一个个的子系统或功能模块来进行模拟、检测。采用这种审查方法要开发模拟系统,审计成本较高,但在多个被审的电算化系统都很类似,一套模拟软件可用于多个被审系统的情况下,可以采用。

3. 计算机辅助审计

也称为利用计算机审计,是指审计人员在审计过程和审计管理活动中,以计算机为工具来执行和完成某些审计任务的一种审计技术。计算机作为审计工具,加快了审计的速度,提高了审计的效果,增强了审计的独立性,促进了审计工作现代化、规范化的进程,而且也是审查某些先进和复杂的电算化系统的唯一可行的方法。利用计算机审计要求审计人员具有一定的会计电算化知识和操作使用计算机的能力。

◎ 思考与练习

1. 会计信息化系统运行管理的内容有哪些?
2. 会计信息化内部控制措施有哪些?
3. 会计信息化系统审计的方法有哪些?

主要参考文献

钟爱军. 会计电算化应用教程（修订版）. 北京：科学出版社，2004.

王新玲，汪刚. 会计信息系统实验教程（用友 ERP-U8.61 版）. 北京：清华大学出版社，2006.

王新琳，陈利霞，吕智杰. 用友 ERP 财务管理系统实验教程（新会计准则版）. 北京：清华大学出版社，2009.

房琳琳，王志文，张霞. 用友 ERP 供应链管理系统实验教程（新会计准则版）. 北京：清华大学出版社，2009.

孙莲香. 财务软件实用教程（用友 ERP-U8.61 版）. 北京：清华大学出版社，2008.

用友软件股份有限公司网站（www.ufida.com.cn）

用友软件 U8.72 演示版帮助文件

全国高等会计职业教育系列规划教材

会计核算基本技术
会计核算基本技术习题与技能训练
会计核算基本技术综合实训
出纳实务
财务会计实务
财务会计实务习题与技能训练
财务会计分岗实训
财务管理实务
财务管理实务习题与技能训练
成本会计实务
成本会计实务习题与技能训练
纳税实务
纳税实务习题与技能训练
审计实务
审计实务习题与技能训练
会计综合实训
会计信息化实务
Excel在会计中的应用
企业经营模拟
会计法规
行业会计

欢迎广大教师和读者就系列教材的内容、结构、设计以及使用情况等，提出您宝贵的意见、建议和要求，我们将为您提供优质的售后服务。

 武汉大学出版社（全国优秀出版社）